纯洁心灵
—— 一个电影"疯子"的逐梦之路

毕志飞 / 著

人民日报出版社

第一章
国家级贫困县城的梦想少年

快乐幸福的童年 / 002　　我是眼睛有残疾的儿童 / 005

一段"调皮捣蛋"学生的经历 / 006　　高中认真学习的"尖子生" / 007

与北大擦肩而过的往事 / 009

第二章
贫困县"状元"进京，爱上电影

彷徨的大一新生 / 012　　省吃俭用学习唱歌舞蹈 / 013

从歌手梦转为电影梦，一个人的自习岁月 / 015

一场还没开始就结束的恋爱 / 015　　遇到"贵人" / 017

第三章
北京电影学院的旁听生

通过绝食获得家里支持 / 020　　在北航的"蜗居"岁月 / 021

通过演喜剧成为班里"尖子生" / 024　　期末汇报上演傻子，"火"了一把 / 026

一次难忘的"演出事故"危机化解经历 / 027

获得电影学院表演系硕士招生考试第一名 / 030

第四章
笑过、痛过、哭过的电影学院岁月

沐浴在电影的海洋里 / 034　　担任表演课、形体课助教 / 039

第一次参加电影拍摄 / 040　　拉到 6 万元赞助拍摄毕业短片电影 / 045

硕士毕业没找到工作,一个人默默流泪 / 047

第五章
2005—2007,我的北漂经历

再做眼睛手术 / 052

担任《大宋提刑官 2》副导演,后来被炒鱿鱼 / 053

说服爸妈,再次为我筹钱启程 / 055　　认真备考,感悟逆境中的成长 / 056

一次人生的重大选择题 / 059　　为《渴望》导演担任文学编辑和助理 / 061

再到北航租平房小屋,进行全封闭复习 / 062

考博带来的难忘病痛 / 064　　28 岁,人生中第一次坐飞机 / 065

第六章
2007,我的收获之年

不署名不拿一分钱写剧本,最终成功邀请到陈坤出演 / 068

母亲为我在家乡举办宴请,因为太高兴喝断片儿 / 073

第七章
2007—2011,迟来的北大时光

父母送我去北大报到 / 078　　北大初体验 / 080

28 岁真正交往第一个女朋友 / 081　　北大的学习感悟 / 082

第三次动眼睛的手术 / 086　　在北大的第二年,妈妈去世了 / 086

担任中宣部"五个一工程"电影组评委 / 090

获得国家公派留学生资格,到美国做了一年访问学者 / 092

历经 14 年终于拿到北京户口 / 102

第八章
告慰天堂的母亲，成为一名大学表演系教师

32 岁，第一次正式参加工作 / 110

第九章
《纯洁心灵》的艰苦创作历程

电影的前期筹备 / 116　　现场拍摄 / 160
后期制作 / 185

第十章
《纯洁心灵》的测试放映和初期宣传历程

各种测试放映和高校试路演 / 242
尝试各种宣传推广手段 / 268

第十一章
伤心落泪，辞去大学教师职务

下定决心培养优秀班，却被学生联名写信告状 / 280
再三思考后决定辞职 / 284

第十二章
携《纯洁心灵》四处奔走

两次参加美国电影节的故事 / 290　　一年参加了 6 场推介会，被誉为电影节劳模 / 299

北大誓师，开展"全国万里行"路演 / 317

第十三章
为《纯洁心灵》众筹 1900 万，创下纪录

一开始瞧不起众筹，走投无路决定尝试 / 348

账户上仅剩一万，通过众筹获救 / 350　　众筹中间的艰难 / 353

众筹到大年二十七的晚上 / 353

2016 年 4 月完成前两轮 1060 万的众筹 / 354

众筹再次受阻 / 355　　延期让众筹股东不满，我生气怼了回去 / 357

开始在打高尔夫的企业家中发展众筹 / 358

三天众筹了 520 万 / 359

完成众筹总共达到 1900 万 / 363

众筹的感悟 / 363

第十四章
《纯洁心灵》的三次"夭折"危机与解决

第一次"夭折"危机：四处借钱无果，账上仅剩一万元 / 366

第二次"夭折"危机：面临同时与三家大公司打官司的局面 / 367

中影发行解约危机始末 / 374

第三次"夭折"危机：第四次延档后给众筹股东退款，资金链再次断裂 / 381

第十五章
家人的默默支持：我终生的亏欠

我的大女儿出生，让我流下感慨的泪水 / 390

对妻子和大女儿的亏欠 / 391　　二女儿的出生经历，想想都让我后怕 / 392

满满的感慨、感动 / 394

第十六章
《纯洁心灵》延期五次成为延档王，仍获股东力挺

第一次延档 / 398　　第二次延档 / 399

第三次延档 / 400　　第四次延档 / 404

第五次延档 / 409

第十七章
坚持不懈，充满热情地走下去

自 序

我是毕志飞

我是这本书的作者,我的名字叫毕志飞。

"毕志飞是个什么样的人?"

身边的亲戚朋友常评价我是一个不走寻常路的人,是一个让人想象不到会创造出什么奇迹来让大家吃惊的人;还有很多人说,第一次看见我,觉得我是一个很文静的人,后来接触多了,发现我其实是一个很"疯狂"的人。

从决定学电影开始,我就被很多人嘲笑、讽刺和挖苦,也经历了很多很多常人难以承受的挫折和打击,我选择全部带上,一起上路,陪我一起追逐梦想。

我是我们县1997年的高考理科第一名,但与北大擦肩而过。

我是工科院校北方工业大学第一个考上北京电影学院、攻读硕士研究生的本科毕业生。

我是北京电影学院第一个考上北大、攻读博士研究生的硕士毕业生。

我用十四年的时间拿到了北京户口。期间,我的户口曾经三进三出老家赞皇县。

为了追逐一个神圣的电影梦想,我创作我的第一部院线电影《纯洁心灵•逐梦演艺圈》,前后共历时12年。

02 纯洁心灵

我在这部电影中担任了很多角色：出品人、制片人、导演、编剧、美术指导、剪辑指导、主演之一、电影主题曲的词曲作者。

我的这部电影在创意阶段曾被业内人士讥讽为"惊天地、泣鬼神"，据说让人家整个办公室的人笑了一下午，根本停不下来。

我也曾被电影行业的人员在我们电影的平台上留言，嘲笑我妄想无脑，留言让我滚出影视圈。

中国电影家协会分党组副书记许柏林老师评价我的电影《纯洁心灵》说："一部至真至纯的商业和艺术影片。每一个镜头都很给力，每一句台词都很到位。"

美国编剧、导演马特·帕西尼评价电影《纯洁心灵》说："这是我所看过的最好的导演处女作电影。"

我曾因为这部电影起诉了电影行业的国企龙头老大中影股份，引起业内轩然大波。但我们"不打不相识"，成为愈加紧密的合作伙伴。

我的这部没有任何明星出演的导演处女作电影，得到了社会各界人士的1900万众筹资金支持，被各界人士评价说创造了奇迹。

电影《纯洁心灵》也获得了中影、大地、香港美亚三家上市公司旗下发行公司的联合发行。

有人嘲笑我是个傻子；还有人骂我是个疯子，野心很大，妄想成为中国最好的导演；还有人说看好我，认为我一定可以成为世界级的中国大师导演。

很多人曾经建议：你学电影和拍电影的经历有那么多"惊奇"故事，完全可以写成一本书，会很有意思，一定也会给很多追梦的人以启发。

我觉得用我创作的处女作电影《纯洁心灵》的名字，做这本书的名字挺好的。这是我的追求。

第一章

国家级贫困县城的梦想少年

快乐幸福的童年

我属羊，1979年出生在河北省的一个国家级贫困县城。我们县的名字叫作"赞皇县"，跟山西省接壤。

关于小时候的回忆有很多。虽然是在贫困县城里长大的，但我一直觉得，我的童年是幸福和甜美的，没有那么多的浮躁。

小时候，我们家所在的地方还算是县城里很偏远的位置。门前是一所变电站和大片大片的庄稼地，中间有条小路通往当时驻扎在我们县的兵营。我家的另一边还有一条水渠，是一条土渠。北方干旱，水渠里大多数时候都是小溪一样的流水。我家的房子是那种北方很常见的简朴平房，有一个土院子，种一些花草、瓜果之类的植物。

我有一个哥哥和一个姐姐，哥哥姐姐都比我大很多岁。听说我属于超生的，而且是因为我爸的身体不好，特批的。后来，我自己也总结，我仿佛是这个家里多余的人，有一段时间还怀疑过自己是不是捡来的孩子。哈哈，我知道很多人都有过这样的想法。

虽然门口就是庄稼地，但我和哥哥、姐姐都很本分，从来不会去想撇玉米棒子什么的。我们有很多亲戚都是农村的，玉米对我们这些小孩子来说，不是什么稀罕物件儿。再后来，我家门前就变成了大片的空地，上面出现了一些废弃物品堆积点，还有一些工人住的临时建筑房，开始小兴土木。再两三年后，我家门前就变成了很多的平房住宅。到了现在，我们全家都已经搬离了县城，但我们县城里家所在的位置已经变成县里非常好的中心位置之一了。

人很难记得小时候所有的事情，但可以记得一些难忘的片段。我也是一样。同样我小时候的回忆有很多也是关于爸爸和妈妈的回忆。我的爸妈都是从农村出来工作的。哥哥姐姐都是在农村里由我姥姥带到上学年龄才回到县城的，而我比较幸运，是妈妈亲自带大的。

从我记事起，我妈妈就是我们县里最大的工厂——化肥厂（后来改名叫炼铁厂）的办公室主任。那个时候，妈妈的工作特别忙。化肥厂也是24小时生产，妈妈与其他一些管理人员轮流晚上去工厂值班。因为我岁数小，总是喜欢黏着妈妈，有时候父亲也要去单位值班，妈妈无奈有时候不得不带我到工厂里去。我有一个清晰的童年记忆，就是坐在妈妈的自行车前面的横梁上，跟妈妈一起去她们的工厂。冬天的时候，天气好冷，我和妈妈都戴着口罩和手套，但还是感觉寒风刺骨。

那个时候，县城里的各种灯光都比较暗，还经常停电。我小时候总是怕黑。我还能记得跟妈妈去工厂值班，让我很不开心的事情是，我睡在妈妈办公室里的床上，睡了一觉醒后，总是发现妈妈不在我身边，于是就大哭起来，直到在外面屋子办公桌上伏案工作的妈妈听见我的哭声，再次来到床边哄我为止。赶上妈妈去外面查岗了，我就得哭上好一阵子。

还有一个深刻的记忆就是，和妈妈值班的时候，我特别喜欢早上和妈妈一起到工厂的食堂打饭吃。虽然每天早上都是一样的玉米棒子面粥、老咸菜和玉米饼子，但我特别喜欢在食堂吃饭，尤其喜欢喝玉米棒子面粥。我跟很多工厂的大人们一样蹲在地上，吃腌制的白萝卜老咸菜，就着玉米面饼子，与妈妈一起喝用很大的碗盛的玉米棒子面粥，感觉是特别幸福的事情。

从我上幼儿园到大学，妈妈也换了几次工作，但她始终都是"凡事都要争先"的工作型女强人，性格要强，工作努力。后来，她当上了我们县工商业联合会的会长，成了一把手，还创办了一所下岗再就业培训学校。

在我的眼里，我的父亲是一名"文人型"的小管理干部。他参加工作的时候是高中毕业。那个时候，他在县里的同龄人里面，算文化层次较高的了。他很年轻就当到乡长，但后来在官场的竞争中败下阵来，还被人诬告了，后来才得以恢复名誉。父亲是那种不愿意做管理和当领导的性格，后来就专心于文字写作与一般的企业管理。在家里，他听我妈的，享受那种清闲安逸。

父亲在我的眼里是比较严肃也是有文采的一个人。我小时候不太喜欢跟他多接触，但他给予我更多的安全感。我还有一个印象很深刻的童年记忆，就是小时候每天上学的早上，我都会坐在父亲自行车的横梁上，让父亲把我载到离学校不远的地方，之后父亲去上班，我就继续走着、跑着到学校。放学回家，我则是与小伙伴一起或者自己走回家的。

记得我小时候，有一次，爸爸在《河北日报》上发表了一篇文章。我当时很为我爸爸骄傲，觉得我们县的人能在省报上发表文章是多么厉害，觉得爸爸的形象很是高大。

我记得，当时县城里大多数人家都还不能每顿吃细粮，每个月总得吃点玉米面做的饼子或者窝窝头。我家属于很普通的工薪家庭，吃白面大约占到刚过一半的样子。可能现在的90后、00后不理解，但我小时候，家里就是还要每个月吃一些粗粮的。

小时候，我特别喜欢过年。因为每次过年，就可以买一身新衣服，还可以放鞭炮。每到春节前，我就总盼着妈妈带我到集上买衣服。我们县城每五天就有一次集市，我家住在县城，所以赶集特别方便。

那时候，过年买新衣服可激动了，买了衣服还舍不得穿，要等到大年初一，至少是大年三十才可以穿。所以，挑过年的新衣服可讲究了，总要认真地到集市上的很多露天摊点去仔细挑选和试穿。大年初一，我就会穿上新衣服，跟着哥哥姐姐去给邻居拜年，其实就是到各家串门，问候一声，各家也会给我们一些吃的如花生、瓜子等东西，有的特别熟的邻居还会给一些压岁钱。大年初二

我的妈妈（右一）和同事在单位

开始就是走亲戚了,能看到很多许久不见的亲戚,而且总能得到或多或少的压岁钱。

另外,我小时候的一大爱好,就是特别喜欢放鞭炮。我会把一挂鞭炮拆成一个一个的小炮,放在各种地方点着让它爆炸。特别是下雪以后,用鞭炮炸雪玩是那时候很大的一个趣事。

我是眼睛有残疾的儿童

从我记事起,我的左眼就是内斜的。因为正着看人会是双影,所以我总是偏着头看人。爸妈告诉我,我在几个月的时候,得了肺炎住进我们县医院。因为婴幼儿的血管特别细,所以只能在头上扎头皮针输液。但是在出院后,爸妈就发现我总是偏着头看人,开始以为我的脖子出问题了,后来发现其实是左眼出现问题了。因为左眼转不到外眼角了,所以只能偏着头看人,这样才能保证两只眼睛成像合成一个。所以,可以说,其实我也是一名有残疾的人。

记得我小时候,大家都还是比较照顾我的感受,都不会主动谈及我的斜视,但偶尔也会有人叫我"斜眼"。我的眼睛斜视倒并没有让我看起来难看,只是让我总是偏着头看人。另外,我长得文静秀气,同学们、伙伴们也普遍比较喜欢和我在一起玩耍和交往。于是,我倒也没有什么自卑的心理,基本上没觉得自己有什么与众不同的。有眼睛的缺陷,反而让我意识到不足,从而更加努力,也坚定不移地将目标瞄准电影导演。

我上初中的时候,姐姐考到石家庄市上学去了。后来,哥哥也去参军了。从那以后,家里就剩下我一个孩子了。所以,在我的成长过程中,我也享受了一些独生子女的"待遇"。

因为父母工作都比较忙,我刚满三岁就开始上幼儿园。后来又上了育红班的"小班",因为学东西比较快,上了没两个月,老师跟我的父母说我已经都学会了,在"小班"继续上课是浪费时间,建议我去上"大班"。于是,我就真的去上"大班"了。上了几天以后,被几名学生家长告了状,学校把我又调回了"小班"。这下,我不干了,在家里大哭,说什么也不去上育红班了。

我 12 岁时的照片

后来,我干脆去上了一年级。那一年,我 5 周岁。因为我上小学比班里大多数同学早两年,在上小学的过程中,一直比班里大多数的男生矮半个头。也正是因为这个,有一些时候会被人欺负。有一次,我在放学路上,被一个高年级的狠角色男生欺负。他把那种用报纸卷成的小摔炮直接砸在我的额头上。那个摔炮就在我的额头上炸响了。那天放学回家后,我大哭了一场,发誓再也不能让别人在学校里欺负我了。

一段"调皮捣蛋"学生的经历

到了初中以后,我开始有意识地接触一些高个子和看起来比较"威猛"的男生,主动地跟他们套近乎、交朋友,后来还真成了我们班里的"小团伙"的一员,慢慢地,基本上没有什么人欺负我了。我还和"小团伙"成员一起逃课、打架,有了一段"调皮捣蛋"的经历。

记得有一次,我带着我们班的几个人把一个欺负我表弟的"调皮捣蛋"学生给打了。后来差一点就被学校开除了,最后被"留校察看",并在露天的全校学生大会上带头做了检查。但从那次之后,我在学校里"出名"得很,再也没有人敢欺负我了。有很多学生在学校里看见我,总是客客气气地打声招呼。这一段"坏学生"的经历,现在想起来,也真是让我哭笑不得,属于青春期的迷茫与试错。

很快,我就觉得不能这样下去,自己还是要好好学习考上大学,考出县城才有出息。因为在初中时有段时间没有好好学习,所以没有考上重点高中,但是也还是轻松地考上了我们县唯一的一所高中——赞皇中学。

高中认真学习的"尖子生"

由于入学时,我已经有了在初中捣乱、不爱学习的不良名声,于是班主任把我安排在最后一排,与一个同样名声不好的学生当同桌。当时,我还找过老师,表示我的身高并不高,希望能把我调到前面去,方便更好地听课,但班主任没有同意,表示要观察一段时间再说。

从高一时,我就开始认真学习了。但是由于初中的一段时间没有好好学习,基础薄弱,所以到了高二,成绩才开始凸显出来。高二分科时,因为很多长辈都说理科学的东西比较实用,于是我就报了理科班。

功夫不负有心人。记得有一次,教物理的班主任赵老师发试卷,我竟然考了并列第一名,78分。当时,一宣布我物理考了并列第一,跟我在最后一排角

高一时在家里的院子认真露天学习

落当同桌的那个同样因为在初中"调皮捣蛋"而出名的学生就冲我挤眉弄眼，一脸的震惊与调侃。我也觉得有些意外，觉得有些扬眉吐气，那种感觉好极了。

之后，我的物理成绩便经常考全班第一了，而且其他科目也开始考第一了。记得到了高三的上半年，在一次全年级考试中，我竟然考了全年级各科目总成绩第一。当时也的确出乎我的意料。再往后，每次考试考不到全班第一，我就觉得没有完成任务。

刚上高三，我的数学成绩排不到班里的前列，在整个年级就更落后了。但在一次全校举行的全国高中数学竞赛选拔赛中，我超常发挥考了全年级第三名。我自己没想到，同学们也都觉得不可思议。但学校还真的就按照分数选拔人员，于是我还真就成了我们学校代表县里去石家庄市参赛的三名代表之一。

这下得准备一下了。我就到我们县的新华书店买了一本数学竞赛的书，看了一些内容。这本竞赛书上讲的很多解题原理和方法，在我们普通高中的数学教材上是没有的，是一些我之前从来没听说过的解题方法。我记得，有一个叫作"抽屉原理"的解题方法给我印象比较深。我认真进行了学习并看了后面的几个例题。

没过几天，我就和另外两个班的两名同学跟着一名数学老师，坐大巴车前往石家庄市的正定县参加全国高中数学竞赛去了。一路上，我还想着，学校真是公平，就因为我选拔赛考得好，就把我这平时数学成绩一般的学生选上，让我代表县里去参加全国高中数学竞赛。结果那天，最后一道大题我还真就用上了我在书中看的"抽屉原理"。比赛完之后，这件事情也就逐渐忘了。

有一天晚上，我正在上夜自习。突然，一个红皮的小证书从我身后飞到了我的课桌上。我一愣，班主任赵老师一言不发地从我身边走过去了。我当时觉得这个班主任老师好酷，跟特工似的。翻开小红皮证书一看，是发给我的全国高中数学竞赛三等奖的获奖证书。后来才知道，我们县里去的三个学生中，只有我一个人获得了三等奖。当年的高考可以给我加10分！

那个时候的理想，虽然是认真学习、考上大学。但从高中起，我的内心目标就是要当一名歌手。那时想得也很简单。我上中学的时候，歌手老狼的歌曲很火。老狼是清华的学生，我很喜欢他的歌。我的声音从小就比同龄人亮，从小也喜欢唱歌，但是并不懂得节奏和音准，就是跟着磁带唱。我小时候，很多

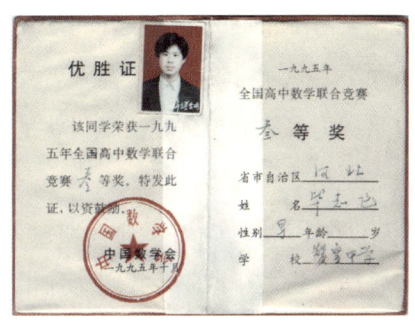

我的全国高中数学联合竞赛获奖证书

人还说我的声音亮得像女孩子。而且听我姐说，我小时候，她与一些长辈抱我出去，我经常被人称赞"这个小妮儿长得真好看"。

高中开始认真学习后，我其实给自己制定了一个发展规划，就是要考上北京大学，然后做一名歌手，成为一名像老狼一样的校园民谣歌手。他读了清华，那我就要读北大，在北大 PK 一下清华的老狼。

与北大擦肩而过的往事

1996 年的 7 月，参加完高考，填报志愿时，我在高考志愿上只填写了北京大学一个志愿，但是跟老师和同学们都没有说。其实，我也知道自己未必能考得上，但我只填写一个志愿的意图就是当年非北大不上。结果，虽然那一年因为获得了全国高中数学竞赛三等奖，可以获得 10 分的高考加分，但我的分数还是不够北大的分数线。那一年，虽然我的高考分数已经达到了重点线，高出本科线很多，但我的高考录取通知书一直没有来。别人也不知道为什么。我当然是一点儿也不意外，很快到我们高中的复读班进行复读，开始为第二年继续考取北大努力。

1997 年的高考，我考取了我们县的理科第一名，565 分。仿佛命运中的安排，那一年，北大的提档线也是 565 分。我的档案被提走了，但是最终还是没有考上北大，而是收到了我填报的第二志愿北方工业大学的录取通知书。那个第二志愿是我父亲帮我进行的选择，我也觉得第二年还只填一个学校有点说不过去。我记得，我拿到自己人生中第一个大学录取通知书的那一刻，是一点都不开心。

在报志愿时，其实很多人劝我第一志愿不要填北大清华，填一个比较好的学校就行了，但是我还是执意填写了我心爱的北京大学。我就是这样一个怪人。我愿意为北大赌一把，哪怕只有一丝希望，我也愿意为我的梦想试一试。我就是一个要争第一的人。

我当时还想再复读一年，但是爸爸妈妈坚决劝我不要再复读了。那个时候，我真的有一种挫败感，每天都很低落、郁闷。后来，我去石家庄市我姐家住了一段时间，直到大学开学也没有再回县里的家。妈妈几次打电话让我回来，说要给我请客送行，但我坚决不回去。妈妈当时十分伤心。几乎所有的亲戚朋友都说我是一头倔驴，但我坚持认为我失败了，没什么可值得庆祝的。那段时间，我整天陷在悲伤之中不能自拔，一直想复读的问题，还去了石家庄市的好几所学校打听复读的事情。由于家里人坚决反对，后来我想，反正已经考到北京了，一样可以开始追逐我的歌手梦，于是决定不再复读而是去北京上大学。开学报到的前一天晚上，父亲来到姐姐家里，好强的妈妈没有来。父亲与我姐夫第二天一早一起送我去北京报道。

姐夫负责买车票。他为了省钱就买了一辆最便宜的慢车，而且没有座。第二天早上六点，我们三人登上了一辆特别特别旧的绿皮火车。车开得很慢，人也很挤。那次的印象很深刻，因为那是我人生中第一次去北京。那天，我在父亲与姐夫的陪伴下，坐在绿皮火车的两节车厢连接处的地上，屁股下面铺了两张报纸，旁边是挤得满满当当的人，一路"咣当咣当"到了北京。那也是我人生中第一次坐火车，让我对火车的印象十分不好。多年以后，每次谈到这件事情，我总是跟姐夫开玩笑说他是个"葛朗台"。

我考取县里理科第一名后获得的证书，并获得了500元奖励

第二章

贫困县『状元』进京,爱上电影

彷徨的大一新生

上午十点多，火车到了北京西客站。站外有北方工业大学接站的大巴车。我们三人上了车。开了一个小时后，我竟然看到了大片大片的庄稼地。天呐！好偏僻的学校，这个地方与我想象的北京的样子距离太遥远了，而且关键是不容易学习唱歌，不容易与唱歌的人士多接触。当时心里哇凉哇凉的。到了学校后，爸爸和姐夫陪我一起办理了报道手续，到我宿舍看了看，上了个厕所，留下十分失望的我一个人，就匆忙赶回去的火车去了。

我当时觉得自己是那么的孤独。记得当天晚上，同宿舍的一名广西学生的高中同学也住在我们宿舍。他是来上北京邮电大学的，准备第二天去报道。听说人家学校在很繁华的海淀区学院路高校区那里，我觉得好生羡慕嫉妒恨啊。

第二天，我就开始为我的歌手梦想奔波了。我穿着一条北京人当时看着一定感觉很土的深色牛仔裤和一件白衬衣，前往市区去寻找中央音乐学院。我当时的想法就是，上不了北大了，就到艺术院校去学习唱歌，直接过去看看有没有老师愿意教我。

那时我还不会坐地铁，就在路边坐公交车。上了公交车后问司机怎么换乘。那时没有手机，也没有导航软件，我买了张地图，一路上不断地问，终于在下午四点左右找到了中央音乐学院。当看到中央音乐学院很有气势的校门口与周围高楼林立的环境时，感觉很高大上。

在中央音乐学院的校园里，我四处向人打听哪里有教唱歌的老师。现在想起来，当时一定颇有点让人觉得滑稽。

我记得在一条小路上，遇到一名提着两条鱼的五十多岁的老师模样的人。我问他是否知道哪里有教唱歌的老师，他鼓励我说他当时来北京也是像我这样找过来的，还告诉了我某栋楼的某房间，住着一名声歌系的教授，让我去试试。我就去了，敲了人家的门，里面真的出来一位满头白发的很有气质的老师，里面还有几名学生打扮的年轻人正在学唱歌。我操着当时还不标准的普通话向这位有白发的老师讲明来意，表示希望学唱歌。人家上下打量了我一下，说了一句"正忙着呢",就把门关上了。我很伤心,一个人失落地离开中央音乐学院,又坐着车返回自己的学校了。

大学开始上课了。因为我对自己考的学校不喜欢,心情一直很低落,也不想学习。我曾经每天早上迟到,连续迟到了两个月。我们早上的课程大部分是高数课,有一天,我们的高数老师实在忍无可忍了,当着全班学生的面训斥我:"你要再迟到一次,你的期末考试肯定不及格。"虽然没有学习的兴趣,但我真的不想不及格,就想能够顺利毕业,好去考唱歌等艺术专业的研究生。结果,从那次起,我还真就做到了,后来再也没有迟到过。

我大学学习的专业是工业设计。当时报考这个专业完全是没有多了解就报了,就感觉设计可能与艺术比较沾边。我们的专业课程有平面构成、立体构成、色彩构成这三大构成课,还有素描、水粉、油画等美术课,另外还有剪纸、摄影课,真是与艺术专业有不少接合点。那个时候,我们专业的学生还经常背个画夹子,在学校里写生,我们也曾经集体到山里去进行摄影写生,让其他专业的学生很是羡慕。但那个时候,我对工业设计不很感兴趣,还是一心一意地想去当歌手,想考其他专业的研究生。但是,不可否认的是,工业设计的四年本科学习是我人生中非常宝贵的一段经历,让我在平面构图、色彩、光影审美和创作等方面有了很多的积累,对我后面的电影学习和创作起到了非常重要的基础铺垫作用。直到今天,我都觉得自己是一名在画面色彩和光影把握方面有优势的青年导演。

省吃俭用学习唱歌舞蹈

在大学的期间,有一次,听说有一家音乐公司来挑选歌手,我就去报名了。那天来了很多学生在现场唱歌参加他们的选拔。虽然我从小就嗓音不错,但是我从来没有学过唱歌,不懂节奏与音准,也从来没有当众唱过歌,所以那次非常紧张,完全没有发挥好。后来,人家选完了,没有我,我就特意找到人家,表示我特别想唱歌,问人家能不能给我这个机会。人家表示不能,但我执意说要学,后来人家就让我学了,告诉我要交一笔培训费。我就把家里给的前两个月的生活费几乎都交了。

接下来的几个周末，我就去学习唱歌跳舞。记得当时教唱歌、舞蹈的老师真的都很潇洒，一个个给人感觉都风流倜傥、派头十足。那应该算是我第一次参加正规的艺术培训了。我特别珍惜学习机会，每次都练得满头大汗，而且全身都会湿透，头上更是如同被水浇了一样。记得有一次，我找的那个接收我学唱歌的人，看到我参加舞蹈课后出汗的样子，特别"变态"似的大笑起来。我知道我出汗出到了他从来没有见过的样子，但我想我可能也见到了他以前从来没有过的笑得激烈的样子。那个时候，新学期开始不久，我把家里给的两个月生活费全部交了学唱歌、跳舞的学费，剩的钱寥寥无几。为了坚持下去，每天早上，我就拿着圆筒状带把手的饭缸，去买一份两毛钱的粥喝。我记得食堂有一个面容清秀的南方大姐，人特别好，她看我每次来就是只买粥喝，每次轮到她掌勺，都给我盛几乎快满一整饭缸的粥。两毛钱等于喝了两三份的粥，我心里可感激了。

在那个培训班里，我认识了一名我们学校在那里参加培训的唱歌很不错的小伙子。他后来有一年拿了全校歌手大赛的第二名，还交上了很漂亮的女朋友，让很多男生都很羡慕。这个小伙子说他有个同学很帅气，在北京的一所著名艺术高校里学表演，还给我看照片。我问他是什么学校，他说是北京电影学院，这就是我第一次听说北京电影学院名字的故事。那个他说的很帅气的同学是黄晓明。从那天起，我突然觉得，从事电影行业可能是一个好选择。因为，上了大学后，我逐渐觉得，当一名歌手，路是有点窄的，我想做更有挑战性，路更宽的事情，那么从事电影行业是一个很好的选择。

总之，我从小就是一个对演艺和艺术充满兴趣和理想的人。在县城里，从小到大都是听歌曲，所以想当歌手，从来没想过当演员的事情。到了北京，知道有北京电影学院，突然发现原来有电影行业可以学习，这更加吸引我。

我有自知之明，知道自己的眼睛从小有斜视，当不了演员，但我可以学导演，一样可以接触很多的表演艺术。另外，如果我的眼睛没有在小时候的医疗事故中变斜，那么我或许就一心一意地去追求表演、选择当演员去了。

从歌手梦转为电影梦，一个人的自习岁月

我从地图上查到北京电影学院的地址，很快，就辗转公交和地铁去考察了一番，感觉真的很有艺术氛围。我就在电影学院图书馆下面卖书的小铺买了很多的电影书，从此，下定决心要考北京电影学院的导演专业研究生。

从那以后，我就有了明确的人生目标和努力方向，整个人一下子开心起来，每天都充满激情地去奋斗！此后几乎所有的课余时间，每个早上和晚上，我都要去自习教室里学习电影编剧、导演，还有电影史、电影理论等书籍，成了一名"自习达人"。

我的同学都感觉我突然变了一个人，但他们都不知道我要干什么，觉得我很是奇怪和神秘。我也不跟他们多说，除了完成工业设计的基本学习任务外，我把所有精力和时间几乎全花在了自学电影上，后来的大学生活过得很充实、很有味道。所以，对于年轻人来说，一定要给自己制定明确的目标，就不会浪费时间和生命。

那个时候，在大学里上自习，特别是晚自习，都要提前寻找座位和占座，有时候从下午就得开始占座。想长期占一个教室的一个自习座位也是不可能的，因为几乎每个教室白天都有不同的课程，有的教室晚上也会有课程。于是，我几乎每天都在各个教学楼的各个教室转悠着寻找座位，这种每天找座位上自习的经历其实也是一段很有趣的经历。很多大学生都深有感触。

我就是这样一个人在"孤独"自习和钻研电影中，度过了我本科生涯的后三年，周末有时还会一个人到北方工大图书馆的放映厅去看一场两块钱的用录像机播的电影。我的课余生活与本科同学几乎是不怎么来往的，整个大学我也只是在大二时谈了一场还没有开始就结束的恋爱，做了四年标准的"单身狗"。

一场还没开始就结束的恋爱

在大学里面，谈恋爱是很流行的。在大二上公共选修课时，我几次都注意

到了一个很文静漂亮，爱穿红色衣服的女孩。终于，有一次下课后的路上，我主动找到人家聊天，跟人家认识了一下并要了一个电话，后来还约人家去游玩了半天。但很快，她的一个老乡，一个大四的男生出现了，气势汹汹地开始跟我进行正面竞争。我很快在那场竞争中败下阵来。思前想后，我觉得还是应该专心于自学电影，不能因为谈情说爱的竞争和心理波动影响自己定下的考电影导演研究生的理想和目标，于是我告诉女孩自己选择放弃。在这之前，我们俩手都还没有牵过。

记得那一天，女孩到我们宿舍楼下，用宿管室里跟每个宿舍相通的呼叫器把我呼叫了下来。我下来后，看见宿舍楼门口的她穿着一双大的棉拖鞋，眼睛里闪烁着泪花。她直接问我说不再联系是不是开玩笑的，我告诉她我真的放弃了。她一句话也没再说，眼睛里闪着泪花走了，留下我一个人在原地站了很久。

这一幕也成为我铭记终生的一幕。我知道她的心很受伤，很难想象她承受了什么，从此我的心里也留下了深深的愧疚。

记得在千禧年的那天晚上，当时我读大三。学生们都在学校里的广场上参加庆祝千禧年的庆祝和倒数活动，我与同宿舍的另外两个"单身狗"也一起在人群中晃晃，凑凑热闹，其实是满足一下内心的空虚。那天晚上，我在人群中看见了那个女孩，后来她好像在大学里没有再找男朋友。那天晚上，她也在人群中看见了我。她一定希望我能够走过去打个招呼，但我当时真的没有勇气走过去打个招呼。

这是我大学期间唯一一次最接近恋爱的经历。伤了这名女孩的心，是我人生中特别愧疚的一件事情。其实我真的希望有一天，可以当面向她认真地磕上一个头，道一个歉。我不知道，她后来在大学里一直没有找男朋友是否跟与我的经历有关，但总是让我很心痛。祝她现在一切都好吧！当时的选择，全都是为了追逐我那个电影的梦。

可能正是因为做错了事该受报应，虽然后面也曾经尝试交个女朋友，但人家都拒绝了我。我也没心思多追求女孩，后来我在大学里就再也没有谈上女朋友。

本科的后来三年，我的心里头总有一个梦想，就是要考上北京电影学院，开启自己的艺术梦想。很多人说我很努力，也喜欢被夸奖，其实我自己明白，我是一个心很高很高的人，所以总是非常渴望得到别人的鼓励。我是一个希望在我选择的行业里做到一流的人。我给自己下的任务是：要么不做，要做就要奔着最好去做。

遇到"贵人"

"苦行僧"式的两年多复习后，我对买的电影导演、理论书籍已经非常熟悉。结果，2001年，我本科毕业的那一年，北京电影学院的导演系不招收硕士研究生，让我很是失望。我实在不甘心，觉得自己小时候爱好唱歌和武术，有一定的文艺条件和基础，那就考表演专业的研究生吧，哪怕没考上，我也可以熟悉一下北京电影学院的研究生考试。北京电影学院的表演系2000年左右更名为表演学院，但师生们还是习惯称"表演系"。

于是，我就报考了电影学院的表演系硕士研究生，并且购买了招生简章上列举的备考书籍。并进行了蚂蚁噬骨式的研读和学习，就跟我备战高考时一样，把所有的书全写写画画得密密麻麻。认认真真准备之后，我参加了理论考试和表演考试。结果，没有考上。

但那一年参加表演系的研究生考试，也让我遇到了贵人。记得那次表演考试，我很紧张，没有发挥好，结束后，垂头丧气地往外走。一位五十多岁的年轻时一定很帅的面试老师在楼道里遇到我，一边和我一起往外走，一边跟我讲他挺看重我的质朴和执着精神的，但因为我完全没有学习过表演，建议我跟着表演系的新生一起听听课，打打表演基础。我十分感动，感觉终于遇到了一位愿意帮助我的老师。这位老师的全名是陶福庆，学生们看见他总是亲切地喊"陶老师"。

2001年本科毕业前那半年，大家都在找工作，我也跟风去找工作了，参加了两次招聘会，也跑到一些公司去参加了面试。当时，北京宣武门附近的庄胜崇光百货SOGO计划建立设计部，我在招聘会上投递了简历，后来，经过两轮入职笔试考试和面试后，他们计划聘用我，让我的很多同学感觉很诧异。

经过认真考虑后，我决定不去庄胜崇光百货 SOGO 工作，而是为了电影梦想选择继续上学。

我按照在表演系楼道里碰上的陶老师所说的话，准备到表演系旁听。正好陶老师要担任班主任，带一个 2001 级新生班。我问清楚了我可以去进行旁听，但需要给表演系交 2 万多块钱的旁听费。那个时候表演系的每个班里都是有几名旁听生的，官名叫作进修生。

在 2001 年的时候，我父母每人每个月的工资大概不到两千块钱，所以 2 万多对于我们家来讲，是一笔不小的钱了。父亲的身体不好，每个月还要吃很多药，这么多年他们一直在供我上大学，家里的资金很紧张。而成家的姐姐刚刚能够自给自足，哥哥还在部队。我知道，接下来，我需要面对的是筹集学费的问题了。

第三章
北京电影学院的旁听生

通过绝食获得家里支持

2001年7月，本科毕业。我办好了各种离校手续，户口也按照规定迁回了县里。我收拾了所有的东西回到家里，郑重地跟爸妈谈了一下，告诉爸妈我考了北京电影学院的表演研究生，但没有考上，计划到北京电影学院的表演系旁听一年，希望爸妈给我筹集2万多块钱的学费。

那还是爸妈第一次知道我考了北京电影学院的研究生，之前他们一点都不知道。爸妈知道了十分惊讶，半天没反应过来。后来，他们劝说我不要考电影，更别考虑学表演了。他们的理由是，家里没有一个人是从事艺术行业的，我不可能能够搞电影。我的哥哥、姐姐、姐夫知道了，也都拿这个当笑料，而且都跟我讲："你绝对考不上表演系。"我哥当时还跟我说过："如果你考上了，我就倒着走！"

我是个天生倔强的性格，我仍然坚持。我认为电影是我真正热爱和愿意从事一辈子的职业，不能从事的话，我会一辈子后悔的。我跟所有人讲，这辈子非电影不学了。为了表示我的决心，我开始进行绝食，每天真的就喝点水，虽然很饿，但我每天坚持继续学习电影书籍，练形体和唱歌、诗朗诵。每到吃饭，爸妈总会端着饭菜来"诱惑"我一下，但我坚决不吃。过了几天后，爸妈的语气缓和下来，答应考虑考虑，我才停止绝食。2001年暑假快结束的时候，爸妈顶着所有亲朋好友的反对，同意了。

这让我一直都特别感动。我们家的条件很一般，爸妈把三个孩子都养大不容易。那个时候，县里跟我同龄的人绝大多数都参加工作了，不再啃老，有的都已经结婚生子了，但我选择了再次从家里拿钱，去学一个县里人想都没想过的电影行业。而且，因为我的左眼有斜视，爸爸妈妈没有直接说，但他们当时肯定是认为我不可能考得上表演系的。所以他们能拿出这笔钱来，我知道完全是因为我的一再坚持而做的，这或许就是那种没有期望回报的无私奉献。其实到现在我也不明白为什么他们能满足我的梦想，但想起来很是让我感动。

2001年9月初，我怀揣着家里给我的厚厚的两万五千块钱，辞别家人，带着一些行李和书籍，登上长途客车离开县里赶往北京。

在北航的"蜗居"岁月

到了北京，第一是解决住的问题，所幸本科有个同学在北京有住所，是他的爸妈给他买的一套小房子。我就临时在同学的小房子里落落脚。我联系了电影学院的陶老师，去表演系交了2万3千块钱，身上剩了2千块的生活费用。接着，我开始在蓟门桥的北京电影学院附近寻找出租的便宜房子。

因为北京电影学院四周的房子租金都很高，找了很多都不合适。后来，我在北京电影学院斜对面的北京航空航天大学的学校内找了一间五六平方米的小平房出租屋，每个月的房租是360块钱，是我能够承受的价格。我租的平房真的很小，只能摆下一张单人床，然后摆一张小学生的小课桌，放点杂物，其他东西就只能放在地上。这就是我在北京租的第一个房子。虽然很简陋，但这个经历成了我人生中的一笔宝贵财富。当时我没有手机，用的是传呼机。

我姐姐到我北京的小屋看我

我也非常感谢北航。北航这所学校后来还真成了我的福地，我考硕、考博都是在北航学校内租平房完成的。我前后两次在北航租过平房，都顺利地实现了自己人生阶段的一个跨越。下面会细说。

解决了住宿的问题，我就可以专心地在北京电影学院表演系旁听学习了。说起来，要特别感谢在北京电影学院表演系旁听的那一年，我学了很多表演基础训练和实践技巧，也是从那个时候真正跨入了影视表演专业的门。全国各大院校表演系的专业课程主要有声乐、台词、形体、表演四门，北京电影学院表演系也是一样。形体、声音是演员塑造人物性格形象的两大手段。通过这四门课程的学习和训练，表演系学生可以掌握基本的声音、形体训练技巧和塑造人物的基础技巧。

当时，电影学院表演系新入学的2001级新生共分为两个班，一个2001级本科班，一个2001级高职班（大专班），每个班都有三十来名学生，还有几名像我一样的旁听生（研修生）。虽然分成两个班，但表演系学生入学考试的竞争实在激烈，两个班的学生都是百里挑一，都很优秀，师资力量也基本都是一样的高水准。

我所在的是当时还任表演系书记的陶老师担任班主任的2001级高职班，马苏、姚笛、练束梅等演员都是这个班的学生。我就是与她们一起，从入学的表演基础知识，例如解放天性、动物模拟、人物观察等，还有形体课、声乐课、台词课的基础知识学起的。我们旁听生，除了不上英语、政治等公共课外，与班里学生一起学习所有的声、台、形、表课。

记得刚到班里，真的有种自惭形秽的感觉，好像不自信的农民进城一样。因为班里全是让我这种比较内向的人不太敢直视的帅哥美女，而且他们都身穿时尚鲜亮的衣服，而我穿的都是很简朴的衣服，与他们有些不协调。我当时也不太知道什么名牌，后来才知道其实很多人穿的都是名牌。班里的学生们也都挺活跃的，性格普遍外向和张扬一些。其实，在北京电影学院整个表演系里，学生们都有一种自豪感和天之骄子感，因为真的是从千军万马过独木桥中胜出的。看到他们自信又活跃，我真的挺羡慕的。

真正近距离地与这个带有神秘感的学生群体接触了，也让我有些紧张。表演系学生这个群体是一个很受社会关注的群体,提起表演系,大家会想到美女帅哥,还有人可能会想到周末有豪车接美女什么的。的确也是有这些情况,当然,有的就是学生家里人的车或自己的车。

当然,我到电影学院表演系2001级高职班旁听,最主要的感受是特别兴奋。因为我真的实现了自己的目标,可以开始进行专业、系统化的电影表演学习了。表演专业是很有意思的专业,上课的内容和形式很有趣。比如,表演课的教室里并没有传统的一排排的课桌,全班学生分坐在教室的两边,由三名表演教师组成的教学团队一起上课。我们班的表演教师是很有名、很受学生喜欢的喜剧演员王劲松老师,以及表演系的表演教研室主任朱宗琪教授和后来演了《潜伏》等一系列著名影视剧的祖峰老师。老师们的表演理论授课与学生的表演实践练习穿插进行。学生们在课堂上进行表演训练、展示课下准备的小品时,老师们会对学生们的表演进行具体分析和指导。

其他的表演专业基础课程也很有趣。台词课会根据不同的阶段进行不同的演员"气、声、字"的基本功讲解、训练和绕口令、朗诵、独白等语言训练。形体课主要进行舞蹈、武术及形体表演等各种形体技巧的练习。声乐课与音乐学院的课很像,大家分组接受声乐教师的指导和训练。在电影学院的表演系,也让我圆了一个到音乐学院上声乐课、学习唱歌的梦。

我已经读过一次大学,比班里的学生们普遍大几岁,有了更多的人生经历,也格外珍惜来之不易的表演学习机会。我每次上表演、台词、形体、声乐课都很投入,就像一块干涸了很久的土地,当雨水来临,疯狂"滋滋"吸取水分的感觉,真的很爽。

另外,我从小喜欢唱歌和武术,在声音和形体方面也有一定的天赋,所以在表演各专业课程的学习方面还是很顺利,进步较快的。

我的表演课程的学习有很多难忘的回忆。那个时候,因为与班里的帅哥美女学生们不是很熟,而我又是旁听的插班生,所以大家分头排老师布置的表演作业的时候,没有人找我,我只能一个人在旁边静静地看,然后回到自己的小屋自己一个人扮演各种角色演练。

通过演喜剧成为班里"尖子生"

　　观察了一段时间后,我主动出击,找了两名同样是旁听生的同学一起排表演作业。因为当时班里在进行动物模拟训练,我就邀请他们一起排一个我自己构思的动物模拟小练习,还特意提前去蓟门桥附近的金五星批发市场(这个地方,很多电影学院表演系的学生都很熟悉,很有感情)给我们三人买了紧身衣与假扮猫和老鼠的尾巴、耳朵等道具。因为第二天上午是表演课,班里很多学生都在我们班的教室里排练,为第二天交表演作业做准备。我们几个旁听生一边等排练的场地,一边在教室外面的大厅里商量和练习。后来有场地了,我们就进教室,布置好道具,穿上服装开始正式排练。那次我们排了很久,一直排练到半夜。排练的时候,我发现自己丢了我在北航租的小屋的钥匙,也回不去

我的表演启蒙老师王劲松

了，我们三个人索性就在教室里整整排了一个通宵，谁都没有睡觉。

早上八点，开始上表演课。我们的表演作业是第三个。虽然一宿没睡，但我那时根本没有一点睡意，一直很紧张，因为这是我第一次在班里当众交表演作业。

初学表演的人有一个问题，就是容易紧张导致放不出声音来。我编的那个动物模拟练习挺有趣的，讲两只公老鼠被一只母猫困在洞里几天了，饿得饥肠辘辘，为了活下去，决定冲出洞穴，用男色和跳舞取悦母猫，希望换取一些食物的故事。

因为我在班里上了一个月的表演课都没有交过表演作业，班里的学生们也都很好奇我的作业和我的表演。

开始表演后，我听见班里的学生们不时被逗乐，而且用余光看见好多后排的学生都从椅子上站了起来，以便看见我们两只"老鼠"在地上的表演。

我第一次在班里当众表演很紧张，好似有块大石头压在嗓子上似的，声音怎么都放不出来。于是特别让我感动的一幕出现了：教室两边后排站着伸头往前看的和坐在前面往前看的同学，都纷纷善意地用气声提醒我："大声点儿——大声点儿——"当时我心里头感觉特别温暖，很受激励，我第一次表演被全体同学轻声善意鼓励的经历会让我铭记一辈子。后来，也真的越表演越好，这个有很多形体动作的喜剧风格动物模拟练习引起了全班的阵阵笑声和喝彩。我这一生都会把2001级高职班同学们给予我的热情鼓励铭记在心里！

交完作业后，表演课主讲老师王劲松给了我"狠狠"的表扬，说我的表演是有着"迷人的光彩"的，很有前途，引起了全班同学的惊呼和热烈鼓掌，让我真有点受宠若惊的感觉。就这样，我的表演作业处女秀获得了圆满成功。可以说，我要特别感谢王劲松老师给予的表扬，让我奠定了坚实的表演信心。

从第一次大获成功以后，班里的同学们逐渐开始找我参演他们的表演作业了，获得上台表演的机会也越来越多，我的表演进步也越来越快。一年级第一学期的解放天性练习中，很多都是喜剧风格的练习，因为后来我演的几乎每个喜剧角色都能让班里的同学们哈哈大笑，几个爱出风头的男同学开玩笑地称我为班里的"戏王"。接着，越来越多的同学找我演他们的表演作业，特别是让我出演一些喜剧角色,我也是乐在其中,抓住机会不断提升自己的表演。后来,我竟然逐渐成为2001级高职班里的表演课"尖子生"和喜剧表演"明星"了。

因为我们的主讲教师王劲松老师很擅长演喜剧,结合一年级的解放天性教学需求,全班都很重视喜剧表演,班里的同学们都觉得我演喜剧的能力很强,我也是依靠喜剧表演获得了师生们的认可。其实,我家在县城,从小到大,春节的时候也没什么大型年夜饭和娱乐活动,每年春节就是全家人一起看春晚。春晚上陈佩斯、朱时茂、郭冬临、冯巩等明星老师的表演就是我的启蒙老师,虽然春晚上的表演和影视表演不太一样,但在喜剧表演的节奏感等方面是一致的。也可能是领悟能力比较强吧,结合电影学院的系统、专业化表演教学,我入门和提高很快。

期末汇报上演傻子,"火"了一把

表演系的教学中,基本上每个班在每个学期末都会举行表演课的汇报演出,展示成果。每个学期临近结束的一段时间,老师们会从学生们在课上交过的表演作业选择出少数几个,进一步加工排练后进行汇报演出。

我们2001级高职班选了10个作业,分A、B两场举办面向全校的期末汇报演出,结果我构思、排练和主演的两个作业都入选了,让我挺有成就感。我的两个表演作业的名字,到现在我都记得很清晰。一个叫《猫和老鼠》,一个叫《死神石头剪子布》。

《猫和老鼠》就是我第一次上台表演交的那个动物模拟表演练习,因为引起了班里师生的热烈响应而入选期末汇报。而我的另外一个表演作业《死神石头剪子布》则更受欢迎,还让我在全表演系"火"了一把。

《死神石头剪子布》的剧情挺有意思,是我受到《大话西游之月光宝盒》的启发编的一个三段式的奇思妙想表演练习(表演系一年级解放天性教学中的一种教学手段)。讲一个老年人早上晨练,心脏病突然发作了,瘫倒在地上的他掏出随身携带的用容量更大的自制药瓶装的救心丸,但是手抖、四肢无力,怎么也打不开药瓶的盖了。这时,路过一个好心的盲人,老人发出求救的呻吟声,盲人听到后知道发生事情,但因为眼睛看不到,与老人的交流存在障碍,结果耽误了救治时间,老人死去。死神出现后,老人不服,想再获得一次机会,认为遇到新的人,自己就会获救。爱赌的孩子气的死神跟老人玩"石头剪子布"输了,于是只好再给老人一次机会。这次,老人遇到一个地痞无赖,这个无赖不但没有帮助老人打开药瓶,反而看四周没人,趁机将老人身上的财物洗劫一空。老人不服,与死神见面后,再依靠"石头剪子布"赢了死神,又获得一次重新来过的机会。这次,老人遇到了我演的傻子。傻子心地善良,但是活在自己的世界里,有自己的逻辑。他每天的生活就是在被人叮嘱吃药和各个地方抓蛐蛐中度过的。正在抓蛐蛐的傻子经过老人身边,看到老人倒在地上,一只手哆哆嗦嗦地拿着一个药瓶不清晰地呻吟,一只手一直指着自己的嘴巴。傻子天天被人叮嘱吃药,他以为老人是让他吃药,善良耿直的傻子就把药给吃了……后来,死神得意地把老人抗下场。

演这个角色的时候,我按照傻子自己的逻辑很严肃、认真地去演,加上服装造型也设计得很有喜感,全场观众的笑声此起彼伏。虽然是以刻画人物的表演练习为主,但是我们的剧情也让观众觉得很有创意。

第二天,我们班里一个女生跟我说:"你火了!今天有很多人要晚上专门来看你演的傻子!你要好好演啊!"

一次难忘的"演出事故"危机化解经历

正如那位女同学所说,那天晚上真的来了更多的人。我演的傻子一出场,果然台下立刻掌声和笑声一片,我也是演得十分认真。结果,扮演老人的演员因为手没控制好,他跟我比画药瓶的时候,药瓶一下子从手里掉在地上滚出去好远,都快滚到上场处的侧幕条去了,下面的戏一下子没法演了。当时剧场里一下子安静了,我估计在二楼控制中心的王劲松老师和我们全体同学都为我捏了一把汗。我心里一下子说:"完了!这可怎么往下演?"

全场静极了。我一个人愣在当场,躺在地上装扮老人的演员也不知所措,只能有气无力地继续呻吟。按照剧情,下面应该是扮老人的演员跟我比画药瓶

我在北京电影学院小剧场的演出剧照

我们2001级高职班的汇报演出合影,我在最后一排右二

和用手指他的嘴，然后我吃了他的药，可这下没有药瓶了。当时，我心里飞快地闪过很多念头，躺在地上的演员不可能再爬起来去捡药瓶了，因为他已经瘫倒在地上起不来了，如果过去捡药瓶就不合情理了。那怎么办？我急中生智，迈着傻子自己的特色步伐，过去把药瓶一把抓了起来，又大咧咧地走到老人身边，仔细地看了看药瓶，又瞅瞅地上的老人，然后生气地说了一句"这哪是蛐蛐啊"，然后把药瓶不屑地扔还给了地上的演员。地上演老人的演员仿佛一下子抓住了救命稻草，用颤抖的手牢牢抓住了药瓶，生怕再掉了。就这样，我们的演出事故被化解了，而且，临时救场加的台词还引起了观众的爆笑。想想还挺后怕的，幸亏我急中没有慌乱，依照傻子的行为逻辑和思考逻辑把戏救了回来。

那天人多，我们都很兴奋，演得更加投入。成功救场之后，我也如鱼得水，牢牢把握住傻子角色的心理逻辑，很认真地去体验和表现。这是一种很过瘾、终生难忘的体验。仿佛如有神助，我感觉已经牢牢地与傻子这个角色合体，后来，几乎我每一个动作和每一句台词都会引来观众的爆笑，那个时候，我仿佛已经控制了全场观众的眼睛和一呼一吸，有一种全场观众的心理节奏和情绪都跟着我在上下起伏的感觉。我也第一次充分享受到了演员的成就感。经历过这样的体验，你会彻底地爱上表演艺术！

那天我饰演的傻子刚进入侧幕条准备下场时，我听见观众席上竟然有几个人大喊"再来一个""再来一个"，之后是热烈的全场鼓掌。其实，在北京电影学院表演系的小剧场很少会出现叫好的情况，毕竟是专业表演院校。所以，当时汇报演出完之后，我觉得很过瘾，很有成就感，在后台激动得久久都没有平静下来。

电影学院的每场汇报演出，都有表演学院和全校的很多师生在。正是通过期末的汇报演出，让我获得了表演系很多师生的认可，在表演系竟然也有一定的知名度了。而我也越来越有信心，越来越放得开，也更加努力，形成了正向循环，对考表演系的研究生也越来越自信。

获得电影学院表演系硕士招生考试第一名

还要特别感谢一位前辈。在北航居住的时候，除了在北京电影学院的表演系旁听声、台、形、表课程，和班里的同学们进行表演作业排练外，我早晚还会在北航进行各种形体锻炼，跑步、压腿和踢腿等，一个人在北航的运动场边上的器械区进行。一天早上，我偶然发现了很多北航的教职员工和学生一起练太极拳的地方，有一名五十来岁的老者在免费教拳。他的动作特别潇洒飘逸，让我觉得有力又充满美感。这位老师姓田，是陈氏太极拳的第十九代正式传人。因为我从小对武术很感兴趣，我就每天早上早起，跟着田老师带领的这拨人练了半年正宗的陈氏太极拳，结果练得有模有样，获得了很多人的赞扬。田老师很喜欢我这个学生，他说可以收我为正式的弟子，但因为当时考硕士研究生的原因，后来没有拜成师。但这段经历也成为我人生中的一段非常美好的回忆，也让我拥有了一项太极拳特长。

2002年年初，本来计划报考电影学院导演系研究生的我，因为后来的表演学习经历和成果，还是继续报考了表演系。笔试是考理论，我很轻松地考完。然后是表演专业考试，让我们报考的所有学生临时分组进行即兴集体小品表演，然后每个人再进行一项特长展示。我与两个不认识的考生被分到一组，给我们的表演考试题目是"公用电话亭"。因为后来的那段时间基本上天天与表演系的学生们排练，又在期末表演汇报上取得了好成绩，所以那个时候，我已经满怀信心，成竹在胸。很快，我就给我们三个人编了一个带有讽刺意味的喜剧小品，并简单排练了一下。上场考试的时候，我依靠认真、自信的喜剧表演，轻松获得了在场师生们的笑声。

接下来，就是特长展示。我换上了特意买的一身白色太极服，充满自信地打了两分钟练了半年的陈氏太极拳的精华动作，赢得了在场考生情不自禁的喝彩声和掌声，我看见面试的考官们脸上也都露出欣喜满意的表情。所以，真的是要特别感谢在北航教拳的陈氏太极拳传人田老师。

成绩下来了，我打电话到北京电影学院研究生部查询，当时研究生部的高老师高兴地告诉我，我考了表演系文化课+专业课总分第一名的好成绩。就这样，我被北京电影学院表演系录取成了硕士研究生。

我觉得我是幸运的，当然，也是努力的。我需要感谢很多很多的人，不管怎样，我完成了自己的一个理想，完成了一件别人觉得很难的事情。我当时偷偷地想，当时挖苦讽刺我的哥哥不知道怎么兑现他的话，怎么倒着走。

2002年的暑假，我还做了一件事情，给我的眼睛做了一次矫正手术。我当时想，既然考上电影学院表演系的研究生了，我应该想法纠正一下自己的斜视，这样可以更好地进行表演学习。经过打听，知道北京同仁医院的眼科对斜视的手术治疗很有名，我就去了。经过各项检查，大夫为我制定了手术方案。斜视的手术纠正主要是对眼睛的眼肌力量的加强和削弱的调整，手术原理很简单，时间在半小时左右，手术费一千块钱左右，但是要在白眼球上划一刀，然后对里面的眼肌进行调整。

我从来没有做过手术，第一次做手术就是要在眼睛上开刀，让我很紧张。爸妈也都很反对，告诉我不要动手术。特别是妈妈，她很心疼我，告诉我千万不要动手术，万一出事了就终生遗憾。思前想后，我还是决定动眼睛手术，为了电影梦想，我得执着、无怨无悔地去付出。

于是，爸妈陪我到了北京，照顾我做眼睛的手术。因为北航我比较熟，就把他们安顿在北航的招待所里，也让他们参观了我在北航租住的小屋。

从进手术室到上手术台，我一直都很紧张，这可是要在眼睛上动手术啊。上了手术台后更是紧张。护士们用白布把我的头部固定好，并用一个仪器把我的左眼皮撑得圆圆的，先是往我的白眼球上注射一针麻药，之后，大夫在我的眼睛上开刀进行手术。那可真是眼睁睁地被扎针、被开刀啊。

手术开始以后，我也就逐渐放松下来。手术过程挺顺利的，大约半个小时。手术结束后，需要在眼睛上蒙纱布一周。揭去纱布后，眼睛还会红两三个月。我恢复得挺好。

医院的大夫都是选择最安全和最保守的治疗，所以手术的效果有限，但是斜视比之前纠正了一些。因为每一次都要很谨慎，防止矫枉过正，所以斜视的治疗往往是要前后经历几次手术纠正的，每次的间隔最好不要少于两年。

2004年6月在北京电影学院门口

第四章

笑过、痛过、哭过的电影学院岁月

沐浴在电影的海洋里

2002年9月，我以招生考试总分第一名的成绩进入北京电影学院表演系，开始进行表演硕士研究生的学习。这在当时是一项让人吃惊的事情，尤其我还是个眼睛小有残疾的人。当然了，硕士研究生的培养方向主要是进行理论研究和教学研究。

我的导师陶福庆老师也很高兴。从1978年开始，陶老师就开始担任表演系的形体教师，后来担任了十几年的表演系的书记，与五任系主任搭过班子。陶老师招的研究生是形体方向的研究生，实际上我不是很合适，我应该专攻表演理论研究和表演教学研究。但陶老师很喜欢我，我也觉得要好好报答陶老师的知遇之恩。陶老师告诉我，我可以重点研究一下表演中的肢体语言表演，这在电影演员的表演创作中是很重要的。于是，我就继续报考了陶老师的研究生，并成了陶老师的教学生涯中招的唯一一个研究生，我觉得非常荣幸。可以说，如果没有遇到陶老师，我可能就走不进电影行业。

成为表演系正式的研究生之后，有一天，有一位表演系的重要老师突然找到我，告诉我陶老师不适合带表演方向的研究生，建议我找系里申请调换一下导师。我当时就蒙了，怎么也想不到会发生这样的事情。当然，这件事情也从来没敢和陶老师说过。思前想后，我选择什么都不说，什么都不做，继续一心一意地做陶老师的研究生。其实，陶老师也的确适合招收一名专攻形体方向的研究生，但是已经招考结束了，我要提出来，恐怕会伤了陶老师的心。再后来，这也就成了我自己心里的一个小插曲。

电影学院的硕士研究生的学习对于我来说，是非常重要的一段电影学习经历。陶老师经常告诫我，作为一个男孩子，要趁年轻多学习尽量宽广的电影知识。他经常说表演的路很窄，学会了导演的技能是很有用的。他给我定的发展方向就是电影导演，让我一定要注意在北京电影学院读书期间把所有的导演知识全学了。

除了导演系外，北京电影学院的各个专业都出过很优秀的导演，例如摄影

2002年9月9日,我去北京电影学院报到,"嘚瑟"的样子

刚入学喜欢"摆酷"

系的张艺谋、顾长卫，美术系的何平，表演系的张建栋、陈国星等。张会军院长给我们讲过，电影学院有一个不成文的规定，所有专业的学生都要学习所有的电影基础知识，以便为将来所有专业的学生选择做导演打下基础。

电影学院给所有专业的硕士研究生安排的课程也涵盖了电影的方方面面，例如视听语言、剧本写作、摄影课、录音课、影片分析等课程，而且全部是由电影学院各系最拔尖的老师授课，例如视听语言课程由当时的副院长侯克明老师授课，剧本课由文学系的系主任刘一兵老师授课，摄影课由院长张会军老师授课，影片分析由苏牧老师授课，中国电影史由文学系的陈山老师授课。上面这些老师都是电影学院很有名的老师。我们2002级的各专业研究生共有70多人，表演系有4个人，70多人都一起上各专业课程，大家也都很熟，我也交了很多各系的好朋友。研究生表演课倒不是所有学生都要学的课程，因此，表演系的研究生很幸福，可以接触到所有的电影导演技能课程。

正式攻读硕士研究生以后，我真正叩响了电影艺术的大门，真正迈入了电影圣殿的大门。因为我太喜欢电影了，所以每一门课程都是极投入地学习，每天都如饥似渴地吸取电影养分。

视听语言、编剧、表演技能是一名电影导演的三项特别重要的基础技能。我对这三门课程也是十分重视。印象很深的是学习侯克明院长的视听语言课。

我们2002级研究生合影（部分）

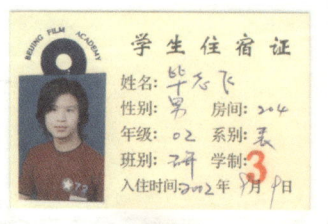

我在北京电影学院的学生住宿证

侯老师毕业于导演系，非常有才华，课程讲得也特别好。在他的课上，我收益特别大，真正学习了镜头景别、角度、各项场面调度、剪辑技巧等，我记了特别详细的笔记，到现在都还认真保留着。课程结束，我对美国电影《变脸》做的拉片分析，获得了全班的最高分。

我从中关村买了一台台式电脑，主要就是用来学习、练习电脑剪辑和短片制作的，并且也可以看电影、拉片。当时感觉已经准备好了所有的学习电影的工具，信心满满地学习电影。后来，我用这台电脑共制作了8部短片，都是自己做的剪辑。剪辑是一项非常有意思的工作，蒙太奇技巧很神奇，把镜头用不同的方式组接在一起，并且配上音乐，可以产生很多不同的效果，就跟玩游戏一样，会让人上瘾。这台电脑在我电影学习的过程中发挥了不可替代的作用。

硕士研究生的第一年有很多课程，每天就是在各项电影学习中度过。我特别珍惜来之不易的学习机会，也十分享受电影学院的良好学习环境。在电影学院，大家接触的、讨论的全是电影，有浓厚正统的电影艺术氛围。

我们宿舍共有四个人，除了我以外，还有另外一名表演系的研究生，他比我大11岁，叫陆彭，因为参演《亮剑》里的日本军官逐渐被大众所熟悉，并成

那时我的"长发艺术青年"造型
2003年与妈妈在姐姐家里的合影，一个豪情满怀的追逐电影梦的青年

了"鬼子军官专业户"。另外两名研究生都是导演系的，其中一名是电影学院导演系本科毕业后继续读研的。他们俩都有很多碟片，我记得其中一名同学虽然家里条件不好，但他有几大箱子的碟片，几乎占据了我们宿舍整个空间的四分之一，价值少说也有几万块钱。我们共同出钱买了一台电视和一台DVD，两名导演系的同学每天讨论各种电影，用电视、DVD机观摩各国经典电影，那种氛围是非电影院校的学生很难想象的。而我在这种浓厚的"电影宿舍"氛围中也很受益，直到现在我都记得大家经常一起看片、讨论的场景。

在电影学院，还有一个很好的事情是每周都放映中外电影。我们有一个标准放映厅，就挨着电影学院的大门口。每周一放映一部国产电影，周二、周三则放映优秀国外电影，票价很便宜，国产的5块钱一张，国外的8块钱一张，买学期套票就更便宜。我看了很多很多的电影。

另外，电影学院还经常举办各种电影主创交流活动，这是非常重要、非常宝贵的学习电影创作的机会。我在北京电影学院共学习了四年，期间在标准放映厅几乎见过所有顶级的华人电影导演，例如张艺谋、陈凯歌、冯小刚、侯孝贤、王家卫、李安等，这些著名电影人的交流讲座总能给予我很多启发和提高。这就是北京电影学院作为中国乃至亚洲最好的电影学府的优势。

在无数人羡慕的电影学院里，白天学电影，晚上看电影，还有各种顶级的电影交流活动，可以见到很多"传说中"的电影牛人，听他们现场讲述拍摄电影的经历和感悟，那真的是一段极美好的黄金时光。不过，我总也在想，我的爸妈为我付出了多少，我又得到了多少人的帮助，才让我一个从县城来的普通孩子考入北京电影学院。

另外，读了硕士研究生之后，我还经常继续到2001级高职班去听课，与学生们继续一起编排作业，继续不断提高表演水平，我和班里很多同学也都是很好的朋友。

在电影学院的课堂上和标准放映厅里，我观摩了无数的中外电影，因为天天对比，当时有一个鲜明的感觉就是，我们国产电影比起国外电影来，总体水准的确要差不少。每周一的国产电影放映，上座率不到50%，而每周二、周三的国外电影放映则都是异常火爆。当时，我们都憋着一股劲儿，将来一定要拍好电影，给国产电影争光。我的野心比较大，给自己定的目标是将来的人生过程中要拍出新世纪最好的中国电影。

担任表演课、形体课助教

到了硕士二年级的时候，我第一次当上了表演助教老师，担任了表演系2003级进修班的表演课助教，与表演系姜丽芬老师、胡爱民老师一起教授表演课。

好多人都说我的表演学习是飞速发展的，两年后就开始担任助教了。实际上，担任助教的过程，对于我来讲也是很好的学习表演的过程。同样研究和学习表演艺术，从学生角度是一种学，从老师角度，能看到很多学生表演上的问题和存在的欠缺，由此也可以产生很多的体会与认识。在与另外两位表演老师一起教学的过程中，也是在不断向他们学习表演教学的过程，同时，在教学生、辅导学生表演的过程中，我也不断地获得表演技能方面的提升。而且，表演教师与电影导演的工作有很多相通之处，就是都要去指导演员的表演，是很好的电影导演技能的锻炼。

另外，我也开始给我的导师陶老师教授的形体课程担任助教，先后担任过2003级本科班，2003级高职1班、3班和2004级本科班的形体课助教，还给当时刘亦菲所在的2002级本科班辅助教过几节形体课。

陶老师先把他教学生的刀、剑、拳法都教给我，让我认真练习，然后就可以辅助他对表演系的学生们进行教学和监督训练了。陶老师说我很具备形体方面的天赋。我从小也喜欢武术与气功，还有在北航教拳的田老师也曾经看中我，想收我为正式的太极拳传人，可能也是看中我的资质条件吧。很快，我就把陶老师传授的刀、剑、拳练习娴熟，并开始辅助陶老师训练学生了。那个时候，很多学生很愿意跟我学刀、剑、拳，他们说我打的动作比陶老师要好看，跟我学起来比较快，也没有什么压力。结果，后来，我就变成了学生们喜欢的形体助教。那一年多的形体助教生涯，也让我很大提升了自己的形体技能。因为辅助教几个班，所以我的运动量比学生们要大很多，每次上完课，我都满头大汗，但也正好积累了更多的体能和形体技巧。

第一次参加电影拍摄

2003年12月的一天，我们2003级表演进修班的表演课主讲姜丽芬老师问我能否帮她介绍一个研究生做场记，她要去拍一部电影。在电影学院，很多老师都会去进行电影拍摄实践，电影学院也鼓励教师不定期到校外进行创作实践，以不断提高教师的电影水平和教学能力。电影学院的学生也非常喜欢跟有丰富创作实践经验的老师学习，毕竟电影是一项实践性很强的艺术。

听了姜老师的话，我回到宿舍认真想了想，就隆重地推荐了自己。姜丽芬老师与她的主创团队商量了一下，就同意了。陶老师听说后，也很高兴，他告诉我校外实践比上课提高更快，也更直接，我学了不少理论了，也该去剧组认真实践一下。

于是，我给研究生部打了外出参加电影拍摄的申请。研究生部的老师们也很为我高兴，而且我们硕士研究生阶段的很多基础课程已经在一年级上完，就批准了我。

说起来，这是我人生中一件很重要、很幸运的事情。我参与的电影叫作《白色栀子花》，是姜丽芬老师的第一部银幕电影，由北京青年电影制片厂出品。创作团队颇有实力：谢飞、田壮壮、郑洞天等老师担任监制，香港演员吴大维与姜丽芬老师共同主演，著名的摄影系78班的智磊老师担任摄影指导，著名电影《神女》导演吴永刚的嫡孙吴家奎担任美术指导，曾担任过谢飞导演的《黑骏马》等电影录音师的吴昊老师担任录音指导。第一次参加电影拍摄就能遇到这样豪华、有实力的团队，我真的很幸运，也要特别感谢姜丽芬老师！

而且，这部电影是胶片电影。当时，胶片电影已经比较少了，可胶片电影是真正传统意义上的电影，可以学习到电影艺术中最本真的一些东西。能有机会参与胶片电影的拍摄是很多年轻人所奢望的，我真的格外珍惜。

我在剧组担任的是场记。场记是剧组中非常重要的职务。以往，很多导演都是先从场记做起，再一步步担任副导演、执行导演，最后当上导演的。所以，仿佛有天助一样，这次，我获得了在剧组中学习导演技能的绝佳机会。

第四章　笑过、痛过、哭过的电影学院岁月

我在电影《白色栀子花》中担任场记

在电影剧组每天都很兴奋

在电影摄制组，我每天都觉得很幸福，就像干涸了很久的土地遇到雨水，每天不停地吸取养分，觉得这次总算是真正接触到电影的制作核心了，可以很好地验证和不断补充在电影学院学的东西。

我的基础工作就是给每一个镜头打板，然后认真填写场记单。胶片电影的每个镜头都有一份单独的场记单，上面标记了镜头的基本内容、拍摄方法，胶片的卷数、尺码，以及拍了几条，哪些条是不合格的，哪些条是导演通过的，等等。而且，场记还要与服化道等各部门的工作人员一起配合，共同记录每一场戏的道具摆放位置、服装、演员表演等细节，防止不接戏或穿帮。每天晚上回到宾馆后，我会从副导演那里领第二天的通告单，然后到每个房间去发，以便让大家早点准备第二天要拍的戏。作为场记，我除了与摄影部门认真配合外，还在各部门之间来回穿梭，一方面做好本职工作，一方面也是向各部门人员学习。电影场记的工作很琐碎，很辛苦，但我是乐在其中。

另外，在做好自己分内工作的基础上，我每天都认真地观察、学习所有的电影现场拍摄工作流程与注意事项。当时印象特别深的是，胶片电影的灯光部门真的很辛苦。每次换拍下一个镜头的时候，灯光部门的人是最忙碌的，很多灯光器材要搬来搬去，经常要花费几个小时来布一个镜头的光。很多时候，现场的各部门人员都在等待布光。

还有一个很深的感触是，我们拍一场戏，有时候要走很远很远的路。我记得有一次拍一个外景，来回车程共计十六七个小时，早上3点出发，中午12点到，拍了4个小时，然后往回走，夜里12点才回到驻地。当时，我觉得拍电影真的是一项非常认真与艰苦的工作，花费大量的人力、物力、时间，就是为了给观众奉献值得的一次观影。

就这样，我们连续拍摄了30多天。电影拍摄是一个对人脑力和体力的双重考验。江南的12月，天气比较阴冷，有时候还会下雨。每天都穿着厚厚的羽绒服，但还是感觉寒冷。有时候拍夜戏，又冷又饿，会吃很多。记得有一次，晚上十二点钟来了夜宵，又冷又饿的我一口气吃了八个大包子，喝了两大杯豆浆，成为剧组的一个笑话。我也没想到自己那么能吃。

拍到一半的时候，我突然开始牙疼，可能是每天休息不够，加上四处奔走有点水土不服。那段时间，每天白天很辛苦，夜里因为牙疼还睡不好，但是我都咬牙坚持下来了。最后，拍完电影的时候，我的那颗牙就彻底坏了，过了一段时间就掉了。后来听说，很多有经验的导演在拍戏之前，都要先到医院或诊所把所有的牙彻底检查、护理一下，听说，有的导演每拍一部戏，就得掉一两颗牙，如果不注意保护，可能拍不了十部牙齿就掉光了。

杀青后，因为对现场拍摄的内容非常熟悉，我还担任了后期剪辑助理。我们的剪辑师是青年电影制片厂派来的王倩老师。她出身电影世家，是北影厂子弟，剪辑过的作品有《冲天飞豹》《三毛从军记》等一系列胶片电影。我和姜丽芬老师、王倩老师三个人一起做了《白色栀子花》的后期剪辑全程，先是胶转磁输进电脑，用电脑进行后期剪辑，然后又在青年电影制片厂的一间小屋子里进行胶片样片的手工剪接。我们按照从电脑输出的尺码单，找到每一本胶片样片的对应部分，用剪切的小机器把胶片剪下来，卷成一卷一卷的放好，然后就出现了满地的卷，然后再用那台剪接的小机器把镜头都粘贴起来，其实就是

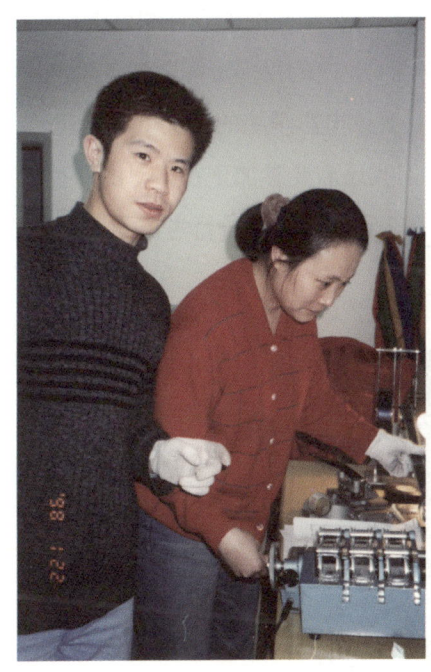
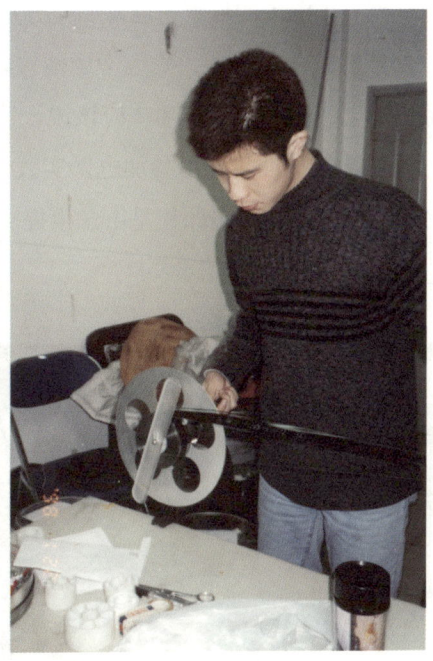

我担任电影《白色栀子花》剪辑助理时的工作照

用透明胶条粘起来。那个时候,我才明白了为什么老一代的电影人都说"剪接"而不说"剪辑"。

我们三个人工作了很长一段时间,才做好了十大卷样片,每一个大卷有大约十分钟的内容,用一个胶片铁盒子装好,一共装了十个大铁盘。这就是电影的画面样片了,但是没有声音。声音是在北影厂对面的北京电影洗印厂,制作了与画面等长的十大盘宽度与胶片样片差不多的褐色磁带。电影样片放映的时候,画面与声音都挂在电影放映机的机器上同时转动,就能把画面和声音对上位了。后来去中央音乐学院旁边的广电总局送审,也是我帮着把十大盘画面和十大盘声音一起抱过去的。经过中央音乐学院的时候,我触景生情,想起自己第一次来北京的第二天就找到中央音乐学院的事情,不禁哑然失笑,心想,现在的我已经有了坚定的电影理想,并取得了一定的成绩啦!

通过做胶片电影《白色栀子花》的全程场记和跟全部的后期制作,让我见识并学到了很多。这是我第一次较全面、深入地接触到电影实际制作的方方面面,也有了对电影更多的深切感悟。例如,我对电影是一门画面、声音综合艺术这一点有了深入的理解,也开始充分重视声音与画面的独立性和可进行对位、错位处理的特性。另外,我也幸运地接触到了业内的很多资深前辈,学到了很多宝贵的电影实际拍摄技巧。应该说,这是我读电影学院的一次重大收获。

虽然学校批准我外出参加电影实践,但我还需要参加正在学习的课程的期末考试。研究生的很多课程是由学生提交期末课程论文来进行考试和评定分数。

在电影学院的宿舍里看书

虽然我后半学期没在学校听课，但外出期间利用休息时间看了所有正在上的课程的教材，而且每天在片场实践，有很多实际感受。结果，我的各课程论文重视将理论与实践相结合起来进行阐述，而且有具体的生动实例，都取得了高分数。我的《电影录音》《影片分析》课的期末论文都获得了班里的最高分。

而且，拍完电影返回学校后，我更加明确了需要在学校里学什么东西。我也充分地感受到，在艺术院校的学习中，参加艺术实践是非常重要和有效的学习方式。总结下来，要特别感谢北京电影学院的姜丽芬老师，感谢《白色栀子花》这部电影，让我开始实际接触电影制作的诱人世界。

拉到6万元赞助拍摄毕业短片电影

拍完电影回到学校后，除了辅助姜丽芬导演和剪辑师做影片的后期，并继续担任表演课、形体课的助教外，我也开始积极组织我的研究生同学们一起拍摄了多部短片。到毕业前，我一共拍摄了十一部短片，其中有八部是自己担任编剧、导演和剪辑的，有一部还是和研究生同学，"谋女郎"蒋雯一起主演的。

那个时候，还没有"微电影"这个说法，我们统一称为短片。麻雀虽小，五脏俱全，拍摄短片真的是很有用的练习方式，而且，一定要担任尽可能多的职务，这样对于电影导演的基本功训练很有帮助。我是我们2002级全体研究生中拍摄短片最多的学生，除了在学校拍，放假回到县里，我还动员我的几个亲朋好友客串演员，帮我拍了两个短片。

到了2005年，我们2002级研究生要毕业的时候，电影学院出台了一项措施，硕士研究生申请学位可以用实践创作来进行申请，而不再只限于写论文。导师陶老师就建议我采用实践创作的方式申请硕士学位，我也很愿意。

经过一名表演系朋友的帮助，我成功地拉到了一笔6万元的毕业作业赞助经费，来自苏州的一位老板，在上海开了一家文化投资公司，名字叫作上海久创投资有限公司。当时，这家企业的决策很快，安排北京的副总过来与我聊了聊，然后很快就决定赞助6万元，把钱打到北京电影学院的账户上，由学校和表演系监管使用。我拉到赞助的事情在学校引起了热议，大家都觉得拉到赞助不容易，因为这样的支持基本是得不到资金回收的。所以，到现在，我都很感谢给我赞助的那家企业。

王劲松老师担任了我的毕业短片拍摄的指导老师和顾问，并帮助我搭建了一个二三十人的团队。陶老师给了我一个当时的表演系主任陈浥老师讲的故事：因为家里贫困、父亲去世，一个善良的哥哥辍学当了清洁工，扫马路供妹妹上大学。

经过筹备后，我们二三十人的摄制团队花了四天时间拍完了所有的戏。因为有王劲松老师做指导老师，我就重点进行了表演创作。影视的表演与舞台表演有着很多的不同，影视演员的表演是非连续性和跳跃性的，有时候还要把摄影机当成对手去表演，需要有很丰富的想象力和很强的抗干扰的能力，还需要很快地进入角色情感状态的能力，另外还要有镜头感。通过这一次的毕业短片创作，我好好练了一下镜头前的表演。剧组的人员纷纷说，我的表演一天比一天好。表演这门艺术，就得在实践中多琢磨，很多感悟就在实践汇总中不断地迸发出来。

后期制作阶段，我请了《白色栀子花》剧组的王倩老师担任了剪辑师。最后，成片一共38分钟。后来，这个毕业短片和我的表演创作获得了表演系老师们的高度评价。我也凭借这个短片和一篇毕业短片创作总结报告，成了北京电影学院表演系第一个通过毕业短片拍摄和创作总结报告拿到硕士学位的毕业生（通常是以写硕士学位论文参加答辩来申请硕士学位）。

跟很多电影学院的学生一样，进入电影学院以后，我被电影征服和同化了，立志要拍院线电影圆自己的电影梦。完成这部毕业短片的现场拍摄后，从2005年4月起，我就定下了一个目标，要拍一部表演系大学生题材的院线电影，并开始进行剧本的构思。当时我也希望留校当表演老师，计划是等我留校当老师以后，一方面认真进行表演教学，一方面像很多电影学院的教师一样，在外出实践阶段完成这部电影的创作，作为自己教学能力的提升。那时，我的人生目标已经明确，就是想做一名把电影创作和电影教学紧密结合的电影人，想做一名能够给中国电影事业争光的人。

硕士毕业没找到工作，一个人默默流泪

2005年6月，我从北京电影学院表演学院硕士毕业。但毕业的那段时间，是我非常痛苦的一段时间。因为没有找到工作，每次想到含辛茹苦供我上学的父母和自己的电影目标，我就一个人流泪哭泣。

在毕业前，我曾经想留在电影学院的表演系做一名教师。我问过导师陶老师我是否有留校的希望，陶老师告诉我还是有希望的，让我专心当好助教，拍好毕业短片就行了。陶老师告诉我他到3月就要从系里退休了。我是他唯一的一名研究生，很认真也很努力，他也希望我能够继续做一名教师，像电影学院的很多老师一样，一方面教学，不定期再做些电影拍摄实践工作，将教学和实践创作结合起来。

听了陶老师的话，我做了一件傻事，没有再去找任何工作，一心一意地准备留校。但是，后来事情并没有像我的导师预计的那样发展，我们四个表演系的研究生都没能留校当老师。于是，我就赶紧去找工作，但是发现很多比较正式的工作都已经招聘结束了。表演专业的毕业生就业范围比较狭窄，基本就是剧院或者学校，因此，我陷入了没有工作的困境。

我在硕士研究生学习期间给自己制定的目标，就是毕业后争取能够留在北京电影学院表演系，或者找到一份其他学校的稳定的表演教师工作，解决在北京的生存问题，扎下根来，然后认真地教学，认真地进行电影创作。

结果，不能留校和没有找到任何工作的结果，让我突然发现，在电影学院学习四年后，一切仿佛又回到了原点，当时考上电影学院的骄傲瞬间崩塌，对梦想的美好憧憬仿佛都成了过眼云烟，几乎已经消失殆尽。接下来，我不光是要面对如何实现电影梦想的问题了，还要直接面对如何生存的问题。

因为我是县城里来的，家里父母的工资很有限。如果我没有一份稳定的工作，根本就解决不了在北京的生存问题，如果回到县里或石家庄市，恐怕就再也实现不了我的电影梦想了。那么，这么多年爸妈省吃俭用供我上大学和追求电影梦想，可能就全部都没有意义了。

临近毕业的那段时间，我一个人住在电影学院新宿舍楼的一个宿舍里，因

为当时很多学生都已经搬到外面去住了。经常在半夜想到自己没有找到工作，想到在县里省吃俭用供我读电影、对我抱着殷切期待的头发已经花白的父亲母亲，我就会难过得从床上坐起来，一个人失声痛哭。那种感觉，真的是觉得生活毫无意义、人生毫无前途一般，仿佛被整个世界抛弃了似的。从县城里来到外面的大城市打拼、追逐梦想真的很难，追逐一个昂贵的电影梦就更是难上加难。

2005年6月30日，是我们那一届学生的毕业典礼。那天上午，我没有去参加毕业典礼，一个人孤独地躺在宿舍的床上默默流泪。据说，我们2002级的七十多名研究生，只有我一个人没有参加全校的毕业典礼。那天，一名同学把我的硕士学位、毕业证书领回来交给了我。

直到现在，我也没有一张北京电影学院的硕士服毕业照，留下了一个永久的遗憾。

我其实并不埋怨我的导师陶老师，我知道他一心一意地对我好，只是事情也出乎他的意料，表演系的所有学生都没有能留成校。所以我只能怨自己不够成熟，没有考虑全面，没有做不能留校的预案和准备。陶老师对我有知遇之恩，如果没有陶老师，我可能连学习电影的门都进不了。

2005年7月的一天，我办好了所有的离校手续。当我一个人拖着行李箱，迈出电影学院校门的时候，是流着眼泪的。那一刻，我想起了3年前，我拖着行李箱，高高兴兴走进电影学院校门报道的场景。

当天，我就回到了县里的家，我的户口，也再次从北京迁回了县里。8年前，我以全县理科高考第一名的身份考进北京，跟我同龄的考到北京的县里同学几乎都已经成家立业，而我历经8年抗战，最终又一个人拖着箱子回到了县里。现在想来，其实父母应该比我更伤心。

想想2002年我创奇迹地考入北京电影学院表演系，到2005年毕业又似乎回到原点，没有工作，没有依靠，看不到前途，看不到未来，仿佛这个世界跟我开了一场玩笑一样。我的爸爸妈妈，他们用每个月两千左右的工资支撑我在北京读了8年书，他们的心里一定期盼我有好的结果吧。硕士毕业没有任何工作的结果，让妈妈伤心地哭了。我知道妈妈根本不是心疼她和父亲的付出，而是心疼我，为我的未来深深担忧。我自己也不知道该怎么办，回到家里后，仍然经常在半夜里哭得泪流满面。我真的不知道自己该何去何从。电影的梦想还要不要继续？

　　我选择继续！

第五章

2005—2007，我的北漂经历

再做眼睛手术

2005年回到县里后,已经工作的哥哥让我到石家庄的几所高校进行一些教师应聘面试。我也去了,但是真的不愿意就这样放弃了自己的电影梦想,很快就全部放弃了面试。

下定继续追逐电影梦想的决心后,我决定再进行一次纠正眼睛斜视的手术。我的想法很简单,觉得正好毕业没找到工作,有空闲时间,可以做眼睛手术,而且,矫正眼睛可能对将来找到工作会有帮助。

但是父母,特别是妈妈不同意我做手术。有句话叫作"身体发肤,受之父母",后来,我也逐渐理解了父母的担心与焦虑,他们是心疼自己的孩子,而且担心可能出现风险。而且,我的眼睛是因为县城的医疗条件差,遭遇医疗事故才出现问题,一直让父母感觉很难受很自责。他们那时工作都忙,所以才出现了谁也不愿意看到的结果。

其实,我2005年硕士毕业没有找到工作,父母比我还要焦虑和担忧。我妈妈后来告诉我说,当时她经常夜里想到我的未来和前途,就会担忧流泪,睡不着觉,还有很多时候会在梦中惊醒。为了让我追逐电影梦想,年迈的父母也承受了很多经济压力,特别是心理上的压力。从这方面讲,我是一个很不孝的人。我下定决心,一定要努力拼搏争口气,将来让父母过上好的生活,好好地回报他们。

我请我的表弟陪我到北京做手术,我们在同仁医院附近找了一所很旧的宾馆住下,每天100来块钱。虽然三年前已经做过一次手术,但这次手术还是让我挺紧张的,特别是进入手术室后和躺到手术床上的时候。当时,我也的确觉得自己挺不容易的,但想想,有很多人比我还要不容易,趁着年轻就应该多努力奋斗。

手术进行得很顺利。做完手术后,我们回到同仁医院附近的那所旧宾馆里。住了四五天,等到最后一次换完药,就回到了县里,静静休养。做完手术之后,我的心情倒好了很多。虽然已经不再用纱布蒙着眼睛,但动手术的眼睛的白眼球还是红红的，每天要点几次专用的眼药水，吃专用的消炎药。

担任《大宋提刑官2》副导演，后来被炒鱿鱼

休养了快一个月的时候，我在《白色栀子花》剧组认识的剪辑师王倩老师打来电话，说她认识的《大宋提刑官》导演阚卫平老师想找一名演员副导演参与他《大宋提刑官2》的工作，她想推荐我。晚上，我跟阚导演通了电话。阚导声音很有磁性，说话也非常客气儒雅，他告诉我这部剧主要是文戏。我们聊得很愉快，很快我们就商定好，两天后我去北京，然后直接进组工作。

其实，在去北京之前，我已经决定了走考博士这条路。我电影学院下铺的兄弟陆彭硕士毕业考上了北师大的博士，给了我启发。要想实现找个正式的艺术院校教师工作的目标，只有一条路，就是再读书，考博，再获得一次应届毕业生的机会。

于是，我就收拾行李，告别父母与家乡，跟家里又拿了2000块钱，带着帮助眼睛恢复的眼药水和消炎药，带了一些电影书籍，再次踏上火车，奔向北京，开始我的北漂之路，新的逐梦之路。

到了北京之后，我直接去了剧组所在的北四环外中国农业大学附近的某宾馆，与阚导见面。阚导是一位很和蔼可亲的导演，见面后，他笑着说我的穿着打扮好像公务员。阚导跟我聊了演员副导演工作的内容和方式后，还请我吃了饭，与驻扎在宾馆的生活制片和制片主任认识了一下。然后，我就在宾馆里住下开始工作了，担任《大宋提刑官2》的演员副导演。

演员副导演在筹备阶段的主要工作就是负责协助导演遴选演员，通过那次工作，我也更深入了解和体验了剧组副导演的工作。

其中的一项重要工作，是联系很多明星演员，问他们是否有档期，是否愿意饰演我们这部剧中的角色。很多副导演手里都有很多明星的联系方式，这也是副导演经验和水平的体现。而我从来没当过副导演，手里没有任何明星的联系方式。阚导看我没有明星电话，就直接给了我一个黑皮夹子，里面有一千多个明星的电话，从张艺谋导演到当红的许多演员都有，真的是很壮观。到现在，

我还保存着这个黑皮夹子，也非常感谢阚导对我的帮助。

那是我头一次接触大量明星，觉得挺有意思的。当时按照阚导的指示，我打过濮存昕、刘斌、梁冠华、陶泽如、巍子等一系列明星演员的电话。有时候，我还要负责给明星演员们送剧本，比如我给刘斌老师送过剧本，当时是中午，给他送到了他正在吃饭的火锅店里。我也跟着阚导去过陶泽如老师的家里送剧本和探讨合作事宜。后来，还真的就合作成了。陶泽如老师饰演了《大宋提刑官2》中的一个主要角色，这也算是我工作的一个成就吧。

还有一项工作就是负责在宾馆里待着，接待来跑组、递资料的演员。我们住的宾馆是一个经常有剧组驻扎进行筹备的地方，所以很多北漂的演员都经常过来找各个剧组的副导演递个人资料，希望能碰碰运气，找到一些自己可以饰演的小角色。

当时，几乎每天都有北漂的演员来敲门递资料。每天早上，我就把宾馆房间的门打开，这样他们敲门后就可以直接进来，不用我每次去开门，到了下午6点以后再关上。很多来跑组的演员并不知道我们正在筹备的是什么戏，只是例行来到宾馆跑各个剧组尝试。有很多演员经常跑组，经验很丰富，一般会带他们的一张简历和两三张照片。我记得，有不少北漂演员的简历是很壮观的，上面写着他们参与过的很多著名影视剧的名字，当然，他们绝大部分是担任里面的群众演员或龙套演员。那段时间的工作让我积累了很多经验与感受，增加了很多对影视行业演员状况的了解，觉得北漂的演员真的很不容易。

《大宋提刑官2》筹备得比较顺利，即将去横店拍摄了。有一天，阚导找我谈话，表示执行制片人看我太过文气，经验也比较少，想让我结束工作。我当时有点蒙，只好点头同意了。后来又有点不甘心，就请阚导单独到房间外面来，跟阚导表示我会很努力学习，也可以不拿酬金，只是去学习一下。阚导摇摇头说："不要酬金，那剧组还得给你提供床板，还得管你吃饭吧？"当时就把我说得哑口无言了，很有一种受挫的感觉。后来，我把这句话也用在了电影《纯洁心灵》中。

后来，我也很理解，我的确工作经验少，而且显得文静内敛，给人感觉与剧组那些"霸气"的工作人员完全不一样，人家难免会觉得我镇不住人，管不了演员。《大宋提刑官2》的人员都觉得我是一个好青年，但也都觉我太老实文静，不太适合做管理者。我后来拍电影时，也有这种感觉，也经常跟各部门带队的人员讲让他们霸气一点，要能镇得住人，因为剧组里面的确鱼龙混杂，得从各方面保证团队良好的执行力和纪律性。

这就是我被炒鱿鱼的故事，硕士毕业了也一样会被炒鱿鱼，想起来很有感触，也真的觉得每个人的成功都是很不容易的。工作了将近一个月，我得到了1000块钱的酬金，不多，但我觉得当时我的工作其实也就值这么多钱了。而且阚导说的那句让我无言以对的话，也让我用在了电影《纯洁心灵·逐梦演艺圈》中。这句话是非常真实接地气的，因为它就来源于生活，我也经常用这句话来鞭策自己。非常感谢王倩老师和阚导能给我这样的一段工作经历，让我收获了很多。

说服爸妈，再次为我筹钱启程

被炒鱿鱼之后，我又一个人拖着行李回到县里的家中。这次我的任务是全力以赴劝说爸妈再给我筹措一笔钱，让我再次启程去北京。我想在北京租个房，什么也不干，认真复习，专心考博。父母发愁地告诉我，家里现在拿不出什么钱来，而且因为盖新房还欠了不少债。的确，爸妈在县里的工资非常少，这么多年一直供我读本科，到电影学院旁听，读硕士，而且，后来家里在老房子的基础上还翻盖了一栋新房，因为积蓄不够，还跟亲朋好友借了不少钱。

爸妈肯定在心里想，我的很多同龄人早就工作了，而我已经多少次从家里拿钱了，当时为了考北京电影学院去表演系旁听就是家里给我借的钱，结果上了三年又回到了县里，这次还要再筹集钱，还要考博，博士能不能考上？博士考上以后又会怎么样呢？会不会还是找不到工作？

母亲告诉我，她真的很担忧我，甚至担心我将来能否养活自己和安稳成家，经常在夜里一想到我就睡不着觉。

为了梦想我选择一条路走到黑！但是，我眼下只能拖累父母，我需要他们的支持！

最后，心疼我的爸妈还是想方设法又给我借了钱，而且出乎我的意料，他们竟然给我凑了两万块钱，意思是让我别有什么后顾之忧，能够安心复习。

我印象很深刻，那一天早上，我把热乎乎的两万块钱现金揣进怀里，用箱子拉着我的电影书籍，心里带着一种难以言说的对父母的感谢和悲壮的情怀，只身再次坐火车去了北京。

看着县城的房子和山在我的身后越来越远，我感慨万千。这是我第三次去北京奋斗了。前两次的奋斗均以优异的成绩考上学，但毕了业又回到原点告终，我的户口已经两次从身后这个小县城迁到北京，又都迁了回去，这次再去北京不知道会有怎样的结果。我觉得自己真是挺对不起爸妈，挺不孝的，总是让他们担心，我心里告诉自己将来一定要好好回报他们。

到了北京之后，也是先在我的同学家里落脚。因为这次要不时看电影进行拉片、分析，就得租能放下我的台式电脑的房间。我就赶到北京电影学院，在蓟门桥附近的电线杆子上找了一些小广告，打上面的电话约看房。很快，我就在蓟门桥附近三环边上的一座塔楼租了一间七八平方米的小房间，只有一张床，一个桌子，刚好能摆下我的电脑，其他就什么也没有了。

我把在电影学院时买的台式电脑从同学家里运到租住的房子，把电脑组装起来以后就去附近的金五星市场里买了一套锅碗瓢盆，又去蓟门里小区的菜市场买了油盐酱醋、白菜、茄子、一小袋米和大饼，当天晚上给自己做了一顿炒饼，正式开始了我的复习备考电影学院博士的生活。

认真备考，感悟逆境中的成长

当天晚上，我发现挨着三环路的房子好吵啊，一整夜都在过汽车，白天不怎么觉得，到了晚上真是如轰鸣一样的响。一宿都没怎么睡着，开始后悔怎么就租了大马路旁边的房子。但是又不可能退租了，于是就只好凑合。结果到了第二天晚上，可能太困了，就已经睡安稳了。

北京电影学院表演系当时还没有博士点，不招收博士。说来也怪，尽管我特别想考导演系的博士，但那一年导演系恰好也不招博士研究生。我心里想：

"莫非我注定与读导演系无缘？"好在，电影学院每一个系的学生都可以有机会当导演。于是，我就打算报考电影学院文学系的编剧方向博士研究生。

我按照博士招生简章，买了所有的电影理论、电影史、电影编剧的备考书目，也买了我准备报考的电影学院文学系主任刘一兵老师的所有著作。接下来，我就开始了疯狂学习电影理论、电影史、电影编剧理论和技巧的一个阶段。

想起来，那段时间真是我的一个疯狂再学习的过程。博士招生考试对电影理论理解和掌握程度的要求很高，虽然硕士学习时完整地学习过一遍，但我这次需要更加广泛、更加深入地仔细钻研电影理论、中外电影史、电影编剧理论，而且需要增加研读一些之前没有学习过的经典电影著作。

另外，虽然博士招生考试的题目很少，但考得很深入，特别是要考对一些经典电影的解读和分析。因此我还经常去北京的各个书店买电影碟片。那时候有D5和D9两种，D9会有电影花絮。我当时喜欢买D9的碟片。

那个时候，除了研读电影书籍外，我几乎每天都要看一到两部电影史上的经典电影。我发现，经典电影真是太多了，自己在硕士期间远远没有看够，正好可以沉下心来认真观看和研究。当时每看一部经典电影，我都会认真地写影片分析，感受多的就多写一点，感受少的就少写一点。有时候写一部电影的观影日记就要花去好几个小时，因为看大师的作品实在是感触太多了。比如看费里尼的电影《8部半》，那简直就是电影的大百科全书，可以感受到很多经典的电影手法，让人折服于导演的视听语言技巧与超人的想象力，真的是仿佛到了金山银山上，满目都是宝贝。

对于电影人来说，特别重要的一个学习方式就是看经典名作并进行细致的影片分析，电影学院的师生一般称之为拉片。到现在，我都还留着我那几本写满经典名片影片分析的笔记本。这个真的很有用，主要就是分析每一部电影的成功和厉害之处在哪里，哪些地方又有所欠缺。做多了，就具备了很好的电影读解能力，也有了对电影创作的准确、深入判断力。

很多电影行业的人员说当前电影市场不好判断，一个项目诞生后能否受到大众喜爱、取得市场成绩存在很大赌博的成分。实际上，如果对电影史、电影理论和电影本性有足够的了解，结合对电影市场、电影大众有较全面的了解，判断一个项目的前景还是有比较大的把握的。一切都是有一定规律的。

当时让我很有自信继续钻研电影的是：看完那些经典名片后，我自己做的影片分析，与经过时间考验沉淀下来的历史评价绝大多数是吻合的。这让我很高兴，说明我的审美和鉴赏能力是正确的，在电影艺术的学习方面是有天赋的，让我有信心坚定不移地走下去。因为，审美准确、全面与否很重要，拥有正确、全面的电影艺术审美，才能够很好把握受众的心理。受众可能是普通老百姓或者文艺青年、高知分子团体，创作者需要具备根据不同受众人群的特点进行相应电影设计的能力。

当时，我每天的生活就是看书、拉片，给自己做饭，之后还是看书、拉片，隔三岔五去超市里买一些菜、大米、大饼。我过着几乎与朋友、同学隔绝的生活，但我乐于沉浸在电影的美好世界里。

那个时候，我每天不是炒饭就是炒饼。我吃的最多的就是炒饼了，因为比较好做也比较耐饥。跟我合租房子的住在另外一个房间的两名女孩评价我超级爱吃大白菜，还告诉我大白菜可以解毒，是很好的菜。其实，我买大白菜是因为大白菜便宜，而且买一棵可以吃两三天，还有我是河北人，北方天气冷，小时候，到了冬天吃的菜主要就只有大白菜了，所以也比较习惯。感谢大白菜！

现在想起来，要特别感谢我当时硕士毕业不顺利，否则自己可能没有这样的一段宝贵时间沉下心来认真研究电影名著，也不会封闭下来分析很多经典电影。中国的教育模式是入学考试很难，那一段复习备考时间，真的是一个让我大幅提高电影修养、疯狂充电的阶段。通过在考博之前的备考，我获得了很大的提高，弥补了自己在电影方面的很多不足，其实，即使没有考上博士，也已经很值得了。

我由衷地感悟到：坚持我们的梦想，越挫越勇，不利就会转化成有利。我们需要坚持不懈，永远不要放弃自己的梦想，黑暗的下一刻，可能就是光明在等待着你，只是很多人没有坚持下去和熬过去，因此永远也没有见到光明。这段经历让我觉得，当我们不顺利的时候，实际上是自己的功力和修炼还不够，唉声叹气和放弃都无济于事，咬牙坚持不懈、认真努力提高自己才是解决问题、走出困境的好办法。

复习了两三个月后，有一天，我电影学院的一名硕士女同学打电话问我，能否替她给北京工业大学做一段时间的外聘教师，讲《视听语言》课程。那边学校的外聘教师课程是连续上两周，每周从周一到周五。我想了想，这个课程内容与我学电影、考博士的内容是比较一致的，通过讲课，我可以巩固电影理论和影片分析知识，我也需要挣些钱贴补自己的花费，减轻一点家里的负担。于是我就去了，给一个舞美设计班讲了两周的《视听语言》课程，做了视听语言的基础知识讲解，还带他们集体观摩经典电影并进行影片视听语言分析。结果，第一天上课，学生们就很喜欢，他们认为我讲的好多都是很实用的"干货"。那两周，我每天坐公交车去给他们讲课，晚上回来继续复习我的书籍和拉片，也是一段挺有意思的经历。

当时除了给学生们讲授理论知识外，我还组织这个班级的学生分组进行了很多拍摄短片的实践，这是学生们非常喜欢的。

课程讲完之后，我就继续全身心准备考博。后来，我的课程在学生期末投票评比中，竟然获得了全校外聘教师的第二名，让我挺有成就感。

2006年的春节，我没有回家，那还是我长那么大头一次没有回家过年，就一直待在北京蓟门桥三环边上那个七八平方米的小房间里一直复习电影、准备考博。那一年在北京过春节，我节省了很多应酬时间。看着春节期间窗外空旷的马路，也让我想了很多。

2006年3月，开始考博。由于博士生入学考试是每个学校单独组织进行的，因此时间并不相同，考生可以报考不同的学校。为了保险起见，除了北京电影学院之外，我也报考了北京大学。一是北京大学也有电影理论方面的博士研究生，二是北京大学是我高考时曾经考过的学校，因为差了几分没有考上，一直也还有一个北大情结。

一次人生的重大选择题

艰苦的备考出了成果。电影学院的博士研究生考试结果先出来了，我考了编剧方向的第二名。第一名是公费，我可以上自费，每年要交一万多的学费。

不管怎样，这是一个有成绩的结果，爸妈也表示会继续咬牙支持我读博士。

过了几天，一天晚上，我的手机突然响了起来。我接通后，里面传来一个浓重的地方口音："喂，是毕志飞吗？我是彭吉象。"

我当时吓了一跳，原来是我报考的北京大学的博士生导师打来的电话。彭吉象老师在电影理论界是非常有名的，他是四川成都人，本科、硕士就读于北京大学哲学系，他也是北大两位著名美学大师朱光潜、宗白华先生的关门弟子。彭老师写的《影视鉴赏》和《艺术学概论》教材被全国半数以上的高校选用为课程教材。

所以，能接到彭老师的电话让我特别惊讶。彭老师用浓重的四川口音告诉我，我其他科目考的还是很不错的，就是英语考的太差，结果没有考上。他看了我的简历，认为我是具备很大潜力的学生。他在电话里问我是否愿意再认真复习一年，把英语好好地提高一下，他觉得我还是不错的。

跟硕士考试不一样，博士考试的英语是每个学校自己出题的。那年，我参加北京电影学院的博士研究生招生考试，英语考了78分，是很高的分数了，因为过线只需要50分，而在北大，我的英语只考了41分，分数线也是50分。

这个电话让我有点受宠若惊，也改变了我的命运。我想我终生都会记得并感激这个电话。

我想自己并不笨，花一年的时间提高一下英语，应该能到50分吧。但是，如果今年不上北京电影学院的博士，而且北大博士的基本学习年限是4年，那就得晚两年才能获得博士学位，而且万一明年什么学校都考不上呢？

就这个事情，我还特意咨询了一名长辈。这位长辈是我们县里的名人，他在民政部工作了几十年。不知这位长辈是有意刺激我还是怎么，他有点漫不经心地告诉我，我考不上北大的博士。

但正是这句话让我坚定了考北大的决心。看来他们觉得北大要比电影学院难考很多。另外，我还想到了一句话，就是"人挪活，树挪死"。因为北京电影学院很小，我认识很多老师和学生，而且硕士期间，我也已经几乎听过了所有北京电影学院名师的课程。我知道，考上博士以后其实主要还是在导师的带领下，自己去做电影研究。这样的话，我不如冒个险，再复习一年考北大，如果能考上北大，我应该可以接触到更广泛的知识，认识更多的老师、学生。

另外，我的父母为了供我上大学，也已经付出了很多，如果上电影学院的自费博士研究生，还会给他们增加很大的负担。

于是，我就大胆而坚定地做了一个决定，打电话给电影学院，解释我的家庭经济条件不太理想，选择放弃北京电影学院的自费入学名额。这个决定当时在很多人看来，是比较冒险的。但我还是有比较大的决心的。首先，我很感激彭老师对我的赏识，另外，在电影理论方面我已经有充足的把握了，关键在于英语，我想我能在一年的时间内将英语提高9分。

为了省钱，在做出再复习一年考北大博士的决定后，我就把房子退了，计划回到县里住一段时间，我可以在家里继续学习电影，提高自己。

为《渴望》导演担任文学编辑和助理

2006年3月，在家里住了仅一周多以后，又一个机会来了，还是在《白色栀子花》剧组认识的剪辑师王倩老师给我提供的。

王倩老师告诉我说《渴望》的导演鲁晓威在寻找一名文学编辑和助理，可以提供一定的薪酬，还提供住宿的地方，她问我是否愿意去试试。当时我刚准备要再复习一年考博，听到是《渴望》的导演招聘人员，还能解决住宿，那么我就可以省很多钱，于是，我就抱着顺便去学习和省点钱的态度，再次坐火车赶往北京去试一试。

在北京见到鲁导以后，感觉鲁导是个很严肃的人，他跟我聊了聊之后，就决定聘用我了。我也跟鲁导说，我工作一段时间后，还要进行一次考博，到时候要请假一段时间，鲁导也同意了。鲁导让我住在他的工作室，而且每个月给我2000块钱的薪酬。我的工作就是帮助鲁导记录他的剧本写作和整理剧本。每周一、三、五的下午进行工作，其他时间我都可以自己支配。

这个工作对于我来讲还是不错的。一是有了向前辈学习的机会，同时也解决了租房的问题，还能有些收入，为家里减轻一些经济负担，而且在工作外，我也有大量的时间可以学英语，为考博做准备。那段时间，通过给鲁导担任文学编辑，我也进一步提高了自己的影视写作能力。所以说，鲁导是我人生路上又一个给予我指导和帮助的人。

因为2005年的讲课受到学生的广泛好评，在鲁导工作室工作的过程中，北京工业大学又邀请我作为外聘教师去给另外一个班讲《导演基础》课程，也是集中上两周的课。我跟鲁导说明，获得批准并做了工作时间的调整后，就欣然接受了。我还是把理论讲述与拍摄实践紧密结合，并带领整个班级的30多名学生集体拍了一部叫作《毕业班》的短片，用多条线索并进的方法讲了一个群戏，让全体学生全部出演。那次的短片拍摄很成功，学生们都很喜欢，我也在影视拍摄技能方面有了很多的感悟，也为从硕士毕业后就一直琢磨的电影项目，也就是后来的《纯洁心灵·逐梦演艺圈》的剧本创作、拍摄方法做了很有益的探索。

两周的课程讲授完毕后，我就又继续专心在鲁导工作室工作。

在给鲁导的工作室工作了五六个月后，到了2006年10月份，正好又来了一名文学编辑。我跟鲁导提出，我需要闭关半年，专心复习考博，鲁导按照之前的约定同意了。

再到北航租平房小屋，进行全封闭复习

于是我就搬出了鲁导的工作室，这次我又到北京航空航天大学租了一间刚刚摆得下一张床和一张书桌的平房小屋，把我的所有书籍都搬进去，开始闭关专心复习。

北航是我复习考上北京电影学院的地方，我对这所学校也比较熟悉。

因为对电影理论已经十分熟悉了，那半年我主要就是攻克弱项——复习英语，我的房间里也没有电脑。北大博士英语考试题非常难，比如，考的全是单词、短语众多含义中第三条以后的含义，照着最常规的词汇含义去答题是会错的。我当时复习英语也没有什么可以取巧的方法，就是买了一本厚厚的英汉大辞典来复习。每天就研究、努力掌握词典上各个词汇、短语的含义，真的是挺苦的。北大博士英语的听力也非常难，我还下载了很多英语听力材料，当时没

有功能发达的多媒体手机，我每天用 MP3 播放器很认真地练习听力。

那半年，我几乎切断了和所有同学、朋友的联系，没有人知道我具体住在哪里，我也不参加任何聚会。只有家里人知道我住在北航，我也不让他们来看我，因为我需要一个绝对封闭的环境沉下心来复习备考。

那段全封闭的备考时光在常人看来是非常枯燥、单调的，但是我有自己明确的奋斗目标，我忍得住这种孤独，相反还乐在其中。其实那几年，记不清有多少个节假日，我都是一个人在学电影中度过的。那几年，也从来没有交过女朋友，我觉得自己的时间只能全花在电影学习上，因为我离我的理想和目标还很远很远。其实，我当时就想，我一定会超越很多人，因为我付出了比他们多很多的努力，忍受了比他们多很多的枯燥和孤独。当然，这也是因为我的出身普通，起点低，所以要想获得成功，就必须付出比常人更艰苦的努力。

我很认同一句话：孤独是一剂良药。我知道很多伟人的生活都是很孤独的，甚至连家庭都没有，不被世俗所打扰。我虽然不是伟人，但很能体会到这一点，因为我们的家庭、爱人、孩子都会或多或少、不可避免地占去我们的时间，那些一直孤独的人真的可以有比常人多很多的时间来学习、钻研一件事情，容易取得更大的成绩。

当然了，我并不是鼓励大家都抛家舍友地去选择孤独，但那些放弃了家庭、爱情等勇敢地选择了孤独的人是十分值得我们敬佩的。我想，孤独是我们钻研学问的一剂良药，虽然有时候我们必须要多和社会交流，才能获得更多的感受，但是经历很多之后，一定也要经常让自己孤独下来，从而认真地去梳理和思考，才能将经历和感悟升华，达到一定的高度。

那个春节我也没有回家，每天很有节奏、规律地复习英汉大辞典、练习英语听力，真的成了一个英语狂人。到了博士考前的最后一个月，才又复习了一遍电影书籍。因为那些书已经快被我翻烂了，所以复习一遍也很快，但每一次都会有新的收获。因此，我敢拍着胸脯说，我对电影理论、电影史的掌握还是比较扎实的，实际上这些都给予我创作《纯洁心灵·逐梦演艺圈》很多的支撑和启迪。

北大博士的入学考试共有三科，考一天半。每场考试都要写大量的字，手会累得特别特别酸，而且每次考试都感觉时间非常紧张。那一天半的考试，考前的每个晚上我基本上只睡两三个小时，一点儿也不困，反而因为想再多复习一些一直很兴奋，只有一个理念，就是全神贯注地把所有的力量发挥出来。考完三科后，真的是感觉精疲力竭。

2007年3月，参加完北大博士研究生考试后的第二天，我去了电影学院表演系下铺兄弟陆彭在房山拍抗战戏的剧组看望他，也当是散散心。那天晚上我们哥俩在房山的小餐馆吃了晚饭，大聊一通，第二天一早，我就返回了北航。

考博带来的难忘病痛

在从房山回市区的公交车上，我的肚子突然剧痛起来，后来整个人都直不起腰来了，豆大的汗珠一颗颗从额头上滚落下来。

我从来没有出现过这种症状，真的是特别疼，坐都坐不直了。我只好半路挣扎着下来，去了路边的一个建材市场，到了一个家具店里，不管三七二十一一下子就瘫在了人家的样品沙发上，痛苦地跟人家说我肚子特别疼，能不能躺一会儿。家具店的经理等工作人员都有点害怕，很快就以生意为由让我离开了。我挣扎着站起来，在家具店旁边的平房看到另外一家单位的一间屋子，像是一个会议室，三五个人似乎正在开会。我顾不上许多，痛苦地解释，希望他们能让我在沙发上躺一会儿。当时，人家被弄得莫名其妙，肯定以为进来一个疯子，但还是好心地让我在沙发上躺下了，然后继续开会。我也顾不了多解释，就直接躺下了。过了好半天，等难受劲儿过去一些，我坐起来跟人家一再表示感谢，然后走出建材市场，到路边忍着疼痛坐公交车往北航赶。那个时候身上没有什么钱，打车都打不起，就只能忍着痛坐公交车。

回到北航，到了晚上，肚子不怎么疼了。但是后来，我的肚子疼隔三岔五就会发作，一疼起来就躺在床上打滚，那真的是一种几乎难以忍受的绞痛，痛得我眼泪哗啦啦地往下流。有一天半夜十二点多，我的肚子疼又发作了。因为离得近的没有特别熟的朋友，我就打电话给一个认识不久的朋友，请人家一起陪我去医院看一看。人家很仗义地过来搀我一起去了北医三院。半夜急诊的医生让我做了一个B超，过了半个多小时，诊断结果出来了：肾结石！

原来，在准备考博的半年时间里，我长期坐着不动，严重缺乏运动，而且，因为听说牛奶有助于睡眠，所以每天晚上睡觉前我都会喝一袋高钙牛奶。喝水不够，运动少，结果就很快出现了肾结石。后来才知道，肾结石是一种中老年人常见病，不喜欢喝水，运动又不够，人老了以后就容易得肾结石，一旦发作是非常痛苦的。肾结石的那种绞痛让我终生难忘，肚子一旦疼起来几乎是无法忍受的，真的是梦魇般的回忆，也算是为了考博付出的代价吧。

我一共有两块肾结石。医生给我开了药，叮嘱我多喝水、加强运动，不久就通过尿液排出了一块石头。另外一块石头，一直到2008年才排出。后来，我就格外注意生活习惯和身体健康。在人生的路上，挫折和痛苦的经历可以教会我们许多，一定不要浪费自己的苦痛经历。

28岁，人生中第一次坐飞机

2007年4月中旬，我突然接到了鲁晓威导演的电话。他问我博士考完了没有，我说考完了，也正好刚刚复试完毕，剩下的就是等待结果了。鲁导就让我继续担任文学编辑和他的导演助理，和他一起去昆明创作一个叫作《朱家花园》的电视剧的剧本。

2007年4月17日，我人生中第一次坐飞机，跟鲁导一起去了昆明。后来，我就一边跟鲁导在昆明写剧本，一边等待北大的博士研究生入学考试结果。

一天晚上，我突然接到彭吉象老师的电话。当时我心里可紧张了，用几乎是哆嗦的声音接通了电话。

彭老师在电话里兴奋地告诉我英语考够分数线了，51分，比分数线多了1分，而我的总分考了第一名，会被录取。那一刻啊，真的是感觉幸福来得好突然，也有点恍惚，还害怕是做梦。如果说我的人生中有几个最幸福的时刻的话，那么这个肯定要算一个。

我觉得一下子扬眉吐气了，这次应该让爸妈高兴一下了。要知道，1997年的高考，我和北大擦肩而过，虽然考了我们县的理科第一名，但分数才刚好到北大的提档线，差了几分没有考上。10年后，我终于圆了一个北大梦。嗨，真的是值得高兴！

当时需要回北京办一些递交材料的手续，因为我身上没有钱买机票，我就跟鲁导说明情况，问能否提前预支一个月的工资。鲁导也很替我高兴，就让我提前预支了一个月的工资。我买了一张最便宜的机票，飞回北京办了手续，然后就立刻又返回昆明，继续帮助鲁导进行文学编辑工作。

后来，我发现，2007年成了我的收获之年，还不只是考上北大博士一件事情。

第六章

2007,我的收获之年

不署名不拿一分钱写剧本，最终成功邀请到陈坤出演

由于种种原因，在2006年6月底，遗憾的事情发生了。鲁导与云南制片机构双方终止了合作，还闹起了纠纷，打起了官司。由于双方发生了不愉快，云南制片机构对于我这个鲁导的助理，也有些不满意。当时，经过一段时间的合作，双方主要是在创作上有分歧从而产生很多不愉快，结合鲁导的身体等原因，双方看样子无法再继续合作下去了。

那个时候，我很不愿意看到双方纠纷的发生，一直很希望我参与的这个项目能够成功制作完毕，这样也算是很多人前期的辛苦没有白费，但我无能为力。首先我是鲁导工作室的临时工作人员，后来也认识了云南制片机构，双方闹纠纷之后，我夹在中间很难受。其次，云南制片机构运作《朱家花园》这个项目挺不容易，已经好几年，前后找了好几位编剧写了好几稿剧本，但最终都不合适。而由鲁导亲自负责的从2017年4月份开始写作的最新一版剧本，又眼看着因双方创作意见分歧、鲁导身体等原因面临终止合作，又要没有结果了。这种结果对谁都没有好处。

我作为鲁导工作室的文学编辑和助理，虽然算不很正式的临时工作人员，但这个项目，我在考博士的前后跟了一大段时间，对这个剧的相关资料接触了很多，有很多感受。另外，硕士毕业后我专门备考北京电影学院的编剧博士，对编剧理论、技巧进行了系统的研读，对很多经典作品进行了分析，2006年也曾经考取了北京电影学院编剧博士研究生招生考试的第二名，因而对剧本写作除了兴趣外，也有了不少的积累与感悟。在进行《朱家花园》的文学编辑工作之余，我也会自己尝试琢磨这个剧的情节和人物设计，纯属是为了好玩和有感而发。

看到双方已经没有在这个项目上面继续合作下去的可能性了，这个结果对于双方都没有好处，而我夹在中间也很难受。于是，我做了一个出乎别人意料的决定。

经过仔细梳理思路，7月中旬，我到云南，给云南制片机构全部重新设计

了 20 集的人物、情节、结构。在我完成上述设计并写成 20 集的分集大纲后，我与云南当地的一位编剧分别具体写了 10 集剧本，我写了前 10 集，另外一位编剧写了后 10 集。

我因为鲁导才认识了云南的制片方，为了对得起鲁导及前面的编剧老师，我在开始写作前强调，在剧中不署名也不拿一分钱酬金，并专门与制片方签署了一个声明，请制片方签字盖章后，我才开始写作。因为当时纠纷双方已经没有再合作的可能了，我也要去北大读博士了，我想帮云南的摄制机构把这个他们已经运作了几年的剧本做完，但也不希望之前的所有编剧老师和前辈鲁导骂我是沽名钓誉之辈，我希望从纠纷中退出来并保持中立。另外，必须承认的是，我那时也有自己的一些私心，就是想实验一下我的编剧功力，发挥一下自己的所学。

后来，按照约定，这部电视剧没有给我任何署名，我也没有拿任何酬金。剧组的制片人喜欢被人称作"老来"。他想个人送我一件 100 多块钱的运动服上衣，我接受了。

虽然在这部电视剧片头、片尾都找不到我的名字，但我其实是这部电视剧最后一版全新剧本的主编剧。说到这部电视剧的剧本创作过程，也挺有故事的。

从 2005 年硕士研究生毕业前的 4 月份起，我就计划拍摄一部表演系大学生题材的院线电影，就是后来的《纯洁心灵·逐梦演艺圈》。从一开始，我就在构思一位表演老师，原型其实就是电影学院表演系的明星老师黄磊，有才华又很受学生爱戴。

院线电影基本都需要请明星来出演，以确保市场的号召力，这是电影行业一个相对固定的游戏规则。

在电影学院的时候，我们有一作教授《专业英语》课程的外教 Larry 先生，他本人就是好莱坞的著名编剧，从美国来到北京电影学院准备做一两年的兼职教学。在《专业英语》课上，除了讲解电影行业的英语术语、词汇外，Larry 先生也给我们讲了很多好莱坞电影的制作流程、剧本写作知识。他告诉我们很多好莱坞的编剧在写剧本之前，都是先选择好一两名或更多名明星作为剧本中角色将来的目标饰演者，也可以理解为算是为某明星或某几位明星来量身定制剧本，即使将来拟请的明星没有出演，也可以再寻找其他合适的演员。好莱坞的编剧给好莱坞制片厂送剧本或谈剧本的时候，通常要告诉制片人剧本中的角色是为哪些明星量身定做的，或者适合哪些明星演。好莱坞的制片人也总喜欢问编剧们一个问题——你的剧本准备请哪位明星来担任主演。

那个时候，陈坤已经很火了，而且是电影学院表演系的优秀毕业生，我计划写和拍的表演系师生的故事会有很多令人感动、催人泪下的情节，也很适合陈坤的独特气质。所以，我选择了明星陈坤作为我电影剧本构思、写作的目标饰演者。

后来，硕士毕业不顺利，没有找到工作，我的电影拍摄计划一下子变得遥不可及，但我从硕士毕业后一直没有停止对电影梦想的坚持和努力，一直在构思剧本和搜集素材。

在决定去云南写这部电视剧之后，我当时想，既然还没有能力拍摄自己的电影，我不妨也以陈坤为目标饰演者认真写这部电视剧，也算是拍电影前的一个项目。而且，如果通过这次合作与陈坤结缘了，以后没准也好再合作了。

因为我对相关资料已经熟悉，而且之前就一直在构思自己的电影剧本，一直也在研究陈坤，并且在琢磨哪些性格形象和情节设置可以打动陈坤，所以在构思《朱家花园》这部电视剧的主要人物、线索设置时还是比较快的。当时，云南的摄制机构也说明了不必完全受制于历史，可以适当进行艺术虚构加工，重点刻画人物和讲述引人入胜的故事。这就给了我创作上的方便。

我希望设计一个受大众喜爱，同时也是陈坤没有饰演过并对他的表演有突破的角色类型，这样才会对他有较大的吸引力。我希望这个角色是为事业坚持不懈付出的好儿郎，同时又是对心上人有情有义的好男人，在事业上和爱情上都得是让人竖大拇指的。

于是，我设计了一名从海外留学归来，一心振兴家乡矿业冶炼技术的富家帅公子、"官二代"，心地善良、纯洁，做事坚持不懈甚至可以说执拗是他的性格，和他精于权术、心狠手辣的父亲形成鲜明的对比和巨大的矛盾。我希望他是儒雅、正直、坚毅的翩翩美青年，我偏爱这一点，我为这个角色取名"李博文"。而我的电影《纯洁心灵·逐梦演艺圈》中为陈坤设计的老师则姓文，叫"文天阳"。我一直偏爱"文"这个字，它可以让人联想到"文雅""文化""玉树临风""风度翩翩"等一系列美好的词。

我首先为男主角李博文设计了清晰的事业线和明确的人生目标，而且把这作为男主角最重要的戏份。他留学回国以后，决心振兴锡矿储量为世界第一的家乡的矿业，提高冶炼提纯技术，改变一直被洋人盘剥，以极低价收购锡砂，利用发达技术提纯后销往世界各地获得暴利的局面。男主角的目标、任务很明确，我也给他设置了很多的障碍、困难，让过程足够曲折、艰难、揪心。从编剧技巧上讲，越是在艰难、关键的危机时刻，就越能体现人物的性格形象。很多时候，就得把人物往绝境上写，通过人物逢凶化吉、解决危机的行动、情节吸引观众，同时准确、生动地刻画出人物的性格形象。我相信，李博文这个人物的性格形象和他的行动线索是很有力、很可爱的。

在设置女主角的时候，我给她取了一个很淑女的名字——婉婷，但同时又借鉴美国电影《飘》中女主人公的坚强性格形象，赋予这个女子刚强、坚忍不拔的性格。因为家庭遭遇的种种苦难和不幸，她勇敢地从一个柔弱女子变身为女强人，带领众人坚强地重建家族事业，并为国人争气。我希望这是一部气势磅礴、带有史诗剧特点的剧，所以我希望温柔贤淑的女主人公也是刚强、坚毅和成就了一番重大事业的。

在设置男女主角的爱情线索方面，我在剧本写作技巧"36种情节模式"中的第29种"罗密欧与朱丽叶"模式——"爱恋一个仇敌"的基础上做了调整，将李博文与朱婉婷的父辈设置成"仇敌"，给两个人的爱情增加了很多障碍，朱婉婷的父亲后来甚至被李博文的父亲用阴谋诡计气死。后来，两人历尽千辛万苦终于走到了一起，李博文也实现了自己的重大理想，成功钻研出炼锡的技术，帮助朱婉婷重振了家族企业，为振兴他们家乡的经济、保护国家资源起到了积极的推动作用。功成名就的李博文本应该与心上人过上幸福的生活，但在危急时刻他挺身而出，用生命捍卫了振兴家乡经济、为国人争气的宝贵科研技术和神圣的爱情。众人在朱婉婷的带领下，将李博文留下的科研成果发扬光大，并继续李博文的遗愿，为家乡、民族事业不懈奋斗。

我一直认为，陈坤身上的气质，如果出演这样的戏，一定可以让很多人潸然泪下，深受激励。而编剧就是要刻画丰满的人物形象、传达丰富的情感，引发观众在"喜怒哀乐悲恐惊"这些方面的共鸣。

我还设计了一名对李博文深深爱恋的富家女黎雅香，还有一名顽皮活泼、因玩闹而与李博文结缘的彝族头人女儿普花妹，形成"三女绕一男"的局面；还设计了对女主角一见钟情、穷追不舍的法国工程师保罗，也是为了增加对男女主角爱情的阻力。

另外，我也设计了这部剧的其他主要人物和与主线交织并进的几条副线，这部剧中所有角色的名字也都是我起的。

同时，我还给剧中设计了不少幽默情节。这可能与我最早在北京电影学院学习时，进行了很多喜剧表演练习有关，在我后来所有的剧本创作中，都很重视喜剧成分的设置和表现。其实，在好莱坞的视听大片中，也总是要穿插很多幽默元素。幽默是电影获得大众喜爱的很重要的一种手段。

具体的创作流程是这样：我完成所有的人物、线索设计并写成20集的分集大纲后，再由我和云南当地的一位四五十岁的编剧分头去写成最终剧本，我写前10集，那位编剧老师写后10集。大约四十来天，全部完成。

写完以后，我很自信地请《朱家花园》制片人老来去找陈坤的经纪人团队，尝试邀请陈坤担任主演。我还把陈坤当时所在经纪公司的联系电话告诉了制片人，因为我之前一直在琢磨、构思我的电影，早就准备联系陈坤，因此通过各种途径打听到了陈坤经纪公司的电话，只是一直还没有联系过，准备我的电影剧本完成后再开始联系。

结果，很快传来了好消息。制片人老来告诉我陈坤看了剧情大纲后，只看了我写的前三集剧本就表示可以接演。这个消息让我十分高兴，顺利程度甚至超出了我的想象，让我很有成就感。要知道，当时陈坤已经是一线男星，非常火，主要是拍电影和唱歌，听制片人老来说，他当时一年只计划拍一部电视剧。

就这样，2007年，我28岁，之前没有想过的一次剧本创作，也是我的第一次正式剧本创作就获得巨大成功，顺利获得了拟定的一线实力明星的认可和出演。国内应该没有多少编剧有这样的成绩。虽然不署名也不拿一分酬金，但我很高兴，我看中的是我的能力获得了一次验证，说明我在剧本写作方面还是有天赋的，这进一步坚定了我在电影行业走下去的信心。

后来，电视剧进入了建组筹备阶段，女星郝蕾接演了女一号。剧组定于2007年10月份在云南拍摄。按理说，编剧全程在剧组跟着是最好的，但我9月份就要去北大报道读博士了。要知道，读北大是我1997年高考没有实现的梦想，十年后终于还是圆了。到北大读博士是我人生中的重大事情，而且博士一年级有很多公共课程，必须得上。后来，辅助我写剧本的那位编剧老师去跟组进行了拍摄。在《朱家花园》进行拍摄时，我在北大认真攻读博士研究生，内心里挂念着他们，并默默地祝福他们。

由于种种原因，这部电视剧的最终成片可能没有实现既定的目标，留下了遗憾。但是男一号陈坤和女一号郝蕾的表演真的是很精彩，给人留下了深刻印象。

后来，我认真地看了这部电视剧。看自己设计、写作的剧本拍出的作品是一种别样的体验。当我看到陈坤、郝蕾、王奎荣老师、王华英老师、王娟老师等演员的很多表演与剧本当时的设计很吻合的时候，我很佩服他们的才华和表现力。看到可能由于各种原因造成的遗憾的地方时，也不禁叹息。

我发现，成片从20集修成了24集，而且剧中有些情节走向和线索轻重比例发生了变化，结尾也与我当时的设计不符了。应该是由于种种原因吧。我当时看完后想，因为主要人物、线索都是我设计的，如果我能跟组拍摄的话，可能会取得更好的效果。当然了，我知道，拍摄影视剧是很难的，要受到很多条件的制约，每一步的创作都很不容易。

所有的经历都是我们的宝贵财富，都会让我们不断成长。在这里，要感谢鲁导、云南制片机构、其他的编剧老师们、陈坤、郝蕾、摄制组导演带队的全体主创等很多人！

母亲为我在家乡举办宴请，因为太高兴喝断片儿

2007年8月份，在云南摄制机构建组后不久，我交接了剧本，就回老家赞皇县了。当时身上还是没有钱，但是已经收获了很多。离开家乡已经很久了，

我需要在去北大读博之前，回家和家人好好地团聚一下。

十年时间，终于圆了一个北大梦。我把录取通知书给爸妈看，他们的脸上都洋溢着发自内心的幸福、喜悦。

我保存的北大博士研究生录取通知书信封

我当时觉得，这次真是可以向父母交代了，没有辜负父母对我的殷切期望，也没有辜负自己一直以来的努力。我觉得父母和我都挺不容易的，值得好好庆祝一下。我跟母亲说办一次宴请吧，实际上，我是想让跟着我吃了这么多年苦的父母在面子上荣耀荣耀，让他们心里高兴高兴。

母亲很高兴地同意了。因为在临近母亲的生日了，从来不过生日的母亲把我考上北大的庆祝宴请与她的生日合在一起举办。

这次宴请，可真是我人生中一件难忘的高兴事情。仿佛我长那么大，从来没有这样扬眉吐气、心情舒坦过。经过艰苦努力后获得的果实才是最甜的，这一点我深有体会。

那次宴请也十分有意思。我们选了一家餐馆，摆了五六桌，每桌可容纳十来个人。从上午11点半开始，亲朋好友们陆陆续续来了，很快就坐满了。忘了是我的哪位表兄或表弟提议用碗喝酒，我一口菜还没吃上，就开始用一只小碗喝白酒了。当时因为高兴，那真是一碗接一碗地喝啊！敬我酒的人太多，中间好像就吃了两三口拍黄瓜。

喝了没有二十分钟，我就"断片儿"了。这也是我人生中唯一一次喝断片儿。晚上8点多，我才从家里的床上醒过来，发现床边的地下有很多我吐的痕迹。那天中午到晚上醒过来之间的记忆到现在都是空白的，不知道这是不是算很好地诠释了一把"酣畅淋漓、不醉不归"。

我也惊讶自己那天怎么会喝得那么猛，估计这些年压抑了太多的东西在心里，一定是想把自己内心的好多东西，比如我的坚定决心和对好多人打击、嘲讽我的反抗，还有对父母无私支持我的感动，以及对遇到的给予我指导和帮助的很多人的感激都抒发出来。

有趣的是，那天晚上8点醒来后，我肚子还是不舒服，继续到我们家平房的院子里去吐，发现我的两个表弟也在院子里下水道的地方吐。我当时就乐了，心里想，看来喝大酒的人有不少啊。既然大家都挺替我高兴，我一定要努力对得起大家的期待。

其实，当时我考上北大博士的事情在我们县还是比较轰动的。我记得母亲还在我们县电视台为我点播了歌。我们县已经有很多年没有人考上北大清华了，

我的父亲母亲

虽然我考的是博士，但还是正儿八经地圆了一个北大梦。我们县是国家级贫困县，从客观上讲，整体教育水平比起大城市来还是有较大差距的。

我有时候会想，如果我出生在大城市里，那么可能十年前就能考上北大了。人的出生家庭、环境是自己没有办法选择的，但或许正是相对贫困和艰苦的环境，反而可以造就更加强大的我们。

人生的道路上总会有各种坎坷，也总会有阳光。不畏打击，越挫越勇，有意义的人生应该是一个不断向自己的理想和目标乐观、扎实迈进的过程，我们应该学会享受拼搏的过程，感受在朝向人生理想路上的每一次收获和每一个进步带来的幸福，做一个珍惜当下时间、亲情、友情、爱情的人。

临近去北大报到的时候，我去我们县的派出所，再次办理了户口迁往北京的手续。当时我特别感慨，这已经是我第三次把户口迁往北京了，前两次都又迁回原地，这次还会再迁回来吗？我知道，辛劳了大半辈子的父母并不图我对他们有什么回报，只是希望我能够有安定的生活和工作，能够有很好的事业和家庭，这样他们就不必担心我。把户口落在北京，在北京有安定的工作和家庭，是他们一直对我的期待。那一刻，我给自己定下了目标，博士毕业一定要找到一份正式的电影行业教师工作，把户口落在北京，算是报答父母，让一直为我担忧的父母满意和高兴，也为自己争口气。

一步步往下走吧。经历10年，我圆了高考时的北大梦。说真的，那个时候，我是多么期待我即将到来的北大时光！

第七章

2007—2011，迟来的北大时光

父母送我去北大报到

2007年9月2日,是我去北大入学报到的日子。去的前一天,我跟爸妈说,希望这次他们把我送到学校。实际上,北京我很熟悉了,之所以想让爸妈送我到北大报到,实际上这是一种心愿的表达,是我对父母这么多年省吃俭用,尽管有很多亲朋好友反对但还是无私支持我的一种感谢。我想把荣耀与劳累了大半辈子的父母一起分享。这个荣耀有一半,甚至一多半是属于他们的。

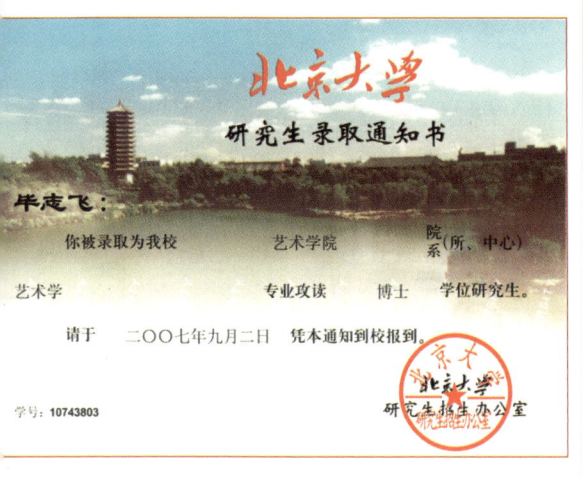

北大博士研究生录取通知书

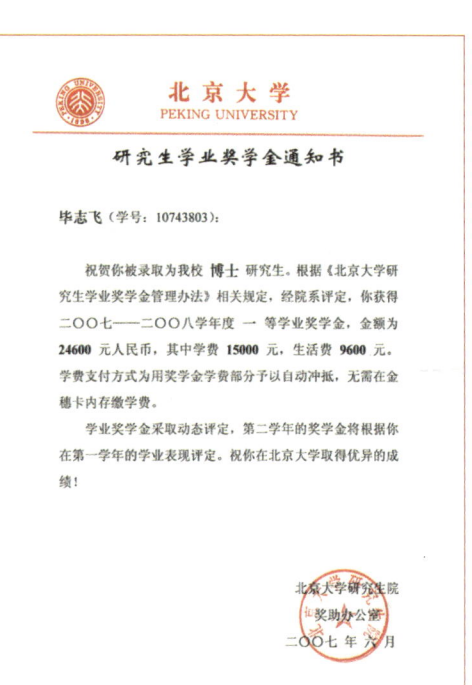

我获得了北大的一等学业奖学金

1997年我考学不理想,自己很难过,任性的我给爸妈增添了很多的痛苦,那次去北京上学都没有从县里走,也让妈妈哭了好几次。我觉得我用十年的时间,终于圆了一个梦,终于算是给爸妈,给我自己争了一口气。因此,我希望他们二老送我这个已经28岁的大龄青年去北京入学。

因为姐夫有工作要忙，那天早上，姐姐找了一名朋友当司机，开车送我和父母去北大报到。一路上，我真是觉得意气风发。大约上午十点半左右，我们到了北大的南门。

2007年北大新生报到是在从南门进来的一条街上进行的，各个院系都摆了桌子，有很多老师和学生会的工作人员一起接待新生。父亲和我从南门进去学校里办手续，母亲说她就不去了，在北大南门外等我们。于是，她就站在南门外等我们。

我也不知道为什么母亲不愿意进去和我们一起办手续，她是不是怕北大的老师和同学们看见她觉得她土，让我丢人？父亲倒是很想跟我一起进去办手续。其实，那时我觉得我的父亲看起来比母亲要土。

因为父亲穿着打扮比较土，实话实说，我当时还真有一种自卑感。在报到的时候，我也没介绍这位一直站在我身边的老先生是我爸，办完手续就一起走了。后来，我总结，我们年少时会在乎很多表面的东西，实际上成熟后会发现，很多我们在乎的东西都是虚的，根本就没有必要，反而让我们失去了人生中很多美好的瞬间，留下永久的遗憾。如果再有一次报到的机会，我很希望把我的父亲介绍给当时在场的老师和同学们，他是为儿子辛劳了大半辈子的一名很不容易的父亲啊！

我和父亲返回北大南门外后，看到母亲和姐姐还一直站在北大南门外。我邀请母亲去北大校园内转转，母亲说先请司机吃饭吧。于是，我们就去北大南门外街上的一家餐馆吃饭。吃完饭后，司机开车送我到北大西门对面的畅春园，帮我安置东西。北大的部分研究生，包括很多硕士、博士研究生是住在北大西门外隔着一条街的畅春园宿舍区的。父亲与司机一起帮我把电脑、书籍等东西搬到宿舍，安置下来。同屋的是一个北大物理学系本科直升博的学生，个子瘦瘦高高，比较内向。父亲帮我把行李、电脑等放下后，满意地去上了个厕所，就下楼了。因为路途比较远，父母和姐姐他们想早点回去，因为到了石家庄市后，父母还要赶回县里。

那天留下了一个遗憾，就是我的母亲只在北大南门外站了站，一直没有进去北大校园。记得那天吃完午饭后，我再次邀请母亲和父亲一起到北大校园逛逛，去未名湖等地方看看，母亲说就不进去了，下次吧。我想了想也是，我要在北大读四年呢，以后他们再到北大来看我，机会有很多，到时可以在校园里好好逛逛，就没有坚持。谁承想，一念之差，就留下了永久的遗憾，妈妈后来再也没能踏进北大校园。我在北大的第二年，妈妈离世了。妈妈的一生，勤奋、辛劳而坚持，给予了我很多母爱和无私的支持，省吃俭用、含辛茹苦那么多年终于把儿子送进了北大读书，而她却终生没有踏进过北大的校园。真的是伟大的母亲，伟大的母爱。想起来，真的是挺心酸的。我们一定要学会珍惜时间，珍惜与亲人相处的机会。世事无常，对父母一定要及时尽孝。学习、工作忙碌的同时，别忘了问候一下父母，回家看看。

北大初体验

父母和姐姐走后，我一个人看着北大的校园，觉得像是做梦一样。十年，我从那个抱着很大遗憾来北京读书的抑郁青年变成了一个阳光、积极的电影逐梦者，从北方工业大学，到北京电影学院，再到北京大学，历经无数个日日夜夜的苦读和拼搏，我圆梦了。

中国大学的博士研究生基本学习年限大都是三年，而北大的是四年，跟读本科的时间是一样的，而且，北大的博士学位很难获得，经常有人因为毕业论文通不过答辩而延期毕业，有的人甚至读了七八年。虽然已经 28 岁，但考入北大读博士，对我来讲一切都是新鲜的，跟重读一次本科一样。我也格外看重这次学习，我憧憬着怎样在北大好好度过向往已久的北大时光，怎样用心感悟北大这座著名学府的精华和魅力。我决心要好好地读一次北大！

在北京电影学院共读了近四年的书，对于艺术院校已经有了深刻的认识，但到了北大以后，我发现完全就是另外一种氛围了。电影学院因为是艺术院校，学校面积较小，学生也较少，一到了周末，电影学院校园里的人就变得稀少，平时自习教室里面人也不多。而在北大的校园，几乎每天都是热热闹闹、人来人往的一幅景象。而且，到了周末感觉校园里的人就更多了，因为来了很多到学校参观和进行各种周末进修学习的各界人士。那种红火的场景和热闹的氛围，让人不知不觉地更加努力。

为了好好地感受北大，我像很多本科新生一样，还报名参加了很多学生社团。北大的学生社团有很多，有些社团比如山鹰社、自行车协会等是很有名的。我报名了文艺部、山鹰社、自行车协会、高尔夫协会等许多组织，参加了很多有意义的学生文化活动。那些社团的本科成员也对我这个大他们很多的博士生非常友好，加上我的外貌跟本科生差不了多少，因此还是能跟很多本科生、硕士生融到一起的。

28 岁真正交往第一个女朋友

在读北大之前，我从来没有真正谈过女朋友。可能因为梦想比较大吧，始终需要付出比别人更多的努力和时间，所以一直也没有真正地谈成恋爱。我曾经也很想谈个恋爱，但一直都没有成功。

人生的经历在我身上仿佛都比别人要晚一些。人家读本科谈恋爱的时候，我在自学电影准备考研；人家读硕士谈恋爱的时候，我希望能找个表演系的女孩做女朋友，因为难度很大，一直也没找着；硕士毕业不顺利，又穷困潦倒，再加上我给自己树立的目标是考博士，于是一直过着孤独和埋头苦读的生活。

2007 年的 8 月，在云南给陈坤写完剧本后，一次偶然的饭局，我认识了制片人的一位朋友的女儿。那位女孩身材高挑，在中国传媒大学播音主持系读本科，是标准的大美女。那时候，我刚给陈坤写完了剧本，而且考上了北大的博士，大家也都很看好我。

认识以后，我们相约在昆明一起看了一场电影，看的什么电影已经不记得了，但看完电影后，我们彼此都很有好感，相约北京再见。到北大报到了以后，我去中国传媒大学找她。不久，我们就开始了男女朋友交往。

从来没有真正谈过恋爱的我，特别认真地面对这段感情。那段时间，我经常周末去传媒大学的中蓝公寓看她，一起去看电影、艺术展览，吃饭聊天等，然后再把她送回学校。然而，一直忙于读书的我在情感方面不是很有经验，情商也不是很高，不太会哄女孩子开心。我们后来因为一些小事较真，而我习惯了一板一眼，不懂得让步和照顾女孩，于是出现了一些争吵，有几次闹得双方都很伤心。两三个月后，由于总是闹情绪和争吵，我们的情感走到了尽头。

我当时可伤心了，不管是白天还是晚上，一想到已经分手的女朋友就忍不住淌下泪水。那次恋爱是失败的，但真的是我很投入的一次，也让彼此的心很受伤，双方都流了不少眼泪。分手后，我也尝试了几次看是否能够再和好，但是都没有成功，后来我们两个人就逐渐彻底分手了。

后来想起来，其实全都是因为鸡毛蒜皮的小事，就是两个人都太较真，美女总是难免脾气大，而我不懂得让步和宠着人家，所以想起来挺对不起她的。

我又回到了单身世界。虽然我也很希望找一个能够很好相处的女朋友，而且一个人的时候，看着北大校园里那些成双成对的学生一起愉快地学习、散步，也很羡慕，但女朋友并不是那么好找的。我安慰自己，上帝给你关上了一扇门，就会打开一扇窗户，没有女朋友的日子里，就专心地多学习一些，多琢磨琢磨我将来一定要拍的表演系大学生题材的电影。

当然，我知道我还得找女朋友，才是一个完整的人。所以，后来我也就一边认真上学，一边期待哪一天能够碰上有缘的女孩。

北大的学习感悟

在北大的学习经历对我来讲，是愉快、难忘的，也是特别重要、不可替代的，对我的电影创作理念起到至关重要的影响。

北大2007级全校的博士有两三百人，我们会在一起上政治、英语公共大课。政治课是全体博士一起在一个大的阶梯教室里上，课程内容有很多是邀请北大的名师做一些讲座。聆听大师们的讲座是非常难得的机会，很有助于开阔眼界和提升素养。

博士英语课全部是由外教老师来讲授，全年级的博士分成了几个大班上课。我们艺术学院有影视学、美术学、音乐学三个方向的7名博士生，我们7个人与政府管理学院的几十名博士们一起上英语课。英语课包括写作课和口语课。

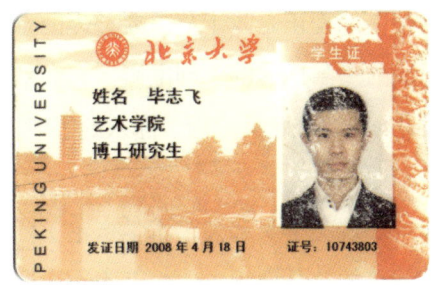

我的北大学生证（补办过，所以发证日期为2008年4月18日）

写作课是几十个人一起上，每周都要写各式英语应用文章。而口语课则是分成小组，以小组互动、讨论的方式进行，内容丰富，还包括角色扮演等。我们的写作老师和口语老师是一对来自美国密歇根州的夫妇，人很好，每周三还邀请我们去他们租的公寓参加"英语角"，大家一起喝饮料，用英语交流。很多人也把这个交流当成了找男女朋友的机会。

在北大读博士期间，我的英语写作和听力得到了很大的提高。因为是一整年的外教课，而且课程学习任务比起电影学院的时候要重很多，每周都要写大量的英语应用文章，进行大量的听说练习，所以提升很快。到课程结束时，每个人都积累了厚厚的一摞英文文章，每个人都习惯了用英语做大量的口语交流。

对于电影人来讲，英语是很重要的。美国及欧洲一些国家的电影行业比我们要发达许多，美国的电影产业目前在世界上还是有着较大的领先优势的，我们需要与他们多多交流和合作。在英语方面的大幅提高是读北大的一个重要收获。

当然，通过一年的博士公共课程学习，还有一个收获就是认识了很多博士生同学，成为好朋友，直到现在我们也都是好朋友。

北大的电影学习是以理论研究为主的。有些艺术学院的影视编导本科生会抱怨说北大的电影学习太重视理论，实践不足。的确，北大是一所研究型的综合性大学，影视学科历史比较短，而且在电影拍摄实践方面确实不像北京电影学院一样有很多的师生、校友与经验、传统，但深厚的人文底蕴和优秀的学术氛围是北大艺术学科的优势。

对于我来说，因为在北京电影学院已经学习过很多的电影实践课程，所以北大提供的美学、艺术学及中国传统文化的很多课程正是我十分需要补充的重要知识，真是对路子，来对了。我想，要想成为一名优秀的中国电影人，在掌握电影的基本创作技巧的基础上，需要对本国的传统文化有广泛、深入的了解，这样才能与国外的顶尖电影人相比拼。

我的博士导师彭吉象老师在北大开设有《影视美学》和《艺术学概论》两门课。彭老师的《艺术学概论》是北大全校闻名的精品课程，两次因为这门课程被评为北大十佳教师。而且，有半数以上的全国高校选用彭老师的《艺术学概论》作为课程教材。我在北大期间，完整地听了彭老师的这门著名课程。这门课程讲的是艺术各个门类的特征与发展历史，涵盖了音乐、绘画、舞蹈、雕塑、摄影、影视等诸多门类，这些对于电影创作者来说，是十分重要的综合素养基础知识和创作灵感来源。

电影艺术被称为"第七艺术"，是一门综合性的艺术，与各艺术门类有着千丝万缕的联系。很多电影大师正是因为具有丰富的艺术素养、人文知识和深刻的思想，才创作出了经典的作品。我想，一名中国电影创作者对于中国传统文化理解得越深入，就越能创作出世界性的作品。有一句话叫作"民族的才是世界的"。

例如，在彭老师讲中国书画、中国园林的过程中，我就可以吸收很多中国传统文化的精髓与养分，了解东方美学特性和与西方美学特性的不同。

美国及欧洲一些电影强国在整个电影行业及电影艺术的发展上目前领先中国不少，但电影语言技法实际上并不难，真正难的是对内容、思想的挖掘与表达。我们跟在西方人后面去模仿，去跟风拍西方文化，恐怕是拍不过西方人的。在影视创作中，深入挖掘和弘扬我们的中华优秀传统文化，才能拍出西方人拍不出的电影，才能拍出真正具有国际竞争力的电影。民族的才是世界的。李安导演的著名作品《卧虎藏龙》正是因为富含深厚的东方文化美学特征，才让西方人叹为观止、由衷佩服。

在北大的时候，我也经常去听名师、大师们的一些课程和讲座，很是受益。北大真的是一座人文宝库，有着数不清的宝藏等着去挖掘。

因为在两所名校都认真学习过，有很多感慨。我经常想，如果北京电影学院与北大的影视专业的师生们多加强交流，互相取长补短，一定可以有效促进影视专业人才的培养。

另外，我也要特别感谢我的导师彭吉象老师。之前在北京电影学院读书时，我们很注重分析欧美大师导演的一些艺术电影，对好莱坞电影是抱着一定的抵触态度的，认为那是庸俗、缺乏创意的工业品，不太值得研究。但通过认真研读彭吉象老师的著作、备考彭老师的博士和考入北大之后再认真听彭老师的研究生课程《影视美学》，我由衷地认识到，其实好莱坞电影非常值得研究。电影不仅是艺术品，同时也是一种商品，不仅是艺术，同时也是一种工业。电影的本质特征正是兼具艺术性和商业性双重属性，而电影从业人员需要正确认识和尊重这一点。

电影的制作通常成本巨大，那么只有收回成本和盈利，才能实现良好的循环，否则创作者是没有办法进行再创作的。很多电影学院有才华的毕业生，就是因为过于注重个人表达而忽略了对大众观影的尊重，从而在电影之路上越走越难。同样，如果只片面注重电影的商品属性和工业属性，不注重对观众艺术审美和创新期待心理的满足，同样会败下阵来。我们很多国产电影就是因为题材、演员重复，缺乏艺术创新，不讲究艺术的精雕细琢甚至粗制滥造，让观众出现审美疲劳，感觉被欺骗和糊弄，从而导致很差的口碑和票房。

优秀的好莱坞电影在制作方面是很精细的，而且十分注重对大众观影的尊重。好莱坞的各大公司、制片厂十分注重总结和延用各种成功的类型电影元素，同时不断地加入创新手法，从而保持对世界各国观众的持续吸引力，这是尊重电影的艺术和商业双重属性的体现，这对于好莱坞电影现在占据全球电影市场主导地位起到了非常重要的作用。对于中国电影来说，认真研究好莱坞电影对于整个电影产业的发展具有十分重要的意义。北京电影学院现在也已经开始同样注重对好莱坞电影的教学与研究。

进入北大后，我也开始认真研究好莱坞电影，并开始研究艺术和商业在电影中的融合，后来我的博士论文就是关于这个研究方向的。在创作《纯洁心灵·逐梦演艺圈》的全程中，我始终很注重商业与艺术的融合，注重把考虑大众观影感受和艺术创新相结合。

在北大期间，我也拉片分析了更多的经典电影。同时，我也没有忘记我的电影创作梦想。

2008年年初，我还尝试过一次启动我一直想拍的表演系大学生题材电影，计划在博三或博四的时候拍，想先早点开始做准备。我与当时资助我拍摄硕士毕业作业的苏州企业方进行了联系，苏州企业方的领导姚总还到北大与我进行了交流。我也到北京电影学院表演系去选了一次演员。但后来，这次电影启动没有成功。后来因为计划在博士三年级时，申请国家公派留学名额到美国留学一年，以不断提升自己的电影素养，博士毕业后就很难有这样的机会了，于是，我也就专心于北大的学习了。

第三次动眼睛的手术

虽然已经动过两次眼睛的手术，但是因为医生都是选择保守的方案，避免矫枉过正，所以虽然比之前好了不少，但我的眼睛还是存在一些斜视问题。于是，2008年的暑假，7月份，我动了第三次眼睛斜视的矫正手术，也是想眼睛更好了会更加方便，将来还可以在做导演创作的同时，饰演一些角色什么的。

我还是请我的表弟陪我到北京做手术，而且还是住在同仁医院附近的那家老宾馆。其实每次做手术都挺紧张的，家里人也挺为我担心，毕竟是在眼睛上开刀。医生、护士们也都觉得我很有决心。

手术进行得很顺利。表弟陪我在北京待了一周，等全部换药结束后，就回到县里静养。同样因为是保守治疗方案，斜视进一步减轻了，但还是存在一定程度的斜视。我想，将来可能还需要再动手术。命运带给我们什么，我们就勇敢地接受。为了梦想，我们需要敢于付出。

在北大的第二年，妈妈去世了

一晃一年多过去了。2008年10月16日晚上10点多，我刚刚从图书馆回到宿舍，就突然接到了姐姐打来的电话。姐姐在电话里告诉我，母亲病危了。

我真的吓了一跳，这是个太突然的消息了。要知道母亲还是很年轻的，我从来没有想到过妈妈去世这个问题。我当时一下子就愣在了原地。

姐姐告诉我，母亲用凉水洗了一下午的衣服，手洗的，晚上七点多就突然晕倒了。我们家的老房子是平房，水龙头在院子里，只有冷水没有热水。姐姐告诉我已经把母亲送到石家庄市的医院，但母亲一直昏迷，医生检测后说是脑干出血，直接威胁生命，已经发了病危通知书。我赶紧匆匆忙忙奔下楼去打车往火车站走。

三年前，妈妈曾经出过一次车祸，头部受到了严重的撞击，整个人失去知觉达五六分钟，头上流了很多血，后来住院住了一个多月才出院。而那次妈妈生病，妈妈叮嘱全家人瞒着我，怕影响我的学习。所以，那次是等到妈妈出院以后我才知道妈妈出了事故。

我的母亲是一名很要强的女性，工作的时候是典型的女强人，退休之后也总是闲不住，一天到晚在家里做家务、收拾东西。她平时又是个很节俭的人，不太舍得吃好的、穿好的。那些年，妈妈为了供我上大学，为了增加些收入，退休后她办了一个储蓄所代办站，就是帮县里的农村信用社吸收存款，她帮助进行统计和汇总，每个月领取农村信用社的工资。我记得硕士毕业不顺利回到家的时候，经常看见妈妈白天忙了一天家务后，夜里戴着老花眼镜趴在桌子上算账，常常忙到深夜，第二天一大早又起来忙家务。别人经常劝她，别那么累了，该享受享受退休生活，可妈妈就是个勤俭节约的人。因为那时农村生活条件和医疗条件差，她也是我姥爷姥姥家里第一个活下来的孩子，从小就很坚强，像个男孩子一样长大。其实她只有小学文化，读完小学就辍学帮家里干活挣钱，供弟弟妹妹读书了。

因为我上了很多年的学，妈妈总想着能多挣些钱贴补家用，也总想着自己能多干点活，省些钱。我经常想，如果我没有一直读书，或许妈妈的负担没有那么重，或许不会去世那么早。应该说，妈妈就是被累过世的，因为我上学给家里带来的负担很重，妈妈的性格又特别好强，她太拼了……

那天晚上，等我到了北京西站后，发现已经没有去石家庄的火车了，只有第二天早上的。我就不得已租了一辆"黑车"，付了司机600块钱赶往石家庄。

夜里三点钟，我赶到了母亲被运往的石家庄市和平医院。一进病房的门，把我吓了一跳。我看见妈妈的脸肿得很高，整个脸都严重变形了，整个身体仿佛也肿了，她的眼睛紧紧地闭着，伴随着很沉重的呼吸，重度昏迷。我瞬间感受到了浓重的离世气息，我的心一下子就凉了，妈妈真的是病危了。

那天晚上，我和哥哥姐姐一直守在母亲的病床前，让年迈的父亲到外面的长椅上躺了一会儿。

那天晚上，母亲始终没有醒来，而且她的情况越来越严重，脸肿得越来越大，后来胃里也开始出血，会不断咳上来堵住喉咙和鼻孔，不断地堵塞，会一直堵到无法呼吸。过一会儿，我们就得叫护士过来用仪器吸一些淤血出来。

第二天白天，妈妈还是没有任何醒来的征兆，而且情况持续恶化。她的两个鼻孔已经完全被淤血堵住，完全本能地张着嘴巴呼吸，然而，喉咙里也是堵得越来越重，呼吸越来越弱。医生告诉我们，需要准备后事了。

时间一分一秒地过去，妈妈的脸肿得越来越大，几乎所有人都已经明白，妈妈要离开我们了。到了晚上十点多的时候，妈妈只剩下非常微弱的呼吸了。因为脑干出血，她的脑部已经严重受损，回天无术了。晚上十点多，妈妈停止了仅有的一丝呼吸。我和父亲泪流满面地见证了妈妈的心跳从突然飙升至180左右，到接着不断下降，最后一直降到0的全过程。那几分钟真的是生离死别的几分钟，但是你有没有任何办法，只能眼睁睁地看着亲人离我们而去。我心里想，母亲那几分钟或许是在她与我们全家人说说笑笑的美好回忆里，也或许是在对我前程的牵挂和担心里。母亲啊，祝您在天堂安好！

好在那年的十一长假，我还回家去看了看父母。真的没想到那次与母亲分别后，竟然再也没能见到清醒着的母亲，没能说上一句话。所以，人啊，一定要好好地珍惜时间，好好地珍惜与亲人相处的机会。

那天晚上，我们连夜护送母亲的遗体回县里。在医院的救护车上，我一直守在蒙着白布的妈妈的遗体旁。汽车行驶在漆黑的没有路灯的通往县里的公路上，我忽然明白了这就是妈妈的一生啊，仿佛这一切都是多年前注定的，让我心里留下无穷无尽的回味与感动。她是一名从农村走出来的好强的外表柔弱、内心刚强的姑娘，为工作和家庭操劳一生，与父亲供三个孩子走出了县城，省吃俭用供儿子上了北大,最后,她在家人的护送下,像一个英雄一样又回到了县里,走回了那片属于她的土地。她的生命平凡而令人感动,一生都在为工作和家庭成员付出,没怎么享受过生活。她为我付出了很多,她很好地为我诠释了母亲的含义。我应该铭记着妈妈对我的付出和教导,努力让自己活得有意义和有尊严,才能对得起这名坚强、勤劳的普通中国女性。

回到家里的当天晚上,尽管我已经三十多个小时没合眼了,我还是选择做第一个守灵的人。那天晚上,父亲、姐姐、哥哥都去睡了一会儿,我就守在妈妈的遗体旁一直到天亮。我知道,妈妈是最疼我的,我觉得,在她回到家的当天晚上,我守护她对她才是最大的安慰,也才能让我这个不孝的儿子有一点点心安。

那天晚上,我守在妈妈的遗体旁,想了很多很多。第二天早上,天亮以后,等姐姐哥哥们起来接替我守灵,我才去睡了一会儿。我睡觉的时候,还听见外面有亲戚来到家里,问家里人出了这么大的事,为什么我没有守灵却还在睡觉。当时,刚刚躺在床上的我没有一点想解释的意思。我所做的事情是给妈妈做的,而不是给别人看的。

后来,陆陆续续地来了很多吊唁的人,有亲朋好友、母亲生前的很多同事,还有县里的领导。

处理完妈妈的后事以后,我陪父亲在家里待了两天,安抚父亲的情绪。

等我返回北京,突然意识到正好过去了一周:我接到电话匆忙赶回家是周二的晚上,而每周二的下午是我导师彭吉象老师的《艺术学概论》课,处理完妈妈的后事返回北京是第二周周二的上午,正好又赶上下午导师的课程,竟然没有耽误一节课。意识到这个巧合,我当时就流下了眼泪。莫非妈妈的去世也是她冥冥之中特意选择的吗?选在了不让我耽误一节课的时间段。

唉,怎么说呢,母爱真的是这个世界上特别特别伟大的爱。让我们一起向母爱致敬吧!有母亲的人一定要珍惜与母亲相处的时光,让母亲多开心一些,别像我这个已经没有了母亲的人一样留下很多遗憾。从那个时候起,我就决定,在我的有生之年,一定要拍一部向全天下母亲致敬的电影,也深深悼念我的母亲。

没有了妈妈之后,我整个人仿佛更加孤单了,经常会回忆起母亲生前的音容笑貌,也会经常感叹世事的无常与时光的宝贵,也更加明白了,有些事情真的是一去不复返的,这或许就是我们人类和人生的特点。怎么样能够把握住时间和机会,走好我们的人生路,真的是每一个有决心、有梦想的人应该认真考虑的事情。

还能怎么办呢?只能学着更坚强,学着更加珍惜时间。我开始把难过和遗憾埋在心底,继续努力走好自己的人生路,努力做一个懂得珍惜和有价值的人。

担任中宣部"五个一工程"电影组评委

母亲去世后,我在北大沉默寡言了一段时间,每天就是攻克学业和研究电影,有时候也参加一些学院和北大社团的各项活动。生活单一,但也是在不断提高自己。

2009年的暑期,我参加了北大艺术学院与中影集团联合组织的农村数字电影放映工程调研的学生实践工作,我们一行人去了贵州,调研了当地苗寨的农

在贵州进行电影调研

村数字电影放映工作。

2009年8月,我作为青年大学生群众代表担任了中宣部第十一届"五个一工程"评奖电影组的评委。"五个一工程"包含电影、电视剧、动画片、戏剧、歌曲、图书的评奖。我是那一年评奖电影组里最年轻的评委。

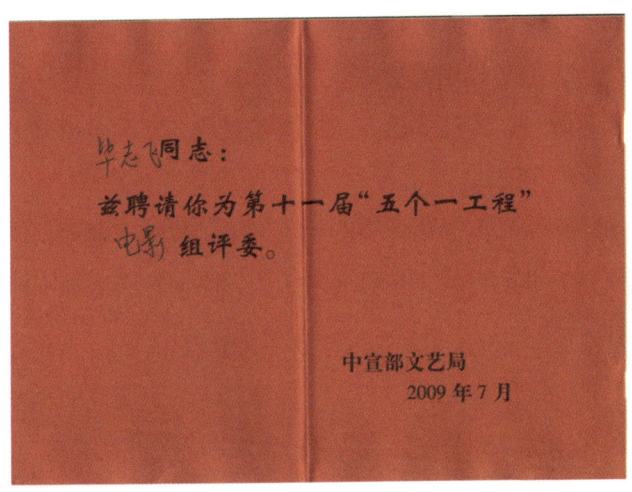

我的第十一届"五个一工程"评委证书

我的第十一届"五个一工程"评委证

我们在顺义的一个度假村里封闭进行评奖,每天上午、下午各看几部电影。电影组的评委全是电影行业德高望重的老前辈和重要的领导,对于我来讲,是一次很好的增长见识和学习的机会。

让我印象很深的是,各位评委们非常认真,让我很是钦佩。主办方中宣部文艺局的工作人员给我们每个评委都发了笔记本和笔,还有缓解视觉疲劳的眼药水。

之前,我认为评委们会很保守,但后来才发现,其实我的很多想当然的思维跟人家专家评委们比起来反倒更保守。比如,有些电影我认为过于现实,揭露了一些社会问题,可能不能获奖,结果反而因为贴近现实、揭露了社会问题,有思想深度而得到了评委们的一致好评,并高票获奖。我记得一个鲜明的例子就是《高考1977》,因为这部电影中有"文革"时期一些革委会主任利用职权胡作非为的情节，我当时认为获不了奖，结果这部电影在评委最终投票时以高票获奖。

我发现，实际上我们的专家、电影审查委员们很希望贴近现实、敢说真话、勇敢揭露社会问题、有思想深度的电影多多出现，他们也不喜欢假大空的电影，希望现实主义题材电影真实反映生活和表达真实的情感。在这方面，恰恰是我以前太保守了。有了这次经历，我觉得要敢于拍一些揭露社会存在问题的电影，不能粉饰太平，不疼不痒，电影除了娱乐的功能外，还有重要的社会教化的功能，完全可以鞭挞丑恶、引人思考，当然要落在弘扬真善美的艺术、思想追求上。真实是现实主义题材电影的灵魂。

这次担任中宣部"五个一工程"电影组评委的经历，给予我很多电影创作上的启迪，让我更加坚定了信心和有勇气去拍出后来大胆揭露演艺圈潜规则的《纯洁心灵·逐梦演艺圈》。

获得国家公派留学生资格，到美国做了一年访问学者

在北大，还有一个特别重要的经历，是获得了机会去美国留学一年。

进入北大以后，听几位政府管理学院的博士同学说起博士期间可以申请公派留学的事情，我很好奇，也开始打探这方面的消息。我想，既然到了北大读博士，就一定应该抓住机会，争取到美国去学习学习，毕竟美国是电影产业最发达的国家。

于是，从2008年年初开始，我听了很多北大研究生院组织举办的公派留学讲座，跟博士同学们请教，在网上也查了很多信息，开始进行前往美国电影学校做访问研究的申请了。

我给美国的很多电影院校写了很多信件，基本上都是石沉大海，也有少数的教授回了信，很客气地表示遗憾不能接收和指导我。终于有一天，我收到了纽约大学著名华裔教授崔明慧（Christine Choy）老师的回信，表示愿意邀请我到纽约大学做访问学生。这所学校正是李安导演在美国就读的电影学校。我高兴极了，整理了邮件等资料，上报给了艺术学院和北大的相关负责老师，于是

我就入选了国家留学基金委员会的"国家建设高水平大学公派研究生"项目，真的是十分高兴。

然而，遗憾的是，后来因为种种原因，我没能去纽约大学做访问学生。我赶紧继续申请其他学校。后来，德克萨斯大学电影电视广播系的一位美国白人教授表示可以接收我做访问研究人员，并愿意担任我的指导教授，并且很快为我办理好了所有的手续。

之后，我到美国大使馆获得了J1的学生签证，于2010年春节前的2月初，飞往美国开始留学生活。我留学的前半段时间，国家留学基金委每个月给留学生补助1000美元，后来整体提高到每月1500美元。

在去美国前，我的亲朋好友们也为我举办了家庭聚会。大家济济一堂，都夸奖我有出息，不仅考上北大，还要出国留学了。我当时觉得，正是有了付出才会获得回报，要是当年父母不支持我，这一切都不会发生的。

从2010年2月到2011年1月，我在美国做了一年的访问学者。这段经历是特别宝贵的经历，对于我的电影学习和人生经验来说都收获颇丰。从联系我完全不认识的北大在德克萨斯大学公派留学的博士研究生，希望获得他们在住

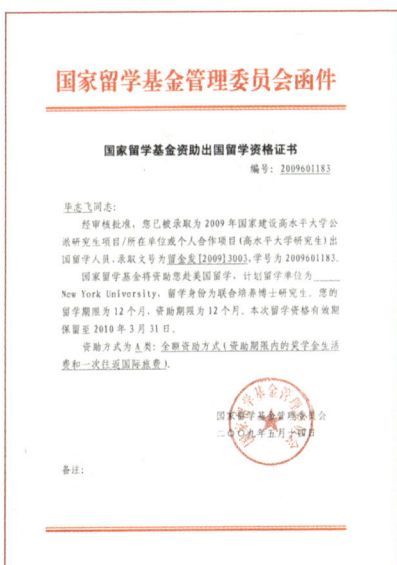

国家留学基金委下发的留学资格证书

宿、生活方面的帮助，到自己在美国单独租房子，以及与中国留学生相处，和与各国学生一起上课、交流，包括在美国的各项人际交往等，都非常锻炼能力，也给我留下了十分美好的回忆。

我在美国德克萨斯大学电影电视广播系的指导教授查尔斯·伯格（Charles Ramírez Berg），是美国有名的电影学者，获得过德克萨斯大学的"杰出教授"称号。他人很好，也非常有原则。记得我第一次参加他的电影课，因为不太熟悉路线，迟到了两分钟，结果他一直到上完课也没有介绍我是谁。第二周的课，

德克萨斯大学校园场景　　我与美国导师查尔斯·伯格（Charles Ramírez Berg）教授

查尔斯·伯格教授上课场景

我没有迟到,他才向班里的学生们介绍我这个来自中国的小伙子。

伯格老师是很有智慧的人。为了让我能够有最多的收获,当我在德克萨斯大学待了两个月之后,伯格老师给予了我充分的自由,让我到纽约、洛杉矶等电影更发达的地方多去闯荡闯荡、见识见识,告诉我记得一路上多给他发一些心得和照片回来看看。让我很是感动。

于是,我就买了机票,收拾行李去了纽约。到纽约后,身上没有多少钱,也是先借住在北大在纽约大学的留学生的租房内。我写信给之前联系过的纽约大学的崔明慧教授,崔教授接待了我这个来自中国的学生,请我吃了饭,还让我去观摩了她在纽约大学的电影课,参加了她组织的电影活动,让我很是感动。

纽约大学电影电视学院内景

与崔明慧教授在纽约大学电影电视学院门口合影留念

纽约大学电影电视学院门口

纽约大学崔明慧教授的电影课堂

我在纽约还参观了大都会博物馆等诸多艺术机构，同样收获巨大。

在纽约的时候，我也重点去了曼哈顿的小意大利区，做了实地调研。之所以去小意大利区，是因为我去美国留学，也是带着写作博士论文的重要任务的。

读博之后，按照我硕士时期就筹划好的发展方向，我继续专注于电影导演方向的钻研。同时，深受导师彭吉象老师的影响，我后来专注于对电影的艺术与商业融合的探索和研究。加上后来又计划去美国留学，于是我和彭老师把我的博士论文研究方向定为美国电影大师级人物马丁·斯科塞斯的导演创作研究。这位著名导演正是以不懈探索电影的艺术与商业融合而著称的。

纽约曼哈顿的小意大利区是马丁·斯科塞斯小时候长大的地方。我专门到了马丁·斯科塞斯小时候的街道，还采访了街道上的一些民众，请他们讲述一下对这位电影大师的印象。另外，我在美国也采访了一些美国电影学者、创作者关于斯科塞斯的问题，还在图书馆里查阅了很多关于斯科塞斯的英文报刊、书籍原著，获得了很多一手资料。

马丁·斯科塞斯曾经居住过的房子，位于我身后建筑的第四层

向伊丽莎白街区理发店的意大利裔老先生打听马丁·斯科塞斯的一些童年事情

到马丁·斯科塞斯小时候居住的伊丽莎白街区走访

之后，我从纽约去了洛杉矶。洛杉矶有两所全美著名的电影院校，加州大学洛杉矶分校（UCLA）和南加州大学（USC）。我也是尝试通过邮件联系学校的教授们，介绍我自己，并提出想去拜访他们和获得他们的指教，还真是获得了成功。

我有幸拜访了 UCLA 影视戏剧学院的前院长罗伯特·罗森（Robert Rosen）。老人家邀请我去了他在洛杉矶山上的家里做客，参观了他的起居、工作环境，我还采访了罗伯特·罗森先生关于导演马丁·斯科塞斯的问题。这篇采访后来被我整理、翻译成中文，发表在了国内的著名电影杂志《世界电影》上，也收录在了我的博士论文的附录中。

在美国期间，我在洛杉矶待的时间最长。因为洛杉矶是电影之都，那里的电影氛围最强，我就干脆租了房子长住了一段时间，大约三个月，后来才回到德克萨斯大学。除了观摩、了解 UCLA、USC 等著名电影高校的课程，以及查阅资料写作博士论文外，我还去了环球电影制片厂等电影机构进行了认真观摩和考察。

因为在美国打公共球场的高尔夫很便宜，一场才二十美元左右，我在北大的高尔夫协会学过高尔夫，就在洛杉矶偶尔练练高尔夫，打上一场，作为一种休闲运动。结果，通过打高尔夫认识了几名在好莱坞逐梦的美国演员，从而有机会观摩了好莱坞的电影现场拍摄。这些，都是我在洛杉矶的收获。

当时，我在北大的英语外教夫妇已经回到美国。很巧的是，他们所在的城市正是马丁·斯科塞斯的经典作品《出租汽车司机》的编剧保罗·施拉德（Paul Schrader）的故乡。有一天，我的外教老师写信告诉我保罗·施拉德要出席他们当地的电影节，他知道我当时在写关于马丁·斯科塞斯的论文。这可是难得的机会，于是我就专门飞过去参加了他们电影节的交流活动，还问了保罗·施拉德先生关于马丁·斯科塞斯电影的问题。

在美国的一年时间里，我在留学生活经验、英语水平、电影见识上都有了很大的提高。走访完美国最著名的三所电影高等院校和好莱坞的电影制片厂，也有很多感触。我发现，真的如之前我们北京电影学院的张会军院长所说，北京电影学院的综合实力在全世界电影高校范围内是排在前几位的。美国的这几

所著名电影院校的上课教学内容、流程、分析的影片与北京电影学院的大同小异，甚至，北京电影学院的有些硬件，比如录音棚、混音棚等设施还要更好一些。而且，北京电影学院毕业生的作品、影响力在电影院校之间进行比较的话，都是非常可圈可点的。我也发现，好莱坞制片厂的技术水平、生产规模真的要比我们的先进很多，可能得有一二十年的差距。

我在美国能够走访很多地方，其实还要感谢一个人，就是我现在的妻子。我们是2009年在北大认识的。当时我正处在寻找女朋友的阶段，她那简单、阳光的笑容一下子就打动了我。我就主动开始追求，很快我们就谈起了恋爱。

我当时感觉这个漂亮的女孩子很简单、很阳光，并没有多想她的家庭情况是什么样的。交往了一段时间后，我才知道她家里在北京住的是别墅，原来她的家庭条件挺好。很多人问我是不是图人家的家里条件好，其实真不是，交往之前我一点都不知道。

我们一起在北大度过很多美好的时光，一起吃饭，一起去自习教室占座上自习，一起在北大校园里散步，真的很美好。让我补上了大学里恋爱的一课。

我们俩是在2009年上半年认识的，半年后，我就要去美国留学了，因此我们俩也经历了一场一年的留学考验。见不到面，就是通通电话，用网络视频聊聊天等。甚至吵架也在电话里吵，有一次竟然连续吵了三个小时。

她家的条件比较好，而我是一个工薪家庭的孩子，母亲去世后，条件更是艰苦。在我留学的一年，由于在美国到处奔波，交通费、食宿费都是一大笔，我的女朋友还支持了我五六万块钱。那个时候，她经常在国内到银行帮我存信用卡的钱。因为这事，我哥哥笑话我是吃软饭的。

她是那种很简单的女孩子，从来没有想过我可能会骗她，或成为一名负心汉。我当时也想，自己的确有点像吃软饭的，不过，我又一想，我虽然需要她的支持，但将来我会展现我的价值，给予她回报的。

交往的过程中，我们也曾经争吵过几次，有几次也差点分手，因为我和她都是很倔强的人，的确也出现过一些误解。但我那个时候已经比之前成熟很多，不再那么任性和毫无意义地赌气了。久而久之，就度过了各种危险期，毕业后我们俩就结成了夫妻。

我与马丁·斯科塞斯执导经典电影《出租汽车司机》的编剧保罗·施拉德先生

在好莱坞星光大道与马丁·斯科塞斯的标志合影

2011年1月底，我从美国飞回北京，结束了美国的留学生活。接下来，面临的是毕业和找工作的问题了。读大学读了11年了，这次的毕业很重要。

历经14年终于拿到北京户口

在美国留学的时候，我就已经开始往国内的大学投简历找工作了。因为我有硕士毕业时的惨痛经历，这次博士毕业时的工作问题就格外重视。

北大有明文规定，本校的博士毕业生一律不得留校，以防止学术上的近亲繁殖，这是借鉴国际上大学的常规规定。北大的毕业生如果想到北大执教，得先到外面的单位工作至少两年以后再说。因此，我找工作的目标一开始就是很确定的，专心应聘其他高校的教师。

我也有比较大的压力。要知道，工薪阶层的父母辛辛苦苦供我上了11年的大学，而且母亲都已经因为供我上大学而去世了。为了能把户口留在北京，找到一份稳定的工作，丢掉"北漂"的帽子，这理想从1997年我作为县理科状元考到北京时算起，已经奋斗了14年，最后实际上已经变成了对父母和亲朋好友的一种交代，就好像很多大龄人士结婚是为了给父母和家里一个交代一样。

我学的是艺术学里面的影视专业，因此找工作的范围比较狭窄也比较固定。在美国的时候，我就看了几乎所有艺术院校的相关招聘。能解决北京户口并且专业对路子的招聘很少，因此找工作的难度很大。后来，我想到，去应聘一名表演老师可能更容易成功，因为表演专业在影视专业中算是最火、教师需求最旺盛的一个专业。

一天晚上，我看到了北京联合大学的网站，点开人才招聘，发现并没有表演教师的招聘，但我还是打了网站上留的办公电话，不死心地询问是否招聘表演教师。

电话里的老师让我把资料发到电子邮箱中，并且告诉我很快就会有一个面试。我一问，时间刚好是在我原定的回国日期前的一周。当时，国家公派留学生回国，都是由本人提前把回国时间打报告给国家留学基金委，然后由国家给买回国的机票。当时国家留学基金委已经为我买好了机票，并且已经出票，还把机票信息都发给我了。

我当时直觉认为，这可能是一个找工作的潜在好机会。我考虑了一天，决定自己凑钱再买一张早一周回国的机票，好赶上北京联合大学的面试。上午我飞回北京，顾不上时差，下午就赶去北京联合大学在昌平的校区面试。这次的付出，事实证明还是很正确的。虽然后来我还应聘了几所学校，但最终还是北京联合大学按影视表演教师接收了我，与我签订了正式的三方协议，并为我解决了北京户口。终于，我用6年时间，圆了那个在2005年曾经破碎了的表演教师梦。

应聘北京联合大学的过程也是比较复杂的，进行了试讲、心理测试、体检等一系列环节，前后共持续了三个多月。2007年5月，当看到北京联合大学网站上出现的拟录用人员公示中，我排在第一位时，真是高兴极了。那种兴奋和激动让我印象十分深刻，在我的人生中并不多，第一次是在得知考上北京电影学院的表演硕士研究生时，第二次是在得知考上北京大学的博士研究生时，这是第三次。

那一刻，关键是感觉给自己和父母争了一口气。历经14年的拼搏，得到了父母那么多的支持，读了11年大学，做了3年影视"北漂"，经历了两次户口迁入北京又迁回县里的痛苦过程，这次终于拿到了北京户口，算是能给父母和亲朋好友一个交代了吧。

可能是我的目标定得比较高的原因，我的人生路一直走得很艰辛。作为一个从国家贫困县城走出来的孩子，我想从事家里人想都没想过的电影行业，成为一名集教学和电影实践创作于一身的大学教师，我想落户北京，用了14年才终于完成，中间经历了很多痛苦、打击和磨难，流了很多次眼泪。我的这个经历，可能也可以算是一个励志的故事吧。我是那种不甘平凡的人，是那种愿意制订一个较高目标，并且心甘情愿为了目标忍受很多折磨、苦难，全力拼搏的人。

如果总结一下，通向成功，我认为需要有坚强的意志和吃苦的精神，要狠狠地努力。只有耐得住寂寞，永不放弃、坚持到底，才可能迎来成功和胜利。

经过艰苦卓绝的努力所换来的果实是特别甘甜的，追求理想的过程是艰辛的，也是人生中最值得回味的。经历了复杂艰苦的奋斗过程之后，我们将收获一份淡定和从容，收获对很多人和事物的全新理解。如果不管经受多大的风吹雨打，我们都能始终坚持自己心中的理想和信念，积极乐观地走下去，那么不管成功与否，都是一笔宝贵的记忆。而我，已经获得了很多宝贵的记忆。

我的北大博士论文答辩也是非常值得回味的。

北大博士研究生的基本学习年限是四年，比很多大学多了一年，但仍然有很多人因为不能通过博士答辩而延期。学习时长原则上不超过八年。2011年，艺术学院面临毕业的2007级博士一共有7名，最后按时毕业的只有3名，4名同学延期了。

北大博士论文的要求非常苛刻，博士答辩前我还是很紧张的。因为虽然有了接收我的单位，但是如果博士答辩通不过，不能按时毕业，同样也会丢掉工作机会，那么我14年的奋斗还是没有实现目标。

北大规定所有的博士生至少要在国内的核心期刊上发表至少两篇文章，才可以申请博士论文答辩。这是一个有一定难度的基础条件，非核心期刊上发表的文章是不算数的。我在核心期刊《电影文学》上发表了《在当前中国电影火热局面中的几点思考》的上、下两篇论文。当时给杂志社投稿时也没有想太多，等到把杂志寄给我，我一看，杂志社竟然把我的文章放在了主打的板块，并在期刊封面上印了我的文章的标题。第二篇文章发表的时候，更是成了那一期的首篇文章。这或许也是努力之后的收获吧。

在北大读博的最后半年时间，真的是一段非常疯狂和忙碌的岁月。一方面去应聘工作，一方面艰苦卓绝地完成博士论文，经常忙到夜里两三点。

如果说读完北大，让我有了什么样的感悟的话，最深的一点就是对"认真严谨"有了深刻的体会。北大的很多老师、教授都是一丝不苟的学者。从他们身上，我吸取最多的，就是做专业学问是需要艰苦付出的，不管你是不是某个领域的天才，不全力以赴地努力是换不回最扎实、最甜的成果的。

有句话叫作"两句三年得，一吟双泪流"，讲的就是这个道理。读完北大后，我对这句话就有了深刻的体会。电影虽然属于文科，看似感性，但实际上电影艺术与理工科的很多门类一样，同样是十分严谨和精细的。

拿剧本来说，剧本的结构、人物、情节设置都需要十分严谨，要符合人的认知规律和美学规律。如果把优秀剧本的结构、情节画成数学模型图，会发现跟优秀的建筑一样，稳固而精巧、美观，甚至震撼。剧本的结构、情节本身就是一种逻辑美，要想坚固和结实，需要精心、精准的设计，差一丝一毫都会削弱力量。

同样，镜头的组接也是。电影是1秒钟24格，在一个剪接点处，有时候多一格、少一格与下一个镜头组接就带来不同的感受。虽然普通观众并不懂得具体的剪辑技法，而且并不是每个人都那么敏感，或者说不是每一个人对每一个段落都特别敏感，但是，标准高、认真严谨的影视作品才能禁得起社会群体的集体审视和时间的淘洗，最终成为真正的精品。

我的导师彭吉象老师告诉我，其实文科与理科一样，都需要非常严谨的人。文艺工作者当然需要敏锐的感知和丰富的想象力，脑洞大是应该的，但思维是否严谨，正是大师与普通创作者的区别。

可以说，在北大这样的环境里，人会不自觉地对专业存有敬畏之心，不再敢稀里糊涂地对付，会逐渐养成严谨治学的习惯。写作完成博士论文的过程是十分艰苦的，但我乐在其中，人要学会欣赏自己的阶段成果，直至最终成果。这个过程是那些没有付出过艰苦努力的人无法体会的。

博士答辩的那天，我们都穿了很正式的衣服，也提前买了一束花。如果通过，那么就可以和导师、答辩委员会的老师们合影留念了。

答辩的过程中，答辩委员会的专家们细致地询问了我一些问题。因为准备了很多，我一一认真应答。答辩完之后，所有学生都到外面等着，等着专家们讨论结果。

在外面等待和进去等答辩委员会主席宣布结果的时候是最紧张的，真的是心里哆哆嗦嗦。当博士答辩委员会主席陈旭光老师宣布我的博士论文答辩全票通过时，我当场就忍不住流下了泪水。

不知道为什么，我就是个爱哭的人。或许是因为之前付出了很多，也或许是那一瞬间想了很多，想到了经历过的无数个孤独挑灯夜战的夜晚，想到了躺在医院病床上病危的母亲，想到了自己受过的打击和嘲讽，想到了很多善良的

106 | 纯洁心灵

与我的博士研究生导师彭吉象老师合影留念

第七章 2007—2011，迟来的北大时光

与父亲在北大西门的合影

我父亲参加我的博士毕业典礼的入场券

人们给予我的支持。

博士论文答辩通过，我才算是真正松了一口气。在北大接下来的日子是非常美好、值得回味的。准备毕业和去工作单位报到的各项事情，与博士同学们聚会、叙说情谊和展望未来，都是很幸福的事情。

临近毕业的那几天，在北大的校园里经常能看到穿毕业礼服的学生，那真的就是一片欢乐的海洋。

2011年7月6日，是我们北大研究生毕业典礼的日子，让我铭记终生。要知道，在硕士毕业时，因为没有找到工作，我没有参加毕业典礼，这一次，我希望把所有的缺憾都补回来。典礼前几天，我就穿着博士服和女朋友在学校里转了很多圈，拍了很多照片。毕业典礼那天，我早早地穿上了北大的博士服装，黑红相间的衣服很好看。而且，邀请了父亲到北大来，请他一起出席我的毕业典礼。

我们的毕业典礼在北大东南门处的邱德拔体育馆举办，体育馆外面还搭了一些模仿北大西门的场景，供大家拍照留念用。那一天，父亲在体育馆的看台上，见证了我的博士毕业典礼。

那个时候，我已经不再像当年一样怕别人笑话我的父亲土。我大大方方地抱着我的父亲在毕业典礼的现场内外，邀请我的女朋友一起在北大图书馆门前、未名湖畔照了很多相片。我觉得这种方式是对父母的一种回报，留下的那些珍贵照片是会永远珍藏的。

这次的博士毕业顺利、圆满。但是，是经历了多少的拼搏，得到了多少人的支持才实现的。妈妈已经去世了，我多么想让她能够亲眼见证这一幕啊！

感谢北大，让我收获了很多！感谢人生路上所有经历过的打击和所有得到过的支持！让我们不忘恩赐，脚踏实地，继续前进！

第八章

告慰天堂的母亲，成为一名大学表演系教师

32岁，第一次正式参加工作

2011年7月7日，北大博士毕业典礼之后的第二天，我到北京联合大学正式报到，当天就参加了全体教师会议。说来也真是巧，一天都没有隔，毕业与工作完全连上了。那一天，我有了一种真正从大学毕业、告别了学生生涯的感觉，也觉得终于可以告慰母亲的在天之灵了，因为我有了一份母亲一直希望的稳定工作。那一年，我32岁。

直到32岁才拥有第一份正式工作，这的确比很多人要晚。但我相信，我属于积淀、打磨了很多才出山的那一类型，基础打得扎实，很快可以发挥更多的光和热。

在北京联合大学参加了几次期末教师大会后，很快迎来了暑假。那一年的暑假，我回去陪了父亲，另外把自己酝酿多年的电影剧本又进行了一些思考和撰写。那个暑假，是开心和内心充实的。当时北京的工作很难找，哪怕是我们这样有留学经历的北大毕业的博士。我们艺术学院毕业的3名博士生中，只有我一个人留在了北京。我很感谢北京联合大学对我的接收，也很珍惜得到的工

32岁，第一次正式参加工作，报到当天

作机会。

其实在读博士之前，我并没有想过博士毕业后会再从事硕士毕业时想从事的表演教学工作。从硕士毕业到博士毕业的6年间，我考了编剧的博士，做过副导演、编剧，后来专注于电影导演研究，本来想的是做一名大学导演教师或编剧教师，然而阴差阳错，最终还是成了一名大学表演教师。

经历过对编剧、导演的深入研究后，我对表演艺术有了更深入的认识。表演创作与剧本创作、导演创作是紧密相连的。而且，表演教师的工作和导演的工作真的有很多相同之处，都要去指导演员的表演。

我决心珍惜这来之不易的工作机会，在表演教学和导演上继续深入钻研，依照我一直以来的理想，像很多电影学院的优秀老师一样，做一名优秀的注重将理论教学和电影创作实践相结合的大学教师。

坦率地说，越深入地学习电影艺术，就越喜欢电影导演这个职业。俗话说，电影是导演的艺术，导演才是电影创作中最有创作成就感的主创。另外，我也知道自己眼睛有斜视，所以也不适合做演员。

在联合大学工作的第一年，我是坐班的。学校安排新进的教师第一年都要坐班，还要参加很多岗前培训，考国家大学教师资格证。

我们广告学院和表演系任命我做了表演系的系主任助理，负责表演全系的教学运行工作。那一年，我工作得格外认真，把拍摄电影、进行实践的事情都先放在了一边。我心里十分感谢北京联合大学对我的接收，也十分愿意把教学工作做好，把表演课教好。

那一年真的很锻炼我。一是当时我所在的广告学院的教学刚刚改制，很多原来表演系的教师成了外聘教师，而内部教师只剩下了已经近七十岁的系主任和我，所以大量的工作就落在了我的身上；另外，联合大学表演系的学生的学习基础、积极性比起电影学院、中戏这些学校来说确实要弱一些，教学纪律也相对难规范。

所以那一年工作强度、难度都很大，而我从北大毕业后，希望做任何事情都能很规范、严谨。于是，整天忙得不亦乐乎。讲课，开各种会议，整理全系教学文件，备课，处理系里的各项教学事务，等等。我记得有很多次都忙得吃不上午饭，因为要处理的事情，要填的表格，要做的教学文件实在是太多了，而且系里出现教师申请课程调整和学生学习计划调整等也都要由我进行处理。

就这样，忙忙碌碌地过了一个学期。从北大迈出紧接着踏进联大，存在着不小的落差，两个学校的氛围完全不同，学生的学习基础和学习环境也完全不同，但恰好给了我很大的锻炼。

我到联大的第一个寒假也没有闲着，因为赶上联合大学 2011 版的本科教学大纲修订，表演系又刚刚改制，教师资源缺乏，领导们把撰写表演系的所有表演、台词课大纲的任务交给了我。

全系的教学大纲不是开玩笑的，必须要严谨科学。于是，那个寒假我就在撰写教学大纲中度过了。虽然我在表演理论方面基础比较扎实，但我不敢有丝毫马虎，下了很大的功夫，把所有的表演、台词教材再仔仔细细全部研读了一遍，结合我在北京电影学院的学习、教学经历，认认真真地闭门撰写。因为联大规定每学期的课程都必须是不同的名字，因此那个寒假我共写了 20 门课程的教学大纲和课程指南，其中包括表演课、台词课和期末的表演专业实践课。

后来上交联大的这 20 门表演、台词、实践课教学大纲等文件得到了国内表演教学行业专家和领导们的高度评价，这也算是我回报联大的知遇之恩所完成的一项重要成果吧。

第二学期任务也很重，但熟悉了工作之后就越来越顺利。我就这样坐了一年的班，也感受了很多。

在一年的表演教学中，有很多教学成果，但也让我产生了一些思考和困惑，就是有些学生的学习积极性总是不高，可能是由于学习基础较薄弱、学习习惯不够好，学校的整体学习氛围也还不够好等多种因素造成的。我也发现，虽然我一心一意地希望能教好学生，也认真地为他们传授知识、进行表演训练，但有些在电影学院有效的教学方法并不能在联大收到很好的效果，有一部分学生似乎比较排斥严格的训练，也似乎对自己要求不够高。

学院的领导说希望我多多承担管理任务，而且计划把我向管理岗位培养。然而，在高校做管理、当领导不是我的本意，我还是希望能够做一名单纯的注重将教学与电影创作实践相结合的大学教师。我非常感谢联大能接收我，也希望能在联大做好教师工作，能够充分发挥自己的一些特长和优势。教学和科研是大学教师的两大重要任务，而电影导演创作、表演创作是影视表演教师很好的科研。我跟领导们汇报，还是希望能够做一名普通教师，专注于表演教学和电影实践创作的结合，而且准备尽快做一次电影创作实践。学院领导们后来还是同意了我的请求，让2012年新来的一位男表演教师接替我担任了系主任助理。

从2012年的下半年起，我就不再坐班了。而且已经教了一年的表演课，总感觉还缺乏影视表演实践经验和指导影视表演实践创作的经验，教起课来没有多少底气。跟学院和系领导汇报过后，在教学工作的间隙，我就开始准备和筹拍那部我从2005年硕士毕业前就计划的表演系大学生题材电影，就是后来的《纯洁心灵·逐梦演艺圈》。

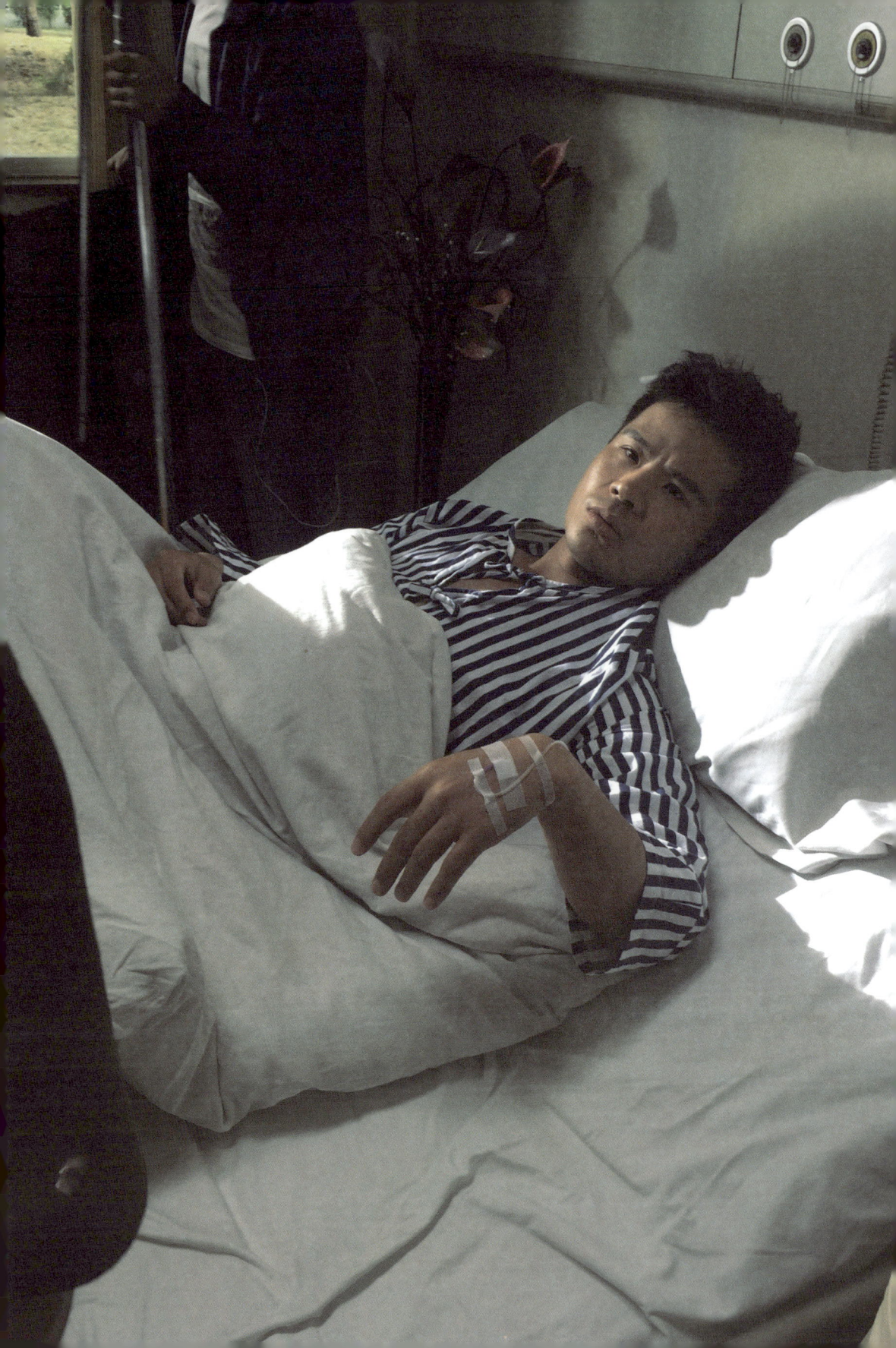

第九章

《纯洁心灵》的艰苦创作历程

电影的前期筹备

创建公司，开始立项

没想到，2005年硕士毕业时的一个电影梦想，七年后才开始真正具体实施。我也想过，如果我有知名的从事电影行业的父母、亲戚，可能会更早地实现电影梦想，但是这多么年过去，也让我沉淀了更多，作品的含金量会更高。李安导演36岁才拍第一部电影，他是我的榜样。

拍摄电影需要申报立项。我知道业内较大的影视公司通常都有很多项目，有很多合作的导演、编剧，我很难排进去，而且我跟业内的影视公司也不熟，干脆自己建个公司来进行电影申报和拍摄吧。

2012年8月，我跟岳父借了10万元，开始注册公司，并向工商局申报了七八个名字，最后批下来的是一个我报的名字里面最生僻的名字"北京实传创文化传媒有限公司"。我觉得也无所谓，反正建公司是为了有一个平台能制作我的第一部电影，而不是为了建公司经商，那么就用这个名字吧。

我有一个远大目标，成为电影业的顶尖人才

一直以来，我无数次想过自己到底为什么选择电影行业，将来的目标到底是什么。

不说假话，我还真不是为了成大名、赚大钱，这并不是我从事电影的初心。当初选择电影行业是因为喜欢这个行业，觉得很有趣，想通过这个行业取得成绩，实现自己的人生价值，至于名利真的不是让自己最开心的东西。

我想通过电影证明自己的能力，凡事想争第一也是我的性格。我觉得既然准备了那么多年，我的电影学习经历还横跨了北京电影学院和北大两所名校，我也是第一个考上北大博士的北京电影学院硕士毕业生，还在北大获得了国家公派留学机会，去美国做了一年的访问学者。花了那么多的时间，得到了那么多各界资源的支持，不掩饰地说，我想努力成为一个中国电影行业里的拔尖人才，可以拍摄中国最好的电影，成为最优秀的电影老师。

而且，学了这么多年电影，有一个深切的感受就是，虽然我们有一些经典国产电影作品，但我们国家电影的总体水平与美国、欧洲电影发达国家相比差距还是不小。这两年我们已经成了电影大国，但我们距离电影强国还有一段长路要走。在电影学院的时候，因为经常和国外优秀电影对比，师生们对很多国产电影有诸多不满意，大家经常吐槽一些国产电影。很多电影学院的学生都是摩拳擦掌、跃跃欲试，想给国产电影争口气。

对于我这种凡事想争第一的性格的人来说，在电影学院上学的时候，我就给自己定了目标：成为电影行业的一名顶尖人才，多给中国电影在国际上争光。这真的不是说空话、说官话，就是我选择的理想目标，这能体现我的人生价值。这是我愿意一辈子去做的事情。

我知道，新人导演的第一部作品很重要，会直接影响到整个职业生涯。我需要的，是能够以第一部电影先在行业立足，获得之后好的电影创作机会。同样，要想成为一名优秀的电影老师，具备丰富的创作实践经验，才能有更高的教学、指导能力，培养出更多优秀的学生。

我的前期目标，给大众拍电影

电影是一项门槛比较高的行业，巨大的制作成本让很多有梦的青年望而却步、摇头叹气。很多电影导演拍摄电影背后的故事都特别曲折，我也是一样。

很多新人导演进入电影行业会选择从艺术片拍起。新人导演拍摄艺术片的制作成本可以很低，而且不用考虑庞大的宣发经费。拍摄完成后主要是送到各大电影节参赛，希望能够获得奖项，从而获得一些投资人、机构的认可，逐渐获得越来越多拍电影的机会。电影学院的很多毕业生都拍摄艺术片。

然而，从 2005 年有拍摄电影的想法起，我的目标就是拍一部主要投向电影院市场、给大众看的电影，而不是拍摄主要以参加电影节评奖和获得业内人士关注为主要目的的新人艺术电影。

从那时起，我选择以表演系大学生为题材进行电影剧本的构思、写作，正是考虑电影吸引大众的问题和关于拍摄成本回收的问题。表演系大学生这个题材是我所熟悉的，也是具有较高商业性的题材。

一方面，表演系大学生题材电影在国内一直还是空白，另一方面，表演系大学生群体有较高的社会关注度。因为群体的独特性，艺校表演系学生的招考、开学典礼，有的学生背名牌包、被豪车接送等新闻，总能引起社会大众茶余饭后的热烈讨论。比方说，每年正月全国艺校艺考的新闻，总能获得各大娱乐媒体的头版报道，好几年都登上了央视的《新闻联播》。

备考和攻读博士研究生的过程中，我也越来越坚定了第一部电影拍摄主要面向大众的想法。兼具商业与艺术双重属性，是电影的本质特点。我的博士论文就是做的关于电影艺术与商业融合的研究。而且，从整个电影行业角度来说，能拍摄好给大众看的院线电影，取得好的口碑和票房成绩，有着更大的行业意义。另外，如果拍摄院线大众电影获得了票房、口碑上的双成功，可以更快、更多地获得以后电影创作的机会。这对于一名新人导演来说，是很重要的，也是最吸引我的。

当然，从一名新人导演获得融资的角度来说，拍摄大众电影要比拍摄艺术电影难度大很多。特别是随着DV技术和多媒体技术的飞速发展，新人拍摄艺术电影的成本已经越来越低，而针对大众制作的院线小成本电影的制作、宣发成本则呈现出增长的趋势。但我的性格就是勇敢挑战高难度，人生的时间很宝贵，为了能够更快地获得更多更好的电影创作机会，多吃些苦是应该的，也是必需的。

我并不是否定拍艺术片的新人导演，相反，我很尊重人家。每个人都有自己的兴趣、特长以及选择，大家的选择不同而已。

作为新人导演来讲，因为资源有限，也不可能将电影拍得多么商业，像好莱坞的视听大片那样。因此，我必须要考虑创新性和独特性的问题，也就是如何很好地融入一些艺术元素的问题。只有将艺术与商业尽量地融合好，才能让我的电影具备强劲的竞争力，才能获得成功，从而获得以后更多的电影创作机会。

因此，我一直在考虑如何将艺术与商业融合的问题，一直在考虑如何同时获得好的口碑和票房的问题。我需要一步步地把每一个环节扎实做好。

独特、"野心勃勃"的剧本设计

其实，到筹建公司的时候，我的电影剧本经过多次反复修订和补充完善，已经完成了一稿。但 2012 年的下半年，我还是沉下心来，又认真地把剧本梳理、精修了一遍。

在剧本写作方面，我也是有自信的。因为我考过北京电影学院编剧博士，对电影编剧下过很大工夫研究并进行学习，2007 年也进行了一次重要实践，虽然没挂名没拿酬金，但是担任主编剧写了剧本，并成功邀请到了一线男星陈坤出演。当时我 28 岁，国内有这样经历的编剧是比较少的。

我为我人生的第一部电影，也就是后来命名为《纯洁心灵·逐梦演艺圈》的电影创作的剧本是很特别、很有"野心"的。特征是有大幅度创新和包含远比普通电影丰富的信息。

因为我在学校读了很长时间的电影专业，很晚才工作，所以有充足、专门的时间认真研究了大量国外优秀电影和国产的好的、差的电影，有很多很多的感悟。另外，从 2005 年就开始有拍摄表演系大学生题材电影的想法后，七年过去，也已经积累了很多素材和想法。我非常希望能把我的所学、感悟和积累认真地表达一下。

其实，我对传统的剧本写作技巧很熟悉，为明星陈坤创作那部电视剧时，一个月就设计完了所有的情节、人物、结构，并自己写了其中的 10 集剧本。到了自己要拍电影时，我觉得用普通的剧本结构、人物设置方式没意思，而且我也觉得一名新人导演，如果拍摄普普通通的行业中常见的作品，很难在激烈的竞争中突出重围。作为一名新人，如果有一定积累的话，也应该努力给行业带来一些新的东西，才能更好地体现自己的价值。

纵览中外电影历史，那些在电影行业脱颖而出的新人电影通常有一个共性，就是都很新颖，都很真诚、扎实。有的虽然条件所限制作不够精良甚至简陋，但都可以看到令人赞叹的新意和十足的诚意。

创新是难度大的，是有风险的，但只有创新才有可能获得更大的成功机会。而我，有这个自信，也愿意为了人生目标去吃苦、拼搏。而且，对于小成本电影来说，创新正是极为重要的商业元素，有时候甚至是核心的商业元素。

另外，影视作品是否真诚、用心创作很重要。20世纪80年代拍摄的《西游记》《红楼梦》今天来看虽然制作不够精良，但是因为认真、扎实的创作赢得了无数观众的芳心。用心创作，观众一定是可以感受得到的。

剧本是一剧之本。从剧本上，我就需要标新立异的剧本和更为扎实的剧本。

设计剧本，主要的方面就是结构、情节、人物。很多编剧，都极为注重对剧本结构的设计，这是剧本创作重点中的重点。通常，一部电影最多有三条主线，仿佛应了"事不过三"那句话，因为需要把故事讲明白，有不少艺术片都是有三条主线或三段故事，有些大众电影也是用三条线，比如《爱情麻辣烫》等，再多了就容易乱。有的电影会更加极致，比如美国的《云图》是六条线索，而我给《纯洁心灵·逐梦演艺圈》设计了11条线索，15名主演。从这方面来说，我做了一个很大胆的创新并挑战了一个超高难度。

之所以设计很多线索和很多主演，除了希望创新和挑战高难度之外，还有一些考虑。

国内有很多电影与电视剧是没有什么区别的，只是在电影院播放还是用电视机播放的问题。好莱坞电影不一样，那种视听冲击在电视上是感受不到的。我经常问自己一个问题："观众为什么要到电影院去看电影？"电视出现以后，电影业曾经受到很大冲击，但后来好莱坞依靠数字技术等打造具备视听冲击的大片，又把大批观众拉回了电影院，因为可以给观众提供比看电视更强烈的视听冲击。那么中小成本电影靠什么把观众拉到电影院里去看呢？

我想拍一部观众平时在电视机、电脑、手机等多媒体上看不到的小成本电影，或者换句话说，就是拍一部与电视剧、网络剧不同的电影。因为在视听上很难做到好莱坞大片的冲击力，那么从故事和叙事上一定要独特和创新，要有足够的冲击力，能够与常见的电视剧、网络剧区分开。

由于互联网的飞速发展和进口影视剧不断增多，国外优秀影视剧越来越多地被观众看到。在电影学院读书的时候，国外电影给我们一个明显的感受就是节奏快，信息量大。例如，《疯狂的石头》就是借鉴了美国电影的多线叙事，节奏快，信息量大，加上喜剧的特征，成为当年深受欢迎的电影。虽然学习影视的学生看过很多类似风格的国外电影，但是普通观众没有看过，所以感觉很新颖、很过瘾。

总体来说，在国外优秀影视剧的不断"培养"下，国内观众的观影需求在快节奏、多信息方面越来越高。

我希望满足观众的这一观影需求，也积累了很多素材，有很多想表达的。我希望拍摄一部内容含量比普通国产电影丰富很多，平时在电视机、电脑等多媒体上看不到的电影，让观众看完后感觉值回票价、很过瘾。当然，11条线索和十几名主演，难度会很大。但是，有难度才可能有更大的成果。

我雄心勃勃地写了一个大学表演班的一名老师和20名学生四年的故事，以陈坤为目标饰演者设定了一个英俊、有才华又认真负责的老师，另外设计了20名性格各异的学生，我希望把自己这么多年亲身经历和间接经历的很多值得讲述的故事，以及各种性格鲜明的表演系学生形象都展现一下。

我希望拍一部全景图式的电影，不设主演和主线，就像清明上河图那样展现一个群体的生活，表达亲情、友情、爱情多种情感，这就是我这部电影与其他小成本电影的鲜明不同。

2012年的下半年，我把电影剧本认真地梳理、精修了一遍。这一次，我野心勃勃地希望挑战一下电影剧本写作常规。不管成功与否，我都希望做一次有意义的探索。因为目标远大，所以要承受更多，我也准备承受更多，而我后来也的确遭遇了很多、承受了很多。

高度真实、类似纪录片风格的核心创作理念

同时，我也一直在考虑和准备电影拍摄资金问题。实际上，建了公司之后的前几个月，我还没有筹到资金去拍电影，建公司的注册资金10万元是跟岳父借的。我家里供我读大学很多年，现在剩下父亲一个人生活，我不能再给他增添压力了。我做大学老师后存了几万块钱，也是远远不够。之前听说过每一个新人导演融资的故事都可以写一本书。虽然那时候我还不知道我的电影拍摄资金从哪里来，但是我想我得不断地往下走。

我知道，我不可能拿到大的投资，一定是拍摄小成本电影。在学习电影的

过程中，通过对很多电影的观摩和研究，我明白了小成本电影能够立足的一个强大武器，那就是可以凭借真实让观众产生共鸣，带给观众心灵上的冲击力。

电影实际上可以分为两大类，剧情片和纪录片。两个门类都有很多大师，而且两个门类彼此影响了很多。电影史上，美国好莱坞电影早在20世纪30年代就已经凭借华尔街的金融资本支持和百老汇的明星演员支持，占据了全世界主要的电影市场。但是，到了20世纪40年代，提倡使用非职业演员本色出演，大量采用肩扛摄影、自然光方式，注重从现实生活中选材，偏纪录片风格的意大利新现实主义电影倾覆了好莱坞电影的统治。当时欧洲的平民百姓已经厌烦了好莱坞电影和本国很多电影中，那些与自己生活遥远的奢华场景和上层贵族式的生活，对一批新电影人拍摄的表现平民百姓真实生活、真正触及观众心灵的现实主义影片产生了很多共鸣。

一直以来，我也非常注重研究纪录片，深深了解纪录片的巨大力量。恐怕任何一名电影大师都不敢小看纪录片。实际上，再好的编剧也是很难编过生活这个编剧的。生活中发生的很多事情有时候会远远超出我们的想象。所谓艺术源于生活，讲的就是这个道理。

我当时想，自己这个阶段肯定是拍不了具有强烈视听冲击的好莱坞的魔幻、科幻电影的，而严格地遵循现实主义创作才是我拍摄电影的正确路线。现实主义创作的核心是真实性，真实性让观众对电影作品产生心理上的共鸣。好莱坞大片有视听冲击的优势，中小成本电影要想PK并战胜好莱坞大片，就一定要注重在心灵和情感冲击上下功夫。真实性是形成对观众心灵、情感巨大冲击的核心力量。

因此，我确定了真实性，甚至类似纪录片的风格是我这部电影的核心创作理念。于是，我就把各种真实的经历作为我的电影剧本素材，然后进行加工创作。

因为我的本科不是学表演的，之前对表演系学生群体有浓重的好奇心，后来才开始逐渐接触表演系的学生。这样的经历让我很明白普通观众的心理，明白他们会怎么想象这个群体。而我后来历经种种艰难终于成为一名表演系学生，博士毕业后又成为一名表演系老师，跟表演系学生的大量接触让敏感的我对这个群体的特点有着深刻的认识。在他们身上，真的有很多触动人心的故事。

表演系学生的形象普遍比较好，被称为是最漂亮的大学生群体并不为过，而且穿的也比较时尚。那些著名艺术院校表演系刚入学的学生也都很有自信，能从"千军万马过独木桥"的激烈艺考竞争中胜出，给予他们很多的信心，甚至让他们骄傲。说起著名院校表演系学生的招考，用"百里挑一"形容一点都不为过。

的确，很多表演系学生的家庭经济条件比较好。后来我也发现，有不少表演系学生的家庭都是因为离异等原因所造成的单亲家庭，这是我之前没有想象过的。

从2001年到电影学院的表演系旁听进修，到后来读研并担任表演、形体课助教，还做了两年的表演系招生考务人员，看到了从天南海北来北京赶考的大量考生和家长，再到后来做副导演接待跑组的演员，以及博士毕业后继续从事表演教学工作，担任表演班的班主任和表演课的主讲教员，都有很多感触。这些都是我的剧本创作素材。

全部启用非职业演员本色出演

前面说到，我选择表演系大学生题材拍摄电影，实际上是因为这个群体是我最熟悉也是很受社会各界关注的一个独特群体，具备帮助实现电影创作投资回报的有利条件。我明白，我的这部电影一定是小成本，我没有资金和强大的人脉资源邀请到很多明星来出演电影，那么借鉴意大利新现实主义的创作理念，全部采用表演系在校学生本色出演是一个既省钱又有竞争力的选择。

我也深知，如果我全部选用表演系新人来主演这部电影，他们中的任何一个人都是没有能力来担纲电影男女一号的，表演上缺乏足够的经验，另外，在商业上也完全不具备对观众购票的号召力。那么选用群戏结构是一个好的方案。俗话说，"一根筷子容易折，一把筷子难折断"，我把二十名青春亮丽的大学生捆成一团，打造一个前所未有的"集体"主演，是具有力量、话题性和号召力的。

所以，我的剧本中并未设计主演，而是刻画了一群人。当然，难度是很大的。在剧本结构方面，我用了很多连接技巧，颇下了一番大功夫。首先，这群人都是一个班级的学生,他们之间存在很多的关联,另外,每个人的故事虽然不同,但每个故事、每个线索又具备一些共同之处,依靠各种联系及共同之处,结合很多编剧写作技巧和视听语言设计,我最终创新地把所有元素基本上融合在了一起。

在表演方面,其实我并不担心,反而充满期待。其实,这也并不是我的创造,而是借鉴了很多历史经验和经典作品。启用非职业演员,实际上正是现代电影美学观念的一个重要分支,是一种纪实美学,体现了与戏剧艺术的鲜明不同。很多电影为了达到高度的纪实性、逼真性,专门启用没有任何表演经验的非职业演员。

意大利新现实主义的很多电影是由非职业演员本色出演的。国内一些著名导演的电影也经常启用非职业演员来实现本真、自然的表演。第六代导演的作品中有很多这样的例子,例如章明的《巫山云雨》、贾樟柯的《小武》《站台》等一系列电影。贾樟柯说他就是选择了纪实美学作为自己的重要电影创作理念。

有一句话叫作"只要选对了演员,他就会演"。

首先,没有人能怀疑我的演员们不是表演系大学生,因为他们"就是"真正的表演系学生,根本不用演。在这方面,他们具备先天的优势,放松状态下的一些自然流露,是再好的演员都很难"演"出来的。当然,他们也存在劣势,就是表演经验少,容易紧张,而且有些情节虽然真实但是他们自己并没有经历过,需要有更多的指导和耐心。任何事物都是辩证的,都是优劣并存的。

做了几年的表演教师,教了很多"一张白纸"式的学生,我自信可以指导一个全部由表演系在校学生组成的非职业演员团队,也愿意下苦功夫,想办法避免掉他们的劣势,重点发挥他们的优势,是我的追求。当然了,我选择的这个非职业团队比起很多艺术片导演启用的非职业演员团队要商业,因为表演系大学生相貌好看,而且身上有很多商业话题。

我很期待这样一部全部启用非职业演员的特色电影,这样一部借鉴了很多电影发展经验,踩在巨人肩膀上的"创新"电影和具备很多商业元素的电影,是否能够在当下的中国获得成功。当然,我决心全力以赴进行创作,准备全力解决将来会遇到的各种困难。

前面也提到过，早在 2006 年，我给北京工业大学担任《导演基础》课程外聘教师的时候，在进行课程影视作业拍摄实践时，就曾带领全班的三十多名学生拍摄了一部叫作"毕业班"的短片。那次的拍摄，我就已经进行了一次多线索群戏的编剧、导演创作技巧的重要实践，让这个班的全体学生参与了创作，大幅提高了他们的专业能力，取得了很好的教学成果，同时自己也积累了经验。

获得电影摄制许可证

2012 年 12 月，电影剧本精修完了。我开始向广电局报备立项。当时广电局规定，申请电影立项需要提供电影故事梗概和至少三分之一的拍摄资金证明。我请岳父帮忙牵线，向他的两个好朋友借了 30 万元，存到我注册的公司银行账户里。加上之前的 10 万元注册资金的一些剩余，共有三十多万。准备好后，我就把三十多万的银行存款证明与故事梗概一起报给北京市广电局，申请电影单片摄制许可证。

最早，我报的电影名字叫作"表演系 2010 级本科班"。可以看出来，我当时就想拍成一部偏纪实风格的故事片电影。后来这个名字没有通过，给出的意见是片名太像纪录片了。于是，我就把电影名字改成了"青春闪闪"。这是有含义的，我想借助表演系学生群体的酸甜苦辣故事，表现青春美丽但又短暂，

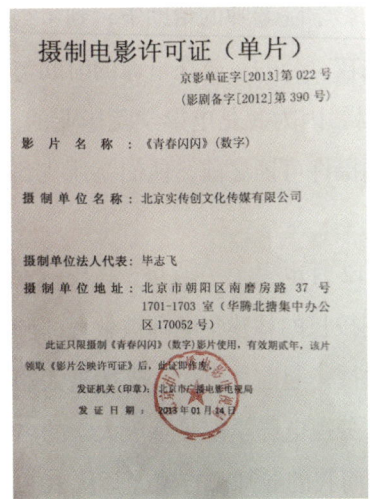

我们的电影摄制许可证

一闪而过，应该充分珍惜青春美好时光。2013年1月，我终于拿到了电影摄制许可证。

八年了，我离梦想又近了一步，真的是十分高兴。我摩拳擦掌，准备大干一场。每一个环节都要做扎实，接下来，我真的要按照我的规划，走遍全国最有名的艺术院校，去选演员了。

奔赴全国选演员

其实，在电影摄制许可证批下来之前，从2012年12月份起，我就开始到各大表演院校去选演员了。

因为当时还没有投资进来，我也没有钱雇副导演，而且自己亲自选演员也会更加准确，于是我就一个人单枪匹马开始了选演员的工作。

那个时候，还面临一个问题，就是要让各大院校的学生们相信单枪匹马的我是真的在选演员，而不是一个骗子。我当时想，我可以跟他们说这是我的第一部电影，经费紧张，我也可以跟他们介绍自己的经历，看一些证明文件，总之，要让他们相信我。

我去的第一站是自己的母校北京电影学院表演系。因为很多老师都认识我，所以比较方便，我还走入了表演课堂，在学生们上课做表演练习的过程中实际观察他们，来挑选合适剧本角色的演员。其实，经常有剧组到电影学院表演系的课堂上挑选演员，很多学生都习惯了。我在电影学院老师的帮助下，到了很多班的表演课堂上挑选演员，看到形象、表演比较符合的，就在下课的时间与他们具体地聊一聊，并用小DV拍一些影像资料。因为我是电影学院毕业的，老师们对我比较了解，因此，在我没拿到电影拍摄许可证之前，他们就让我到系里和表演课堂上去选演员了。

在没有拿到摄制许可证之前，我在2012年12月也去了一趟985高校——重庆大学的美视电影学院。2012年，时任北大副校长的林建华老师被教育部调到重庆大学担任校长。林校长还带了几名北大教授一起前往重大，支援重大的高校建设，其中就有我的博士导师彭吉象老师。美视电影学院是重庆大学的名牌学院，由著名演员张国立先生担任名誉院长，而我的导师彭吉象老师从2012

年起担任了常务副院长，主持日常工作。

因为各高校都快要放假了，我选演员的时间还是比较紧张的。我也很着急。因为彭老师对我知根知底，给予了我支持，我得以在拿到摄制许可证之前先到重大的表演系去选一选演员。

在重大表演系的支持下，我看了几乎所有的在校表演专业学生，进行了认真的挑选，还利用上课间隙，在他们的大形体教室里给一些学生进行了试戏，留下了很多宝贵的资料。而且选到了几名学生，准备邀请他们到北京参加发布会、进行集训，做进一步的训练和考核。

因为跟中戏表演系的师生不熟，中戏的表演系要求我提供公司介绍信和电影摄制许可证。

我先是到中戏表演系办公室查看了所有表演系学生的简历资料，然后告诉表演系的老师我筛选出的希望见面的学生人选，之后中戏表演系的老师把学生的联系方式给了我，我就打电话与学生们约在中戏旁边南锣鼓巷的咖啡馆见面。那一天，就在咖啡馆里，我见了很多中戏表演系的学生。

其实，经常有剧组去艺术院校表演系选演员。大部分剧组都是先看资料，筛选后，再通过学校来约见学生。因为我是北京电影学院表演系的毕业生，又做过助教，因此在电影学院是直接去了课堂上选演员的。

那个时候，我还有一个选演员的方式，就是观看各个学校的期末表演汇报演出。每年元旦前后，北京各大院校的表演系都会举办期末表演汇报，我看了电影学院、中戏、传媒大学很多班级的期末表演汇报，希望能发现一些合适的演员。那些汇报演出都是很火的，因为有很多学生的家长、朋友来看，座位很紧张。每次都要面对想办法找座位的问题。电影学院好说，因为很多师生们认识我，总能找到比较好的预留位置，但在中戏就只能提前早早去排队。

当时，每看完一个班的汇报演出，我就留下来等他们集体谢幕后，找到那些我感觉可能合适的学生，向他们表明我准备拍摄一部院线电影，感觉他或她可能适合电影中的一个角色，希望多聊两句，请他们录点影像资料，并试几个剧本片段。

在中国传媒大学观看表演系汇报演出，结果这名演员后来就成了电影主演之一

因为我长得显年轻，所以经常会面对学生们怀疑的眼神。有些学生感觉我不靠谱，就直接拒绝和我交流与录制视频。有一段时间，我天天去看不同班级的演出。通过这种方式，也还真选到了几名后来参加了最终电影拍摄的学生主演。

通常，我跟备选学生们会聊几个问题。一是请他们做自我介绍，二是请他们谈谈为什么考表演系，以及学表演后有什么印象深刻的故事。一方面对他们增加了解，一方面也是在不断丰富我的电影剧本素材。选演员的过程中，我也希望能够搜集到更多的精彩故事。

电影学院的专业学习经历让我明白，选演员是非常重要的导演工作之一，选对了演员就等于成功了一半。

导演或副导演选演员，是尽可能地寻找与剧本中已经设计好的人物角色形象靠近的演员，但是一旦定下某个演员饰演某个角色后，除了指导和帮助演员不断深入把握角色的心理、性格特点和各种行为习惯外，导演和编剧又可以将剧本中原有的角色形象向演员本人靠拢，以实现尽可能好的表演创作和角色塑造。

有一些表演系学生，我感觉他们很有特点，就干脆请他们多讲一些他们自己和他们见过、听过的表演系学生的能打动人的故事。有些学生讲的故事比我已经写好的类似故事更加精彩，我就干脆将角色的故事重新加工编写。一切都是为了更好，剧本需要精益求精。

在这个过程中，我的剧本真就越来越好。

记得，中戏表演系音乐剧班有一个身材很丰满的美籍华裔女孩，牙齿特别整齐漂亮，笑容非常有感染力。她跟我讲了她的故事，让我深受触动。

她告诉我，来中国学表演之前，她已经拿到了普林斯顿大学的入学OFFER，但她从小就喜欢表演，希望将来能做一名演员，而且因为她是华人面孔，所以她希望能来中国学表演。但她的父母坚决不同意，认为学表演不是好的选择。她与家里争吵了很多次，最后她与父亲约定，她来中国考表演，如果考上了，学一年后再决定到底选择什么专业。后来，她就以留学生的身份考上了中戏的音乐剧表演专业，她的父母也按照约定支持她学习一年表演，体验一年之后再决定是否回普林斯顿大学上学。我遇到她的时候，她已经读了一年多，她决定继续往下读表演。

我能感受到这名华裔留学生对表演的满腔热爱和激情。很多学表演的学生都是从小有一个表演梦，不顾家长的激烈反对坚持要学表演的。其实父母可能是觉得这个圈子太乱了，希望孩子有更好的未来。

很多学生在学表演和与各剧组接触的过程中，逐渐发现与自己想的不太一样，逐渐丢掉了对表演的兴趣与信心。我问她在中国学了表演之后有什么感触。她说还是多少受到了一些打击，特别是与一些剧组的接触让她挺失望的，但她还是希望为梦想再多努力试试。

我了解了她的故事后，深受触动，就把我剧本中的一个人物以她的故事为原型进行了重写。我也一心希望她能够出演这个根据她的经历改编的角色，我很期待她的人物塑造。但由于后来我们电影的拍摄延后了，等拍摄的时候她正好回了美国，最终这个我很看好的女孩没能出演这部电影里面以她为原型创作的角色，实在是有些遗憾。再后来，就再也没有见过这名女孩了。又过了一段时间，我听说她坚持了三年后，后来选择了回美国读其他专业去了。这是一个真实又让人有些遗憾的故事，祝她能够一切顺利。

在中戏选完演员后，紧接着，我又去了上海戏剧学院，要赶在各个高校放假之前赶紧选演员,而且我还计划利用 2013 年的春节寒假,给挑选的演员在北京做一个集训。读了那么多年的电影专业,让我觉得应该十分注重电影创作及表演创作的科学、系统规范流程。完成一个系统、扎实的表演创作,演员需要观察生活、体验生活,需要做扎实的案头工作,撰写尽可能详细的人物小传,在拍摄前与对手多做一些人物练习小品。表演创作是一套复杂、细致的工作,我们需要对它存有敬畏之心,向优秀的表演艺术家们看齐。

电影学院表演系的一名研究生师妹,著名的 96 级表演系明星班班主任崔新琴老师的研究生,毕业后到上海戏剧学院表演系担任了表演教师。我联系了她,请她帮忙与上戏的表演系对接。

一切挺顺利的。到了上戏后,我也是先到表演系办公室查看了所有可以外出拍戏的学生的资料,然后记下那些感觉比较靠近角色的学生名单和联系方式,利用一两天的时间在上戏学校门口的咖啡馆里进行了很多面试。同样,首先请他们在镜头面前做一个自我介绍,并请他们谈一谈考表演系和学习表演的一些故事,另外还会进行一些剧本片段的试戏。

在上戏表演系办公室查看演员资料

试戏是最为重要和有效的选演员手段之一,而且一定要用镜头拍下来。影视表演创作是镜头前的表演,对于演员有上镜和镜头感的要求,通过镜头观察试戏演员的表演是选演员过程中不可或缺的重要环节。

在上戏的那两天特别忙碌,共见了几十名学生,一直在咖啡馆里重复同样的面试和试戏过程。在上戏做表演教师的师妹还专门请我吃了一顿饭。

第九章 《纯洁心灵》的艰苦创作历程

上戏的确是一所很有实力的学校，有很多优秀的学生。经过认真的交流和试戏，挑选到了几名比较合适的演员，与他们约定好春节前后到北京参加电影筹备启动发布会和集训，做进一步的训练和考核。而且，我也记录下了很多宝贵的演员影像资料。后来，电影中有两名主演就是这次到上戏选演员的过程中拍下了影像资料，并最终出演了电影的，而且是电影中很重要和出彩的角色。

同样，上戏的很多学生给我讲的他们的故事也很打动我，也给了我进一步完善、修改电影剧本的一些灵感和想法。

结束上戏的选演员之行后，我从上海直接赶往南京艺术学院。

因为没有熟悉的南艺表演系教师，我直接打电话到南艺的表演系说明来意，希望获得人家的支持与帮助。南艺表演系的老师也热情地接待了我，而且安排了2011级的全体学生专门在学校等着我，与我见面。当时，南艺学生的纪律性给我留下了深刻的印象。这个班的班主任老师年轻有为，教学十分严格。

我与南艺2011级表演班整个班的学生进行了交流，并且录了很多影像资料，然后回到宾馆里认真研究，并在校门口外的咖啡馆里约见初选后的人，也是请他们对着镜头做自我介绍，并谈一谈为什么读表演系以及读表演以后的印象深刻的事情，还有就是进行很重要的试戏，然后与选中的学生约定好将来到北京去参加筹备启动仪式发布会和进行集训。

南艺之行也是很有收获的，后来出演了电影的两名南艺学生就是这次去南艺挑选演员时认识的。

在南艺选完演员之后，我又从南京马不停蹄地去了云南艺术学院。我希望能够看到尽量多的全国知名艺校表演系的学生，争取不漏掉任何一名合适的学生演员。

另外，出来一趟不容易，能在尽量短的时间内多去一些学校的话，从经济角度讲比较省钱，毕竟我们的预算是很紧张的。因为与云南艺术学院的老师不认识，我也是直接打电话到云南艺术学院的办公室说明来意，那边的老师很支持，表示可以配合工作。

为了赶时间，从南京去昆明我坐了晚上的航班，结果飞机晚点，下了飞机已经是夜里两点多了。云南的很多大学已经搬到了远离老城区的呈贡校区。我一个人拖着行李打车到呈贡校区的云南艺术学院大门口时，已经是夜里三点四十分多了。天空还下起了雨，我又冷又饿。

学校规定出租车不得进校园，我就只好一个人拉着行李箱冒着雨往里走。天气比较冷，而且呈贡校区的校园都比较大。那天半夜，我一个人冒着雨在云艺黑漆漆的校园里，拖着行李愣是走了近二十分钟，才终于走到学校的招待所。

一路上又冷又饿。从北京出来已经很多天了，很想念家，想念亲人，但是，眼下我正一步步扎实地走在通往自己梦想的道路上，那么心里也就很踏实。趁着年轻，多吃点苦，将来都是美好的回忆。我这样一个人单枪匹马四处选演员的过程，恐怕没有几个导演经历过。既然选择了一个高的梦想，我就要做好吃更多苦的准备。

终于走到招待所后，我感觉仿佛两三天没有吃东西了。我请招待所的值班人员帮我找了三桶泡面，全吃了以后，才算是缓过劲来。

第二天早上九点，我按照与云艺老师的约定，去了云艺的办公楼。虽然云艺并不是排名很靠前的艺校，但是我对云艺之行期望很大。

云南有很多少数民族，民族文化丰富多彩，云南人民也非常淳朴热情。由于我曾经在云南待过一段时间，对云南有深刻的印象和美好的情怀，我在《纯洁心灵》中设计了一个很重要的，淳朴善良的云南少数民族女孩角色，叫作俸艾依，并很希望在云南找到饰演这个角色的学生，于是跟云艺的老师说我想见少数民族的学生。因为云艺没有表演系，所以热情的老师们按照我描述的角色特征，从播音主持专业帮我找了几名学生。

学校的老师把我安排在一个会议室。不一会儿，一个穿着普通的大眼睛女孩子来到会议室，微笑着问我是否是毕老师。我说是，然后她告诉我她是彝族的，是接到老师前两天的通知，专门在学校等着见我的。她叫马瑜遥，后来作为云艺唯一的学生参加了电影的最后拍摄。那天在云艺，我也同样与赶来面试的其他同学进行了交流，请他们进行了镜头前的自我介绍、才艺展示和试戏。

一次冒着生命危险选演员的历程

由于剧本中的俸艾依是一个重要角色，而我又希望走现实主义路线，希望追求逼真性和纪实性,所以,我对这次的云艺之行格外重视。虽然我感觉马瑜遥比较洋气,与我设计的角色不很符合,但我还是向马瑜遥询问了很多关于少数民族的事情。

马瑜遥说她和她爸爸可以带我到他们的老家,真正的彝族村寨去参观一下,可能对我有帮助。我当时很高兴,觉得这就太好了,因为将来拍摄电影时,会涉及俸艾依家里场景的布置,能够实际参观一下彝族村寨,拍些影像资料对于将来创作电影来说,是十分重要的。而且,如果让马瑜遥在彝族村寨换上传统的彝族服饰试一些戏,可以精准地考察她是否适合这个角色。

第二天,马瑜遥的爸爸找了一辆车,载马瑜遥和我一起前往他们的老家,一个非常偏远的彝族山寨。

云南有很多大山,山路很崎岖。走了三个多小时后,开始了盘山路,而且这个盘山路并不是柏油的,而是土路。那座山真的很高,汽车在盘山的土路上越盘越高,公路一边的悬崖也就显得越来越险。

由于这条土路的外侧没有公路的护栏,而且又是土路,不那么坚实,所以坐在副驾驶的我真是感觉有一点害怕。就在我一边害怕一边琢磨彝族山寨为什么建在这么高的山顶的时候,突然迎面下来了一辆大的工具卡车,我们的车与那辆工具卡车就僵持在了路上。

后来,那辆卡车使劲往他们一侧贴过去,那边靠山,他们贴得不能再贴,就不再动了,停在路边,静静地等我们过去。我们这辆车的司机愣了一会儿,

汽车越往上走,道路就越险

开始小心翼翼地错车。我坐在副驾驶上，右侧就是没有护栏的万丈深渊，前面剩下一条非常窄的路，我都怀疑是否跟我们的车身一样宽，甚至还没有车身宽。路窄，又是土路，万一汽车轮胎打滑或是把土路轧坏了，汽车不就翻下悬崖去了吗？

我们的车小心翼翼、缓慢地往前挪，坐在副驾驶的我看着公路一边的万丈深渊，心里可担忧了，生怕司机不小心手一滑或者轮胎打滑汽车翻下去，那我们估计就全"交待"了。

我当时想，为了拍这部电影，这还真是连生命危险都冒上了。汽车一边慢慢地挪，我的心就像提到嗓子眼似的。我坐在副驾驶，看右侧深不见底的悬崖边看得清清楚楚，所以特别紧张，手心都出汗了。

谢天谢地，我们的车终于蹭过去了。说实话，我都怀疑我们汽车的右轮胎是擦着右侧悬崖的边过去的，甚至是悬空了几厘米过去的。这是我在全国选演员的过程中真切感觉到了生命危险的一次经历，现在想起来都还觉得后怕。

真的是无限风光在险峰。经历了"魔鬼错车"之后，不久我就见到了期待已久的真正的彝族山寨。我用DV拍了很多资料。马瑜遥从亲戚家借了彝族的传统服饰穿上，让我拍了一些镜头。我还重点参观了彝族山寨普通人家的住房与屋内的陈设。

这个彝族山寨的房子都是顺着山坡盖的，屋里子大都很暗，很多人家屋里的墙已经几乎全部被烧火的烟熏黑了，里面的陈设也非常古老简朴。

走到一户普通人家的时候，我突然看见一个眼睛大大的小女孩趴在屋子门口的小板凳上写作业。小女孩抬头看我的一刹那，瞬间我就被感动了。那是一种十分纯洁的眼神，像山间的小溪流水一般清澈。在这么远这么落后的少数民族农村，孩子们对知识的渴望又是多么强烈啊！

一个面容清秀的更小的男孩站在屋子里盯着我看。因为屋子比较黑，他两只眼睛就显得特别亮，那眼神也纯真极了。

两个小孩子眼睛给人的纯洁感觉，让我至今都记忆深刻。

后来，因为马瑜遥不是在农村长大的，还是显得比较时尚，虽然她的爸爸和她给予了我很多帮助，但我最终还是真诚地跟他们说，从艺术创作角度出发，我还是想重新再去寻找寻找饰演这个角色的演员。

真的非常感谢马瑜遥和她的爸爸给予我的有力支持和帮助。彝族山寨之行给了我很多创作上的灵感和启发。既然坚持认真创作，就要对艺术负责，尽量找到最符合角色的人选。恰好，马瑜遥的相貌跟剧本中的一名时尚女孩角色很靠近，我就建议她准备一下那个时尚女孩的角色试试，她欣然同意了。

结束云南之行后，各个学校基本上都放假了，所以我开始抓紧进一步修订剧本和筹备发布会。这次共去了全国有名的七所艺术院校，接触了大量的表演系学生，也听到了很多来自全国各地的表演系学生讲的他们学表演的动人故事，给我增加了很多灵感和感受。

我们电影的剧本是深深扎根于现实生活的，选演员也是经历了认真艰苦的过程的。我相信，认真的创作一定是值得的。

第一次电影发布会

走了一圈国内的知名艺术院校后，2013年1月30日，在一些前辈和朋友的帮助下，我的电影在北京国贸饭店召开了第一次正式的发布会，名称是"电影《青春闪闪》筹备启动仪式发布会"，由我成立的公司和北大影视戏剧研究中心联合主办。

在我毕业后，我们博士答辩时的艺术学院博士答辩委员会主席，北大的陈旭光教授，与我一直有联系。陈老师知道我在电影方面是很努力、很执着的人，毕业后还经常给我一些建议和支持，他创立的北大影视戏剧研究中心也成了我们电影的联合摄制机构。

这还是我有生以来第一次组织举办新闻发布会，很是兴奋。我去各大院校挑选的来自北京电影学院、中国传媒大学、上海戏剧学院、重大美视电影学院、云南艺术学院、南京艺术学院六所学校的九名候选演员参加了发布会，现场充满了青春气息。

那次的发布会，本来想邀请央视电影频道的名牌栏目《中国电影报道》的主持人担任主持，因为临时有变化，后来我就亲自上阵，与云艺学播音主持专业的马瑜遥共同主持了我有生以来第一次主办的发布会。

经过陈旭光老师的好友，演员臧金生先生的介绍，演员英壮到现场为我们一群年轻人站台支持，还有一些企业家朋友也到场助阵。

当天，朋友们帮助我邀请了五六家重要媒体到场。新华社、新浪、搜狐的记者还对我进行了专访。当天，我们要拍摄一部表演系大学生题材院线电影的新闻就发布了出来，而且宣布电影中的20名表演系大学生角色，将全部由国内知名艺术院校的在校学生本色出演。众人拾柴火焰高，虽然我们的电影没有启用任何一位明星出演，但还是得到了很多的支持，也取得了不错的报道效果。

发布会举办之后，我就立刻开始着手准备候选演员利用寒假集训的事情了。

大年三十北京集训，看升旗、到养老院做义工、慰问孤儿

我有一个考察、挑选演员和训练演员的计划，趁着学生们寒假放假，我想看看哪些演员有决心、愿意多吃苦，以及哪些演员真正适合出演角色，就故意制造了一个难题，要求候选演员在大年三十当天赶到北京参加集训。

能否"吃大苦"是我当时选演员定的一个重要标准。

通过备考和攻读表演硕士研究生，看了和研究了很多优秀演员如何认真观察体验生活、刻苦训练准备角色的例子，我深知优秀的表演艺术是需要演员抱着吃大苦的精神一丝不苟地去认真创作的。我也知道我拍电影一定是很拼的，而这部电影又是表演系大学生的题材，对于表演的要求会很高，演员一定会非常艰苦，所以我特别注重考察备选演员的吃苦耐劳精神。到各个学校去选演员的时候，我也总是跟他们强调希望他们有吃大苦的精神。

有些学生不很理解，不明白我为什么一再强调需要能"吃大苦"，还认为做演员不会有多苦，是一件很轻松好玩的事情，认为我是个很奇怪的人。

2013年2月9日，农历大年三十，除了4名学生有事请假晚到外，我邀请的来自电影学院、中戏、上戏、中传、重大美视电影学院、南艺、云艺七所学校的16名学生中的12名，当天陆陆续续到了我们在北京郊区的集合点。外地学校的学生有坐高铁来的，有坐飞机来的。

到达率还是比较高的，让我很欣慰。能从全国各地邀请到这么多学生在春节假期辞别家人，来参加我组织的大年三十开始的集训，想起来，还真的不是一件容易的事情。

而且，因为当时我只有三十几万，资金很紧张，就与参加集训的演员们约定，他们自己负担往返北京的路费，我负责提供在北京的全部住宿和伙食。所以，我非常感谢他们对我的信任和对我组织的集训的支持。其实他们仔细想想就会明白，他们来参加集训，我挣不到一分钱，还要支出一大笔费用，也就会明白我是真心实意要进行集训。

我提前在北京的郊区给他们找了宾馆，还租了一辆中巴车，贴上了"青春闪闪演员集训"的字样。春节期间，租中巴车的费用还是比较贵的，司机师傅的费用也要翻倍。

2月9日晚上，我们没有看春晚，而是在一起吃了一个特殊的年夜饭，互相介绍认识，还表演了一些节目。十几名来自天南海北的表演系学生，借着我组织的集训活动聚到一起过春节、做训练，也是他们之前所从来没有想过的一件很有趣的事情。年轻人在一起还真是热闹。那天晚上，看着大家热闹的场面，我也是感慨万千。这是我跑了七所艺术院校，见了无数学生的成果啊，在云南的那次还冒上了生命危险。

临近十二点，我安排司机师傅用中巴车把他们送回宾馆。睡了三个小时，大年初一凌晨三点半，我们就集体乘坐中巴车，前往天安门，去看升旗！

大年初一凌晨集体去天安门广场看升旗

大年初二奔赴养老院为老人们表演节目

我们进行集训乘坐的中巴车

大年初三，请太阳村孤儿院的创始人张淑琴女士为集训演员们讲课

参加集训的演员们在养老院做义工

大年初三，集训演员们与太阳村的儿童们一起表演节目并互动

大年初一半夜集合出发去天安门看升旗，是我特意制定的第一项集训内容。我希望让演员们通过参加这项活动，明白做电影演员是需要集体意识和吃苦意识的。既然是集训，就要艰苦一些，就像军训半夜拉练一样，培养的就是吃苦精神，磨炼的就是坚强意志。

那个大年初一的早上，天气真的很冷，但没有人没起来床，所有学生都认真地参加了这项活动。我还定做了集训的服装，是一件亮绿色的印着"青春闪闪"的马甲，大家都套在羽绒服的外面。

中巴车停在了天安门附近，我们一行人步行走进天安门广场。虽然是大年初一家家团聚的日子，但看升旗的人还是有不少。我们集体看了升旗，还合了影，之后在附近吃了早餐就坐中巴车集体返回。上午让大家休息了一下，中午集体吃午饭后就开始进行下午的集训，主要是我给他们讲要拍的电影的创作理念，以及对电影表演创作流程的一些深入介绍。大家听得都比较认真。

第二天，大年初二，我又组织集训学生集体去了海淀区的一所敬老院，给敬老院做义工，打扫卫生，还给老人们表演了节目。大年初三，我们又集体去了太阳村孤儿院，看望太阳村的孤儿们并表演了节目。

这两天的公益活动，我是想锻炼一下大家的集体意识和吃苦意识。我认为，这些都是一名演员应该具备的重要素质，我也想通过组织这样的活动，让备选演员们明白我的电影创作理念。

大半学生退出集训，让我伤心落泪

然而，三天之后，有些参加集训的学生开始对我有了不满和怀疑。他们觉得这几天的活动跟电影拍摄没什么关系。有学生质疑我是不是在作秀或欺骗他们。后来，我了解到，当时还有学生私下里议论我将来会把他们全换掉，用投资人的孩子去演，用他们只是在作秀和炒作。

大年初四的上午，我给演员们讲了中外电影业的发展趋势与现状，并进一步讲解我拍电影的理念和方向。我认为，对电影行业和现实主义创作理念的了解是我们集训应该进行的一项重要内容。正好我请的舞蹈、瑜伽老师等都还在过春节，过了初五初六才能开始进行，前面就多安排一些电影整体创作理念的讲解和电影知识普及。就在我进行国内电影分析的时候，有一名学生突然开始与我辩论，辩论一会儿后，另外几名学生也加入了与我辩论的行列。好几名学生认为这些与我们筹备电影、进行演员集训无关。后来，上午的活动就陷入了尴尬的氛围，早早结束了。

晚上，有学生开始在微信群里公开指责我作秀，对我的动机表示怀疑。第二天早上，等中巴车拉着集训的学生们再次出现的时候，我发现，只剩下了7名学生，有9名学生选择退出集训。

大家围着会议桌坐好后，气氛十分压抑。看着留下来的7个人，我沉默了一会儿，然后走到楼下去哭了一场。我不想让他们看到我哭，但我当时真的觉得心里很委屈，因为我是实心实意地希望进行严格的集训，然而不被理解、被误解，甚至被怀疑是骗子的感觉是很难受的。

我不知道为什么，可能因为我是新人导演，而且我的做法与很多社会上的剧组不同吧。记得一名退出集训的学生抱怨说，别的剧组都是开拍前一周寻找演员，给了剧本琢磨几天后就开始拍了，我这样的反复折腾真的很难让人理解，感觉很可能是作秀或骗子。

听到这样的话，我真的是感觉很无奈和伤心。或许，这就是我们影视业落后的一个特征。很多剧组不认真创作，开拍前才开始招演员，导致我们这样希望按照科学、系统化的流程，严格组织演员观察生活、分析剧本和进行集训的剧组反而因为与众不同被人质疑为是作秀或骗子。

但是，我的性格很倔强。我觉得我没有错，那么我就坚持下去。那几个学生的反应与表现的确让我当时很生气，但是后来我也想明白了。谁让我是一名新导演，没有任何作品，引起很多人的质疑也是正常的。如果是张艺谋、陈凯歌等大导演这样搞集训，恐怕没有演员会怀疑，而我们这样的新导演是比较难获得演员信任的。何况我选用的学生们都没有什么剧组拍摄经验，没有接触过多少剧组，有的可能在社会上跑过一些不太正规的组，看到那些社会习气很重的剧组跟我们学院派的风格不同，反而对我们产生了怀疑。

我擦干眼泪，安抚自己因委屈受伤的心，继续努力前行。

我十分感谢选择留下来的7名学生，并很快又补充了几名参加集训的学生。

从初六开始,参加集训的学生们开始上舞蹈课、形体课了。我聘请了中央歌舞团的民族舞老师教他们舞蹈,也聘请了优秀的瑜伽老师给他们上瑜伽课,从各方面提升他们形体的灵活性和可塑性。费用全部是由我来承担的。

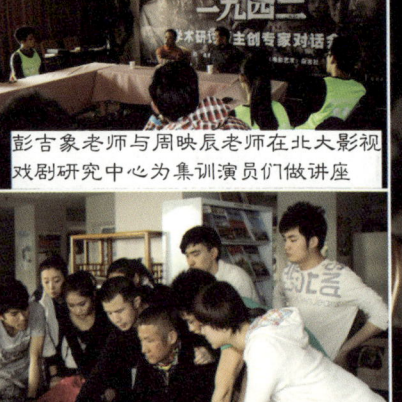

彭吉象老师与周映辰老师在北大影视戏剧研究中心为集训演员们做讲座

下铺老兄陆彭给集训演员们分析镜头前的表演

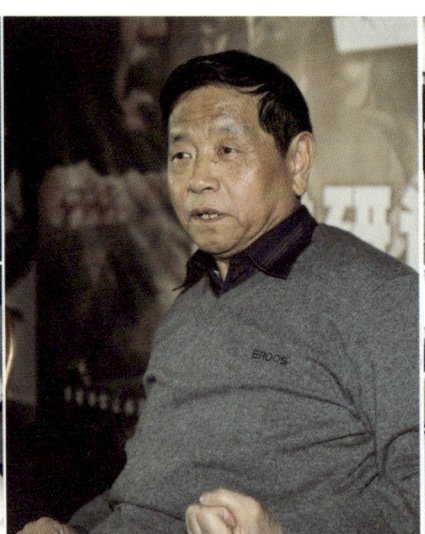

我的导师彭吉象老师

集训演员们在上形体课

表演训练方面,在给他们做了我要拍的电影表演整体理念的分析和讲解后,我也对剧本中设置的每个角色进行了讲解,让他们分别写准备饰演的角色人物小传,并分组进行人物角色小品练习。我还请了我在电影学院表演系的同学、睡在我下铺的老兄,因为出演《亮剑》里面的日本军官而逐渐成为"日本军官饰演专业户"的陆彭,给他们进行了一些表演讲解与训练。

后面,我还安排参加集训的学生到电影的联合摄制单位北大影视戏剧研究中心,请我的博士导师彭吉象老师和北大音乐学教授,也是我的同门博士师姐周映辰老师给他们上课。当然,我也跟彭老师汇报了我给组织集训的委屈经历。

那天,彭老师给全体人讲了一个故事,给我的集训帮了很大的忙,帮助学生们理解了我的集训理念。彭老师说,有一年,著名导演谢晋到北大给学生做讲座,结果举办讲座的那个阶梯教室里挤了很多的人,连地下的台阶上都坐了很多学生。讲座一共两个小时,谢晋导演上来就先讲了一个小时的国家大事和社会思潮发展。有些学生耐不住了,表示请谢晋导演讲电影,不要再讲无关的东西了。谢晋导演就很生气,他说他讲的这些东西就是跟电影密切相关的,不讲这些,不分析这些,别人就理解不了他的电影。

我虽然没有谢晋导演那样的知识厚度,但是我的想法也是相同的。我认为给集训的学生演员们分析国产电影的现状和发展趋势,对电影史、电影表演的发展趋势做一些讲解,会特别有助于他们的专业学习和在我们这部电影中的表演创作。听完彭老师的讲述后,参加集训的学生演员就多理解了我一些。我心里也非常感谢彭老师,给予了我有力的支持。

2011年的12月,我曾经作为环保部的五名青年形象大使之一,与环保部宣教中心的贾峰主任一起去南非的德班,负责导演和主演了环保独幕剧《同舟共济》,获得了广泛好评。于是,2013年的正月期间,我带领集训队伍再次与环保部宣教中心合作,在北京的商场进行了一次环保公益的话剧和才艺演出,一方面作为环保部的青年大使,为环保做些贡献,另一方面,也可起到训练学生演员的作用。我的集训经费太紧张了,需要引入一些机构的合作并相互支持。

正月十五以后,参加集训的学生们纷纷开学了,我们的寒假集训暂告一段落,大家留下了难忘的美好回忆。通过集训,也基本敲定了一些演员,剩下的

在北京商场举办演出

一些角色可以在后面再去全国选演员。这样虽然很辛苦，但我们把2013年的寒假利用得很充分。

2012年第二学期的期末，我得知联大有一个教师进行企业科研实践来提高专业教学能力的规定，于是我郑重地向学校申请做一年的企业科研实践，把这部描写表演系师生的电影拍摄完，在实践中提高自己的表演水平和表演教学能力。因为在联大的第一年，我做了大量的教学工作和管理工作，学校领导同意了我的外出电影创作实践申请，给了我一年的时间。我当时特别高兴，终于实现了我一直希望的教学与电影拍摄创作相结合。

2013年正月开学后，我到学校办理了外出实践手续，并将相关工作进行了交接。交接很顺利，很快就全部完成了。

办好手续，开始外出实践，海南岛全岛选景

在学校办好了外出实践手续后，学生演员们也都开始在各自的学校上课了，我一个人单枪匹马去了海南，开始进行选景工作。

选景其实是电影筹备期，美术师和导演的一项重要工作，通常由美术师先去选，最后交由导演审核通过。我之所以先一个人工作，一是为了省钱，二是自己亲自进行更可以保证质量，但需要多花时间。

我本科是学习工业设计的，美术和设计是我们的基础课程，素描、油画、摄影、立体模型制作、剪纸等都是我们的专业课程。后来，我发现，工业设计的本科经历对于导演来讲是很有用的。因为有本科的学习经历，我对电影画面的构图、光影、色彩等都比较敏感，也恰好具有这方面的天赋，看多了中外优秀电影之后，就积累了很多感悟。我自己也很喜欢摄影，在电影学院时拍的一系列短片，绝大部分都是自己担任的美术和摄影。著名导演王家卫先生也是设计专业毕业的。在美术方面我还是有基础和自信的。

实际上，并不是我们这些新人导演想什么都自己做，虽然我对各方面都感兴趣，但我也知道应该集合众人的智慧。主要是因为我们没有知名导演的资源和号召力，也没有充足资金，起步阶段很难吸引优秀的合作人员，所以自己多干是一个既能保持高标准又省钱的方法，当然前提是自己具备各方面的扎实技

第九章 《纯洁心灵》的艰苦创作历程 145

为电影《纯洁心灵》所拍的选景照片

能。我对自己在电影各个领域的基础和天赋还是有自信的，正是因为这样才坚持走电影道路。

在海南，我得到了海南地产项目"钻石海岸"的支持。其实，这是我岳父岳母和其他股东一起开发的海边精品住宅项目。我的岳父岳母也十分勤奋，与合作者们一起将这个项目从零变成了海南的小型知名地产项目，但是他们这个项目当时也正在进行后续的大量开发，所以在资金上也是很紧张的，给不了我多少支持。

钻石海岸的几名司机都是海南本地人，对海南岛比较熟悉。一名很熟悉海南的司机主管就开车带着我在海南岛看了很多地方，沿海南岛环线公路几乎整整走了两圈。

首先，我请他带我去看大量的海南美丽风景，包括著名的旅游风景区，特别是一些没有开发、没有向游人开放但是风景很漂亮的地方。这部电影，我努力想把能找到的、允许拍摄的海南最好的景拍进来。

我们去了海南几乎所有的著名风景区，例如亚龙湾、大东海、大小洞天、槟榔谷、五指山、天涯海角等地方，深入地了解了海南。另外，我们也去了海南所有比较大的大学看校园、宿舍和教学楼的场景。

我的剧本中表演系学生角色的家庭背景、成长环境完全不同，涉及很多反差很大的场景，选景的难度还是比较大的。我们在陵水县城里看了好多房子，寻找适合电影剧本中来自县城的学生家的场景，还去了很多村寨，寻找少数民族村寨的场景。每到一个地方，我都会仔细观察并拍摄下影像资料。

后来，我请司机师傅带着我沿着海南岛的东线高速，从最南端的三亚到最北端的海口走了一圈，看了所有的海湾。在海口仔细看了很多学校和场景之后，我们又从海口沿着海南的西线高速走了一遍，去了东方、乐东等很多县。

就跟选演员一样，我希望能够尽量看遍海南所有可能合适的景，要不然很可能会漏掉一个最适合剧本设计的场景，那就太遗憾了。实际上，正是因为在北京电影学院和北大的学习，正是因为学院派的背景基础，让我特别希望按照标准化的电影创作流程，把认真严谨的作风落实到电影创作的每一个环节。我觉得，只有这样，才可能做出具有竞争力的电影。

再到后来，我们又专门去了海南岛中部保亭县的很多地方，主要是进一步寻找适合剧本中的重要角色俸艾依家里那种少数民族村寨的房子和具有诗情画意的田园风光。之前，这个角色设置为来自云南的少数民族，但因为拍摄资金、时间所限只能在海南拍。因为后来看了很多地方都没有找到合适的场景，就把角色设置改为来自海南的少数民族。因为我们的资金有限，所以很难去搭景，只能尽可能地去多看和多选择。

看景是一个十分艰苦的过程。我的头脑中有所希望的场景的样子，但要在现实中发现类似的场景有些时候是比较困难的。实际上，任何一个门类，当我们对它有了一定的了解之后，就产生了敬畏感，觉得必须要认真地对待它。因为对电影的多年学习和对大量优秀电影的观摩，让我的标准定得比较高。很多场景去了多次还是定不下来。我在海南一直待了四十多天，但有些场景还是没有选定，只能以后再继续进行。

做导演，一个重要的原则是要坚持标准不降低。

同时，看景的过程也是很有趣、很值得回忆的。拍电影虽然复杂艰苦，但是真正热爱这个行业的人可以从中找到很多乐趣，可以享受电影的制作过程。

再次全国选演员

回到北京之后，我又继续到电影学院、中戏、山东艺术学院等地方选演员，因为春节集训后，演员还是没有挑选完毕。已经进来了一些资金，所以我就雇了一名副导演帮助我选演员，这样也显得剧组正式一些。每天的生活都很充实，与副导演一起查看演员资料、选演员，还有修订剧本，每天都进步一些，每天都有新收获。

又选了一次演员之后，我发现很多比较适合剧本角色设置的学生由于年级低，基本上只能在假期参加电影拍摄。如果我在正常的学期内拍摄就会少很多学生演员选择，所以最好的拍摄时间是在假期。

本来曾经计划2013年的暑期开拍，但海南的七八月实在是太热了，而且感觉准备得也还不够充分，所以就决定寒假拍摄。索性再扎实地做一做剧本、选演员和看景的工作。

饰演角色俸艾依的中戏学生李彦漫在暑期参加集训

李彦漫在进行镜头拍摄训练

暑期用镜头训练演员

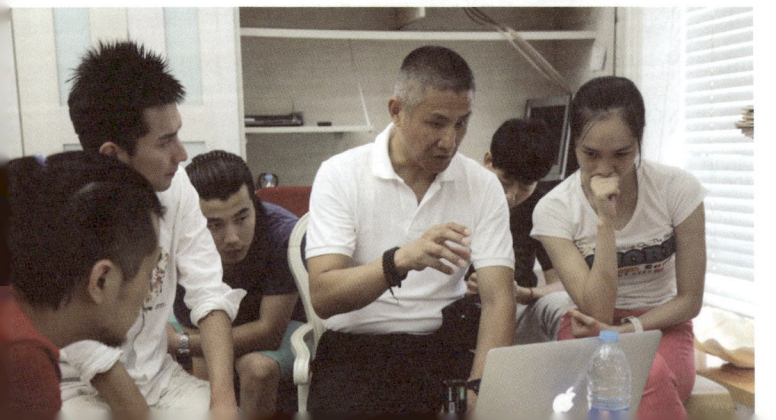

大家一起研究录制的表演片段

第二次演员集训

2013年7月，我又组织了一次演员的集训。参加集训的学生备选演员中，有之前春节期间参加过集训的学生，也有后来又增加的一些备选学生。

当时我已经又筹集到了一些资金。往返海南的交通费用比较贵，这次集训，我们负担了所有演员的吃住行。

为了这次集训，我专门买了一台5D3机器，还买了两个定焦头，以及用5D3拍视频的三脚架、调焦辅助器及肩扛托架等几万块钱的设备。我想利用暑假带领演员们，在一些已经选定的实景处用5D3，按照剧本先提前试拍一下并剪辑出来，让没有影视拍摄经验的学生演员提前熟悉一下，找找感觉，并增强他们的镜头感。

这次的集训前后花了10万元左右，集训内容就是以试拍一些剧本片段、

2013年暑期在海南钻石海岸组织集训和拍摄电影宣传片

直接在实景中和镜头前训练学生们的表演为主。这种提前试拍片段的训练对后来的电影实拍起到了很大的帮助作用。

当时的集训拍摄也很艰苦，我还邀请了同学，"日本鬼子军官饰演专业户"陆彭一起到海南，与我一起训练演员。我们全部住在海南钻石海岸的小区里，在特别炎热的天气里，每天都进行一些拍摄。另外，我也让演员们对着镜头做了自我介绍，并给每人拍了一些个人才艺展示镜头，后来做成了一个宣传片。

那个时候，我也是一个人干很多事情，美术师、摄影师、导演、剪辑。我购买的那套 5D3 拍摄装备也有很多器材，装了好几个箱子。每次拍摄训练，就请参加集训的学生们一起帮忙搬运。

这次的集训没有再出现不愉快的事情。虽然大家都很累，但也都很开心。

第二次发布会

2013 年 10 月，我向广电局申请把电影名字改成了"青春闪闪·逐梦表演系"。因为当时很多人反映"青春闪闪"这个名字比较抽象，增加的"逐梦表演系"这个名字更具体描述了电影的内容，而且，"表演系"是一个热词，增加了"表演系"这三个字可以为影片的宣传发行增加一些吸引点。毕竟电影是投资成本较大的制作，是需要考虑回收成本的。

2013 年 10 月 10 号，受到海南三亚"半山半岛"项目的支持，我们在北京一个公园会所里举办了一次宣传片发布仪式。我把我们暑期用 5D3 拍的各种好看的风景镜头及演员们自我介绍的镜头剪辑成了一个七八分钟的宣传片，做了发布，也想将此作为一个提前的宣传。

那次，我邀请了五六家媒体，并再次邀请了演员英壮先生到场助阵。结果，那次的发布会上，有两位不太熟悉的嘉宾领先发言，但并没有给予我们的宣传片赞扬，而是提出了"过于重视风景拍摄""节奏缓慢"的意见。后来现场讨论效果并不是很好，办得不太成功。我并没有灰心，觉得这是重风景的宣传片，与将来的电影成片风格完全不同，还是应该坚持继续不断努力。

留给我的时间越来越紧张。到了 2014 年的第一学期，我就得返回学校上课去了。转眼，已经忙碌了大半年，有了很多收获，但也还有很多事情没有完成。比如，还有好几个角色一直没有找到合适的饰演人选，一些场景也没有定下来，我必须得抓紧最后的几个月，一定要在寒假把电影全部拍摄完毕。那段时间真的是疯狂忙碌，剧本修订、筹集资金、寻找支持资源、搭建剧组主创班子、训练和继续寻找演员，等等。

第三次全国选演员、搭建主创团队

因为选演员历时比较长，我的副导演还有其他的安排，辞职走了。

2013年11—12月，我带领北大艺术学院在我的公司实习的两名学生，又到全国的几所艺术学校去看了一圈。因为每年9月份都会有一批新生入学。

之前一直没有去过山东艺术学院。我联系了电影学院表演系的一名师姐，她毕业后到山东艺术学院做了表演教师。通过她的介绍，得到了山艺表演系的支持。11月19日，我们去了山东艺术学院。那次选演员的规模也很大，挑演员的现场很是壮观。我几乎看了所有的山艺表演系学生，也是经过初选后，再与感觉比较靠近角色的学生进行更细致的交流，请他们按照剧本试戏。

11月22日，我们再次去了北京电影学院，到了表演系大一新生的课堂上观摩和挑选演员。电影中的一个重要角色何小宇的饰演演员，就是那次在电影学院大一的课堂上发现的。11月26日，我们又去了中戏。这几次主要是抓紧在北京再"扫荡"一下刚入学的、之前没见过的表演系大一新生，希望尽量不漏过任何一个可能合适的学生。12月上旬，我们组织这几次选到的备选学生在北京进行了一轮更为细致的试戏，从中又定下了几名大学生主演。

我设计的演员阵容构架很大，搭建起来很难，真的颇费功夫。但我相信一分耕耘一分收获，或许正是这样才让我们的电影更值得观看。

特别需要提到的是，参与《白色栀子花》拍摄的经历，给予我拍摄自己的电影很多帮助。

开始搭建我的电影主创团队的时候，我请当时在《白色栀子花》剧组认识的一名摄影助理帮忙。那个时候我是场记，他是摄影组的调焦员，相当于是摄影组的大助，是除了摄影指导和摄影师之外摄影组级别最高的人员了，后来自己做了摄影师。我们很聊得来，年岁也相仿，我就想请他做我的电影的摄影师。

他帮我介绍认识了一名制片主任，叫许超。许超是赵薇导演的著名青春电影《致青春》的两名制片主任之一，具有较为丰富的经验，要的酬金也是我们可以接受的。于是，我们就选定了许超担任制片主任。

许超进组以后，我就轻松很多了。我们一起继续搭剧组班子，进行筹备。另外，当时还有一笔拍摄资金需要筹集，这也是当时一项很让我发愁的重要任务。

寻找明星出演老师失败，索性自己披挂上阵

2013年下半年，还有一件重要的事情，就是落实电影剧本中表演老师一角的明星演员人选。的确，我一直想找一名明星来出演老师这个角色的。老师的戏份虽然与学生们的差不多，然而是电影中贯穿起所有情节的一个中心人物。

那半年，我与两个明星的经纪人接触过，发过剧本给她们，询问是否可以安排明星出演我的电影。两个明星都是重量级的，一个是我为他写过剧本的陈坤，一个是台湾的林志颖。

陈坤是我2005年就拟定的电影中表演老师文老师的目标饰演明星，而且在写剧本的时候，也针对陈坤的一些特点进行了创作。因为我给陈坤写过剧本，还是很期待他能够接演的。但是很遗憾，因为当时陈坤已经几年没有演戏，正在谈一个好莱坞的电影，由于种种原因最后没有接演。

林志颖是我小时候的偶像，寻找他出演是有情结的。我也做好了准备，如果他决定出演，我就会更改剧本的角色设置，向他靠近。但是，他的经纪人一直没有给我准确的答复。总之，邀请明星出演的确比较难，除了剧本要被明星认可外，档期安排也是很重要的因素。

后来，我考虑到，因为这部电影的结构、角色阵容比较复杂，共有20名表演系大学生角色，而且全部由各大院校表演系的在校生出演，很多学生是一二年级的学生，只能在假期参加拍摄。所以，就算明星接演了，如果挑了非寒暑假的档期，那么我也很难把所有20名学生演员的时间调整在一起。

很多导演出于商业考虑，可能会选择保明星的档期，但我是不会的。因为我的剧本的故事结构设计、20名全国表演系学生演员组成的特殊表演阵容是电

影的一个主要特色,是不能舍弃的。我觉得电影的本身质量和成色才是一切的前提,才是具备最佳商业性的重要基础。这一点,已经愈来愈得到证明。

两个明星都没有谈成,我也没有想到国内还有哪个明星比较适合这个角色。另外,我也很反感一些明星因为片约太多,跨组拍戏。我真的很不愿意让人随随便便地把我辛辛苦苦、饱含真情写的剧本、角色"糟蹋"了。

我选择对艺术负责,而不是屈从于明星。

于是,我就决定索性自己上阵了。这样也好,干脆做一个极致!

首先,我对这个角色再熟悉不过,另外,我也是表演老师,那么这部电影就全部是由非职业演员本色出演成了特别"意大利新现实主义式"的创作了。

从此,我不再琢磨寻找明星来饰演电影中的文老师,而是专心于电影其他方面的拍摄筹备了,决心主打电影的真实特色。

正式建组

2013 年 12 月 21 日,我们在北京昌平区的某宾馆正式建了组,并开始召开剧本分析会和筹备会。建组,标志着影视拍摄的最后筹备拉开帷幕,也意味着最紧张的筹备期到来。

我带领摄影、美术、服化道等人员一起开了三天会。大家一起仔细研究了

备选演员们研究剧本准备试戏

建组后开筹备会

剧本,并对剧本中具有较高拍摄难度的场次和可能遇到的各种问题进行了细致的讨论,提前制订了具体可行的拍摄计划。

同时,我们继续让演员们试戏和训练。到了这个阶段,就把我是表演专业毕业的导演,而且是大学表演老师的长处全部用上了,直接扮演角色与演员们搭戏,给他们做表演示范等,收效很快。

另外,还有一个重要的工作就是给全体演员定各场戏的服装,拍定妆照,从人物造型上不断对角色进行完善。

那段时间空前紧张,因为我很快就得带摄影师、美术师一起到海南提前看我选的景。因为从来没有当过大电影的导演,没有带过人多的团队,一切工作都是困难的。但我是一个天生不怕苦的人,遇到困难就咬牙挺住,每天都过着艰苦而又充实的生活。

2013年12月26日,我带着摄影、美术、制片部门的8人去海南看景。这次的看景在专业术语上称为复景。大家一起把我花了很长时间挑选的重要场景依次走了一遍,并再次与不久后的现场拍摄需要报批和申请支持的单位进行了确认。1月2日,留下了三名制片人员后,我带领其他人再次返回北京,继续在北京进行筹备。

返回北京的第二天,就遇到了大的难题。和我一起筹备了一段时间并参加了复景的摄影师,就是在《白色栀子花》剧组认识的好朋友,他告诉我他要退出了。因为我们两个人意见不太一致,曾经在海南复景时大吵了一次。回到北京后,他决定退出。

马上就要开机拍摄了,摄影师辞职,这对于我来讲是一个重大打击。没有办法,只能赶快再寻找摄影师。后来经过制片主任许超的介绍,我找到了著名摄影师,电影学院摄影系的老师邵丹,请他帮助介绍摄影师,并租了邵老师公司的电影摄影器材。邵老师介绍我们认识了后来担任了我们电影摄影指导的孙力钢,一个不爱说话的矮个子中年人,才算是解决了危机。

孙力钢的酬金比较高,但我后来发现还是很值得的,他的经验的确比普通摄影师要丰富很多。对于电影行业来说,资金的确是电影质量的一个重要保障。

始终坚持选演员的独特标准，被人讽刺是傻子

其实，建完组，还有几个学生演员没有选定，每天还要紧张地物色演员。时间紧迫，但是标准不能降。

我选演员的基础标准是，一定要是在校的学生。

当时一些经纪公司的经纪人把他们签约的很多艺术院校毕业生的资料给我，告诉我用几个毕业生观众也看不出来，而且毕业生的演技更好，也更懂事，会让我省很多时间和精力。还有知道了我们电影拍摄消息，自己找上门来的漂亮女孩，她们让我别那么死板，用几个长得像学生的演员没几个观众能看得出来不是学生。我都一一认真拒绝，结果还被一些经纪人和演员轻蔑地嘲讽为傻子。

我心里明白，可能有些观众的确看不出来是不是在校学生，但我知道，这样违背了我的电影创作理念，是不纯粹的，而且一定有观众可以看出来。人的经历、环境都会在他们身上形成痕迹、打上烙印，毕业的学生与在校的学生在眼神、思维上都会有不同，只是差别是显著还是细微而已。

另外，我下定决心一定要选那些愿意为了这部电影吃苦、不在乎酬金的学生演员。一个是因为资金紧张，最重要的是，我希望他们是爱表演胜过爱报酬的学生，而且我觉得作为学生，没有养家糊口的任务，挣钱并不应该是他们当前阶段的主要目标，而应该把主要精力牢牢放在表演创作和通过实践来获得提高方面。

我也真的一直坚持了这个原则。我跟所有的参选学生讲，没有酬金，并问他们是否愿意，这是我对他们的重要考察。我记得，有些我看好的演员张口说希望酬金几万，我就很快结束了谈话，没有再考虑了。

很多人都评价我特别"轴"，特别"不食人间烟火""天真得可爱"，我都一笑了之。我就是要坚持我的创作路线和理念，义无反顾。

当然，选 20 名学生主演也真是费了很大的劲，断断续续历时了一年多。一直到了 2013 年的 1 月 10 日，我终于码齐了 20 名演员，并与他们签订了合同。

第九章 《纯洁心灵》的艰苦创作历程

开拍前演员们再次集体通读剧本

演员们赶到海南集合当天

虽然之前跟所有大学生演员都说了没有酬金，他们也都同意了。但后来，我还是跟制片主任商量，给所有学生演员每人发了2000元的补助，算是一点表示。剧组的资金实在是紧张，临近开拍前，都还需要筹集，否则可能完不成全部拍摄。

2013年1月13日，我一大早再次飞到海口，与已经在海口的前期筹备部队会合。时间非常紧迫，因为我们必须要在寒假结束前全部拍完，否则有些学生就得返回学校上课去了。

那个时候，虽然我的岳父岳母帮我解决了最后一笔资金的筹集，但我们的拍摄资金仍然十分紧张。临近春节，飞海南的机票比较贵，但没有办法。路途太遥远，剧组只能为绝大部分剧组人员购买机票。因为海南本地的拍摄设备不够齐全，我们拉摄影、灯光器材的人员从北京出发，开着车、保护着设备走了三四天才赶到海南。

1月15日，二十名学生演员全赶到了海南的钻石海岸，还有一名饰演电影中文老师女朋友的电影学院表演系大二的女同学。我们从全国八所最著名的表演院校的表演系和主持专业一共选了20名表演系学生和1名主持专业学生。大家从天南海北聚到一起，欢声笑语，气氛热烈。

其他工作人员抓紧筹备各项事务，我和副导演开始带领所有演员们通读剧本，做最后的表演创作准备了。看着大家围着长条桌坐了满满一屋子，我很有成就感，也很亢奋，决心全力以赴把电影拍好。我们定在1月18日正式开机。

开拍前两天再遇危机，三名演员表示要退出

讨论了一天剧本后，1月16日中午，有三名学生找到我，表示他们的戏太少了，希望我能够给加一些戏。

我说，这个剧本的特点就是群戏的架构，可以进行适当的增加，但增加不了多少，希望他们理解。他们三个人就显得很犹豫，表示可能不参与了。

我一下子就蒙了！这真的是很大的变故，再过两天就要开机，出现这样的事情怎么办？再选演员恐怕根本来不及了，而且还有一大堆事情需要去处理。

我紧急打了几个电话，询问了两名之前曾作为备选演员的学生能否立刻赶

到海南来参加拍摄。但是时间太紧张了，再过一天就要开机拍摄，而且第一天就要拍在学校上课的戏，需要全体学生参加。他们有事不能马上赶到海南，赶不上拍摄。

这可怎么办？我急得如同热锅上的蚂蚁，心想这下可完了，电影的拍摄不能往后延啊，否则寒假拍不完就彻底砸锅了！所有剧组主创和工作人员都已经到了海南，每天都有很大的开销。

急来急去，一个念头在我脑袋中突然掠过——"改剧本"，就这么干！

于是，我就跟那三名演员表示理解他们，同意这次的合作就此友好终止了，并说会负担他们返程的机票。我想，他们总是犹豫也拍不好戏，而且可能还会对其他的演员带来不太好的影响。

我也紧急召集所有大学生演员开了会，把发生的情况跟所有人说了一下，让每个人都认真想一想。我诚恳地表达了我的想法，说明这个电影就是一个群戏的结构，希望大家理解，不要觉得戏少分心，全身心认真投入地把角色演好。

演员们后来就分头考虑去了。我和副导演在屋子里紧张地等待着，仿佛等待着生死的判决。

半小时后，剩下的18名学生均表示，愿意留下来把电影认真拍摄完毕。我终于松了一口气。

一切都是缘分，留下的18名全国各地的大学生，来自全国八所艺术院校，组成了影片最后的表演系大学生主演阵容。

就这样，谁都没有预料到，在开拍的前两天，我把20个大学生角色改成了17个，而且对饰演角色的演员做了少许调换。因为饰演角色的演员变了，那么我就得把剧本中原有角色的性格、外形特点往现在的演员身上靠。

这还真是考验我的危机处理能力和剧本写作能力。好在我有比较强的剧本写作能力，剧本也是我自己花了多年构思写就的，对每个人物、每个部分都十分熟悉，干了一个通宵，我把剧本调整完毕了。

在开拍的前两天，走了三个演员，这种事情现在想起来都是比较可怕的。后来想起来，如果当时再走几名演员，可能这个戏就真不能按时开机了，很可能会推迟至少一周以上，那么，后面就会接着出现一系列的问题，很难在学生的寒假期间全部拍完了。

演员多了之后，难免会出现一些问题。这部电影比起常规电影来说难度要大很多，经历了很多次危机，能制作完毕很不容易，还是值得观众一看的。

总结起来，好在当时我脑子没有乱，如果乱了阵脚，可能整部电影就砸了。但我想，以我的性格，即使当时再走几名演员，我也是会咬牙干下去的。

绝大部分新人导演是很艰难的，我们需要那种打不死、压不垮、永不放弃的斗志，坚持过去了，就会越来越顺利。每个人都会遇到难题与障碍，比的就是谁能在困难时期坚持下去，谁能找到突围的方法。人生，其实就是一个不断克服困难、迈向目标的过程。

这是我们这部电影遇到第一个可能要"完"的危机。不管怎么样，那时是挺过来了。如果再来一次的话，我也不知道能否解决好，但有了这次经历，不管以后遇到什么问题，我都会告诫自己，一是冷静地思考解决方案和对策，二是一定要咬牙坚持住。很多人就是输在了没有挺过黎明前最黑暗的一段时间上面。

现场拍摄

海口开机，六天拍完校园的戏

1月17日，大部队全部赶到海口。当天下午，我带着副导演、执行导演一起在海大面试了很多海南当地的群众演员。因为这个电影的特点是角色非常多，共有六七十名配演，所以挑选演员的工作量非常大。我们快马加鞭，忙得不可开交而又充满幸福感。

2013年1月18日，电影如期正式开机！

第一站，我们先到了海南大学，准备5天把剧本中学校的大部分场景拍完。之前，我看了几乎所有海南比较大的学校，最终选择了海口的海南大学作为电影中虚构的"海亚影视学院"的主场景。我们去海大的相关部门提交了摄制许可证、介绍信等文件，最终获得了海大的支持，允许我们在寒假期间进行拍摄，并且不收取任何场地费用。

看景后的一个重要工作，是还要由制片部门与希望进行拍摄的场景的负责人进行洽谈。筹备的时候，我也兼任了这个工作，绝大部分的重要场景都是我亲自去谈的，跟人家讲我们的情况，还是很顺利的，基本上都获得了免费拍摄的支持。

因为临近春节，海大即将全校放假，放假以后，学校的师生就不便支持我们的工作了。所以，我们定的拍摄计划是5天拍完所有校园的戏。

海大是海南最大最好的高校了，在海大的操场、校园内有很多漂亮而且适合剧本设计的场景。经过细致的考察，我选定了海大校园内很有特色的思源学堂楼区，作为电影中虚构的海亚影视学院表演系所在的教学楼，营造了一个漂亮、有南方特色的学习氛围。

虽然这是我拍自己的第一部电影，但因为2003年就参与过《白色栀子花》

全片拍摄的第一场戏

拍摄第一天的通告单

纯洁心灵

拍摄第一天,晚上在现场

每天都认真工作

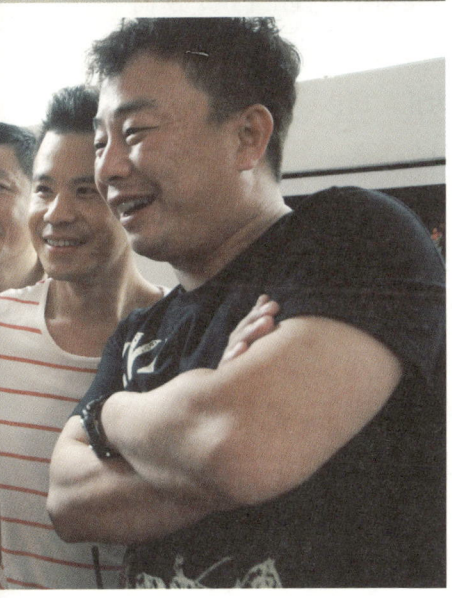

这样一部由众多实力主创进行的胶片电影拍摄,而且担任了很重要也很锻炼人的场记角色,所以我对剧组拍戏还是比较熟悉的。

制片主任许超告诉我,我的剧本容量太大,相当于三部常规电影的量,估计拍起来会很吃力。没办法,这就是我主打的风格。

我们剧组的统筹还是比较有经验的,但是因为剧本内容实在是太多了,她只能把每天的任务量都安排得比较重,而且第一天就安排了很多重要的戏。

开机的第一天晚上,就拍了两场很重要的我饰演的文老师和学生角色俸艾侬的戏。导演兼任影片中的主演其实是一件比较痛苦的事情。在拍戏的过程中,一方面我要带领全组人员工作,指导其他演员演戏,安排机位、演员调度等,一方面轮到我演戏时,我还得换上服装,琢磨表演,进入情境,每次演完一条自己再跑到监视器前面去看。最大的痛苦在于干扰因素太多,没有办法专门沉浸在表演中。好在我对文老师这个人物很熟悉,而且我设计的文老师这个人物的性格跟我性格很像,另外,我在表演方面有一定的天赋和功力,所以,还算是较好地完成了任务。

但将来再拍电影的话,我还是希望自己专注地做一个导演,专心地设计镜头、场面调度和指导、把关表演。接触了电影的各个领域后,我还是下定决心做一个导演,因为电影是导演的艺术。真正喜欢电影行业的人，恐怕大部分都觉得做导演才最过瘾。

那几天在海大拍戏的日子真的好忙碌，需要在紧张的时间内把剧本中所有的学校场景全拍完。电影拍摄就是这样，为了节约时间和资金，通常是按照场景逐一进行拍摄，一般会把一个场景的戏全拍完，再换另一个场景进行拍摄，而不是按照电影中情节的顺序拍摄。

所以，影视演员要适应跳跃式的表演，比方说因为光的问题，上午拍了我在学生们一年级时给他们上课的戏，下午可能紧接着就拍毕业前夕我给学生们讲话的戏，而第二天上午又拍之前一年级上课的戏。

因此，演员必须要对自己所饰演的人物有总体的深刻认识，并对人物在每一场戏的状态有准确的理解和把握，还要能够适应电影这种经常颠倒物理时间、逻辑顺序的拍摄，像串珠子一样把所有的戏准确无误地串起来。

另外，因为电影的拍摄有很多工作人员在现场布置，而且很多时候都是分了镜头间断拍摄，影视演员不能像话剧演员一样可以与对手一直往下演，从而给自己充分的体验和酝酿情感的过程。影视演员通常每次就表演一小段，而且有时候一拍就要拍很多条，一直拍到导演认为过关为止。所以，影视演员需要更强的抗干扰能力和更快入戏的能力，否则剧组人员都等着一个演员寻找和酝酿情感，就会造成很大的时间和资源浪费。

电影拍摄实践真的很重要，亲身经历过后，能够找到影视表演初学者和学生们遇到各种不同问题时的具体解决方案，可以更好地指导他们。

跟其他剧组一样，我们第一天的拍摄效率也不高。在开机前我曾经跟剧组的统筹说，第一天尽量安排一些不太重要、不太难的戏，但我们剧本的内容实在是太多了，统筹还是安排了一些重场戏在第一天的晚上，有我的，还有两个学生的。拍完白天的集体戏后，晚上就重点拍我和两名学生的重场戏，但实在是比较难，花了很长的时间才拍摄完毕，而且有一场戏我还不是很满意。因为时间太晚了，不能耽误第二天集体戏的拍摄，就放弃了，决定之后再重拍。

后来的两三天，每天都大量地拍摄，真的是很考验人，每天都要拍到至少夜里一两点，但对于我这样的电影疯子来说一切都不在乎。我们剧组的工作人

第九章 《纯洁心灵》的艰苦创作历程

员很多都挺能吃苦的,给予了我很大的支持。

一场拍了 11 小时的夜雨戏

1月份时,海口的晚上还是比较冷的。有一天晚上,因为两名学生演员状态不很好,需要更多的指导和激发,我们在海大的操场上拍夜戏一直拍到夜里四点。进度紧张,全组休息了4个小时后,第二天早上9点又开始拍摄,当天晚上7点钟,又迎来了一场我饰演的文老师和女朋友黄茹的重要雨戏。

结果那场晚上雨戏的拍摄一直持续了11个小时才完成,到了隔天早上6点多钟。

海口的夜里比较冷,因为没有找到剧组拍戏常用的消防车洒水,我们申请到海口的武警部队给我们做了支援,用了一辆防暴车来喷水。防暴车喷的水很

拍摄下雨的戏现场

急，不好控制，所以每拍一条几乎都会把我和另外三名演员全部浇湿。每拍完一条，所有的演员都要烘烤自己的衣服和鞋。

我们的几名演员都很敬业，但也着实让他们痛苦了一把。有一名好奇客串角色的临时演员表示，原来以为拍电影很有趣，没想到有生以来第一次参加拍电影就被冷水浇得全身湿透，以后再也不想参加电影的拍摄了。

饰演文老师女朋友的电影学院表演系学生叫姜佩瑶，她的父亲是有名气的大型演出活动导演，她的出身也可以算是"娇小姐"了，但她拍戏一点都不娇气。拍的过程中，天气很冷，又被水浇湿，冻得发抖，每拍完一条，就赶紧脱掉鞋子烘烤，她一直和我坚持拍到了第二天早上6点多钟，让我十分感动。

剧组的人都说我对电影特别有激情。我一直跟自己说，我学了那么多年电影，为这个梦想准备了那么多年，好不容易开机了，一定要全力以赴拍摄。

第一条拍完，我穿的运动鞋里就灌了很多水，也根本顾不及多想，看完回放之后，一直忙着与各部门沟通、布置和调整。因为这场戏是重场戏，所以我不敢有丝毫懈怠，而且每演完一条就到监视器那里认真地看回放，然后认真地

已经凌晨3点，大家还在坚持

吃碗泡面继续拍

调整各部门的工作。那天晚上，我就穿着淌水的鞋一直穿了七八个小时，直到拍完，现在想起来仿佛都感觉到脚底板都凉。说实话，那个时候也不觉得苦，只是想着怎么样把这场戏拍好，其他没有想太多。

原计划是在海南大学拍摄五天，但因为剧组拍摄的前两天效率不高，各部门的人员都在磨合，进度赶不上计划，为了高标准还是往后延了一天，剧组人员都感觉在这剧组工作很苦很苦。1月23日在海大拍了最后一场戏后，下午我们全体转场到陵水。

接下来的几天更加忙碌了，因为剧本的内容实在太多。

大年三十在剧组度过

在陵水，也是每天紧张地拍摄，一直拍到农历大年三十。

大年三十那天拍到晚上七点多，我们就收工了，给剧组准备了一次年夜饭聚会，然后大年初一上午放半天假，中午饭后出工拍摄。

那一天，尽管我的家人也都在海南，但我没跟他们见面，而是选择了与剧组一起吃饭聚餐过春节。剧组人员都很辛苦，离家在外，我应该与他们一起过春节。

那天全组聚餐，我非常感慨，想着我的一个理想真的实现了，很感谢所有帮助过、支持过我的人和所有的剧组人员。

有些演员已经是跟我一起过第二个春节了，上一年是在北京集训一起过春节。不像银幕上那么光鲜亮丽，拍戏的过程是很苦的，特别是在春节这样万家

大年三十大家一起吃了一个蛋糕

团圆的时刻，大家能不远万里来到海南拍我的电影，我还是发自心底地感激的。

因为全组各部门的人很多，我又是个不太会耍滑头的人，大家来敬酒，因为觉得大家都很辛苦，我不好意思推辞，结果那天晚上就又一次喝大了，还吐了。这是自2007年在县里参加妈妈为我组织的庆祝考上北大博士宴请后我又一次喝大。

第二天，大年初一中午，吃过午饭，我们就又开始了紧张的拍摄工作。拍到后面，虽然剧组磨合越来越好，但是也越来越艰苦。

因为剧本内容多，演员都是新人，我们拍摄的难度很大。但我深知，作为电影的总指挥和把关人，我必须坚持高标准，必须要狠心，不能妥协，才能对得住这么多年那么多人的支持和付出。读完博士之后，我的深切感悟就是，对电影一定要有敬畏心，一定要认真、全力以赴地去创作，国产电影有一个常见问题就是标准不够高，我要努力向高标准看齐。所以，遇到一些难的戏和重场戏，往往会花比较长的时间才能完成拍摄。

全部主创都对我有意见

因为我定的标准比较高，所以让剧组的很多人员不太适应，感觉比他们已经习惯的很多剧组都要艰苦，觉得有点不理解。很多人是抱着拍小电影的心理来的，也不太看好我们这部全新人电影，觉得我的标准过于苛刻，把大家每天都折腾得累死累活，没有必要。逐渐地，大家多多少少都对我有些情绪和意见。很多人都公开跟我闹过情绪，包括我们的摄影师也曾当着全组的面跟我急过，说我太折腾了。

的确，灯光组、摄影组的人员挺辛苦的，他们的器材最多，每天其他人收工走了后，他们还要把设备装上车后，才能休息。一换场和换拍一下个镜头，最忙碌的就是他们。

想起来，有时候的确是我的问题。因为有些戏之前没有考虑成熟或者考虑不周到，还有时候是在拍戏过程中有了新的更好的灵感，所以在他们布置好灯光和机位，甚至演员都已经走好调度之后，我还会调整想法。这时候大家都可有意见了，会问我为什么不早点确定。

第九章 《纯洁心灵》的艰苦创作历程 | 169

顾长卫导演在我们电影拍摄现场探班和指导

我也觉得很对不起他们，自己这么折腾，有点于心不忍和纠结。但这时候，我就会想，艺术就是精益求精的，大家拍一次戏不容易，为了有好的成果，还是要坚持到底。于是，几乎每次我都坚持要调整方案。

很多人员都满腹牢骚、极不情愿地去调整，有时候甚至是骂骂咧咧地去调整。每到那个时候，我感觉自己真的是个很窝囊、受气的导演。

因为我们在挑战一项非常艰难的任务，用一个月的时间，指导18名基本上没有电影拍摄经验的大学生和几十名从来没接触过影视表演的社会各界人士演一部内容量相当于三部常规电影内容量的电影，而这个导演定的标准还挺高，反复"折腾"剧组人员，而且还要时不时地自己去演戏。

所以，经常一拍就拍到很晚，夜里一点收工都算是早的。这也正如我之前所估计的那样，我拍戏就是准备吃大苦的，但是要拉着别人跟我一起吃大苦，还是有一定难度的。

我们的看上去很文静、脾气很好的录音师，他的微信朋友圈把我屏蔽了。杀青后，我从另外一名工作人员的朋友圈看到，这位录音师在我们电影拍摄中间，愤愤不平地发朋友圈骂"这帮傻×天天拍大夜"，后面还配了一连串微信里那个砍刀的表情符号。当时看到后，我其实一点都没生气，还哑然失笑，也真是觉得挺对不起全组人的。事后和录音师聊起此事，我们都哈哈大笑。

实际上，每个新导演都很不容易，大家不容易信服你，有时候甚至会糊弄和欺负新导演。导演的一个很重要的功力，就是不管用什么方法都尽量好地把团队动员和组织起来，让大家坚持高标准地把工作做完。

全新人学生担任主演难度大，但更真实自然

另外一个难点是，我选的18名学生演员都没有什么拍戏经验，而且由于年龄小，在理解力方面也存在一定的制约性。尽管已经提前做了很多集训和演练工作，但到了实拍的时候，还是会有一些地方达不到高的标准。这也是我们当时拍摄艰苦的一个原因。

的确，他们的本色出演是很重要、很鲜活的，但首先要解决他们准确理解每场戏要传达的核心内容的问题，还有他们在镜头面前容易紧张的问题。好在

我们一起度过了很多美好的时光

我已经做了好几年的助教和表演教师，跟学生打交道有一些经验，有一些方法能帮助他们放松下来，找到应有的状态。有的时候，其他方法都不太奏效时，我就亲身做表演示范，这是一剂猛药。

拍戏过程中，演员们年岁比较小，对于有的剧本内容不能完全理解，有时候甚至还会跟我当面争执，我就只能耐心地给他们讲解和分析，想方设法让他们明白戏的主旨和表演要素。

还有时候，我们的学生演员心里明白了，但是因为紧张或者不能克服影视拍摄的很多干扰，总是达不到好的效果，那么也只能一遍遍地来。有时候演员状态实在不好，进度又很紧张，我只能寄希望于在多表演几条的过程中，蒙出一条正确的来。

影视拍摄过程中，演员的表演经常会受到其他部门人员的影响和干扰，这对于我们的大学生演员来讲也是一个挑战。比方说，这一条演员演得不错，但可能在表演的过程中现场发出了一些不该有的声响，或者摄影师的摄影出现了运动不够平稳、焦点没跟上等技术问题，都得重新表演来过。

这些对于我们大学生演员来说，是比较难的。因为没有多少拍摄经验，他们不能稳定发挥，有时候表演了一条好的，但是如果由于其他部门出现问题需要再来一次的时候，他们可能就表演不出来了，只能再多来几遍，看看能不能再表演出来一条好的。

总之，我每天想尽各种方法，引导、激励演员进行正确表演，甚至蒙骗、偷拍的手段也全用上了，努力把每个人最精彩的表演拍摄下来。而且，还要借助于摄影机的调度、后期剪辑等手法，弥补和克服他们的弱点，帮助他们创造出好的表演。

但是，在拍摄的过程中，他们不时涌现的精彩表现也让我不断地确定，自己选择表演系大学生演员本色出演是对的。因为他们本来就与角色相仿，一旦放松下来，那些有机、生动的本色表演是职业演员很难演得出来的。这正是意大利现实主义的灵魂，也是我们这部电影的核心。

这部电影，也狠狠地锻炼了一把我指导表演的能力。指导完18名来自全国各地、性格各异的表演系大学生主演的表演后，再指导表演系学生和职业电影演员就感觉很轻松了。

天天指导非职业演员演戏

我们这部电影还有一个特点，就是角色很多，全片有台词的角色，大大小小共有57个，但没有启用一个职业演员，有表演系大学生，有社会上跑组的群众演员，还有很多从来没演过电影电视的各界人士。我通常是找内外特征、职业与角色相近的人客串角色。当然，我们也没有给客串角色的人报酬，他们也乐于能体验一下影视表演，并将此作为对我们的一项支持。例如，我们用了很多真的老总去演电影中的老总。

所以，在拍摄电影的过程中，我每天都跟各种非职业演员打交道。而且，大部分的演员都是第一次演电影。在解决他们面对镜头的紧张方面，通常都需要下一番功夫，经历一个过程。我基本上每天都面对如何指导从来没接触过影视表演的人进行表演的问题，着实锻炼了一把。

用一句幽默的话总结，拍摄这部电影，鬼知道我经历了什么。不过，有很多痛苦回忆也是一生难忘的有趣回忆。

非职业演员串戏带来的"磨难"

因为选用非职业演员，当时还遇到一些非常棘手的尴尬难题。

我们当时在钻石海岸来访的游客中选了两名投行界的资深高管，请他们扮演影片中意图"潜规则"女学生的坏老总。这两位真老总也很愉快地答应了。

那天，是在陵水的一家事先谈好了可以让我们免费拍摄的五星级酒店拍这这场戏，从晚上七点多钟开始拍的。两位老总刚开始也很兴奋，还不时与年轻的学生们聊聊天。

由于两位老总没有任何影视拍摄经验，磨合了很久，等他们累了，放松下来，才开始达到自然轻松的表演状态。另外，因为那场戏有多个角色，镜头调度也比较复杂，我们的标准又高，结果拍啊拍，一直拍到半夜四点钟才拍完了吃饭的一场戏，原定的在酒店门口的一场戏根本没有来得及拍。两位老总哈欠连天，早已不见了开拍时的兴奋。

其中一名老总住在三亚。我安排人员把两位企业家送了回去，并一再叮嘱过两天再请他们过来拍摄当天没有来得及拍的酒店门口的戏。

实际上，他们的角色一共只有三场戏。过了两天，我再跟他们联系时，有一位企业家老总突然出了问题。打了几个电话不接，发短信过去，大半天回复我说不能再拍了。

我当时就急坏了，因为好不容易把那场吃饭的大戏拍完了，他不再继续演就意味着接不上戏了，前面的戏就得重拍，那可就损失大了。我发短信详细地说明原因，并恳求他一定要配合一下，再来把剩下的戏演完。但是，再也联系不上了，打电话不接，发短信不回。我向另外一名还能联系得上的老总求助，但他表示没有办法，他跟失联的老总也不熟。

我当时头就大了，心想这可麻烦了。又等了一两天，尝试了很多次，但始终没再联系上。

迫于无奈，急中生智，我决定再修改剧本。我给剧本增加了一个角色，把那名失联的老总在酒店门口的戏改成另外一个新的老总的戏。

类似的事情还有一个。我找了钻石海岸的一名女物业经理饰演影片中表演系学生何小宇的母亲。也是在辛辛苦苦、费尽九牛二虎之力拍完一场戏之后，过了两天再拍剩下的戏的时候，人家罢工不拍了。我好话说尽，人家怎么也不来了，并表示感冒发高烧了。

但是，那天下午必须要拍那场戏，因为那个场景只能再拍最后一天了。而且，这场戏不好修改，因为是一场很关键的重场戏。

被逼无奈，我就着急地打电话给这位物业经理的领导，再三恳求。最后领导出面帮助协商并承诺事后给这名物业经理休假三天，才最终把这位其实并没有发烧的物业经理请到了现场。

总之，那个时候，几乎天天都要解决各种大大小小的麻烦。我的经验就是，一定要有锲而不舍、永不放弃的精神，问题总会能解决。越努力越幸运，我们还是走了不少运。

拍到中间，美术师离开

拍到过半的时候，已经完成了不少戏，但问题也来了，有几个剧本设定的场景一直还没有在海南找到合适的。在筹备期后期，因为有各种各样的事情，没有时间再选了，就一直遗留在那里。

我们的电影拍摄资金预算很紧张，而摄影组的人员费用又超支了不少。因为我有一定的美术功底，而且景也选得差不多了，于是就选了两名比较年轻的美术师。由于当时他们经验毕竟有限，而且我们双方沟通不足，他们进组后帮我选的几个场景总是感觉不很合适。

因为演员的时间安排以及其他场景的协调问题，有两个需要赶紧拍摄的场景一直还没有选到，直接影响到全部的拍摄。有一天，我们拍到夜里四点多，回到宾馆爬上床已经五点钟了。但七点多我不得不爬起来，趁着剧组其他人员上午睡觉，带着助理开车赶往三亚找景。因为实在等不及了，我自己去能提高选景的效率，要不然会影响整个电影的拍摄进度。坐在车上，我感觉自己仿佛是个"铁人"。

当时我也挺不开心，感觉两名美术师没有帮上我多少选景的忙。其实他们人都挺好，但当时每天拍戏都十分忙碌，没有时间充分沟通，后来与美术组的人员相处得不很愉快。又过了两天，两名美术师也觉得不能愉快地合作，就干脆选择辞职离开，双方商定以后有机会再合作。这也成了我们后来拍摄过程中遇到的一个难题，拍了一半多的时候，没有美术师了。

美术师负责前期选景、视觉设计及协调服化道部门的工作。美术师辞职离开后，我就干脆与服化道部门全部直接对接，倒也提高了沟通效率，当然也变得越来越累。到后来，有两天还出现了这样的情况：我带领剧组拍完一些戏后，让全组休息，又带着摄影组和道具组去抓紧选景，为的是能够提高场景的选择效率。剧组很多人员都议论我天天跟打了鸡血一样，不知道累。但其实，我的确挺累的，只是因为喜欢所以愿意承受。

越往后拍，越身兼数职

拍摄这部电影，我担任了很多职务。其实我并不想这样，但是因为这部电影的设计很独特，全部起用非职业演员，加上剧本容量很大，都给创作带来了很大的难度，而且因为我带着一个比国内普通剧组拍摄高很多的标准进入这个行业，很多工作人员有点不习惯我的要求，就觉得我像是"异类"一样。工作人员较难达到我的要求，又没有人比我更熟悉，为了达到好的效果，我就索性自己多干一些，千方百计达到尽量好的结果。

比如，很多剧组的导演都把具体讲戏和指导演员的任务主要交给了执行导演。我们剧组也有执行导演，而且他人很好，也很负责，如果我都交给他，他也可以完成，但可能不是我要的效果。因为我们这部电影与普通的电影差别很大，难度也大很多，所有的演员都没有什么表演经验，而且我的剧本也很难，所以我一旦放手，执行导演自己去完成很难达到我要的效果。

没有办法，这部电影需要我自己在各方面多下功夫。从拍摄一开始，几乎每场戏都是由我自己给演员讲戏和指导。很多人开玩笑说，咱们剧组的执行导

演员们在现场吃饭

拍戏的过程中有很多复杂工作

乘坐直升机进行航拍

演很轻松，等于毕导一个人自己当执行导演。其实是我自愿的。

拍到后面，大家都多多少少出现了疲惫，但我反而要求更细致了，因为剧组已经磨合好，我也越拍越有状态，而且我明白，越到后面越要坚持住。

于是，我们越往后面拍，就越来越落后于计划，而且越来越艰苦。以至于后来，剧组的统筹老师都不知道应该怎么排第二天的任务了。拍到中后期，为了提升工作效率，我就说干脆由我来定第二天的拍摄计划，于是我就把统筹工作揽下来了。每天拍完戏后，统筹会找到我，让我安排第二天的拍摄计划。剧组人员又说，毕导又开始帮助统筹干活了。其实，我就是为了提高效率。

我们的大学生主演很多，涉及很多的服装方案。开机前筹备的时候时间很紧张，当时我与服装师定的每场戏的服装方案还是不够详细，有几次，我在现场根据剧本内容和表达的主旨，进一步调整了演员的服装。

后来，服装组的小伙子就说，干脆每天收工后，他再找我全部核对一下。于是我就又增加了一个工作，就是每天收工完后，再与服装师全部核对并定下第二天所有的演员服装。直到现在，我都还挺佩服那个管服装的小伙子，不管我们拍到几点钟收工，他都一定会找到我对服装，成了固定的节目。

有一次，我们收工回到宾馆已经凌晨五点了，又困又累的我躺在床上，衣服也脱不动了，心里想今天就别对服装了吧，估计他也不会来了。还没想完，就响起了敲门声，紧接着传来了声音："导演，找您对一下服装。"

说实话，我当时真的恨不得对他喊一句"滚开"，因为实在是太累了，谁都不想见，但还是得挣扎着爬起来开门。

因为累急了也烦透了，我就堵在门口没好气地大声质问他："你怎么又来了？！"管服装的小伙子就笑眯眯地说："导演，那我就回去自己定明天的服装了。"

我想了一下，赶紧说："进来吧，我们对服装。"

那个小伙子真的是很专业，那么多演员，我们的服装从来没有带错或者穿错过。我还真是挺佩服他的。

当时，平均每天也就睡四五个小时，有时候早上心里有一万个不愿意起床，感觉真的爬不起来。但想想自己的理想，还是咬着牙挣扎爬起来。但每次一到现场,就跟打了鸡血一样,连续奋战十几个小时,收工之后再爬上床。每天就这样循环着。

很多剧组人员都觉得我太认真、太累了,但他们也理解我,知道这部电影独特,要求高。很多人说,电影学院的毕业生太拼了,跟社会上的导演真不一样。

因为拍摄太较真,过半大学生主演跟我闹过不愉快

我们的 18 名学生演员都知道我是个电影狂人,明白我总是沉浸在电影的世界里。刚开始拍的时候都还很积极地配合我,但由于我对他们的要求总是比较苛刻,很多时候同一个镜头要拍很多遍。拍戏的过程中,大家都逐渐疲惫了,加上他们年纪小,区分不了有些表演的细微差别,有些时候不理解我为什么要反复拍同一条,就开始出现一些抵触的心理。还有的时候,是虽然理解了但发现试了几次达不到我的要求,失去自信想放弃。

另外,18 名学生演员刚到海南的时候,都觉得很新鲜,但因为年岁小,待久了以后难免就开始产生一些无聊的感觉。因为电影的主演众多,所以除了多人

一场拍摄条件很艰苦的戏,各种设备都是肩扛手提走了一两公里运过来的

每天都在现场"咬牙坚持"

一起拍集体戏之外，就是轮换着拍，轮流着与我一起磨表演、熬夜吃苦。到后来，随着集体戏越来越少，演员们虽然都有了休整的时间，不怎么累了，但是等待的时候他们难免也会觉得没意思、难熬，有些学生逐渐出现了不耐烦的情绪。

在拍摄的过程中，18名大学生演员中的多半都跟我闹过别扭和情绪。特别是到了拍摄中后期的时候，他们的不耐烦情绪越来越多，就越来越容易跟我产生摩擦。

针对不同的情况，我还是始终想方设法安稳大家的情绪，尽量让他们能够静下心互相认真配合，以创作出尽量真实自然的表演。我经常告诫自己，他们都还小，需要指导和帮助，我应该努力坚持高标准，一旦妥协，可能就会给他们和我留下永远的遗憾。

其实，有很多时候，我也很生气，也发过两三次脾气。因为我觉得自己是一心一意地为电影出力，电影创作得好，他们表演得好，大家才会有好的成果，不白辛苦，对于他们将来的艺术道路也才会有更多的帮助。每当他们不积极配合我的时候，就让我觉得郁闷和生气。

到了后来，有些学生开学早，我们就得把他们的戏抓紧抢出来。另外，也有些学生是在海南和剧组待腻了，找了借口，希望早点回去。记得到了最后两三天的时候，只剩下了四五名学生演员，而且有些演员对我已经很不耐烦了，当众对我说话也很不客气，不给我好脸色看。

其实到了后来，我心里窝的火也越来越大，心想我这都是为大家共同的成果负责，我要不坚持，将来大家可能会后悔的，而且我比任何人都累，为什么大家不配合？但是理智告诉我，他们还小，闹情绪是正常的，为了照顾他们的情绪，从大局出发，我就经常咬牙忍着。

但最终，大部分情况下我们都还是较好地完成了拍摄任务。大家有了情绪和矛盾，会逐渐化解。总体来说，他们的吃苦耐劳精神已经算是很优秀了，我选的演员都还是很正确的。有几名演员在剧组告诉我，他们彻底明白了为什么我在选演员的时候一再问他们能不能吃苦。

我发现，在拍电影方面，我是一个"贪婪"的人。本来我们的剧本内容就多，有时候在现场有了新的灵感，我还会加一些戏。统筹老抱怨我，本来剧本内容就多还老加戏。

每次剧组的人员劝我放弃一些，我心里就会跟自己说，一定要坚持住，必须得为电影负责，只有我对整个电影项目的特点最清楚，一定要尽量保住重点，能多拍点精彩的就尽量多拍点，大家才不会白辛苦。

记得拍到最后两天时，我跟一名演员说想给她加两场戏。这位演员一吐舌头摆摆手，告诉我："别加了，千万别加了，我就想早点走。"

我又找到另外一名演员说加戏的事情，同样也被拒绝了。后来我好说歹说，他们才同意加了一场。

回忆起在建组早期，有些演员嫌戏少，要求我给加戏，到了后来我想加戏却被拒绝，真是觉得哭笑不得。可见，这部电影真的把大家拍怕了。不过，我明白，新人导演要想拍出好东西来，不带领大家拼尽全力很难成功，至少我要尽力而为。

还是要特别感谢我们所有的18名大学生主演，我们虽然闹过矛盾，但大家都还是精诚团结，使得我们的整个电影拍摄总体比较顺利。我作为导演和负责人，学生演员们年岁小，我多照顾一下大家的情绪，带领大家努力进取是应该的。相信随着他们年龄的增长，也会理解并在将来有更好的发展。

延期一天，借钱给剧组人员结账

本来，制片主任许超跟所有人员签的合同都是30天，而且告诉我说如果拍到后面，再让大家多拍两三天也没有关系。2月16日是工作人员所签合同的最后一个工作日。到了2月15日，我计算了一下，虽然一直满负荷运转拍摄，但2月16日拍完，我们还剩下一天的工作量没有完成。我就让制片主任许超跟大家商量一下，看能否请大家都克服一下，再多工作一天半。

制片主任许超谈了一圈后回来告诉我，大家都有意见了，因为拍得太累，熬了很多大夜，不能像之前所说的可以再多工作两三天了，都说如果延长拍摄就要多支付报酬，而且要求要先把剩余的尾款全结清，并把延期一天的钱也先付一半才能继续往下拍。听说，国内有些剧组在杀青后会拖欠人员酬金。

我们的拍摄资金真的很紧张，算了一下，支付了所有人员的合同尾款后，就会只剩下 2000 多块钱，根本没有钱支付延期一天的所有人员酬金和设备费用了。本来留了些备用资金，但在拍摄过程中，为了保证高质量增加了一些拍摄投入，已经全用了。

在剧组面临停工的紧急关头，还是我的岳父岳母帮我跟他们的朋友借了 15 万块钱，才让我渡过了难关，得以继续往下进行。

结果，因为剩余的任务比较重，拍摄的最后两天，我就没有睡觉。

最后的疯狂，拍到全组仅剩两个人还站着

2 月 16 日的晚上，是我们仅剩的最后一个可以拍摄的夜晚，所有器材要于 2 月 17 日晚上装车，而我们还剩余两场很重要的夜戏要拍。那天晚上就彻底拼了！

晚上 10 点多钟，拍第一场夜戏的时候，就遇到了一个大麻烦。

为了省时间，我把那场夜戏的拍摄场景改在了钻石海岸，内容也只能随之进行大幅更改。因为我实在是太累了，拍摄时间紧张又让我很着急，有半个小时，我突然不会表演了，怎么也说不利索台词，一个讲话的镜头一直拍了七八条都没成功，都是中间卡壳。

我当时眼泪就流下来了。现场的所有剧组工作人员和其他演员都默默地看着我不说话，他们知道我的压力实在是太大了。

还能怎么办？我在内心努力地反复告诫自己，一定要冷静，一定要冷静。

努力保持冷静之后，慢慢地，我的状态就好起来了。终于有一条顺利完成了表演。之后，那天晚上就比较顺利了。

当电影导演，真的是很锻炼人。尤其我们这个电影实在是面临太多的挑战，真的是狠狠地考验了我。不过，当时再苦再难，过去之后，就都变成了美好的回忆和茶余饭后的谈资。

赶在天亮之前，我们拍完了最后一场很重要的室外的夜戏，真的是一直拍到天空有了鱼肚白才算是胜利拍完。这一夜，真的是跟时间在赛跑，根本没有时间睡觉。其实，最后的几天，每天都特别艰苦，大家几乎都已经筋疲力尽。

根本来不及休息，我和摄影组的人一路小跑到不远的海边，趁着天还没有

大亮，抓紧拍了一场海边清晨的戏，之后又赶回来准备拍摄上午的戏。

早上七点多，我环顾四周，黑压压地躺满了剧组的工作人员，全剧组就只剩下我和摄影指导孙力钢还站着。那种感觉，就好像是在硝烟弥漫的战场上血拼厮杀了很久终于获得胜利，最后发现只剩下两个人还活着，喜悦中夹杂着一种悲壮的感觉。

我当时看着孙力钢就乐了，因为我知道，我们已经完成了几乎不可能完成的任务，赶在最后一个夜晚把所有的夜戏拍完了，已经看见胜利的曙光了。

短暂地休息了半小时之后，我们马上把全组人员叫醒，接着拍。因为还有四五场白天的戏要拍。

我能感觉到，全组人员都挺同情我的。那一天，大家都替我担心，怕我这个较劲的人拍不完，都催我抓紧时间。

于是，2月17日上午，我们集中精神拍了钻石海岸剩余的最后两场日戏。中午简单扒了口饭，又集体出发去拍在外面的车站送别的一场戏。拍完后，又马不停蹄地赶到一个KTV，拍了KTV场景的最后两场戏。紧接着，就是拍最后一场杀青戏，迪厅的戏了。

到那个时候，我已经四十多个小时没合眼了。

我至今都清晰地记得最后一场杀青戏的情景，拍我们的几名学生演员与很多群众演员们在一起蹦迪的场面。之前我从来没有想到过，我们这部电影会是在这样的热闹场面中杀青。

记得拍完最后一个镜头，我喊了一声"杀青了"之后，全组人都沸腾了！大家都疯了一样地互相拥抱、叫喊。那一刻，我没有了任何一丝困意，就觉得自己好幸福！

我知道，我真的让他们受苦了。那种场面如果不亲身经历的话是很难理解的，特别像是在战场上厮杀了很久胜利了，发现自己和伙伴们还活着的感觉。

2月17日下午杀青时，太阳还没有落山。阳光给很多景物勾上了一层金边。

那天，因为我们剧组的一些兄弟晚上十点就要押器材车返回北京，还有一些人员想当天就回家或者去看看朋友，所以我们就没有举办杀青宴，也是不想彼此说再见。我当时心里想，等到将来，电影上映了之后，找机会一定要好好地补上一次宴请。

　　电影的拍摄过程中，我们吃了很多苦，有些不美好的回忆，但也有很多愉快、惊喜的经历，也得到了很多人的有力支持。

　　我们电影虽然没有任何一个明星，但是在一些前辈、朋友的介绍下，著名歌手孙楠大哥免费提供了跑车供我们拍摄，著名编剧霍秉全老师经过蒋雯丽老师介绍，在片中客串了一名业界前辈角色，著名导演宁浩的母亲宋红霞老师也支持我们，在片中饰演了一个老奶奶的角色。这还是宋红霞老师第一次演电影，后来宋老师不幸中风出现了脸部歪斜，这部电影也就留下了宝贵的值得纪念的影像资料。著名导演顾长卫也曾在电影拍摄期间到现场探班并给予了指导。

　　剧组的很多人后来议论说，似乎从来不见我累，而且感觉我越拍越投入。实际上，我在整个拍摄过程中根本来不及想太多，每天就是处理各种事情，时间被占得满满的。我的那么多年的一个梦想，有幸得到了很多人的支持，所以我就想尽力把电影拍好，尽量少留遗憾。经历过这样的一次高难度电影拍摄，以后恐怕没有什么能够难倒我的电影了。

　　还有很多人后来问我，你的电影剧组里有那么多美女，每天怎么做到坐怀不乱呢？实际上，那个时候我根本就没有任何杂念，每天就是全神贯注地拍电

影，就是一台标准的"电影机器人"。

要衷心感谢所有为我们电影拍摄付出和给予支持的人！我也会永远珍藏那些美好的回忆！

杀青后总觉得空落落的

说来也怪，拍摄过程中的确很艰苦，但拍完后也不觉得累。全组杀青解散后的第二天早上，我也是一大早就醒了，不觉得累，反倒是觉得心里空落落的，很想念与大家每天一起出工拍电影的日子。

后面的几天里，我和钻石海岸的一名司机主管一直做一些善后工作，给一些当地宾馆、餐厅结剩余的剧组的账，开发票等。就是心里感觉孤零零、空落落的。后来一个人去旅游散心了一天。

杀青后一个人去旅游散了一天的心，
左手矿泉水，右手冰棍儿

总之，还有些不太习惯杀青之后的日子。

另外，我也并没有预料到，电影的后期制作过程会给我带来更大的考验。

后期制作

返回学校教书，仿佛从未离开过

2014 年 2 月 25 日上午，我正式返回联合大学教课。再次回到学校，心里感慨万千，感觉时间过得好快，但这一年也发生了很多很多难忘的事情。

这个学期，系里给我分配了两个大二年级表演班的表演课，25 日上午是其中一个班新学期的第一节表演课。

我之前在学校没有给这两个班的学生上过课，所以那天上午又看到了一批新的面孔。学生们知道我刚刚外出电影实践创作回来，对我也很好奇。

那天，一边上课，我一边感觉到，眼前上课的场景和我正做的事情，与我刚拍完的电影中的上课场景好像啊！戏里戏外我一直都是一名表演教师。电影里文老师的戏拍完了，但生活中我还一直延续着文老师的工作。

当时有一种感觉，仿佛这一年我其实从来没有离开过表演教学课堂，一上午的课程也是轻车熟路。

很感谢联大能给我一年外出创作实践的时间和机会，表演教师进行实践创作真的很重要。感觉在演完文老师这个角色和指导了全国八所学校的 18 名学生出演电影后，真的有了很多感悟，很大程度上提高了自己对影视表演的认识和教学能力。再回到课堂上，感觉自己上升了一个台阶，有了更多的自信。

在理论讲授时间，我给学生们分享了一些拍完电影后我对影视表演和演员的基本功训练方面的一些感悟和认识，大家听得津津有味。但我也能感觉到我的学生与那些有名的表演院校学生有一些不同的地方，就是我们不少学生内心有一种不自信感。这是很正常的，我们联大学生的学习基础总体不是很好，有些学生的学习习惯也不够好，在学习的积极性、主动性和自信心方面整体要弱一些。

同时，利用教课、备课外的休息时间，我也开始着手进行电影后期的制作。

后期制作拉开帷幕，遇到更多考验

在后期制作阶段，我发现，尽管拍摄前期走遍全国吃了很多苦，遭受了很多误解，拍摄期也吃了很多苦，遇到了各种各样大大小小的难题，但后期制作中等待我的，是更多的苦和更长时间的考验。

因为我们学生主演有上学的问题，所以我们在高校的寒假期间跨年拍了一个月。一个月的拍摄周期在院线电影里面算是很短的了，但是因为我们拍得很努力很拼，还是拍下了大量的素材。

因为拍摄资金很有限，拍摄前我们找了一家专门为小成本电影和网络大电影做服务的小型后期公司，谈了一个打包合作。他们以很实惠的价格帮我们配备了现场录音人员、跟组剪辑设备、剪辑师，并负责电影所有的声音、画面后期制作。

但这位跟组剪辑师的经验比较少，也没有剪辑过院线电影。在剧组拍摄时，她负责每天整理拍的画面、声音素材，并把它们输进电脑，然后把画面与声音都合在一起，并把每个镜头编好名称。

当时，跟组剪辑师也几乎把每场戏都做了粗剪，但我在剧组拍戏时，看了几场她剪辑的戏后，就知道了她虽然认真负责，但没有多少经验。

因为我没有资金雇佣业内的顶级剪辑师，而这部电影对于我来说又太重要，所以就决定回到北京，自己全部重新剪辑来过。

决定全部重剪，自己担任剪辑师

后期剪辑是特别重要的，我们这个电影的后期剪辑就更为重要。因为，后期有一个很重要的任务，就是补救那些现场拍摄得不太好的戏。时间和资金所限，我们拍得非常快，所以，留给了后期阶段很多的不足要去处理和补救。这也是为什么我们的后期一直做了很久很久的原因。

例如，虽然启用非职业演员本色出演可以达到很自然真实的表演效果，但是，我们一下用了18名大学生演员和几十名完全没有演过戏的人员，而且拍摄时间比其他电影短很多，由于他们表演经验少、紧张等原因，很多表演都是不合格的，我把关把得很严，所以很多镜头都拍了多条，需要花很多时间很精心地把好的表演挑出来，并利用剪辑技巧来尽量帮助完成优秀的表演。

可以说，我们这个电影的剪辑难度是很大的，工作很苦很累，一般的剪辑师很难完成也很难一直坚持到最后，那么我就得自己多冲在一线。

一直以来，我对剪辑很感兴趣，也研究了很多。在电影学院上学的时候，我们的《视听语言》课程专门讲了电影剪辑，我也获得了我们那一级研究生《视听语言》课程全学院的最高分。另外，在电影学院的时候，我也蹭了很多老师的剪辑课程，比如著名剪辑师周新霞开的剪辑课、谢飞导演的剪辑讲座等。还有，我也担任了电影《白色栀子花》的剪辑助理，花了一两个月的时间，跟着剪辑师王倩老师一起做了全片剪辑。这些都是很好的学习过程。我在电影学院学习时和硕士毕业后拍的八部短片，都是自己剪辑的。在进行影片分析时，我也特别喜欢分析剪辑。

剪辑师需要把拍摄完成的最精彩、有效的镜头挑选出来，并尽量以最佳的方式组接在一起，有时候当一个镜头的不同条各有优点时，还要根据情况进行取舍，保重点和主要的因素。电影蒙太奇真的是很神奇的东西，同样的镜头以不同的方式组接，会给人带来不同甚至差异很大的感受。剪辑师除了需要掌握所有的剪辑技巧外，能否正确理解编剧、导演的意图和是否具有较好准确的审美，也是非常重要的。

概括来说，剪辑师要考虑怎么样准确、高效地完成基本叙事，在这个基础上还要考虑怎么样渲染出编剧和导演希望传达的氛围和意境。节奏感和韵味感是更高级的要求。

每一个制片人、导演都特别重视剪辑，这是电影在编剧、剧组拍摄工作完成之后的第三度创作的核心。北京电影学院的导演系已经开设了剪辑专业，可见剪辑对于导演来说有多么重要。

我跟那家小型后期公司表示我要自己来全部重新剪辑后，他们安排了跟组的剪辑师给我担任剪辑助理，负责操作电脑，我来把握每一个剪接点。这位剪辑师虽然剪辑经验少，但她是一名很能吃苦、很敬业的人，另外她也全程跟了组，对素材比较熟悉，这些给了我很大的帮助。

我们两人就静下心来，开始全部重新剪辑。

现场拍摄的时候，因为有太多的部门、人员和可能出现的各种突发因素，比较复杂。到了后期剪辑阶段，环境、各方面因素变得相对简单，只有我跟剪辑助理，我们就可以更专心、深入地工作。

但是没想到，这一剪，一直剪了 10 个月之久。

从春天剪辑到秋天

从三月中旬开始，我们形成了基本固定的工作流程。在我不授课、不备课的很多时候，我就赶到东五环外双桥附近的那家公司的机房做剪辑。我不去的时候，那位女剪辑师就做些公司别的工作。路程遥远，但是逐渐也就习惯了。

我们进行剪辑工作，跟拍戏按照场景拍摄不同，是从第一场开始逐场往下推进。第一步，是把所有的素材认认真真地看、反反复复地看，有的素材要看上几十遍，目的就是把所有素材都了然于心，找到每一个有用的镜头最精彩的部分，然后依照叙事逻辑顺序和艺术手法很讲究地组接在一起。

剪辑分为两个过程，粗剪和精剪。粗剪的过程中，我们把每场戏也分成了粗剪和精剪两个过程。剪每一场戏的时候，我们先搭好镜头的顺序，把每场戏的架子搭出来，然后进行精修。精修就是要以"格"为单位去进行剪辑了。

除了应用基于人的生理感受和蒙太奇理论的剪辑技巧外，我们还要考虑演员的哪些表演是准确的、自然有机的，另外，还要把那些摄影、灯光、服化道等技术因素有缺憾的镜头拿掉。剪辑就是一个不断斟酌、取舍的过程，也是再一个创造的过程。

剪辑在普通人看来可能觉得有些神秘和有趣，但是真要参与一段时间或者看一段时间之后，就会发现，这是一个非常枯燥的工作。一直反复地看同样几个镜头，反复地组接、调整，没有定力、耐力的人做剪辑工作是相当痛苦难熬的。然而，真正热爱电影的创作者会沉迷其中，就跟有些青少年玩电脑游戏上瘾一样。

那个时候，在我全天有空和周末的时候，我们每天一工作，经常就是十来个小时，有时候甚至十几个小时。通常，每天到了之后，会先把前一天剪辑的画面再看一遍，进行一些修订，然后再继续往下进行。当时，我们每天只能完成大约 40 秒的新画面长度。

对于电影来说，通常 1 秒钟拍摄 24 个画面，我们称为 24 格。细心的剪辑师和经验丰富的剪辑师可以发现，两个镜头的组接，哪怕差一格，都会产生不同的效果。我们在剪辑的时候，真的是细到了每一格。

三五天之后，我们又会花一大段专门的时间，把之前几天所剪辑过的再全部认真看一遍、修一遍，以保证实现扎实、经得起考验的剪辑。

其实，在读北大期间接触了很多治学严谨的老先生，又写完了近 15 万字的博士论文后，我就已经习惯了像"蚂蚁搬家"一样去做一些复杂的工作了。我明白了，任何大的事情都不可能是一蹴而就的，需要耐心、细致和长期的坚持不懈。

剪辑助理从与我暗自较劲到交口称赞

剪辑助理真的是很有耐心。我们每天重复着同样的工作，反复地看、挑选，反复地修订，努力把每场戏都剪辑到最佳的方案，并补救现场拍摄时的不足。

在剪辑的过程中，这位剪辑助理虽然从来没有跟我正面发生过大的不愉快，但后来有一些时候，我也明显感受到了她心里烦躁，并出现了一些不想配合的情绪。有时候，我们会暗地较劲一番，而且有时会延续一整天，大家心情都不好。

但我始终在心里告诫自己，不要妥协，努力坚持高标准，至少要尽力而为。我明白，毕竟谁都不会比我更了解这部电影的内容和要表达的东西，如果我妥协了或者降低标准了，将来可能大家都会后悔的。导演是一个把关者和带队人，要带领全组人员拼搏奋斗，为全部人员的劳动成果负责，要为将来成千上万的观众负责，一定得坚持住。

我们俩在暗地里较劲后，过段时间会缓和，有的时候到第二天就完全好了。我也很理解，像我这样较劲的工作方式确实是很折腾人的，每个人都难免有累的时候和心情不好的时候，理解万岁。导演应该以各种方式调动工作人员的积极性，但是尽量不要去妥协，特别是在关键的地方。

我们就这样剪啊剪啊，一点点地往外磨。我仿佛也变成了这家公司的员工，他们公司所有的工作人员后来都认识我了。剪了一段时间后，剪辑助理跟我讲：咱们这部电影真的是做得很扎实，很多戏都剪辑得很好看。

剪辑过程中，征集观众观看片段获得反馈

剪辑的过程中，我也参考美国电影界的常用方法，招募和邀请一些观众代表，观看一些我们的剪辑片段，征集他们的感受和意见。

2014年5月23日，当时电影的粗剪大约完成了三分之二，我发了一个微信朋友圈，说明要招募一些观众观看剪辑片段并进行交流。

十来天后，6月2日，我们在北京一个公园会所里举办了第一次内部观影会，播放了一些电影粗剪片段。当天，大约有十几名各界人士到场参加。

结果那天收到了不错的评价。一个突出的反馈是，大家认为很多业余演员的表演很不错。

一名客串饰演坏老总的企业家看完他的一段戏后，一直在思考着什么。大家都夸他没演过电影却演得很好，他摆摆手跟大家说："剪得好！你们不知道我们当时被毕导折腾得有多苦！那天反复地拍，我感觉自己演得很差，结果没想到出来是挺好的效果，我都挺佩服我的表演。电影剪辑真的很神奇！"

听到这样的表扬，给予我很大的激励。我们埋头苦剪，就是为了收到好的效果。

那次的片段放映之后，就更加坚定了我的信心，决心继续坚持高标准不放松。哪怕再难再苦，也要坚持到底。

那天，也有观众跟我们说，感觉最近名字带有"青春"的电影好多。

当时的确出现了一些名字带有"青春"的跟风电影和网络剧，而且有不少都制作不够精细，受到大众的一些诟病和指责。从那个时候起，我就开始考虑给电影改个名字，免得被观众认为我们是跟"青春"电影风才拍这部电影，同时也努力撇清与一些跟风电影、粗制滥造网络剧的关系。因为我们采用了全新人演员阵容，也是我的第一部导演作品，不了解我们的创作理念和创作历程的观众，很容易想当然地认为是一部粗制滥造、不值得一看的三流网络剧水准的电影。

第一版长达 167 分钟

从 3 月份穿羽绒服去人家公司剪辑到后来穿着拖鞋、大裤衩去人家公司剪辑，前后历时近 5 个月，我把自己教课、备课、辅导学生外的很多业余时间都用上了，蚂蚁啃骨头似的一点点地往下进行。7 月上旬，我们终于完成了第一版剪辑，竟然长达 167 分钟。每场戏都是慢慢地"抠"出来的，而且剪的时候已经很注重努力形成快节奏了，可见这部电影的内容有多丰富。

我知道，167 分钟一定是太长了，普通观众受不了。之后，我就一直琢磨怎么样大幅精简内容、提快节奏。我知道，国产电影的一个突出问题就是节奏比较慢，而我希望拍一部主要给电影院的主流年轻观众看的大信息量、快节奏的青春电影，向国际化趋势看齐。

学校放暑假了，我的时间也多了。于是，后来我就开始每天都去人家公司"上班"。我和剪辑助理每天还是反复地看，不断地研究，不断地往下砍内容。

到 7 月下旬的时候，人家后期公司的经理找我谈了，说通常给一部电影的后期剪辑时间就是 1 个月，可是我的电影都已经剪了 5 个月了，人家公司不能只做我这个电影不做其他电影。我向人家表示了感谢和抱歉，并表示我们这个电影比较独特，情节线、演员都比较多，难度比较大，而目前还不行，我还得好好剪剪，这又是我们的第一部电影，希望一定不留遗憾。经理后来同意给我提供一个小机房和一套剪辑电脑，但是不给我配剪辑助理了。我表示可以。

我之前剪辑过自己的 8 部短片，用的软件虽然不是院线电影剪辑用的，但是各种剪辑软件的功能、方式大同小异。花了三四天时间，我向剪辑助理详细了解了各种具体操作的命令和快捷键后，就开始自己操作机器进行剪辑了。

自己剪就可以更专心了。结果，我自己上手剪辑，一剪又剪了五个月！

自己开始剪辑，找到了披星戴月的感觉

那也是一段非常疯狂而有趣的岁月。因为学校放了暑假，我有了集中的时间，于是每天都去剪辑，俨然变成了人家公司的模范员工。

每天都反复地看、反复地精修剪辑，不断地寻找其中有问题、不够精彩的

镜头和剪辑段落，也在不断地减掉不必要的、影响全片节奏的镜头和戏。我希望能在叙述明白的情况下，影片越短越好。当今是一个节奏不断加快的时代，影片短可以节省大家的时间，比较符合当代观众对快节奏的需求。另外，影片短也可以为将来在影院的更多排片提供便利条件。

其实，变成我自己一个人剪辑电影后，倒是提升了不少效率。因为，外界的影响因素更少了，时间方面我也更加自由了。

之前有剪辑助理的时候，我得考虑和协调人家的作息时间，剪晚了得考虑让人家至少能赶上地铁末班车。我一个人剪辑的时候就不用考虑这些问题了，又因为是在暑假期间，很多时候为了能够不断思路、一气呵成地剪辑完一个段落，就工作到了半夜。到半夜一两点是常事。

那个时候，我经常半夜从人家公司出来往回走，看着空空荡荡的街道上，黄色的路灯排成列，伸向远方，不免产生很多感慨。

我会想起往事，也会想起亲人、朋友。我觉得自己过得很充实、很踏实，很多人都已经睡了，而我还在北京的街道上行走着，为了多年的一个梦想在打拼。努力奋斗的过程其实也是一个很有意思的过程。努力了一天后享受那片刻的安静，是非常惬意的。

剪辑的过程中，我在他们公司外面的那条小路上经历了很多种天气，刮大风的，下雨的，雾霾的，风和日丽的，冷的，热的，等等，天气晴朗的时候，看着远方空荡荡的街道，抬头看看天上的星星和月亮，因为四周没有人，就真的体会到了"披星戴月"的感觉。没有人交流，但是有星星和月亮陪伴着我。

有一次，为了让自己的灵感和思路不断，有一场戏一直修到早上八点多钟，我才心满意足地往回走。结果吃个早饭睡下就已经十点了。睡到下午四五点起床，洗漱收拾一下，再赶到人家公司已经是下午六七点了。结果一剪又到了第二天天亮，于是又白天睡了一天，继而再晚上去剪到天亮。后来，这样白天睡觉、晚上工作的方式竟然一直持续了十几天，完全改成地球背面美国人的作息时间了。

那段时间，为了尽快完成剪辑工作，以及与家人互相不影响，我一个人住在郊区，曾经将近一个月都没有回家里看看。我媳妇与我们雇的一名保姆一起操持家务、照顾小孩。我媳妇也真的是为我和这部电影付出了很多很多。

在一个人精修剪辑的过程中,结合试映观众们提的感受,我一直注重站在普通观众的角度多思考,琢磨怎么样能够让观众始终保持对电影观看的兴趣,以及寻找哪些地方虽然精彩但是跟电影的主旨无关或者影响了整个电影的节奏。中间,我还几次邀请了一些人到机房看了一些片段并请他们给我反馈。

有时候,我们不能站在观众的角度去想问题,脱离了观众。还有的时候,我们容易纠结在一些没有意义的细节上。有些镜头和段落很漂亮,或者能拍摄完成很不容易,但当它与电影的主旨背离时,就应该大胆地舍弃。剪辑的过程一直是一个"舍得"的过程,不舍不得。

暑假很快就过去了。但我还是把暑假的宝贵时间利用得很充分,做了很多调整,也大幅减掉了很多内容。

第一次全片试映

我很重视做针对普通观众的观影调查。我们电影瞄准的是大众,做得再辛苦,大众觉得好才说明成功。

暑假末尾,2014年8月28日下午,我举办了电影的第一场小范围内部放映。这次的版本是107分钟。那天,我邀请了二三十人在一个小型会议室里观看了用投影播放的全片,观众构成主要是非大学生的社会各界人士,整体年龄层次偏中老年。那一次,我很兴奋也很紧张,而且,为了及时给大家看片,前一晚上修改了通宵。

第一次全片小型试映的现场

那天，尽管有些参加观影活动的人士给了一些差评，但是更多的观众给出了高评价，特别是很多人说看哭了，这让我当天晚上激动了很久才睡得着觉，感觉辛勤劳动有收获。

另外，有些观众提出来的意见也非常有道理，多听听不同领域和不同年龄段的观众谈感受，对于修改完善作品是很有好处的。而且，我每一次观看也会努力去发现还存在的问题，并考虑如何进行修订。

我觉得 107 分钟的版本还是偏长。后面，要开学了，有很多重要的教学工作要开展了。我计划先把电影放一放，过些日子再回过头来看，再琢磨怎么样把电影进一步缩短。

主动申请担任一年级新生班主任

2014 年 9 月初，新学期开学，我开始担任新入学的 2014 级表演 1 班的班主任和表演、台词主教员。这是我跟学校申请的。

拍完电影后更觉得，我从心里热爱表演行业和表演教师这个岗位。在外出进行了一年电影拍摄实践，挑选并指导了全国八所知名艺术院校的 18 名表演系学生演员完成表演后，我对影视表演教学一下增加了很多认识和感悟，也决心像电影中的文老师一样做一名优秀、负责的表演教师。

拍完电影后，我树立了强大的自信感，准备在表演教学上好好施展一番。我觉得，我应该从一个新生班一年级开始认真带他们四年。虽然他们没有考上电影学院、中戏、上戏等一类院校，但是我一定要让他们在联大有很大的收获。而且，我下定决心一定要在我的班里培养出几个优秀演员来。

当时真的是决心满满，仿佛从来没有在表演教学上那么自信过。从 9 月 2 日接待 2014 级 1 班的新生入学报到开始，我就对他们严格要求、认真教学，并且非常注重对他们表演基本功的训练，希望从一开始就培养出他们严谨、刻苦的学习习惯。

空闲时间，继续思考剪辑

开学之后，我也利用空闲时间思考如何精进电影剪辑。那个时候，主要是进行思考了，而不急于下手修改。

通过漫长的筹备、拍摄和一段时间的后期工作，我已经变成一个很有耐心的人了，已经习惯了谨慎、一步一个脚印地工作，决心利用好后期制作相对简单和干扰少的环境因素，尽力把这个电影项目在后期再提升一下，这样才能不留遗憾，也才能对得住那么多人，包括我，对这个电影的支持与辛勤付出。

思考如何修改调整剪辑的依据是各界人士的一些反馈，还有自己不断发现的一些问题。我也在不断地反问自己电影的主旨是什么，哪些镜头和戏是与影片主题没关系的、不够精彩的，哪些镜头和戏是因为标准不够需要坚决删除的。

另外，通过现场拍摄也发现了当时剧本创作设计时的一些不妥和不当之处，需要在后期进行调整。还有一些是因为现场拍摄时受到各种条件限制等原因，没有完成当时的剧本设计或者临时调整了剧本内容，这些也需要在后期剪辑阶段从整个电影的角度出发进行处理和加工。

我们这个电影的一大好处在于没有人在背后要求我怎样，也没有人要求我必须在什么时间前做完，我得以纯粹、专心地进行创作。因为有了充足的时间，所以得以不断调整、完善我们这个别人看来有点疯狂的缺乏资金、难度极大的项目。

因为所有的戏都已经精剪完成，到了后来，我开始琢磨大胆调整一些叙事结构，突破原剧本的叙事结构，思考能够吸引普通观众一直看下去的更加有效的叙事方式，例如增强影片起始部分的悬念和节奏感等。

开学后，我通常是利用空闲时间和周末，思考好了修改方案后，隔三岔五再到人家公司去工作一番。

自己剪辑五个月后，精剪终于完成

那个时候已经是秋天。在工作完一个人回去的路上，看着空荡荡的街道，我心里经常想，观众来看我们这部电影会很值，因为我们真的特别用心。这个项目经历了多少个艰苦的日日夜夜啊！

记得有一天晚上，因为贪多，多修改了一会儿，从人家公司出来已经是夜里两点半了。那天北京刮大风，我抬头一看，天上一轮明亮的满月，突然意识到已经是农历八月十五中秋节了，自己完全忘了过节。我不禁哑然失笑，用手机拍了张照片发了个朋友圈，半夜还得到很多人的点赞。

中秋节发的朋友圈

9月中旬，我也邀请摄影指导孙力钢等人看片。看的过程中，他们欢声笑语不断，通过观察他们观影时的表情，我知道超过了他们的期待。看完后，他们兴奋地给予了高度评价，还特别夸奖剪辑得好。通常摄影师与剪辑师是一对矛盾体，而且孙力钢担任第一掌机师拍了《赤壁》《非诚勿扰1、2》等很多大片，所以能得到他对剪辑的认可，我还是很高兴的。

随着时间的推移，我几乎快把电影的所有素材都看烂了，画面剪辑也终于接近尾声。这个电影的剪辑耗费了巨大的精力，一方面要求高，另外也是因为剧本线索复杂、现场拍摄特别快、演员数量多等原因导致后期剪辑难度很大。一点一点地磨下来这部电影的剪辑之后，让我可能不再惧怕以后的任何剪辑工作。

2014年9月24日，经过200多天的奋斗，我们电影的第三版精剪画面终于完成，时长103分钟，比第二版少了4分钟。

第九章 《纯洁心灵》的艰苦创作历程 | **197**

剪辑第一版完成后发的朋友圈

决定更换到国内顶级调色公司进行调色

其实在9月中旬,全部剪辑完成之前,我就开始准备进行调色工作了。本来,电影的调色工作是要在我做剪辑的影视后期公司进行的,而且费用都已经支付完毕。这家公司制作小成本电影和网络电影很有经验,报价也相当实惠,之前我们签订的后期制作服务合同中,包含了画面剪辑、调色、声音制作、合成等所有后期内容。

在剪辑快结束时,我们开始了调色的准备工作。因为我看到调色工作使用的房间比较小,设备也相对比较简单,我就想,这部电影下了很大的功夫,虽然没有启用任何明星,也没有资金,但我们花的心思是远远超过一般电影的,而且画面剪辑用了吃奶的力气,试放映的效果也很不错,所以最好还是用国内比较好的调色大厅,这样才能不留遗憾,对得住前面下的功夫。

千禧年之后,电影摄影逐渐从胶片时代过渡到了数字时代,调色就成了电影后期制作中一个非常重要的环节。专业的电影数字摄影机拍摄下来的画面,与胶片不同,采用的是一种"灰度模式",直接看上去是一种颜色很淡、有些发灰的画面效果,但这正是为了在后期制作过程中,给予调色师更大的发挥空间和宽容度。调完色之后的画面,与初始画面的差别非常大,会给人完全耳目一新的感觉。因此,用专业数字摄影机拍摄的当代数字电影的画面,只有调完色后,才能够真正体现出画面的魅力。电影导演和摄影师对于电影后期的调色环节也越来越重视。

于是，我就在网上搜索有名的调色公司，搜到了一家叫作天工异彩的公司。我咨询了业内的朋友，他们也告诉我这家公司是国内顶级的画面调色公司了。

那天是周末，电话一直打不通，可能是不上班，我就按照地址找过去了，想赶紧提前了解一下。他们公司当时在望京798里面。到了以后，发现他们周末没有上班。一名值班的工作人员知道我的来意后，让我留了电话，后来天工异彩公司的人员就联系我了，约我再到公司观看他们的调色环境，详细沟通。

天工异彩的调色收费确实是比较高的，如果在他们公司制作，光调色费用就超出我们之前的所有后期制作费用。而且，由于我们电影的画面剪辑时间太长，我们已经把谈好的后期制作打包资金的大部分支付给了之前合作的小型后期制作公司，只剩下一小笔尾款。我问之前的后期制作公司，如果后面的一些后期制作不再进行，可否给我们退一些款，但人家表示这属于我们违约，不能退还，只能送我们一些其他的后期服务和支持。

在看了天工异彩的调色环境和设备后，我的心里很痒痒，当时的客户经理也同意给我这个新导演处女作一个优惠，于是我就决定咬牙再筹集资金，把画面拿到天工异彩去调色。他们的调色大厅很先进，在国内是一流的，调过很多知名的大片电影，他们公司里有两位很有名的韩国调色师，其中一位是首席调色师大金，调过《大闹天宫》《私人定制》《致青春》等一系列电影。

我当时就说希望用他们最大最先进的厅调色，而且希望由首席调色师大金来担任调色师。他们同意了。后来，我又去借了一笔钱，签了合同，支付了前面的款项，然后就陆续开始进行调色的准备工作了。

第一次调色后，决定声音制作也提升水准

画面精剪完的第二天，9月25日，我们就开始在天工异彩公司进行调色工作了。

因为首席调色师大金要在10月2日回韩国休假一段时间，所以时间比较紧迫。大金那几天认真地进行了高强度的工作，我是一两天过去一次，进行一些验收和交流。国庆节10月1日当天，天工异彩的工作人员为我们这个项目

还加了班,我也是全程待在调色大厅,与大金一直精细调整。一直到晚上 11 点多,我们总算是完成了第一次调色,主要是完成了一些基础工作。因为大金的休假行程已经安排好,我们只好以后再挑时间进行进一步的调色。

这次的调色让我大开眼界,让我感受了很多并增长了很多电影后期制作的知识。在天工异彩调色大厅的银幕上,我充分感受了银幕大画面的魅力。看着我们的劳动成果逐渐在大银幕上显现出来,那种喜悦的心情是常人很难完全体会得到的。

当一个镜头进行了调色后,立刻就感觉似乎被"点亮"了,镜头的冲击力就会增加很多。尽管整个电影都是我剪辑的,我对每个镜头都很熟悉,但调色后的新画面还是让我感觉到了全新的力量。我深切地感受到,一定要用大银幕来看,才能充分感受到电影这门艺术的魅力。虽然增加了很多投入,但我觉得

调色现场

与韩国调色师大金

这部得到了很多人支持和凝聚了很多人心血的电影，特别值得增加投入去在力所能及的范围内尽量把后期做好。在大的调色厅里，方便看到电影的最终画面效果，甚至可以帮助看到以前在电脑、电视显示器上难以发现的一些画面、表演、剪辑问题。

其实在调色的过程中，我就暗暗下定决心把电影声音也拿到顶级的声音后期公司去制作。因为我们这部电影凝聚了太多人的期望和太多人的付出了，真的很不容易，我应该尽力去筹集更多的资金去加强后期制作。在后期上多下些功夫，对于我们这部很不容易的电影是很值得的，虽然的确受到资金和现场已经拍摄素材的限制，但我觉得自己在后期阶段至少应该尽力而为，尽量地给观众呈现更好的视听效果。

之前的小型后期公司其实经验很丰富，但人家的设备、公司架构就是以做小成本电影和网络电影为主的。我们这部电影难度很大，付出心血很多，能拍完很不容易。开始调色之后，我觉得既然画面的调色是用高标准做的，那么声音也应该跟得上。

实际上，如果按照之前的打包制作合同，我们再支付很少的一笔钱就可以把电影的所有后期工作完成。但我觉得还是要加大投入，提高后期制作的各方面标准，让这部电影从技术上和视听效果上能与影院的大片进行一定的抗衡。

虽然这部电影没有任何明星出演，但我们十分用心地进行了剧本写作、海南选景、全国选演员工作和拍摄工作，我们花的工夫是"大片"的工夫。另外，在进行了几次试放映，得到观众超出我们期待的高度评价之后，让我很受激励，决定要把这部电影的后期制作向国内的一线电影制作水准看齐。虽然十分缺乏资金，但没关系，我可以努力地多方筹集，后期制作费用不像明星的片酬一样，相对要低很多，有实现的可能。虽然，我们电影的主创阵容和现场拍摄已经给我们产生了很大制约，但我还是要努力去提升后期制作水准，尽量给观众更好的观影效果。

总之，既然要生一个重要的孩子，经过几次提前检测发现基因和核心器官挺好，那就应该尽力增加营养，努力把这个孩子孕育好。

尽管已经与著名调色师大金进行了认真的调色，但后来我又修改了一些剪辑。因为第一次调色后，我们又组织进行了几次内部观影调查，搜集到了更多不同年龄段的人士对电影各方面的宝贵的反馈，而且我也通过反复观看以及在现场观察观众们的反应，发现了一些不足和有问题的地方。另外，当时为了赶大金的时间，在精剪定剪时还是有些仓促，因此，虽然已经进行了调色工作，也已经得到了不错的评价，但我还是再次修改了整个电影的剪辑。经过一段时间的推敲和思考，又认真修改了一版后，才送到广电局进行内容审查。

送了内容审查之后，我就开始寻找国内较著名的声音后期制作公司。通过我在《白色栀子花》剧组时认识的录音师吴昊老师的助理陶俊杰介绍，我联系到了国内很有名的和声创景公司。这家公司很厉害，他们的后期声音团队制作了张艺谋导演的一系列知名电影的声音后期，是澳大利亚的 Soundfirm 公司与中国公司合作成立的。我去人家公司参观和谈了一次之后，就决定要在他们那里制作声音。虽然我们不能像大片一样去制作很长时间，花那么多的钱，但我还是希望能够尽量提升一些我们电影的声音水准。

于是，我又开始多方去借资金。

两次电影审查，终获通过

我们电影第一次送审是在 2014 年的 10 月份。过了一段时间后，我收到电话通知，让我去取回复。

我到了取回复的办事大厅后，前面有两名同样来取回复的其他公司的人。他们都顺利地拿到了盖章的红头文件，内容审查通过书。到我的时候，工作人员看了我的介绍信后，查询了一下，看了我一眼，轻轻说了一句"没通过"，把我吓了一跳。

工作人员递给我一张纸，我一看，也是红头文件，但写的是内容审查意见书。上面说明了我们电影审查没有通过的原因。

原来，由于我们的题材比较新颖和敏感，头一次从表演系大学生的角度对演艺圈的潜规则进行了一些描写和展示，审查专家们出于谨慎，提了一些修改意见，让我删减一些内容。我仔细研究了专家们的意见并认真进行了修改，同时也借机将影片的节奏修得更快。另外，我也很真诚地专门写了一份很详细的电影创作说明，把自己的一些想法详细说明了一下，表示虽然影片中的确有些情节是第一次出现，而且揭露的力度较大，但我的出发点是要让电影更贴近现实，如果在有些地方选择不展示，就会影响电影的真实性、批判深度和整体的力度。我理解审查专家们的想法，但有些情节我也想争取一下，因为去掉会损伤电影的一些力量，会觉得特别遗憾。

2014年的11月底，我将创作说明和修改的影片一起再次送审。然后就是忐忑不安地等待。

12月26日，临近中午的时候，我接到北京市广电局的电话，让我再次去取回复。当天下午，我就赶紧去了。结果，到了以后，终于领到了内容审查通过书。真的是有些激动！

最后还是得以保留了我想保留的绝大部分的影片精华和创新之处。而且，我发现审片专家的一些意见是很有道理的，他们阅片无数，研究、吸收他们的意见后真的可以帮助把影片做得更好。

得知声音需要全部重新制作，压力山大

内容审查通过后，我们就开始认真地准备声音制作。

早在内容审查通过前一周，我终于又借到了一笔资金。于是内容审查一通过，我就与和声创景公司签约，聘请他们公司的声音总监，曾参与过《山楂树之恋》《归来》等很多著名电影的何威担任我们电影的声音设计师和声音监制。

签约之后，我们立刻开始进行声音制作的准备工作，把画面和声音素材都拷贝到和声公司。紧接着，和声公司的声音剪辑师们就开始工作了。在和声公司，我们要进行电影声音元素中除音乐之外的所有人声、动效、环境音响的后期加工和全片的声音混录。

在全片的声音混录前，除了音乐制作外，电影声音后期制作的流程通常是，首先把导演通过的所有镜头在现场同期录制的声音检查和挑选一遍，挑选出可以使用的声音，对于技术标准不达标的对白，需要安排演员重新配音，学术名叫作对白替换(英文缩写为ADR)，对于技术标准不达标的、效果不够好的或者根据声音设计方案需要修改、增加的音效，可以在专门的动效棚里进行声音

模拟录制，学术名叫作拟音（Foley），或者从音效资料库中寻找到合适的动效、环境音响贴上去。

几天后，有一个坏消息传来。和声创景公司的对白剪辑师在挑选和修整了一段时间我们电影的现场录音后，告诉我们很多现场同期台词技术标准不够好，例如海边波浪声对人物台词的干扰比较大，叠在了一起分离不出台词来，等等。标准的电影声音后期制作是需要把演员的对白单独提出来的，方便混录和进行处理，也方便制作供海外发行时配音用的国际声轨。广电局也要求片方提供国际声轨。

的确，在现场拍摄阶段，我们有不少戏是在临近海边的地方拍的，海浪声干扰比较大，而且因为学生演员只能在假期拍摄，我们拍得很快，很多时候没有时间消除拍摄现场的一些声音干扰因素，而且我的制作资金不足，聘用的剧组工作人员与那些大片的工作人员比起来的确经验不够丰富，所以很多现场拍摄时完成的素材确实不够精细。

因为和声公司的声音标准比起中小型公司来说要严格很多，而且我们的同期声音的确不够精细，和声公司的声音人员觉得如果花大力气在现场同期声中挑选和修正，因为修正量和补录量比较大，比较难保持全片声音的统一性，可能费力不讨好，还不如将声音全部重新制作，所有演员台词全部重新配音，片中的动效、环境音响则由拟音师、音效剪辑师在动效棚拟音或从音效资料库中挑选。

听到他们的反馈和建议，当时我的头就大了。虽然我明白全部重新制作声音可以达到更清晰、更好的声音效果，比如很多好莱坞电影会在后期大量重新制作动效、环境声和补录对白，以保证最清晰、可控的声音效果，但是我们这个电影比较独特。一个是主要演员很多而且分布在全国各地，同时我们电影中有台词的配演也有 50 多人，也是分布在全国各地；另一个是我们所有的演员都不是职业演员，没有多少表演经验，现场拍摄时就是想尽各种方法并且拍了很多遍才过关，如今要是再来一次，那非把我累趴下不可。

我明白，指导没有多少表演经验的演员们在录音棚里对着画面配音，会比在现场指导他们表演还要难，因为没有对手给刺激了，他们很难获得当时在现场表演时的体验和心理感受，很难达到与现场表演一样的水准。

当时我有一个感觉，就是怎么那么命苦，仿佛刚从一条崎岖的路上历尽艰苦爬出来，就得知还要再从头爬上一遍。我跟这名曾经给《十面埋伏》《金陵十三钗》等一系列著名电影做过对白剪辑的对白剪辑师说了我们的客观情况，问她能否只配一部分台词。对白剪辑师表示，因为技术标准不够高的有不少，为了全片声音的统一和高标准，最好还是全部重配所有台词。

我仔细地考虑了以后，虽然知道又将再受一次现场拍摄时那种难以熬过的苦，迎来非常大的考验，但我还是咬牙下定决心把电影中所有人物的所有台词全部重配，也将所有动效、环境声全部重新制作。

当时，我经常想到一句话："故天将降大任于斯人也，必先苦其心志，劳其筋骨，饿其体肤，空乏其身，行拂乱其所为，所以动心忍性，曾益其所不能。"其实，真的是这句话给了我勇气和激励。

我想，或许这就是命运希望让我历练更多。这部电影肯定是我人生中一次难忘的考验，开弓没有回头箭，既然选择了制作精品，那么就要精益求精。实际上我对之前的后期公司并没有什么意见，因为人家的标准就是普通的，很多中小成本电影就是因为资金等方面的制约选择了普通标准，但我选择了和声创景这样的公司，标准必然会提高，时间、资金方面的花费也必然会加大。为了梦想，必须拼了！

2014年12月31日，我在我们的演员微信群中，给全体演员发了一段新年贺词，讲明了电影项目后期面临的问题和我接下来的计划，呼吁大家为了电影的精益求精，一起积极配合把配音工作做好，告诉大家努力做出一部精致不后悔的作品，才不会辜负我们所有人之前的艰辛付出。同学们也纷纷表示积极配合。接下来，我就开始跟每个人确定配音时间，而且我承诺将负担每一位外地演员往返北京的交通和食宿。

为了梦想，必须拼了！

开启"马拉松式"配音

2015年1月上旬，我们开始在和声公司录音棚进行全片台词配音的工作。

没想到，配音工作成了我们所有后期工作中难度最大、持续时间最长的一项工作，断断续续共历时18个多月，成了真正的"马拉松"式工作。

学生主演们的配音工作量比较大，挺艰巨的。首先还是从在北京上学的几名学生主演开始，约好他们的时间，请他们完成期末考试后，在回家过春节之前到录音棚里重新配音。放寒假后，我还邀请了一些在其他城市读书的学生主演到北京进行配音工作，由剧组负担他们的交通、住宿费用。而针对春节前不能来的学生主演，就只能在春节后再约时间。

我当时定了一个标准，既然花很多时间和资金全部重新配音，所有角色的配音至少要达到现场拍摄时的声音表演水准，而且应该努力借机完成更好的声音表演，从而再次提高影片中所有角色的表演水准，特别是要提升那些在现场完成得不够好的表演。有时候现场表演得差一些，比如情感不够饱满，通过后期完成情感更饱满的配音，是可以提升整体表演水平的。

电影的台词配音，除了录一些群体声音外，为了确保声音的清晰度和质量，通常是每个演员都单独进棚配自己的声音，录音棚里并没有对手与演员搭戏。影视演员与戏剧演员比起来，很多时候需要具备更强的抗干扰能力、更丰富的想象力、更坚实的信念感，以及更快进入角色情境的能力。

虽然已经做好了吃大苦的准备，但我还是发现遇到的苦要超出预料。

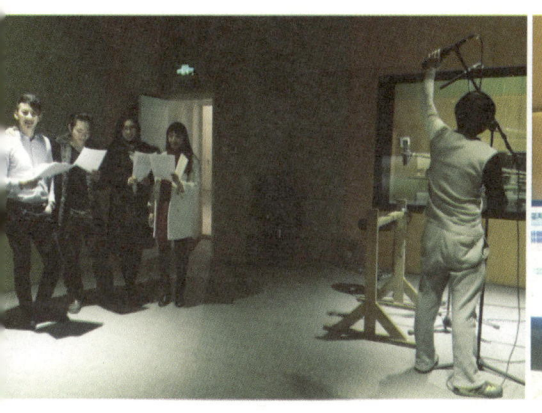

和声公司录音棚

配音工作艰难推进，一句话曾经配了 207 遍

遇到的第一个难题，果然就是学生演员是非职业演员，年龄小，表演经验少，很难在没有实际表演环境、没有对手搭戏的录音棚里找到现场表演时的准确感觉，更别说提升声音表演了。

但是，我还是坚持要努力提升所有的声音表演水准。难度大，我们就多想办法，多花精力和时间，总之标准不能降，否则对不住以往的艰苦工作和那么多人的支持。

所以，每一次配音都是非常艰苦的，比起在现场拍摄时候激发和把握他们表演的难度还要大。我也没有巧妙的方法，就是让他们不断熟悉录音棚和配音工作环境，耐心、细致地启发他们，帮助他们找到人物正确的内心状态，录得不好就多录几遍，从中挑选好的，对于难度大的部分，有时候甚至会将一句台词拆成几部分，细到每一个词汇、每一个字去录，从录的不同条的声音中挑选出好的并组合出来。

有时候真的很累，因为需要高度集中注意力很长时间，每次工作一段时间之后都是疲惫不堪。但我们也不急不躁，状态不好了休息一会儿再来，总之标准不能降，至少不能低于同期的声音表演水准。而且针对那些由于现场拍摄时间紧张等因素导致当时表演不太好的地方，配音时一定要在声音表演上提升一

半夜还在配音，当时已经是凌晨三点

个档次，总之就是追求一切尽力而为。我想我必须咬牙坚持到底，做一部经得起时间考验的，等我老了以后再看时并不会后悔的一部电影。

配音的过程中，我经常感觉自己也是挺惨的，好像天生命比较苦。实际上，指导一大批没有表演经验而且有时候容易闹情绪的学生拍电影的确很吃力，现场拍摄时就吃尽了苦头，没想到在后期制作阶段会再被"虐"上一遍，而且难度更大。但我想我必须坚持到底。有时候，我们的演员闹情绪了，我也是想方设法安抚他们，理解他们也是因为发挥不好而出现焦虑，就不会对他们生气了。

2015年春节后，新学期开学，因为种种原因，尽管领导们一再挽留，我还是难过地从学校辞职了。辞职之后，我们的配音工作就成了更"疯狂"的工作过程。

电影中的演员实在是太多了。18名学生演员分布在全国各地，有的平时需要在学校上课，有的已经毕业，去别的剧组拍戏或者参加工作了，每个人都有自己的事情，把他们都召唤到北京来配音是一个庞大的工程。

有的学生因为在剧组拍戏或者排练学校的演出等，特别忙，抽不出时间配音，还有学生演员在现场拍摄时曾与我闹过一些不愉快，因此不太愿意配合配音，都让我很是难办。

后来，在征得不能配音或者不太愿意配音的学生的同意后，我就在北京的艺术院校里找了一些学表演的学生帮助配音。这个难度也很大，首先需要挑选声音能与演员形象融合在一起的学生，接下来还要指导同样没有经验的学生完成他们并没有参演过的戏的配音。所以，每次也都是经历了非常艰苦和"较劲"的过程才得以完成。

我自己的配音也是艰苦推进。每次在演员配音的间隙，或者哪天演员临时不能来了或晚一些才能到，我都会把自己饰演的文老师的台词配一配。我对自己的配音要求就更高了，因为我是导演，而且在片中饰演表演老师，需要拿出更高水平的表演。拿全片文老师的第一段旁白来说，我至少录了二三十个版本，总想找到那种最朴素、最娓娓道来的感觉。

配音有时候也跟体育比赛一样，要看自己的身体状态和发挥是否最佳，有时候我也要反复寻找自己的最佳状态。另外，我的表演经验也不丰富，因此需

我利用演员们配音的间隙为自己的角色配音

要更多地努力。笨鸟先飞,勤能补拙。

除了18名学生演员和我饰演的文老师外,电影中有台词的配演和群众演员共有50多名,也有大量的台词,这是我们电影的一个鲜明特征。

因为演员很多,全片台词量很大,指导非职业演员配音难度也大,那几个月,辞职以后我几乎一周至少有五天待在和声公司的录音棚里,而且几乎每天都工作十个小时以上。

每天都在"较劲",录不好就一直录,甚至第二天、第三天或过两天再录。好在后期录音的工作环境比较简单,可以多录几次,费用比起现场拍摄也要便宜很多。有的台词录了很多遍,我们录得最多的一句话录了207遍。

还有的时候,因为演员来一次北京不容易,人家也有事情安排,为了赶进度,我们有好几次都录到凌晨四五点。从录音棚出来,大家走在路上,又找到了披星戴月的感觉,只是这次不再是我一个人。

我特别感谢和声公司与我一起工作的几名录音师,因为我们配音经历的时间很长,前后共有四五名录音师与我合作过。他们有时候也会跟我闹情绪,但大部分时间还是挺支持我的,真的很感谢他们。

我们的录音花费早就超支了,而且越超越大,中间我还借钱支付了人家一大笔超支的费用,才得以继续进行。但是,我想付出会有回报的,我需要坚持做到底，再大的苦都要扛着咬牙走下去。

所谓"慢工出细活儿"，有足够长的时间才可以精心打磨出令人满意的作品。特别对我们这些新人来说，经验少，合作伙伴也经验少，没有多少资金，那么就更需要多花时间精心打磨。

拒绝邀请职业配音演员配音

当时，我也曾尝试请过几名专业的配音演员到录音棚，为影片中几个台词很多的角色配音。但后来，我决定这部电影的配音只请非职业演员完成。

因为在配音的过程中，我发现虽然我们请的专业配音演员经验丰富，而且对台词的重音、节奏等把握得很快，但总是感觉他们的声音带有一些表演的痕迹，与我们启用的非职业演员的本色表演很难融合在一起。配音的时候我也是做了认真讲解和严格把关，但总感觉有些配音演员已经养成了一些职业习惯，不太好纠正。在认真地全部配完后，虽然听着在重音、语气上面都没有什么明显的问题，但总感觉他们配出来的声音似乎缺少一些内在的灵魂，较难深入到观众的心里去。故此虽然已经支付了他们配音的酬金，但后来还是放弃了他们完成的配音。

我明白，这是因为我们影片的表演风格是全部启用非职业演员本色出演，也可能是因为我请的配音演员水平还不够高，还不能实现我们追求的那种本色、自然表演的配音。但我们经费有限，请不起很高水平的配音演员。

于是，我就定了一个标准，我们这部电影的配音，要么千方百计请演员本人来配，要么寻找声音气质与片中演员形象气质吻合的非职业演员来配音，就是不再请任何职业配音演员配音。这部电影坚决追求纪实性的本色表演风格。

找遍身边朋友客串配音

除了18名学生演员和我饰演的文老师外，还有50多名有台词的配演角色需要配音，让我也很是费了一番工夫。国产影视中，配演和群众演员的表演往往是比较弱的，让观众觉得比较假，我下定决心尽量让我们这部电影所有大小角色的表演都达到高水平。

配音工作照片

因为配演都是选了平时跑龙套的群众演员和社会各界人士客串出演，他们其实都算是非职业演员，各有各的工作，分布在全国各地，有的还比较忙，很难有时间来到北京配音，而且邀请那么多人过来配音也是一笔巨大的开支，另外，指导他们这些非职业演员配音比指导他们现场表演要更难。因此，我就在北京寻找了大量的社会各界人士为电影客串配音。

后来的那几个月，我经常琢磨在我认识的人中，哪些人的声音气质符合我们电影里的角色形象。我找了各行各业的朋友以及朋友的朋友去配音，有真正的公司老总，有产品销售，有白领打工者，有高尔夫球友，连和声公司的好几名员工也被我拉到录音棚里进行配音。

在马路边寻找配音演员

由于电影中的角色实在是太多了，我认识的、身边的声音符合要求的人根本不够用。

于是，有一段时间，我就安排工作人员天天在和声公司录音棚外的马路上，来回寻找路过的人配音，拦住人家解释说我们正在进行电影配音，愿不愿意帮助配个角色的声音，正好也可以体验一把电影配音。有时候录音棚里没有演员了，我自己也去马路上"拉客"配音。

当时，大家都觉得好玩，也觉得我们很有创造性。我则是看重非职业演员声音的本色与质朴的生活气息。

别说，这种方法还帮我们解决了很多角色的配音问题。那段时间，我们拉来了各个年龄段、各个职业的形形色色的人士，有餐馆的厨师、学校的教师、银行的保安、遛弯的大爷大妈、退休的单位领导、公园练声的小伙子、淘气的中学生，等等。

有一次，我们还请了两名马路上的清洁工人下班后到录音棚配音，效果竟然超好，他们带有地方口音的声音还真是帮助我们实现了很自然真实的配音。

寻找这些人士配音，除了可以保持原生态，还有一个好处，就是不用支付他们任何酬金。他们大都觉得好玩，客串一下、体验一下，效果自然真实而且又给我们省下了一笔经费。

声音创作真的是一门学问。声音具有形象感和造型感，不同的声音配上同一个画面会产生完全不同的效果，合适的有特色的声音会有力提升人物表演的魅力。

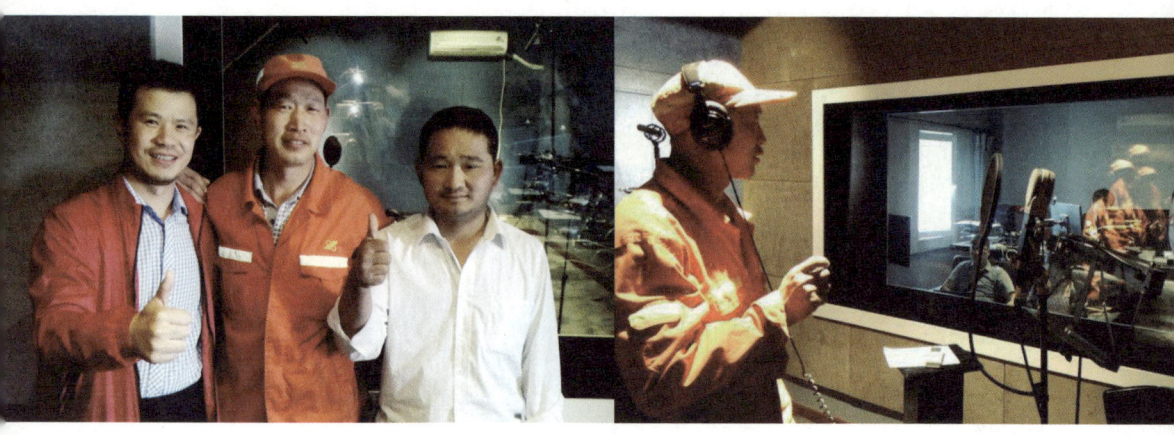

两名清洁工人下班后给我们电影配音

经过这种奇特、有趣的配音历程，让我收获很大，当然也是又狠狠地折磨了我一把。那段时间，我每天都要接待很多临时从马路上被我们拉过来的，没有任何演戏和配音经验的形形色色的人到录音棚配音。有时候产生惊喜，但很多时候也是白忙活一场。比如，有的人配音时总是拿着范儿，怎么也自然不起来，还有的人紧张得老是犯错。我们最后只能放弃，然后恭恭敬敬地向人家表示感谢，并送走人家。另外，有的人虽然没有任何表演经历，但在声音表演上有天赋，音色也富有魅力，让我们大开眼界、由衷佩服。

这些来客串配音的各界人士，如果声音气质符合角色的话，只要能够放松下来、投入进去，他们完成的配音跟画面的吻合度要超过很多职业演员，因为很天然，没有什么表演痕迹。一些配音演员正是因为养成了不好的表演习惯，总是想演点什么，而且很难纠正，导致配音的效果不好。

其实，我们配音的理念还是统一于我们电影的表演理念，就是源自于意大利新现实主义追求纪实性的表演理念。有很多偏爱纪实主义的著名导演、大师都喜欢启用非职业演员来达到非常质朴、生活化的表演，努力避免演员表演痕迹的出现。这个并非我们的创造，是有历史渊源的。

几个值得一提的配音经历

电影配音的第一阶段工作前后持续了近7个月，中间发生了很多难忘的事，有几件事值得一提。

一个角色配了四五版声音均放弃，最后还是请本人飞到北京配音

片中有一个戏份不少的坏老总角色，名叫钱总，是我当时设计的一个很坏也负责引人发笑的重要出彩角色。

本来因为演员本人在海南工作，离北京很遥远，而且他很忙，所以我决定找人帮助他配音。

虽然我们在北京找了一些朋友、路人很好地完成了部分角色的配音，但这个角色前后找了四五个人配音，包括中间还高薪聘请了一名专业配音演员，花了很大力气和很多时间配了好几个版本，但总是感觉差点儿意思，损失了角色的一些味道。因为我给这个角色设计的戏很有意思，所以每次想起来，总觉得遗憾。

思前想后，实在觉得可惜，怕将来后悔，我还是决定不管付出多少代价，都要请演员本人来配音。因为他比较忙，我们直到2015年7月份才终于等到他来北京进行配音。

钱总本人终于从海南赶来为自己配音

他的戏份较多，而且比较难，但他没有任何配音经验，所以那天真的是借助各种方法帮助他放松下来，找到现场表演的准确状态，坚持高标准决不妥协。例如，他有一句重要台词"上车"录了一百多遍，最后才过关。那天我们从中午一点一直录到晚上十二点多才终于完成，他本来计划的和两个北京朋友聚会也没有参加上，把我们狠狠地抱怨了一顿，表示以后再也不跟我见面了。

但正是因为这样的坚持和艰苦付出，我们为这个角色完成了比他的现场表演更真实和更生活化的配音，给这个角色的表演又提高了一个层次。

后来，每次电影内部放映，到这个角色的戏的时候，观众们总是大笑不止。每次我都会想，虽然已经完成了四五个版本的配音，幸亏最后还是坚持让本人赶到北京配音了。付出必有回报，坚持高标准还是很值得的。

正在装修新房准备结婚的场工，停下装修连夜赶到北京配音

片中还有一个副导演的角色，是当时我们剧组的一名场工扮演的。因为他的普通话有点口音，而且对剧组生活很熟悉，他那段很纪实化的表演也给人留下了深刻的印象。后来配音时，我也是希望能够找一个带点儿口音的人进行配音，但录了两版，总感觉达不到原来声音的真实程度。后来我也是一咬牙，决定负担他的往返机票和食宿请他来。

打电话过去后，得知这位场工兄弟正在哈尔滨的老家装修新房准备结婚。我问他能否抓紧来一趟北京，赶紧把声音配了。这位兄弟知道我拍戏很努力，二话没说，放下手中正在装修新房的任务，跟未婚妻打了个招呼，当天晚上就赶来了北京。这个事情让我十分感动。

果然，他到录音棚一张嘴，我就感觉好值啊。他那带有一定口音的话语真的是很有剧组气息，当然他真就是一名"老剧组"。一名普通话标准的配音演员很难达到这样的语言状态。

他只有两场戏，而且状态放松，所以那次配音很顺利。一下午过去，他的两场戏只剩下了最后一句，我很高兴，心里说，这次配音总算是快了。

说来也怪，到了最后一句，他突然怎么也找不到状态了。但这一句台词又很重要，直接关系到整场戏的主旨，所以我们就只好反复地录。结果，这最后

一句话竟然录了一个半小时,在大家都筋疲力尽的时候,终于有一遍"蒙"出来了。他自己也觉得怪了,真心感觉到配音不容易。

场工周峰赶到北京来配音

同样,著名编剧霍秉全老师饰演的角色也是前后找了四五个人配音后,总是感觉达不到现场同期声的水准。电影后来也延期了,于是我们干脆等了霍老师几个月,等他后来有空于2016年6月份到北京时,赶紧请他亲自完成了配音。

放弃央广"金话筒"主持人的配音

还有一次,我专门邀请了中央人民广播电台的著名主持人、"金话筒奖"获得者朱卫东老师到录音棚为一名角色配音。朱老师的声音非常棒,但就是因为太标准了,总是感觉不够接地气,和角色不是很贴合。

结果那天来回折腾了朱老师三四个小时后,最终还是放弃了朱老师的版本。后来,重新找了一名没有任何表演经验,说话带有一丁点儿口音,声音气质与演员形象吻合的普通民众为那个角色配了音。

还有很多难忘的配音经历。几乎所有的人士都感觉给我们配音是一种被"虐待"的过程,是一种"严刑拷打"式的配音,仿佛受到我们的折磨和虐待,感觉配完音就跟被掏空了似的。实际上我们拍电影的时候也是这样子,一直就

朱卫东老师在录音棚给我们友情客串配音

是这么"变态、较劲"儿地走过来的。新人导演拍摄电影先天存在很多不利因素，必须要较劲儿才可能制作出令观众满意的作品。

为了追求真实，选择真正的留学生为学生主演配音

在我们的电影中，我曾经以一名在中戏读书的美籍华人学生的真实经历为基础进行加工，设计了一名叫作"冷成枫"的角色。后来因为这名留学生回到美国不能出演，补选的一名留学生也临时突然不能出演，因此在拍摄前的最后几天，我紧急选了一名上戏的表演系学生出演这个角色。这位上戏的表演系学生的外形、气质还是比较靠近角色，而且演得也比较好，赋予了这个角色一些霸气和独特的气质，将角色的内心世界变化较好地演绎了出来。

但是，这位上戏的演员普通话很标准，按照角色的成长经历是不真实的。这个问题在选演员和拍摄时也曾经考虑过，因为拍摄进度很紧张，就想在后期再让演员进行声音变形的配音。

在配音阶段，试了几次，发现比较难实现真实、自然的声音变形。时间所限，于是，我又到北京的几所艺术院校去挑选真正的留学生，来为这个角色配音。因为饰演冷成枫这个角色的演员身材比较高，有些女汉子的感觉，我就特意选了一名身材高挑、声音低沉的中戏美籍华人留学生为这名角色配音。

我们的学生主演开始还是希望由自己配音,并进行了练习,但我们还是发现在短时间内比较难实现真实、自然的声音变形。后来,我认真与她进行了交流,希望她能够理解只有把电影的整体做得更好,这个电影才能立得住脚,大家才会有好的成果,她也就欣然同意了。选用真正的美籍华人为角色配音后,果然很大提升了整个角色的可信度和力量。要特别向两位演员共同辛苦创作完成这个重要角色表示感谢。

配音的中戏美籍华人留学生

2016年,为了一个角色配音再奔海南

配音全部完成后,在2015年下半年和2016年上半年,我们做了一些大学的路演试映活动。到了海南和云南的时候,由于这些地方有很多少数民族学生,有一些学生提出来说感觉影片中很重要的少数民族女孩角色俸艾依在一些戏中的讲话比较"城市化",不太像少数民族的学生,这一点在其他省份的高校放映时并没有多少学生提出来。剧本中这个角色本来设计为来自云南的彝族,后来更改为来自海南的黎族。

这就是提前做一些测试放映的好处,可以征集到很多的观众反馈。为了作品的精益求精,我就联系饰演俸艾依的中戏表演系学生演员,希望再到录音棚里修改一些配音,我想让她补配一些黎族的方言,另外把一些学生们提出来的声音感觉过于"洋气"的几场戏也再补配处理一下。但是这位演员那段时间一直比较忙,表示可能较长一段时间都不能配音了。而我们的进度很紧张,要抓紧往前赶,做好上映的工作。所以,我就想,要不然找一名配音演员吧。在征得这位演员同意后,我就开始挑选配音演员。

我想,既然要找配音演员,索性就找一名真正的黎族小女孩,会讲黎族语,普通话比较标准但又带有一点儿口音,然后全部重新配音,这样会提升这个角色的整体可信度和感染力。

我先是请海南钻石海岸的人员帮助在海南寻找这样的黎族小女孩,但是找了一段时间没有找到合适的。鉴于这个角色很重要,2016年7月底,我专门去了一趟海南,到我们拍摄的景地之一槟榔谷去选演员,那里有很多少数民族演员。到了之后,在槟榔谷工作人员的帮助下,我几乎听了所有与角色俸艾依年龄相仿的演员的声音,但遗憾并没有找到合适的。

因为我在北京的事情非常多,只能先回京。后来,我又请钻石海岸的司机主管在海南找了好多来自农村的黎族女孩,用微信发语音给我。2016年8月底,终于找到了一名较合适的16岁的黎族小女孩,她会讲黎族语而且普通话比较标准还带有一些口音。但女孩的父亲不同意,不希望孩子接触影视方面的东西,我们托人做了很长时间工作,他才最终同意。

因为小女孩平时都要上学,时间紧张,我们就约定利用中秋节的假期进行配音。

我们本来也想请在片中饰演俸艾依奶奶的演员,槟榔谷的黎族老奶奶一起到北京为我们配音,但不巧那段时间那位老奶奶腿摔伤了,行动不便,于是我们又另外寻找了一位81岁的黎族老奶奶,也约定中秋节一起到北京为我们配音。

中秋节为我们配音的老奶奶和小女孩

2016年9月15日中秋节的晚上,万家团圆之夜,我和助理在晚上九点半赶到机场,接了从海南专程赶到北京来为电影配音的81岁的黎族老奶奶和16岁的黎族小女孩,还有陪伴她们一起来的几名家人。

给我们配音的黎族老奶奶和小女孩从来没有坐过飞机,也从来没有来过北京。我们一起在机场合了影,当时感觉好感动。

其实,自从我们的电影开始筹备以来,我经常被感动,也经常觉得《纯洁心灵》这部电影是很值得观众走进电影院观看的，因为它凝结了我对电影的满腔热爱和很多很多人对这部电影的辛勤付出。

当天晚上，我带海南来的客人到事先订好的宾馆，把他们安顿好，然后给老奶奶和黎族小女孩做了一些配音测试，给她们提前训练了一下。那天晚上，我返回家里时已经是晚上一点多了。

第二天早上10点，我去宾馆接了他们，一起到和声公司的录音棚开始工作。因为老奶奶和小女孩从来没有接触过影视表演，更没有接触过配音，所以当天的效率很低。我们一直工作到夜里十一点多，才配完了老奶奶角色的全部台词，虽然也录了很多16岁黎族小女孩的声音，但因为黎族小女孩比较内向，一直没有进入状态，第一天录的声音被我全部废弃了。在第一天配音的最后一个小时里，我们终于找到了小女孩配音的正确状态。练习了一下之后，我们就离开了。我告诉小女孩好好休息，第二天再全部重新补录。

第三天早上，我去接了小女孩和她的妈妈一起再到录音棚配音。因为已经完成了配音，老奶奶和陪伴她的家人就一起去北京的城区逛了逛。

因为俸艾依这个角色的戏十分重要，而小女孩的状态时好时坏，所以我们录得很艰苦。从早上九点一直录到夜里十二点半，我们总算较高质量地完成了配音。

想想也很有意思。这名来自海南农村的黎族小女孩从来没有过影视表演和配音经验，这次她却来到了和声公司最好的录音棚录音，来到了不久前吴亦凡、刘亦菲、鹿晗等人气红星配过音的同一个录音棚里进行配音。她可能之前从来没有想过这样的事情。

这名小姑娘一直有一个心愿，就是到她在课本上读到过的北京天安门去看看。结果在北京的两天里，除了睡觉的时候几乎都泡在了录音棚里。录完音的那天晚上，我们从录音棚出来已经是夜里一点钟，而且天空下起了雨。我就开着车带她和她的妈妈从北京天安门经过了一下。小女孩透过车窗看了看她期待已久的天安门，回到宾馆睡了四个小时，早上六点就赶往机场乘早班机飞回海南上课去了。因为配音难度大、时间长，她后来请了假并改签了飞机，已经错过当天上午的半天课程了。

为电影配音的 80 多岁的黎族老奶奶

为电影配音的海南 16 岁黎族小女孩　　配完音的深夜，小女孩在去天安门的车上睡着了

我也觉得很对不住她和她妈妈，叮嘱她好好学习，争取将来考大学考到北京。而且，我跟她们保证，将来会专门再次邀请她们到北京参观天安门，我来负担往返机票费用和食宿费用。

动效、环境声的制作

电影的声音后期制作中，除了对白、旁白这些人声的后期制作外，还有动效声和环境声的后期制作。

我们电影最终版本的动效、环境声也是全部重新制作的，经历了多次拟音和从资料库中选择，并进行编辑。后来也是因为制作比较细致，导致超出了原来签订合同规定的制作时间。在签订合同时，和声公司觉得我们是小成本电影，认为我们不会制作很长时间，所以约定的制作时间比大片少很多，而且根据制作时间给予了优惠的价格。

但开始制作后，和声公司的声音师发现我甚至比大片的主创们还要较劲，而且我们电影全部重新制作声音，所以花的时间比之前约定的多了很多，也导致我们的声音制作费用超支不少。

我们制作动效、环境声的流程通常是，等音效剪辑师制作好一版动效、环境声后，就请我到和声公司的声音编辑室，与声音总监何威老师一起对着电影画面认真听一遍，过程中只放动效与环境声，不放对白声，以方便检查和提修改意见。听的过程中，我们会随时喊停，请音效剪辑师把我和何威老师发现的问题和修改意见记下来，全部仔细过完并汇总之后，再由音效剪辑师去进行修改。

记得听第一版动效、环境声的时候，我们花了将近一整天时间，提了几十处的修改意见。看完后，因为我经验少，所以我又把动效、环境声的初稿拷贝到自己的电脑上，认认真真看了三天，又总共写了密密麻麻150多条想法和意见。

反馈给和声公司后，把声音剪辑师吓了一跳。人家从来没见过提这么多修改意见的小片导演，但还是认真进行了修改。

后来的一年多时间中，我们又进行过几次这样的认真检查和修订，针对一些比较难的和需要进行特殊的声音设计的地方，更是进行了不厌其烦的修订。

比如，影片中一名女生打一名坏老总耳光的声音，就修改了多次，我希望是那种很有质感的清脆响亮的声音，能传达出女生内心的气愤和表现出她火爆的性格，先后贴了几版耳光声，最后才定下一个。还有一场角色冷成枫与一名制片人对话的重要的戏，有一个镜头中间的几秒很空，总是感觉缺了些什么，节奏也显得缓慢，于是我就突发奇想为那名制片人加了一个"放屁声"。我们挑了几十种不同的屁声都觉得不满意，后来请拟音师到动效棚里录了好几个方案，终于挑定了一个很有特色的放屁声，贴上去之后，一下子就让这个镜头显得很饱满，也很有趣，而且重要的是，增加了这个镜头、这场戏贴近生活的质朴感。

另外，我们电影中设置了一些希望引起观众对比思考和联想的差别很大的场景和元素，比如有彝族村寨的土房子，有小县城的平房，也有"富二代"、小明星住的海边别墅；有普通学生骑的自行车，黑车司机开的二手旧车，也有家境富裕的学生开的、坐的跑车、游艇、直升机等。我们给这些不同的环境和元素分别设计了不同的声音方案，也是多次修订、反复推敲。

其实，很多优秀电影中的声音都是经过精心设计和制作的，声音团队和导演共同为观众创造了基于生活真实声音基础之上的艺术真实声音。声音的剪辑也是十分讲究，有很多种方法让声音元素与画面共同营造氛围和意境，好的声音设计可以很大程度地拓展画面的空间感和韵味。在进行声音后期制作的漫长过程中，我也有很多感悟，学到了很多东西，看着我们的电影在声音制作过程中不断地登上新的台阶，还是挺有成就感的。

断断续续历时两年半的电影音乐创作历程

说到我们电影音乐的创作，也是经历了漫长、艰辛的过程。

其实从电影开拍前的2013年年底，我就开始进行电影音乐创作的准备工作了，中外很多电影的音乐创作都是从剧本阶段就开始进行的。经过与几名作曲师接触，最后我选择了一对年轻的作曲师夫妇进行合作。

音乐的创作断断续续共历时两年半，中间有过很多故事，作曲师夫妇俩生了一个可爱的小孩，一名音乐编辑找到了女朋友，想想真的是挺艰辛、挺有纪念意义的过程。

在合作的过程中，双方还一度闹了不愉快，中止了合作。因为我希望做出的音乐风格与人家开始阶段设计的音乐风格不太一致，双方沟通的时候闹过一些别扭，后来大家就不欢而散。

作曲师起初按照国内青春片的总体趋势，为我们设计了民谣风、校园风的音乐。我则是坚持希望完全突破常规，在某些地方多用一些舞曲风格的快节奏强劲音乐，体现出表演系学生的青春时尚来，而且努力让观众产生一种想跟着跳舞的感觉。而抒情的段落，有的地方，我希望用像好莱坞战争片中士兵告别家乡时那种传达了复杂情感，同时又预示着有大事情要发生的音乐，还有的抒情段落，我则希望用很简单的旋律，通过质朴的配器，表达一种最朴素但十分真挚的情感。

作曲师觉得我的要求很奇怪，也奇怪为何我这个新人导演一部电影都没拍过，态度还那么坚决，那么有个性，那么坚持。

修订电影音乐的工作照

但过了一段时间后,我们双方还是再次进行了合作。作曲师逐渐了解了我,也理解了我们这部电影就是一部比较独特的电影,不再跟我争执,而是按照我制定的风格,双方多多沟通,努力继续往下进行。

因为我们对音乐的要求很高,但制作资金很有限,没有条件去雇佣乐队录音和大规模地全新制作，所以后来我们采用了在创作全新电子音乐的同时，也应用一些他们一直以来积累的、已经制作完毕并且拥有版权的音乐去进行加工编辑的方式。这是一个省钱而且有效的方式。

这两年多，我们断断续续地进行音乐创作和音乐编辑，并多次沟通和反复修改，经历了很多日日夜夜，已经记不清听过了多少不同的音乐。在制作去美国电影节参赛的版本之前的那一段时间特别忙碌，我们赶在声音第一次预混前完成了第一版音乐的修订。第二次去美国参赛前，完成了第二版音乐的修订。

虽然那两版的音乐都还不够成熟，但还是得到了美国观众和美国电影创作人的称赞，特别是第二版音乐。2016年，我们又进行了多次修改，大家都思考了很多。我们电影团队的制作经验不像大片团队的那么丰富，资金也十分匮乏，但我们努力用了更多的制作时间和更多的心思去进行创作。

2016年9月30日的晚上七点多，我们终于完成了全部电影音乐的修订工作。那天晚上，我感慨万千，回想着无数个与作曲师、音乐编辑沟通的日日夜夜，有一种浓厚的沧桑感。后来延期了，我们又再次认真修改了一版音乐，这些都是为了努力给观众提供更好的观影感受。

多少次，已经习惯了"持久战"，已经习惯了一点一滴积累、一步一步迈向终点的创作。电影创作真是不容易，为了观众，我们需要抱着敬畏之心去认真、虔诚地扎实进行。

混录工作

混录是电影声音制作过程中的最后一个环节，是非常重要的，由导演、混录师一起把分开制作的台词、动效、环境声、音乐等所有声音元素在混录棚里，按照合适的音量大小比例合成在一起，产出最后用于电影院放映的5.1声音或者全景声。

混录分为预混和终混。不难猜测，我们电影的混录工作同样也是过程漫长和艰辛的。

预混

我们进行第一次预混,主要是为了做去美国参加电影节比赛的放映版本的声音。

第一次预混前的那段时间,是疯狂忙碌的一段时间。预混时间和去美国的时间已经限定,必须赶快把预混用的各声音文件都准备好。我和声音团队、音乐编辑又仔细过了一遍所有的声音,又是熬了好几个通宵。

2015年7月31日,我们把经历了七个多月辛辛苦苦制作的人物对白、动效、环境声、音乐等声音文件全部拷进和声公司预混棚的工作台,开始进行预混。

这一工作又是连续五天,除了有一天下午去取了一趟美国签证外,我每天都工作十几个小时。每天认真地调整各个声音元素的比例大小,调整人物对白的空间感、音质等,中间发现一些动效、环境声的问题,也会请声音编辑再去修改后再拷贝回来。

不知道为什么,这部电影一直做得很紧张,好像每次时间都不够用。后来我也总结了,我的这部电影难度比普通电影大很多,而我作为新人导演,缺乏经验,又没有厉害的团队,但我又倔强地坚持高标准,目标比较高远,所以必然要花比别人多很多的时间。

预混的时候,也是一个收获的时候,看着辛辛苦苦完成的各种声音成果组合、搭配在一起,产生出以前想象不到的效果,我真的很兴奋,也很有成就感。所以,虽然每天工作十几个小时,但是我也乐在其中,不觉得累。

结果,我们一直混录到去美国的前一天的凌晨两点半,才终于完成了预混。因为制作时间不够,根本来不及进行终混,去美国参赛就只能用完成预混的声音版本了。

回去睡了四五个小时后,我就赶紧跑去制作电影在影院放映所需的DCP文件,而且还要准备一些其他文件和出国的用品,结果又是一直工作到天亮,然后奔去机场,直到登上去美国旧金山的飞机后,才睡了一会儿。

预混的紧张、认真工作,给我们的终混奠定了不少基础。通过将各个声音搭在一起进行预混,结合画面反复听预混后的声音,也让我又发现了对白、音

效、音乐还存在的一些问题,计划在终混前再进行修改。既然要做,就尽力做好。

终混

没有想到,我们的终混,是到了一年以后才进行的。两次混录中间,有很多的事情发生,我们也在全国各地针对不同人群做了好几场试放映,根据观众反馈和自己反复观看发现的问题,我又进行了不少对白、音效、音乐的修改。

2016年10月18日上午,我们进入和声公司全亚洲最大的全景声混录棚开始进行终混。当时听工作人员说,这个棚至少在两年内,都会是全亚洲最先进的棚,当然价格也非常昂贵,是和声公司普通终混棚价格的两倍多。

当时与和声公司签订合同时,还没有这个大棚,是给我们按照普通混录棚做的安排。在我们预混时，这个大棚开始装修了，当时我就对这个计划投入使用的大棚很是好奇。电影在大的厅里放映的效果与小厅里是完全不同的，又想到我们电影已经花了那么大的功夫，有那么多人付出了那么多心血，最重要的终混还是争取到最好的厅里去进行终混。

于是，在我们终混之前，我决定改换到大棚里去进行。虽然费用会提升很多，但是能达到更准确、更好的声音效果。这一切，都是为了将来能给电影院的观众带来更好的视听愉悦，对得住那么多人那么多年付出的那么多时间和心血。

这个亚洲最大棚投入使用之后，已经有很多名气大的电影进行了混录。在我们进棚混录之前，《爵迹》刚刚完成混录不久，而在我们混录之后，紧接着又是《大闹天竺》进棚混录。我当时也觉得我们电影很有福气，因为后来通过众筹融到了钱，得以让这部虽然没有明星但诚意十足的电影，与那些大制作影片以同样的好条件进行声音混录，为观众呈现更好的视听感受。

我们的时间还是很紧张的，因为之前等最后的补配台词和等声音剪辑师修台词花了一段时间，等混录师也花了一段时间。18日当天，混录师和声音工作人员整整准备了一天，才把两三百轨的所有演员的台词、动效、环境、音乐声音元素全部整理就位，为第二天正式开始终混做好了准备。

从10月19日开始，我们连续混录了八天。我们把全部影片分成五段分别进行混录，五段电影在专业术语上称为五本电影，这个说法延用了以前胶片电影的传统说法。每天就是一本一本地往下捋，调整各个声音元素的大小比例，并检查、修改还存在缺陷的地方，全部做完一遍，就再重复地一本一本地捋和修。每一次都能发现一些问题，是一个不断精进的过程。所以说，用心制作的电影是很值得观看的，因为凝聚了创作者们海量的幕后工作和虔诚的心思。文化产品的核心价值之一也正在于创作者花费的大量心血。

我们的混录师正是介绍我与和声公司接洽的录音师陶俊杰。我们俩是2003年在电影《白色栀子花》剧组拍戏时认识的，当时我担任场记，他则是给录音师吴昊老师担任助理，吴昊老师曾经给谢飞导演的著名电影《黑骏马》等电影担任录音师。后来，陶俊杰已经独立担任录音师多年，拍了很多影视作品。

十三年后,我们一起开始合作电影,这也是一种缘分。虽然俊杰不是多么有名的录音师,但我们俩配合起来会比较默契,这是我十分看重的。我的电影比较独特,需要能与我很好配合的合作伙伴。

工作起来之后,俊杰发现我是一个很较真儿的人,他说没想到表演系毕业的我这么细致,这么有追求。开始的时候,我们有些创作理念上的分歧。我给他认真解释了我们这部电影希望追求纪实风格的特性,后来我们就很好地统一了理念。

我们混录得很艰苦,每天都工作十个小时以上,到了后几天,干脆就每天工作到后半夜。《大闹天竺》已经定好了进棚混录的时间,我们只能工作到27日晚上。于是,26日的晚上,我们就干脆都没有回家,一直工作到凌晨4点,然后到旁边的一个宾馆开了几间房,大家睡了三四个小时。早上九点半继续开工,又一直工作到了晚上十一点才算完全结束。

也不知道为什么,电影《纯洁心灵》从开拍以来,就一直感觉时间不够用,一直在紧张进行,每次都是跟打仗一样拼。我们虽然是电影大国,但与电影强

国还有一段不小的差距。所以，我们年轻电影人一定要咬牙努力。

《大闹天竺》开始进棚预混后，我还是觉得我们的混录不够完美，觉得还应该再修改一些。加上后来电影又延期了，总觉得还是应该再修一修。

因为混录师俊杰已经到其他项目工作去了，于是我就与和声公司一名很有经验的声音师两个人利用《大闹天竺》不用棚的晚上和周末时间继续进行一些更细致的混录修订。

这样又工作了三四次，有一次又工作到了周末的凌晨四点半。再后来的一天晚上，工作到夜里一点半之后，本来跟我和和气气的声音师突然甩出一句："改了这个不能再改了啊！"

当时我一下就蒙了，突然意识到原本经常笑容满面的声音师已经对我的反复"折腾"有了大情绪，于是那天就乖乖地尽快收了。过了两天，等声音师情绪好一些，我又去了，再继续修改。录音师的情绪好了以后就配合多了。

我知道之前终混的时间短了一些，所以还是应该再精修精修。标准坚决不能降，要不将来会后悔。没办法，一直就这么过来了，到后面更不能对付了，否则就对不起以往的努力。

到了 2016 年 11 月 1 日晚上十点半，我们的电影混录工作才算又告一段落。走过了太多的历程，每一次总是愿意倾尽力量、努力不留遗憾。后来又延期了，我也决定，在 2017 年上映前，再进行一两天的混录最终检查和修订。这一切，都是一名缺乏经验的新人导演对电影的敬畏和对心中理想目标的坚持。

配音时长打破和声公司纪录，声音制作费用接近大片级别

我们电影的声音后期制作断断续续历时将近两年，这在小成本电影里面是很罕见的，在和声公司也创下了一项纪录。

其实，拍电影之前，我也从来没有想过会经历这么漫长的时间。没办法，我一心一意地想把这部电影做好，坚持高标准，创下品牌，赢得以后的电影创作机会，但是难度很大，又缺乏帮手，所以只能多花时间，多下功夫。

我们电影的配音总时长创下了和声公司的新纪录，打破了之前由张艺谋导演的电影《金陵十三钗》保持的配音时长纪录。《金陵十三钗》也是因为演员众多，又是古装戏，标准又很高，所以配音时间很长。统计下来，我们《纯洁心灵》光配音的费用就超支了十几万。

加上为了对得住我们之前进行的三个月选景、全国选演员、艰苦现场拍摄、10 个月的剪辑、半年多的"严刑拷打"式配音等各个环节的辛苦工作，为了给观众尽量好的视听感受，后来又改在和声公司的全亚洲最大全景棚里进行终混，最终，《纯洁心灵》这样一部原本计划小成本制作的电影，最后的声音制作费用高达起初预算费用的三倍多，达到了《爵迹》《大闹天竺》等大投资电影的

三分之二。

电影的竞争越来越激烈，我希望在力所能及的情况下给予观众尽量好的观影感受。

后续的两次调色

之前提到过，我们在 2014 年 9 月下旬进行过第一次调色工作。

我们第二次在天工异彩公司的调色，就到了大半年后的 2015 年 7 月 20 日。那次是得知入围了美国的一个电影节后，抓紧向广电局进行了报备，并赶紧开始进行进一步调色和预混工作，以制作一个可以在电影院放映的数字 DCP，去美国参加比赛。

两次调色中间，因为第一次送审没有通过，我曾经修改了电影剪辑。当时，审查专家们对于我们这个之前没有出现过的新颖敏感题材还是比较谨慎，提了一些修改意见。我仔细研究了专家们的意见并进行了一些修改，同时将影片的节奏修得更快，另外，我也专门写了一份详细的电影创作说明上交给审片专家，把自己的一些想法详细说明了一下，最后还真是因此得以保留了我想保留的绝大部分影片精华。而且，我发现审片专家的一些意见是很有道理的，他们阅片无数，研究吸收他们的意见后真的可以帮助把影片做得更好。

因为修改了剪辑，于是在第二次调色前我们需要重新回批和做技术准备，结果又支出了一笔不小的费用。这个时候，我们电影的资金投入已经大大超出了计划，但是，就好像这部影片有它自己固定的生长轨迹一样，我心甘情愿地继续借钱筹集资金加大制作力度。这也是受到了很多观众喜欢并高度评价这部电影的激励，觉得不加大投入去尽力认真制作后期，将来会非常遗憾。

因为之前的调色师大金要暂时在韩国工作一段时间，我就跟天工异彩公司的又一位知名调色师，同样来自韩国的李慧敏进行了合作。结果，这一次我们的成果非常卓著。

李慧敏同样有很高超的技术，特别是她具备那种女性特有的细致入微的观察力，而且十分敬业。这次，我全程参与了调色，我们合作得也非常默契、愉快。那几天时间里，我们非常细致地进行了每一个镜头的调色，工作得很艰苦，每

与优秀的韩国调色师李慧敏合影,她为这部电影的调色贡献巨大,而且对我这名新人导演与大导演们一视同仁

天都到夜里两三点。经过这次的精细工作，加上之前调色已经具备的基础，特别是我跟李慧敏合作的默契，很大地提升了电影《纯洁心灵》的整体画面水准。在这个过程中，我也学习到很多。

第三次调色，则是在又过了一年多之后了。中间发生了很多事情，而且推迟了上映，另外，期间也进行了多次试放映，我对电影画面的一些调色方案也又思考研究了很多。于是就干脆又进行了一次调色，以达到更好的效果。

给我们进行了第二次调色后，调色师李慧敏也是因为已经在中国工作了较长时间，要暂时回韩国工作一段时间。我觉得还挺遗憾的，因为早就说好与李慧敏再进行一次最后的调色，但是没能实现。当然，第三次调色的修改量并不大，于是我又请天工异彩公司的一名水平很高的调色师与我配合，进行了一些更细的调整。

那段时间因为受到很多看过电影内部放映的观众的激励，同时因为这部电影没有任何明星出演，宣发难度很大，为了整体项目的最好效果，综合考虑，我们顶着压力再次进行了延期。

由于又进行了延期，第三次调色进行不久后，我们就暂停了调色工作。因为调色的费用是很高的，我想干脆对画面再多进行一些思考，等后面的时候再集中调最后一次，这样可以省些资金。当然，修改的量不大了，但我还是希望能够在素材和条件允许的范围内尽量将调色工作做到更好。

片名、字幕动画制作同样艰辛

在后期制作中，我们构思、制作电影片名和片头主创字幕动画、电影中间的章节动画也是断断续续历时一年半，改了几十稿。

电影片名的设计是很重要的工作。因为我们的片名"纯洁心灵·逐梦演艺圈"比较独特，就带来较大的难度，我前后琢磨了很多方案，后来聘请的设计师也提供了很多方案，但总是感觉不够准确和出彩。

主要卡壳在设计"纯洁心灵"这四个字，真是历时一年多才最终定下方案来。

"纯洁心灵"这四个字太重要了，是电影的主题，也是一种高层次的精神表达，所以需要高级的设计。

反反复复进行了很多次构思和制作后，我感觉走入了死胡同。我想，应该化繁为简、返璞归真，从生活中找答案。我希望这四个字是方正、规则的，象征正直；还希望是简单的，很多简单的事物是纯洁的，比如儿童的心灵，都是纯洁的。

后来就决定做成水晶般晶莹剔透的规则几何字。我们试了几百种字体，最后选定了一种有些特别而又很方正的规则几何字体。

接着，我们遇到的难题是很难做出晶莹剔透的感觉。先后找了几个团队用电脑制作了七八版 2D 和 3D 的"纯洁心灵"四个字，但感觉都达不到想要的效果，不够晶莹剔透。

我们甚至还尝试做了实体的玻璃水晶字，在摄影棚里进行拍摄之后制作片名。但因为生产工艺的限制，字很难做成像加工后的钻石那样多切面的，只能做成很普通的水晶字，做出来之后也还是觉得达不到理想的效果，后来也放弃了。

一度真的是走投无路。后来，终于有朋友介绍了湖南长沙的一个电脑制作团队，经过多次修改，他们做出了一版比较晶莹剔透的 3D 效果。当时真的是很高兴。

很多人曾经劝我，片名只要做成比较酷炫的动画效果就好，不必太较真，没有人会去多琢磨这个。

但我觉得，在很重要的时候一定要"较真儿"。"纯洁心灵"是我们电影的片名，是全片的核心主题和我们要表达的核心理念，这四个字实在是太重要了！另外，拍摄这部电影用了很多的功夫，付出了很多心血，所以我希望全片的片名制作一定要讲究，争取能体现出我们的用心和真诚。

虽然最后的设计和效果还是没有达到我希望的那种很"高级"的感觉，但是因为各方面资源的限制，当前阶段很难再提升了。我们尽力而为了，而且在这个过程中学到了很多。等到将来我更成熟、更有资源的时候，会做得越来越好。

大投入、长时间的特效制作

我们的后期制作中，还有一项很重要的工作，就是画面特效制作。这一项也花了我们很多时间、精力和资金。因为电影项目遇到很多困难，一度还出现面临资金链断裂的问题，于是整个特效制作也是前后历时一年半。

虽然是现实题材的小成本电影，但是我们总共制作了100多个难度、方式不同的特效镜头。

一次偶然的机会，在2015年的5月，我认识了给电影《一步之遥》做3D效果总监的美籍电影人Keith Collea。Keith先生得知我正在寻找给电影制作画面特效的团队后，就给我介绍了一个叫作"长空一画"的年轻团队。

这个团队是由四名曾经在著名国际特效公司任职的年轻人创立的。他们的经验挺丰富，都参与过好莱坞大片的特效制作，但因为刚创业，所以制作费用报价相对优惠。我跟他们见面后，一起看完我们的样片，聊了一下，很快就决定与他们进行合作。

我以前没有接触过电脑特效制作。合作之后，让我学习到很多，我发现电脑特效提升画面很有效果，于是到最后我们竟然做了100多个特效镜头，在预算方面也是超支不少。

我们给《纯洁心灵》进行特效制作，主要是对现场拍摄时出现的一些穿帮、缺陷进行加工和补救，另外还有一些是增强镜头的表现力，甚至帮助修正演员的表演。电脑特效的功能真的是很强大的。

与小型创业特效团队沟通

因为18名学生演员的拍摄时间限制，我们电影的现场拍摄必须很快，根本就没有时间去等好天气，有些镜头拍摄也来不及对拍摄场景进行处理，加上团队中有些工作人员的经验不够丰富，于是就遗留下了一些问题。这也正是我们后期制作时间长的原因。

海南冬季虽然也很暖和，但天空的云量比较多，不像夏天的阳光那么透。我们拍电影的时候，有好几天，天空都不够蓝，不是很上镜。海南天空最好看的季节还是夏季，特别是大雨过后的天空，湛蓝如洗，白云朵朵。

电影开场有几个以大海为背景的群体人物镜头，我总是感觉不够有震撼力，因为天空不是很蓝，也没有云彩，不像很多好莱坞大片一样，只是开场的绮丽风景就把人给镇住了。电影开场的镜头是很重要的，需要给观众以美的震撼。于是，我请长空一画的人员把电影前面一些镜头的天空全部换掉。

他们进行了几个蓝天白云天空的设定，最终我选择了一个比较大气壮观的。后来制作的效果我还是挺满意的，普通观众看到那几个镜头会觉得很提气，一下就会融入一种碧海蓝天的氛围。但普通观众看的时候可能不会想到，这几个镜头其实是我们用精细的电脑特效制作合成出来的。

现实生活中有很多美丽壮观的场景，但拍电影要受到时间、资金、人员统筹等因素的制约。很多在现场没办法拍摄下来的美景或者出现的缺憾，就可以交由后期特效人员进行制作和完善。好莱坞大片之所以好看，有一个原因是因为他们的每一个镜头都是很讲究的，很多镜头都用电脑特效对原始画面进行了处理与各种合成。

当然，后期特效也是很花钱的。我们的资金有限，只能保一些重点镜头，还有调整一些必须要修正的穿帮镜头。

例如，有两场戏，现场灯光组的电线实在避不开镜头，就需要电脑特效人员在后期擦除地上穿帮的线；角色戴的亮晶晶的太阳镜也是一个摄影师很害怕的道具，很容易把一些剧组人员反射出来，也需要进行处理；还有一场戏是拍摄车祸的场面，因为拍摄时必须要注意演员人身安全，所以司机不能开快，但也显得比较假，后来我们用电脑特效对汽车进行了适当的提速。

在拍摄的时候，有两名女学生有几天脸上的痘痘比较明显，当时现场化妆为她们进行了掩盖，但最后在镜头上还是有些明显。于是，我们就把那些角色脸上痘痘比较明显的镜头进行了特效处理。

所有特效镜头最终还要到天工异彩公司调色大厅的大银幕上去检查一下。记得有一场戏，把演员脸上的痘痘修完之后，在小电脑屏幕上已经看不出来了，但到了大银幕上看，还是比较明显。后来，我们就返工重做特效遮盖痘痘，直到在大银幕上也基本看不出来，同时也不给观众假的感觉。这场戏是很重要的感情戏，处理痘痘是为了让观众在看的时候不分心，从而确保这场戏情感的充分传达。我们为演员做处理痘痘的特效制作，前后共花了四五万块钱。

新导演经验少，通过参与后期制作，我也在不断地积累现场拍摄经验。通过亲身实践，我总结，以后要尽量在演员的痘痘不明显的时候安排拍摄。

在后期特效制作中，我们甚至对演员表演进行了完善。

例如，片中有一场表演系学生何小宇与他母亲的表演难度很大的哭戏，因为饰演何小宇的学生演员年龄小，镜头前的表演经验很少，于是这场戏拍了很长时间，拍了很多条，但最终还是不够理想。后期剪辑的时候，我已经把所有最好的表演全部挑出来用上了，但几次观看全片，总是感觉那里的表演欠缺火候。于是，我就想了个主意，请特效人员给人物加点眼泪。特效师告诉我，眼泪这样的效果是非常难的 3D 制作，有时候需要制作几个月，才能实现逼真的效果。后来，我就大胆地把整场戏改为了几张照片，在定格的画面上加眼泪就容易多了。果然，加上眼泪后，这场戏的效果就好多了。

另外，在拍摄我饰演的文老师受伤后的几场戏时，当时拍摄时间太紧，为了拍摄起来简单一些，以保证拍摄进度，当时我们没有设计脸上的伤痕，但后来反复地看成片，总是感觉这几场戏不够真实，但这几场戏又很重要。这也是拍摄时犯的一个错误。尽管我们现场拍摄时受很多条件限制，有很多困难，但观众不管那么多，看到这里会感觉不够真实，从而影响对整个电影的印象。

所以，我咬牙决定请后期特效人员用电脑特效给这些镜头全加上血和伤痕。这些镜头很是费劲，其中有一个镜头的 3D 流血动画因为难度较大，总是不够真实，真是一直连续做了七八个月，改了四十多个版本，才最终完成。

我真的是很后悔，为什么当初现场拍摄时不请化妆师完成这些工作，从而给后期留下了这么繁重的任务。但想起来,当时现场忙碌异常,进度十分紧张,全组人忙得脚不沾地,根本也没有时间去做这些准备,做这样的特技化妆。

有一段时间,我们的特效制作团队也跟我关系很紧张,基本上闹僵了。他们也是觉得我太折腾。无奈,只好等大家都缓和下来再继续进行。

他们团队曾做了《左耳》《恶棍天使》《罗曼蒂克消亡史》等一系列大公司的电影。他们说做我们电影的麻烦程度甚至比做人家大片的还大,因为我这个人太较真儿。后来他们也都理解我了,还是比较配合的。

断断续续历时一年多,我们的后期特效制作也是花了一大笔钱,这笔钱也是不在拍摄前的电影制作预算内的。但是,后期特效制作完成后,对我们整个电影水准的提升真的是起到了很大的推动作用。

总结我们的电影创作历程,从筹备期到现场拍摄,再到后期制作,经历了漫长艰辛的过程,但我们还是咬牙坚持,一步一个脚印地走过来了。

电影拍摄和制作实际上可快可慢,最重要的是看坚持什么样的标准。坚持高标准就费劲了。但是,高标准的东西才是值得观众走进电影院去看的。作为一名新人导演,在制作资金、帮手方面存在着很大的劣势,那么就必须要多花时间、多花心思。也要十分感谢社会各界人士通过参加我们发起的众筹,给予我们在电影制作资金方面的有力支持,使得我们可以把这部电影制作得更加精致,能够带给观众更好的观影感受。

很多人都说我挺不容易的,花这么多年,拿这个没有明星、难度极大的电影一心一意地当大片一样去做,还好奇地问我为什么,有的人婉转地问我是不是脑子缺根弦。

我说我看好这个电影,我们的创意独特,全部应用非职业演员表演是有历史依据的。我就是希望给中国电影界和观众带来一部创新的诚意作品,把我对电影的热爱和感悟认真地表达一下,证明一下自己的能力,也希望将来能够给中国电影争光。

我始终告诫自己,拍摄这部电影是我好不容易获得的机会,一定要把握好,要努力对得住自己和所有给予过我支持的人。

第十章

《纯洁心灵》的测试放映和初期宣传历程

各种测试放映和高校试路演

第一次大幕布的放映,直接爆掉了

2014 年 10 月 26 日,我们在北京的某个文化剧场举办了一场规模较大的放映。那是我们第一次在大幕布上给之前并不认识我的观众做较大规模的测试放映。观众人数达到了 120 多人,主要是年龄在 20~30 岁的年轻人。

虽然用的是投影,而且不是高清的投影,画面清晰度不够好,声音效果也比不了电影院。但大幕布的感觉还是接近电影一些的,而且这一次的放映算是比较正式、规模较大的。那天晚上,我们的几名学生主演也到现场观看了电影。

结果,那一天晚上,观影效果直接爆掉了,远远超出了我的预期。

估计很多人没有预料到,观影过程中气氛会那么热烈,真的可以称作欢笑爆棚。虽然我有信心,但是没有想到普通观众的反应会那么强烈,让我喜出望外。

观影的过程中,我和几名学生演员就开始信心大增。那天观众们笑了很多

当时电影名字还叫《青春闪闪》,当天放映的是未调色和未制作声音的版本

很多次，有好几次是那种全场的大笑，能感觉到他们真的很开心很过瘾。是否流泪不太容易观察，我也不好意思到前面去盯着观众看，但是观众频繁的开心笑声是非常明显的。

的确，我在电影中设计了很多幽默的情节和语言。一方面，在我初学电影表演时进行了很多喜剧表演训练，一直对喜剧有一种亲切感；另外，很多好莱坞大片除了视听冲击外，也总是注重加入一些幽默元素，这个也给予我很多启发。我们追求艺术与商业的融合，喜剧元素是一个很好的商业元素。但我排斥那种硬挠人痒痒式的笑，更倾向去挖掘一些现实生活中本来就存在的很真实的幽默元素。比方说，虽然演员很认真、很严肃地去演，但却逗得观众们哈哈大笑。

我们的几名学生主演在现场看见观众们的热烈反应，兴奋地跟我说："看来咱们这个电影很受欢迎啊！"

观影结束后，我邀请几名学生主演一起上台做交流。很多观众谈起了他们的感动和兴奋，还讲他们有几次流下了眼泪，让我们很是有成就感。

第一次较大规模的内部测试放映的确给予了我和演员很大的激励，是我们很重要的一次信心的收获。我总结，用心做电影会带来意想不到的收获，贴近现实还是很容易引起观众共鸣的。

那天看到现场的火热氛围，听到交流时观众对我们这部全新人电影的评价，瞬间觉得一切辛苦都是值得的。实际上，那一天放映的还是未调色和未制作声音，也缺少很多配乐的版本，能取得那样好的共鸣，也预示了我们后来在各地路演和内部测试放映时的火爆程度。

其实在9月的时候，我们曾经在北京某家公司做过一场放映。那一次放映的是更早的一个未完成的版本，也是未进行调色和声音制作的版本，虽然观看的人不多，但那次有两名四十来岁的女性观众很不客气地说电影真是太差了，而且是当着我的面说的。

我当时感觉她们对我很不客气，受到了一定的打击。但是，我也想到电影业的工作人员难免会看不起新导演，她们可能也没有太认真看，真的把我们电影当成很多的确比较差的新人导演电影去看待了。那次我也没有争辩什么，只是心里想还是大众的观影感受最重要，以后我会证明我自己的。

到海南继续进行测试放映，同样效果火爆

一场放映不能说明什么，我们还需要更多的验证。

2014年11月，北京开APEC会议，放了一周的假。我则是利用这一周时间到我们取景拍摄的海南两所大学进行了两场内部测试放映。我希望在后期制作的过程中，能够先得到这两所学校学生的一些观影反馈，而且专门做了调查问卷。

为了节省资金，我一个人去了海南。经过与两所学校的联系，11月7日，先在海口的海南大学做了一场放映，11月10日，又到三亚的琼州学院进行了一场放映。

在海南大学的放映条件要好一些，用了一个多功能厅，我还专门租了一个较大功率的投影。在琼州学院的放映，条件比较艰苦，就是在一个阶梯教室里用教学用的小投影播放的。但这两场放映都很成功，同样是爆笑连连，而且很多学生被感动。特别是在海大，因为放映条件比较好，反应尤为强烈。

通过在现场的观察，我感觉到两所学校的学生对拍出的他们学校的镜头和剧情还是比较满意的。当时的调查问卷结果也是好得超出了我的意料，我还专门发朋友圈进行了分享。

琼州学院和海南大学内部测试放映现场

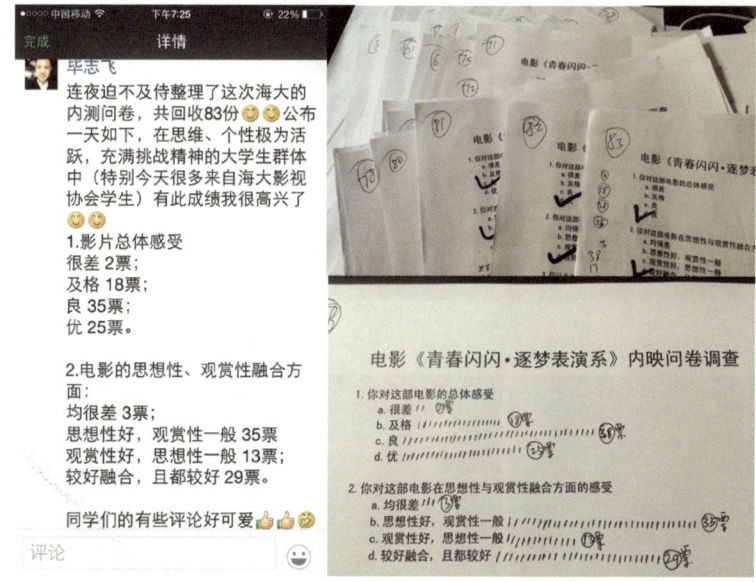

在海大发放的调查问卷

通过三场较大规模的测试放映，我总结了一句话："只要你用心做事的话，就一定能得到很多人的认可。"

返回北京后，2014年11月17日，我们再次在北京举办了一场内部放映。这一次，我邀请了社会各界的一些年长的人士。我当时想，在连续进行了三场年轻观众的测试放映之后，也应该进行一次年长观众的观影反馈搜集。

结果，反响也不错，而且电影看哭了中国社会科学院的一位副研究员。她是中国影视人类学会的秘书长，看完后过了两天，她发了一段文字给我："祝贺毕导作品成功内部试映，让人笑了哭了，哭了笑了。年年表演系都在招生都在追梦，影片抓住了时代特征，不避讳同学间的阶层差异，不避讳年轻人感情面对的残酷的现实，不避讳圈中的各种无奈和规则，但依然让人感受到也还有人顺由自己心灵的活着，也还有人真诚地面对自己的职业，也还有人把影视当神圣的事业。"

观影环境是开放式的露天平台

下雨后观众撑着伞继续看

那天上台分享,难掩心中的兴奋

普通观众看完后,当天晚上顾长卫导演、霍秉全、任蕴老师等人看了第二场,并在看完后进行了讨论交流。顾长卫导演评价:"真的挺好的!"霍秉全老师评价:"故事很流畅!"

2015年春节在海南露天放映，很多人打着伞看完

2015年2月17日，大年二十九，我再次赶到海南的钻石海岸，准备在海南过年。说实话，我选择到海南过春节是有任务的，就是海南那边春节有很多明星，我希望进一步跟他们搞好关系，还可以录一些明星视频资料，帮助宣传等。没有办法，这个电影项目很不容易，难度也很大，我必须想方设法获得一些支持。

那个时候，大家都在过春节度假放松，而我每天都紧张地盘算，寻找各种与明星们能进一步交流的机会。很多时候，感觉自己挺厚脸皮的。没有办法，为了电影，得寻求更多的支持。

非常感谢钻石海岸的组织与支持。那年春节，钻石海岸举办了一场别开生面的新春特色电影节，虽然有些娱乐的性质，但是导演们都亲自到场参加。大年初一放了宁浩导演的《心花怒放》，大年初二放了顾长卫导演的《微爱》，大年初三则是放了我们的《纯洁心灵》，大年初四放了著名演员江一燕主演的《假装情侣》。

这其实是等于帮我们电影的忙，把我们这部新人电影与著名导演们的电影放在了一起。大年初三，《纯洁心灵》放映的时候，顾长卫导演、蒋雯丽老师、孙楠大哥都到了现场给我助阵，让我特别感动。

这次放映也正好成了我们电影的一次很好的观影测试。因为是在沙滩边上露天放映，开放式的观影空间，观众来去自由，倒是对影片质量形成了严峻考验。

结果那天，中间不但几乎没有什么人离开，从四周沙滩上过来的游客倒是越聚越多。虽然天公不作美，中间两度下起了小雨，但绝大多数的观众也没有走。钻石海岸的工作人员给大家找了一些伞，大家就撑着伞继续看。那一幕真是让人感动！

电影放映结束后，我走到幕布前，诚挚地向观众们表达感谢并进行互动。影片结束后互动交流的半小时内，竟然没有人离开。这让我触动很深，给了我很大的信心和激励。

其实那天的放映条件很有限，投影不很清晰，而且放的是没有调色和进行声音加工制作的版本，放映场地也是出入自由的。后来加入观影的很多观众都

是从沙滩上路过的。说明我们的电影还是很受普通观众欢迎的。

当然，通过几次的内部放映测试，我们也搜集了很多观众给予的宝贵批评和建议，我也通过反复观看发现了一些还存在的不足和缺陷。这也是提前进行内部放映的好处。

这次电影节还给导演们设置了奖项。顾长卫导演获得最佳创新奖，宁浩导演获得最佳人气奖，我获得了最佳新锐奖。《纯洁心灵·逐梦演艺圈》则获得了钻石海岸首届新春电影节的最佳影片奖——金羊奖，也成为我们获得的第一个奖项。

虽然这个奖带有民间娱乐的性质，但当时还是很开心的。让我兴奋的是，这次的放映能够得到随机观众的喜爱，而且由于我们电影是没有公映过的，所以几天之中，还真就是我们电影放映时的现场观众最多，气氛最热闹。

第一次在北京高校放映，老师抹泪分享观后感

在进行了2014年下半年和2015年春节的一些观影测试后，我按照搜集到的反馈和自己发现的问题，进行了细致的修改和制作。因为后来电影声音全部进行了重新制作，所有角色全部重新配了音，所以花了很长的后期制作时间，但也提升了全片的声音水准和进一步完善了演员们的表演呈现。

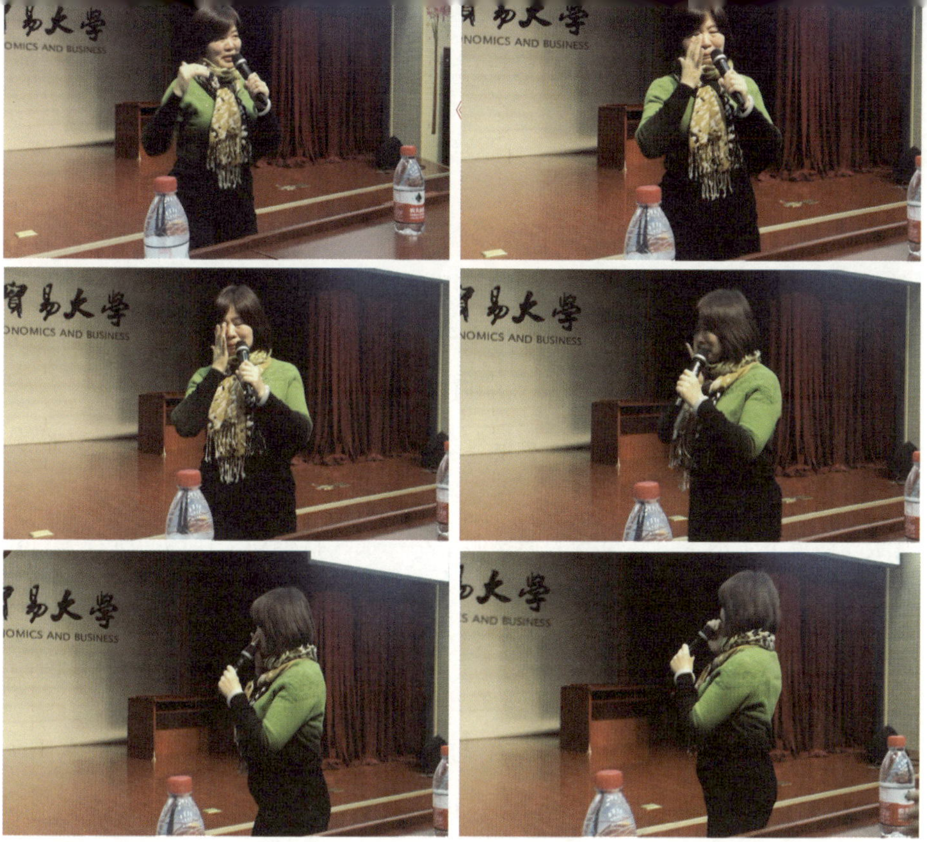

赵喜玲老师分享观影感受时忍不住潸然泪下，让在场所有人动容

赵喜玲老师发的朋友圈和发给我的微信

2015年12月7日,我们在首都经贸大学做了一场内部放映。这还是我们第一次在北京的高校放映。那次虽然是用一个阶梯教室两侧的两个小投影屏幕播放,但那天现场的观影氛围也真是十分火热,现场的欢笑声大大小小有几十次,很多人都笑得前仰后合。我们也用DV机器进行了记录。

看完电影进行交流时,首经贸校友会的秘书长赵喜玲老师主动要求上台分享观影感受。她说自己非常感动,在观影过程中哭了至少五次,说着说着,她就激动地流下了泪水,转过身去擦拭眼泪……那一幕感动了在场的所有人。我们也全程拍摄了下来。

河北师大路演打破国产青春电影高校路演纪录

2016年6月2日,在我们一名石家庄众筹股东的介绍下,我带了三名团队成员赶到河北师范大学,参加河北师大的十佳歌手校园大赛和我们电影在河北师大的放映交流活动。那次的规模很大,在河北师大的足球场上举办,真的有三四千人。这次路演活动的人数之多也创下了国产青春电影在高校路演的纪录。

我们的这名众筹股东赞助了河北师大的这次活动,也推荐我们电影做一次内部放映交流。我们就支付了一笔赞助费,得到了这次很难得的宣传和路演机会。

能够举办这样一次大规模的路演,要十分感谢我们发起的众筹。众筹的威力是很大的,社会各界的人士加入众筹后,会把各自的资源导入电影项目中。电影众筹最重要的不是众筹资金,而是众筹人背后的资源,最具威力的是会整合起很多资源。

这次与高校的合作和电影交流活动很成功。6月2日,我先作为十佳歌手的评奖嘉宾参与了当晚的十佳歌手比赛,而且在比赛结束后对我们的电影项目做了十分钟的推介,并邀请大学生们于第二天6月3日的晚上,到操场上来观看我们的电影和进行互动交流。那天晚上我介绍完电影后,有很多学生表示很感兴趣。

那次放映用的是为校园歌手大赛搭建的大LED屏,音响也比较好,而且放映的是我们全部重新制作声音后的版本。

结果,6月3日在河北师大足球场的放映获得了空前的成功。那一天虽然

观影、互动现场

是在开放的、来去自由的操场上观影，但是观影的学生是越聚越多。现场观众的投入观影氛围和全场连连爆笑的壮观场景，让我和团队人员激情澎湃，给了我们极大的激励。我当时心里坚信，中间一定有很多人也被感动流泪了。

观影现场的热烈程度，也让有意参加我们众筹、特地来观看电影的几名当地企业家印象深刻。看到现场反应之后，他们加入了我们的众筹。后面我也会专门介绍我们电影的众筹历程。

那天我和几名团队人员一直在操场上悄悄来回走动，主要是防止有学生图好玩录下电影，提前泄露剧情，但我们也恰好近距离观察到了学生们的观影反应。

电影放完出现片尾字幕的时候，场景非常壮观。偌大的操场上黑压压的一片，全是站着、坐着的人。因为人聚得多了，挡住了一些人的视线，有些学生后半程是站起来看完的。在后来的互动环节，学生们给予了我们十分真挚的赞扬，谈了他们对电影的欣喜和感动。有一名男生表示等上映了一定要再到电影院去观看支持。

师大学生的观影评价让我潸然泪下

那天，我们在现场建了微信交流群，很多学生加我微信，当天晚上或第二天发送了长长的观影感受给我。里面的很多观影感受写得真挚而动情，让我感动得潸然泪下。

一名学生这样写道："文老师你好，谢谢你带给我们一部很富有正能量的电影……我考研失败，那是一次很沉重的打击，3月出成绩的那段时间几乎整个人是崩溃的……在师大最后十天里，很庆幸在操场见证了你们的力量，真的，《逐梦演艺圈》里的每一个人都散发出无穷的力量，或许这就是对梦想的执着吧……你们这股力量也会鼓励着我，更加努力奋斗，度过人生的低谷，拥抱美好的明天。真心感谢你们来到河北师大，激励每一个为梦想追逐的青年。"

这些文字瞬间就击中了我的心。这样的评价实际上是我没有想到过的，只是想真诚地做一部电影。看到文字的那一瞬间，觉得自己很有成就感，觉得如果电影能激励普通的大学生追逐梦想的话，那么受再多的苦都是值的。或许，这就叫作"付出总有回报""一分耕耘一分收获"。我们下的苦功夫总会体现出来它的价值!

还有一名学生这样评价:"《纯洁心灵》作为毕导的处女作,不仅凝结着他多年的梦想,也体现了他精益求精的情怀以及对电影的热爱……《纯洁心灵·逐梦演艺圈》青春、励志、感动,激励着每一个追梦人,激励着最近处于谷底的我。"

其他充满真挚情感的评价同样给我们增加了很多继续前行的能量。一名女同学还专门托我们的工作人员交给我一瓶VC饮料和一张纸条:"电影很好看,导演辛苦了!"

我真是被河北师大的学生们感动得落泪了。要知道,石家庄正是我的老家啊!

河北师大是一所百年名校,是我们石家庄最好的一所综合院校了,培养了大量的优秀人才。可能是因为学习师范专业的原因,学生们对我们这部电影和片中我饰演的文老师似乎比其他的学校学生更加喜欢。

当时我们正处在低谷,河北师大路演的成功极大地提振了团队士气,是我们非常重要的一次经历。

河北师大一名学生送给我的饮料和纸条

254 纯洁心灵

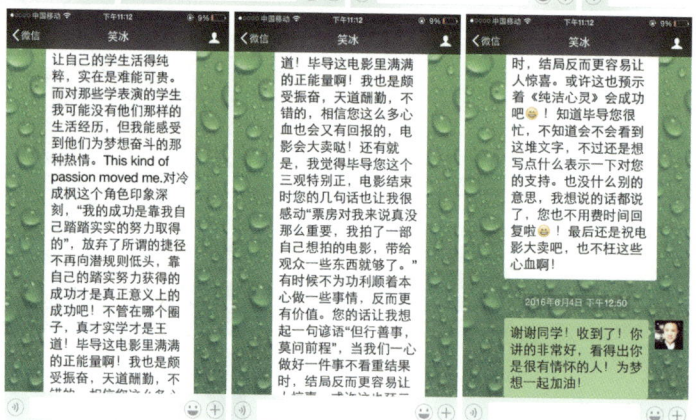

河北师大学生们用微信发给我的观影感受

后续四场高校试路演同样获得成功

接下来，在参加上海国际电影节的展览期间，以及在我们其他众筹股东的邀请下，赶在各大高校放假之前，我们又连续做了几场高校的试路演。希望提前做一些放映测试，积累经验，为将来的正式高校路演做准备，都获得了成功。

6月15日，我们赶到上海大学做了一场几十人的内部放映测试。虽然由于是临时决定的放映，筹备时间很短，当天到场的学生不多，但是放映效果很好。

看完后，上海大学的学生们踊跃给出了高评价。互动中，有一位老奶奶站起来，动情地分享了她的感受。她说自己是偶然从学校门口路过，被我们在学校门口邀请观众的工作人员邀请来观影，但是出乎意料地看到了一部非常真实、非常感人的电影，让她想起了自己年轻时的很多经历。这位老奶奶的发言赢得了全场的热烈掌声，也让我特别感动。

后面的两场高校放映因为筹备时间长，学校提前帮助做了发布，所以人数比较多，规模也比较大。

6月18日是在山西运城学院千人规模的大讲堂放映，影片开始前就排起了长长的队伍。6月27日是在山西晋中学院校广场上搭建了LED屏，那一次参加的人数也达到了两三千人。这两场大型高校路演同样很成功，因为人多，所以现场观影氛围非常火爆，欢笑声不断，观影结束后有很多学生分享了他们的感受，给出了高评价。这些也都进一步增强了我们的信心，锻炼了队伍。

7月8日，我们受邀到百年名校南开大学做了一场内部放映。虽然因为已经放了暑假，这场放映的观众人数只有一百多人，但现场观影氛围也是很火热，而且在观影结束后，我们收到了几篇水平很高的影评。

在这期间，结合放映所得到的观众反馈和自己反复观看所发现的问题，我也在继续精修着电影声音。我发现一点，尽管反复地观看同一部电影，但那些精彩的地方是越看越觉得过瘾的，自己心里会有一种成就感，而不够好的地方则不会，次数看多了会觉得有些厌倦。所谓"慢工出细活"，讲的没有错，没有经过长时间的"磨"和"泡"，实际上很难产出精品，特别是对于我这样的缺乏经验的新人导演来说。

灵电影影评
儿 发至 我 更多

一个典型的理工女（确切地说是理工科女）怀着一颗看帅哥看美女的心态看完影，片中讲述了性格各异身份背景不一的十八位学生在大学期间追逐表演梦想的那种为了实现梦想想急迫的心态是整部电影能量所在，虽然有过失落，有时险些放弃，但是青春期的活力，年轻就是资本，大家的努力，在文老师（导演兼主演导兼…）的带领下，终于实现了人生首发！！！
当时下来，整部电影镜头特别多，不愧是十年呕心沥血之作啊，感觉拍出了不是电影偶像剧的节奏呢~尽管演员们有些反而把大学时代的我们诠释的恰到好处，自己带到了另外一个没有实验没有实验检的世界中（重要的事情说三遍，因为对于，实验是一个比吃饭睡觉频率更高的，我们除了实验就是在做实验的路上，看电影演绎生活，演艺圈的光辉背后灰暗，一群出生牛犊不怕虎的后生们让我国的表演事业会蒸蒸日上！
剧中饰演佳月的妹纸好漂亮（色。色。），同是身为女博士，加个微信怎么难，想有个美女朋友呢哈哈^_^

《收件箱

《纯洁心灵》观后感

洛已 发至 我 更多

作为南开大学学生，十分高兴参加这部《纯洁心灵逐梦演艺圈》的放映及见面会。在看电影之前，说实话我的心情很紧张，因为一方面没有大部分导演和观众所追捧的全明星阵容，另一方面又是中国电影史的巨大创新，改变了以往单一聚焦男女主角的叙事方法，采取了多条支线，确实让坐在台下的我十分珍惜。

电影讲述了8男9女共十八位艺校学生习习，排练，工作的历程。他们来自不同的家庭，接受了不同的教育，拥有着不同的价值观，然而他们共同坚守的，是不曾动摇的演艺梦想。逐梦路上，有雅丽遇到无良老板娘时不轨愈起反抗的刚烈，也有成枫为获得试戏机会不惜献身最终幡然醒悟的挣扎；有成曳与佳一克服金钱诱惑执手相看的甜蜜，也有小宇由于车祸意外截肢就此梦想破灭的心酸。苦乐交织，酸甜皆有，是现实的写照，是成长的纪念，也是这部电影最感人之处所在。

当我看到学生们手拉手肩并肩，一起走向大海，纵情欢笑，我重温了青春岁月里的友谊；当我看到文老师一次次帮助误入歧途的同学，我感受到一份真诚无私的师生情。整部电影洋溢着学生时代最好的情感，在反映社会残酷竞争的现实情况下，用一个个温情或是幽默的片段，带我们一起感动，一起微笑。影片的最后，凤凰涅槃，浴火重生的同学与老师，又一起走到那片蔚蓝的海，那些走过的日子，伴着海风，痛苦散去，独留欢笑。

电影全部启用新人，导演毕志飞也是中国影坛的新秀。其实这样的阵容，他们的出演是最真实的。演员们和剧中自己的角色处在同一个阶段，有着对未来的向往，也有对现实的迷茫。虽然演员们的台词或是表演功底还略显稚嫩，但正是这种青涩，为我们还原了大学时代的种种。

时光也许会逝去，但逐梦的青春永不腐朽。感谢这些年轻的演员，为同样年少的我们做出了榜样。如果你还是一名初高中生，此片会让你提前明晰自己未来的方向。如果你已人到中年，相信在演员一张张热情洋溢的笑脸和一帧帧熟悉的场景中，你能寻见到远逝的青春中，那个熟悉的自己。

感谢这部影片，感谢这部十年一剑的诚意之作。在这个夏天，仿佛又经历了一场盛大的青春。怀着纯净的心灵，勇敢追逐梦想，在今后的每一个日子里都能紫情畅饮，嬉笑当年。

南开大学商学院
李悦然

毕导您好，看完今晚的电影《纯洁心灵》让我感受颇深，社会存在着一定的黑暗，尤其是在演艺圈 我是一名音乐专业的学生，对于未来比较迷茫的我看完今晚电影后让我懂得了坚持，只有坚持下去前途才会一片光明，为此很敬佩您，上映后我会推荐好友一起再次观看😊谢谢您 大力支持期待您拍出更多的励志电影，传播正能量！

纯洁心灵·山西晋中学院(248)

好的文老师

是一个好老师😁

祝电影票房更上一层楼

纯洁心灵，绝对力挺！

电影很好看

么办法，来晚了

我是看拉的猪猪邀请我是猪猪的考拉加入了群聊

我是猪猪的考拉与群里其他人都不是微信朋友关系，请注意隐私安全

电影很好看👍

这电影挺耐人思考的…

导演的十年准备没有白费

你已添加了日光，现在可以开始聊天了。

毕导。您好。
电影观后感就不发邮箱了，发给您吧。
看了这部电影，像是给我以往的坚持注入了一针强心剂。让我明白了这个世界上好人还是不少的，而且通过努力一定最终一定会获得成功的。坚持努力的人才是最美的。
希望您以后能多拍些有正能量的电影吧，

你已添加了WOASO闪电mhz。现在可以开始聊天了。

忠实粉丝一枚

祝毕导以后一路灿烂辉煌🎉八月份的纯洁心灵票房里一定有我😁

教育这么多年，
电影很伟大，
就是蜡烛，看电
之前自己对这句话
有很大感触，一直
的老师并不是说的
样，但是看了电影
后，真的从心里体
到了老师的付出、
性。谢谢这部电影
拍的很具实教会了
很多！加油，飞哥
一定可以😊！

看过了《纯洁心灵》，虽然没有明星，但还是感觉片很棒。从我的角度来讲，我觉得选题材，内容都比较符合当下的社会状况与人们的观赏风格。昨天看过电影之后感触良多。
我是一个相信这个社会是很黑暗的社会，只是有些黑暗是你所想象不到的；但在看了电影，我更喜欢艾琳约见的导演的话。这个社会真正靠得住脚的还是需要自己的努力的。昨了一宿的梦，全是关于电影的。里面最让我感动的就是成曳要跳海的那一幕。请原谅我的记性，忘记了女主的名字。就是她说的话"如果我代表着重新开始和未来，你愿意进我的怀抱吗"（可能我有很多记错的东西，但是请相信我，我真的很喜欢这部电影。），个动的要哭；或许也是单身狗对爱情的向往吧。语言有些匮乏，不知道应该如何去描述这一个我认为十分值得去看的电影。衷心期待影片的上映。最后预祝影片大卖。十年的用心收到应有的回报，还有希望毕志飞导演和17名主演走向成功。

---

pumpumpkin（南开大学）

电影《纯洁心灵 逐梦演艺圈》讲述的是演艺圈的参差动态，但是几乎每个青年人都能从电影的不同生命状态中找到自己的影子。文老师的纠结与坚守，何小宇的执着与乐观，冷成枫与王佳月的峻急，艾侠内心的充盈与强大，铁心空中心的荒凉与孤独。随着电影的主观视角与客观视角之间的流畅切换，我们可以不断窥见那个在逐梦之路上起伏跌宕自己。
这个世界总有一些元素混乱之处，不符合年青的我们的想象。我们或许曾经为此而失望落寞，曾经在某个无人的夜晚终于忍不住嚎大哭。殊不知，与现实世界针锋相对的过程是成长的必经之路。不管我们勇敢或是彷徨，强勇或者，所有

---

pumpumpkin（南开大学）

人，只有一点一点经历过才能懂得。正如陈丹青给娄烨柯书写的序："我们都得一步一步做自己，我靠的是一笔一笔地画画，贾樟柯靠的是一寸一寸的胶片。"
值得庆幸的是，在坚守和努力之后，电影中的人们有终于能够在熙攘的演艺圈安然沉潜，实现梦想。而我们也愿意因之而相信，我们的梦会殊途同归。真正好的电影，能够穿越重重阻碍，触及灵魂。感谢《纯洁心灵 逐梦演艺圈》提供了一个让个体生命审视自我的机会。
最后，愿所有的青春梦想能一路播种，一路开花。

看完电影的一点小感触哈~发

很多工作人员都觉得我是一个有"洁癖"的导演，有些标准过于苛刻，似乎没有必要。但或许这就是《纯洁心灵》的看点。也或许，正是因为坚持"苛刻"的标准，才使得我们的路演现场出现那些让人难忘的火热观影场面，才让很多人感动地给我们留言致谢。我一直认为，这是辛苦耕耘的结果。

第一次民间影评人专场，遭遇挖苦嘲讽

我们电影在早期的宣发历程中，也遭遇过不少嘲笑和讽刺。

2016年9月29日，我们在北京组织了一场民间影评人的专场放映，希望能够获得反馈，搜集一些影评。

因为当时我正忙着进行终混前的声音处理和音乐修改，所以没有一起看电影，计划赶在电影放映结束前赶过去参加互动，但那一次遇上北京大堵车，结果一直等到放映结束后15分钟才赶到现场。

那天，我们遭遇了滑铁卢。可能是因为我们电影创新比较大，与一些民间影评人想象的过于不同，在他们看来脱离了很多影视拍摄规则，有几位发言的给予了差评。

记得一名影评人婉转地给予了我们电影很大的讽刺，表示是一部"神作"，简直不能再"神"了，后来直言电影已经没有救了，连如何修改的意见都提不出来。

当时现场的氛围很尴尬，我也不知道该说什么。后来，大家匆匆结束了互动。

当时，我心里很不服气，但没有在外面表现出来。我心里想，他们应该是看传统的电影看多了，我这部电影就是故意打破了很多的规则呀！

我还琢磨，没关系，我这部电影又不是给影评人拍的，是给大众拍的。大众在看电影的时候就是看故事，而不会去套那么多规则，比方说，不会去找找主线、主角在哪里，也不会看转场有没有用一些常见的技巧，比如说，两场戏之间插个空镜头什么的。而且，我相信还是会有很多的影评人给予我们电影好评的。我们在美国加州蒙特雷半岛，美国人组织的电影节上拿过最佳影片大奖就是证明。

所以，那天几名影评人的嘲讽挖苦没有给我造成什么影响，我还是对电影《纯洁心灵》充满信心，也决心继续认真奋斗。

云南大学路演

2016年11月4日，在我们云南众筹股东的帮助联系下，云南大学商旅学院邀请我们到云南大学呈贡校区进行电影路演。

那段时间一直特别忙碌。那天早上，因为有很多事情要处理，所以到机场晚了，我一路飞跑，才终于赶上了飞机。那天，我从首都机场T3航站楼的大门口到登上登机口外的摆渡车一共用时12分钟，创下了一项纪录。

在云南大学呈贡校区的路演也很成功。观影后，云大的同学和老师们给予了我们很多好评。商旅学院的老师们还在他们的校园电影院外拉了欢迎我们电影剧组的条幅，让我们十分感动。

这次云南之行，本来还想再扩大我们的众筹，增加一两名新的众筹股东，但是没有成功。

中国传媒大学路演，遭遇滑铁卢

在中国传媒大学学生会的邀请下，11月22日，我带领团队赶到中国传媒大学，举办我们电影的放映交流。

因为我们电影没有明星，宣传力度也还不够，在学生会的建议下，选在了一个小的演播厅举办。

虽然选用了小演播厅，但那天晚上，因为传媒大学同时举办好几场活动，加上临近考试，到现场观影的观众不多，显得比较冷清。

尽管那天现场观影时也有很多欢笑声，但是放映结束后，有几名带头发言的学生给予了我们较大的批评和否定。

第一名发言的学生站起来后，接过话筒，先把手指放在嘴边，给了我们一个很长很长的"嘘声"，然后才开始发言。他表示这部电影比较差，镜头、剪辑等都比较差，他不喜欢。

另外几名发言的学生也都给予了差评，发言的大概意思是感觉我们电影不

云南大学路演现场

中国传媒大学活动现场,当天观众人数较少

行，甚至比较业余。大家都听得出来，这几位同学有点儿瞧不上我们的电影。

现场的气氛一下就变得沉重起来。在场的很多学生都挺替我们揪把心的，几名学生会的组织者也觉得很尴尬。

我也觉得有点面子上挂不住，但还是努力表现出自然的微笑，跟现场的学生们讲了讲我们的创作初衷就是要拍一部创新、特别的电影。那天我没有多讲，只是提了一句，表示有很多普通专业学生还是很喜欢这部电影的，自己也将不断努力提升。

我心里跟自己说，今天也不必讲我们为了这个电影吃了多少苦了，今天的路演算是砸了，就早点结束吧。

其实，面子上虽然有点尴尬，但从产生做这个电影项目的想法起，一路走过来，我已经有了较强的心理承受能力。拍摄前，我们这个电影项目就曾经被很多电影行业的人士嘲讽，认为是异想天开，有人士还评价我们是"惊天地、泣鬼神"的作品。

我其实也很理解，因为我们国内电影行业不少从业人员并没有系统地学习过电影专业，虽然他们中间很多人很有从业经验，能力也很强，但大都是沿着国内市场上已经成功的电影路线和模式去做，基本不会越出规则。但我们这些学院毕业生了解电影历史的发展，作为一名新人，尤其像我这样的"野心"比较大的新人，很想拿出一部不一样的作品，希望能够更早地获得成功，好能获得更多创作电影的机会，所以我愿意做点创新的尝试，在别人看来冒险，但在我看来是有历史依据的，已经有很多电影先人做过示范。

至于学生观影后给出否定，我也已经能够坦然接受和理解。因为我们已经走了很多场路演，我已经经历了很多气氛热烈的观影现场，也已经得到过很多学生的好评。

这部电影的确是用了很多的创新手法，所以我曾经认真表示，这部电影不太适合影视专业的学生看。因为影视专业的学生们已经学了一些影视基础知识，相比之下，他们不再是普通的电影观众了。在看电影的过程中间，他们会不自觉地套用自己所学的影视基础知识，在看我们的电影时会发现套不上甚至相反，就会产生困惑，再加上我们是新人创作，《纯洁心灵》是我的第一部作品，所以他们会很自然地觉得是我们有问题、不专业。

那天晚上，观看我们电影的传媒大学学生中有很多就是学习影视专业的。传媒大学是名牌学校，学生们是比较"傲娇"的，而我又是名不见经传的新导演，他们发现与老师讲的基础知识不一样，肯定会对我表示质疑，这是很正常的。

那天，我的团队人员都很郁闷，传媒大学学生会的组织人员也一再向我道歉，希望我不要放在心上。但我其实一点都不生气和郁闷，相反很理解。我还是积极地保持自信，我相信这次观影得到的很多批评和否定，并不能代表普通大众的主流意见。我们电影是瞄准普通的电影大众拍的。

中国电影资料馆的专家观摩研讨会，获超高评价

两天后，我们就证明了自己。

11月24日，按照半个月前订的计划，我们如期在中国电影资料馆举办了一项非常重要的活动，邀请了十几位业内的一线专家观看了电影《纯洁心灵·逐梦演艺圈》并进行了研讨。

这次的专家观摩研讨会，是在我们电影的监制北大陈旭光教授的支持下，由北大影视戏剧研究中心和《中国电影报》社联合主办的，邀请了十几名经常出席国内顶级影视研讨会的专家，有中国电影家协会分党组副书记许柏林、电影剧作家、评论家、国家电影审查委员会委员赵葆华，中国艺术研究院影视研究所副所长赵卫防，《电影艺术》杂志编辑部主任王纯，《文艺报》艺术部主任高小立，北京电影学院图书馆馆长王海洲等知名影视专家。

这次上映前邀请专家看片和研讨的活动也是开创了国内青春电影的先河，也让很多人为我们捏了一把汗。

的确，这些专家都是业内的知名人士，他们不能也不会违心去捧一部电影。而且，电影还没上映，如果专家们给予差评，可能电影的前途就堪忧了。

举办之前，我也认真进行了考虑。一个是我们电影没有明星，而且比较创新，需要提前请专家做些点评，起到扩大宣传和引领观众的作用，另外，我对我们电影还是很有自信的。因为，有没有货、用没用心，自己最清楚。我这么认真地做了这么多年，每一个过程都可以用"殚精竭虑"来形容，而且我在学

习电影方面是有天赋的,所以我是敢于请专家们提前观看我们电影的。

为了这一次放映,我们提前在天工异彩公司专门制作了供影院放映的DCP。而且在制作的前几天,在金炯锡和李慧敏两位韩国优秀调色师仔细进行了调色的基础上,我还专门和天工异彩的另一位调色师又对电影《纯洁心灵》的画面精调了整整一天,因为看了很多遍之后,又发现了一些问题,想到了一些更合适的方案。我们这个项目在天工异彩也成了著名的"钉子户"和"慢片",前后已经历时两年了。调色是很贵的,每调一天都要支付几万元的调色费用。我们电影在后期制作上也的确是超支很多。

这次制作的DCP,还是我们完成终混后的第一个专用"拷贝",也是我们在电影银幕上的"处女秀"。放映的前一天下午,我们到中国电影资料馆提前试片,我发现给我们安排的厅比较小,画面和音响的冲击力相对弱一些。因为在天工异彩的调色大厅与和声创景的全景声混录棚里工作了很长时间,感觉在小的放映厅里放我们花了很多心血精细制作的画面和声音,会打一些折扣,有些遗憾。

于是,我抓紧联系负责人,问能否换到最大的一个放映厅里。中国电影资料馆有一个很棒的超大放映厅,刚好有时间放映,于是我们就决定第二天在那里给专家们放映。工作人员不放心地告诉我,制作差的电影,放映的银幕越大、

中国电影资料馆

音响越好，暴露的问题和缺陷也就越多，让我仔细考虑。我还是决定在大放映厅里放映，在制作的精细方面我还是有自信的，就是希望能够尽量把我们的成果更好地体现出来，如果有缺陷也全部暴露出来。

那天，虽然有自信，但我还是比较紧张的，也很好奇专家们看完这部几乎用了我的"洪荒之力"的电影会怎么评价。这真的是一种发自心底的期待。

放映快结束之前，我就等在放映厅的出口处，内心忐忑不安地等待着。

影片结束，出片尾字幕的时候，我看见专家们都认认真真地看字幕，后来场灯亮了，专家们也就站起来三三两两地往外走去，准备去旁边的会议厅进行研讨。

在专家们经过我身边的时候，我就恭恭敬敬地对专家们说谢谢，他们也都轻轻点头还礼。中国电影家协会分党组副书记许柏林老师走到我身边的时候，一下子伸出手，我赶紧把手伸出去跟许老师握手。

许老师笑嘻嘻地伸出另外一只手的食指，过来跟我说："记得啊！明年一定要参加金鸡节的评奖！"

当时我真的有一种受宠若惊的感觉，真没有想到许老师上来就给我这么一句话。我赶紧连连点头："好的！好的！"

许老师就跟我一起往外走去，一边走一边问我一些电影的制作细节。后来他去卫生间了，我们就先到会场去了。

那天出现了非常感人的一幕。中国电影资料馆的孙向辉馆长虽然腿生病不能走路，但她坐轮椅出席了我们的研讨会并致了辞，表达了资料馆对开展国产青年导演作品放映交流活动的支持，让很多人十分感动。我也十分感谢中国电影资料馆能提供放映平台，感觉《纯洁心灵》真的很有福气。

研讨会开始后，许柏林老师率先发言。他一开始就再次当着全体与会人员和来的几家媒体的面，重申邀请我们明年报名参加金鸡百花电影节，而且详细谈了他的观影感受。他评价电影《纯洁心灵》是一部商业与艺术品质俱佳的电影，说他发现了电影界的后备力量，还竟然给出了"每一个镜头都很给力，每一句台词都很到位"的高度评价，让全场人情不自禁地鼓起掌来！

那一刻，我差点掉下泪来，觉得之前一切的辛苦都不算什么。

第十章 《纯洁心灵》的测试放映和初期宣传历程

电影《纯洁心灵·逐梦演艺圈》专家观摩研讨会现场

中国电影家协会分党组副书记许柏林　　　　著名剧作家、国家审查委员会委员赵葆华

中国艺术研究院影视研究所副所长赵卫防　　《中国电影报》社长皇甫宜川

许柏林老师的发言也让我由衷地佩服。他一下子就点中了我十多年用心追求的商业与艺术结合这个核心。那一刻真的是感觉很幸福，有种想哭的感觉，因为感觉自己吃的苦没有白吃，流的汗没有白流，因为被读懂了，被理解了。我们的工作是很有价值的，对得起我付出的十多年的时光，对得起我的家人们为我做的牺牲。

但我也告诫自己，许老师这样的前辈给出这么高的评价也是为了鼓励我们年轻人，我还有很多不足，要扎实地不断提高自己。

著名剧作家、国家审查委员会委员赵葆华老师也给了我们高度评价。他评价我们电影说："给中国银幕吹来了一股清新之风，多声部结构色彩纷呈，又组成了完整的艺术主题。既有青春气息、时尚美感，又有青春的引领力和对积极健康梦想的守望。"

中国艺术研究院影视研究所副所长赵卫防老师的评价，也让我觉得自己被读懂了，有找到"知音"的感觉，很大增加了我的自信。他评价说："特别棒的叙事！开始确实给人比较零乱的感觉，不断引入新人，不断引入新的故事。正是由于这样的不断引入，它才能产生叙事上的张力，让你想往下看。所有的叙事都是有头有尾的，都是非常精彩的，详细刻画了不同的人物性格。显示出了创作者比较强的叙事功底。章回体的叙事以及章节的题目起得好，影片接地气，适合当下主流观众在互联网时代的特点。"

《中国电影报》社长皇甫宜川老师评价说："影片非常现实，我自己被感动了。这是影片让我特别感兴趣的一点。如果这个影片用任何一个熟眼的人，那么这个影片就完了，完全就是另外形态的影片了。尽管影片是正能量，影片在主流价值观和观赏性方面进行了努力结合，影片探讨以更新的方式跟年轻一代观众进行对话。"

与会专家们纷纷表达了他们对电影的感受，给予了我们很多好评价。也有几位专家给我们提了一些不足，主要是在一些细节方面，我认真做了记录，都是很宝贵的意见，我需要认真消化、不断学习和提高自己。

而且，与会的所有专家有一点共识，那就是都认为我们电影很具有正能量。实际上，拍一部正能量、励志的电影一直是我的目标。我也越来越觉得，其实我们做电影《纯洁心灵》的历程就是一个励志故事，分享出来可能会给很多同样有梦想、有追求的人以激励和启发。

那次的研讨会，我虽然有自信能够得到专家们的认可，但是影片得到的评价之高也是很大超出了我的预料。

而且，这些专家的厉害之处在于，他们能准确地抓住我们电影设计的亮点与下了功夫的地方，这的确让我佩服不已，也证明我们吃大量的苦、做那么多"较真儿"的事是值得的。

回想起我们在很多高校进行内部放映时的欢笑场面和很多人被感动流泪的场面，我觉得业内的一线专家和普通大众是很认可我们电影的。有些影视专业的学生和民间的一些影评人不认可并没有关系，也是很正常的，而且我们电影的主要目标人群就是普通大众。

坚信正能量题材是最受大众欢迎的电影

美国好莱坞的很多大片都是通过表现牺牲、付出来为他人、为国家赢得利益的"主旋律"电影，但我们的电影市场上，有一些人认为"主旋律"是票房毒药，还有一些人觉得商业电影就得拍一些低俗的题材。我觉得这是存在的一些畸形的现象。

我坚信，虽然生活中，有些人的确会为了私利做一些不太光明的事，但是绝大多数人都一定是从心里很尊敬那些坚持"真善美"的人。所以，我坚持把我们电影的名字定为"纯洁心灵"。很多电影行业的人士告诉我这个名字容易影响电影的票房，但我就偏要用这个名字来打动大众，努力获得好的票房成绩。

我坚信，表达正能量、弘扬真善美的电影一定才是最受大众欢迎的电影。因为追求真善美才是人类文明前进的方向。好莱坞也已经给我们做了证明，他们最卖座的电影都是表达正义战胜邪恶、付出得到回报的正能量、"主旋律"电影。

付出就一定会有收获。在我们困难的时候，我们不妨多用这句话来激励自己。

专家观摩研讨会大获成功，但我们的融资计划却最终没有完成。那几天，我一直跟合作伙伴商讨接下来该如何办。

我进行了认真梳理和总结：我们电影在质量上有竞争力，普通观众中的大多数人会喜欢和支持这部电影，但是我们电影没有任何明星，我又是新人导演，而且宣发经费也比较少，所以我们电影很难取得好的宣传广度和排片。我就想，宣传方面也要坚持我们一直以来的风格和理念，就是下苦功夫。干脆做一个全国最大规模的电影路演吧。笨鸟先飞，我们这部全新人电影、新人导演处女作恰恰需要更多的宣传。

这次专家研讨会后，我们策划并开展了"全国万里行"路演。

尝试各种宣传推广手段

电影拍完后，我开始注重研究我们电影的宣传营销手段。我明白，在当今时代，一部电影的营销十分重要。因为随着互联网和多媒体的飞速发展，人们每天接触海量的信息，生活节奏也越来越快，各行各业都在"抢"用户，而且国内电影的宣发拼得很厉害，如果不注重宣传营销，那么很容易连展示的机会都没获得，就被淘汰出局。这可就对不住那么多年、那么多人的努力了。

所以，我们一直以来也进行了各种宣传营销的摸索和尝试，中间也发生了很多故事。

策划电影主题曲MV

这部电影没有明星主演，因此宣发的压力还是比较大的。歌曲是一个很容易传播的艺术形式，从电影《致青春》开始，录制电影主题曲、拍摄电影主题曲MV逐渐成为电影营销的重要手段。

我从小喜欢唱歌，而且还曾经想过当一名歌手，所以我也想尝试进行我们电影主题曲和MV的创作。因为我们的电影比较特别，是由18名大学生集体主演的，主打一种群体力量，于是我就想找一个组合演唱主题曲比较合适。

我们电影里面没有任何明星，所以我计划在主题歌的创作上，争取能够找到有名气的歌手组合合作，以加强对我们电影的宣传。

当时我在网上搜索了很多歌手组合，希望找一个与我们的表演系大学生主演比较吻合的青春组合，后来就看到了上海的SNH48组合。她们是由很多青春少女组成的大型组合,大部分成员都是十几岁的各学校的学生,演出阵容多的时候达到十几人。我感觉跟我们的电影主演阵容有很多相似的地方,于是,我就给她们的经纪公司写了一封电子邮件。过了两天,有工作人员给我打来了电话,后来就洽谈成了合作。

但是后来,我们的电影主题曲 MV 创作因为我们这方的原因,发生了很多事情,也一度遇到了重大危机,后面我会介绍到。

2015 年第一次大型发布会

电影通过内容审查后,我们就开始筹备电影拍摄完成后的第一次新闻发布会。国内电影市场宣发竞争很激烈,我们在电影宣发上不敢马虎。

2015 年 2 月 4 日,那天是立春,我们在北京的国贸饭店举办了宣发启动发布会。这次发布会由我创建的北京实传创文化传媒有限公司和北京新影联影业公司一起联合主办。

这次发布会的举办时间是依据顾长卫导演的时间定的。在开发布会之前,

我希望能邀请几名大咖到现场助阵，联系了好几位之后，顾长卫导演答应可以到现场为我们电影站台，让我非常兴奋。于是我们就按照顾长卫导演的时间，定在了 2 月 4 日。

比起我们 2013 年在电影开拍前的第一次发布会来说，这次发布会的阵容强大了很多。当天，我们请到了央视《中国电影报道》的主持人瑶淼担任我们发布会的主持人。除了顾长卫导演到现场为我们站台外，SNH48 组合上一年度的总选举前 16 名也到现场助阵，并演唱了两首歌。另外，明星蒋雯丽、孙楠和导演宁浩为我们电影录制了 VCR 祝贺视频。我和来自中戏、电影学院、中传、上戏、南艺、重庆大学美视电影学院、云艺的七名演员在发布会现场分享了拍摄的一些经历。那天我在发布会的台上分享时，看到台上台下的很多嘉宾、老师、朋友，想到一路走来的艰辛，也忍不住流下了泪。

那天，SNH48 组合北京的一些粉丝到了我们发布会现场观看演出，有一些粉丝一直待到晚上 10 点多，直到送 SNH48 的艺人们上了大巴车。我以前从来没有追过星，这次算是感受到了粉丝们的热情。

由于缺乏经验，那次的发布会并不是很成功，在场地布置、环节衔接设置上出现了一些问题，但也起到了一定的宣传作用，留下了很多珍贵的影像资料，对我们发布会的报道也登上了一些新闻平台的重要位置。

有一张照片，我每一次看到都感觉很温馨很感动，就是顾长卫导演带着我接受记者们群访的一张照片。从照片中，可以看到一名业内前辈对后辈的支持和关爱。

另外，值得一提的是，那次的发布会也让我和我们演员充分感受到，娱乐媒体记者真的是重点采访明星的，在现场主要问顾长卫导演和 SNH48 组合成员问题，我和我们的几名演员基本被冷落。这让我们电影的大学生主演们心里有点"受伤"。

2016 年定档发布会

我们电影的第三次发布会，是在 2016 年的 1 月 21 日下午。

我们与艺恩公司联合在北京银泰中心举办了电影的定档发布会。这次，央视《中国电影报道》的主持人郭玮担任了主持,著名企业家张醒生先生、著名演员臧金生老师、朱时茂老师的爱子——青年导演青阳等嘉宾出席助阵。在艺恩公司的支持下,这次来现场报道的媒体很多,共有二十余家。

我们已经有了经验,所以这次的发布会办得比之前的都要好。在艺恩的媒体资源支持下,这次发布会新闻的报道量和报道力度也大了很多。有两名电影界的朋友告诉我,他们看到我们这次发布会的新闻报道量,感觉是大片的报道力度。

那次的发布会,我们也正式宣布定档5月13日。因为我们电影没有任何

明星,宣发经费当时也还比较少,需要避开那些火热档期,于是就选择了5月13日上映。

当然,因为困难重重,后来这个档期又往后延了三次!后面我会详细介绍。

几个春节连续奔海南,寻找明星、名人支持

虽然我们电影借鉴意大利新现实主义电影理念,特意选用了全新人阵容,但是,我也明白,在电影的宣传中,我们还是需要借助明星和名人的力量。明星是电影行业很重要的商业元素。现代社会的信息量越来越大,电影营销的竞争也越来越激烈,所以,我也一直在争取获得一些明星和社会名人对于我们这

部全新人诚意电影的支持。

从电影拍完开始进行后期制作起,连续三年,我每年春节期间都赶往海南,2015年、2016年都是在海南跨的年,2017年则是大年初三一早就坐了最便宜的一趟飞机飞往海南。因为春节的时候,很多明星、名人会赶到海南过年,我们拍摄的景地之一,钻石海岸有一些明星、名人业主。在春节的时候,就很容易见到这些平时很难见到的明星、名人。

人家到海南是为了度假放松,我每年春节到海南都是为了工作,反而比平时更加忙碌和紧张。别说放松,每天都时刻保持紧张,各种琢磨如何在各个地方"偶遇"明星,如何能够参加上人家的聚会,怎么跟人家套套近乎,请人家帮助录点宣传资料什么的。

到钻石海岸和海南过春节的明星们其实也都知道我的意图,还是给予了我有力的支持与帮助。但因为我跟人家不对等,人家也都有自己的私人生活,是来度假的,和我交流只是出于礼貌。我们的电影又延期了,时间长了,每年春节都来找人家套近乎,人家对我多少有一点排斥和反感。这是很正常的。

其实我是个脸皮薄的人,而且也已经过了追星的年纪,如果不是为了电影,我绝对更愿意与家人安安静静地回老家或在北京过年,而不是春节也保持一种

看着2017年正月初五海南的烟花,心里有种想哭的感觉

工作的状态，厚着脸皮去贴人家明星、打扰人家的假期生活。

另外，我其实也并不是一个想成名的人，我觉得，成为名人同时会带来很多不方便，缺少对隐私的保护，容易被人打扰，就好像我去打扰人家一样。我所做的，就是因为这部电影对于我来说很重要，关系到我能否进入电影行业，从事自己喜欢的电影工作。

2017年的春节，大年初三，我告别媳妇和两个小孩（其中一个小孩还不到三个月），一个人乘坐早上最便宜的一班飞机，再次飞往海南，去参加人家明星的聚会。

看着别人家家团聚放松度假的欢乐场面，我突然有种想哭的感觉。从电影2013年1月立项以来，连续的五个春节，我都献给了电影《纯洁心灵》项目，从来没有回到老家与年迈的父亲过个年，远在天堂的妈妈知道我想回家过年吗？

我心里想，下一个春节，我一定要带着家人回老家，与父亲一起过个春节，与亲朋好友们没有任何功利心地过个春节，在一起好好地放松地聚一聚，而不是老琢磨着怎么样跟明星能够更多地认识和互动一下，以及拍些什么样的与明星的合影，在朋友圈里晒一下。

连续三年，进行正月艺考采访

除了寻找明星套近乎，请人家支持宣传以外，我也组织我们的工作人员从2015年起，连续做了三年的艺考生采访。

因为每年正月期间，全国艺术院校的艺考都会成为社会热点，各大媒体都会进行较大力度的报道，特别是表演专业的招生考试更是会引起社会各界人士的热烈关注和讨论。我在北京电影学院担任表演专业考试工作人员的时候，亲眼目睹过全国各地考生和家长来京参加考试的壮观场景。

我们电影描写的是一群表演系大学生，由18名艺校大学生主演，与表演专业、艺考有较紧密的关系。于是，我就想到，我们可以去电影学院、中戏等北京的热门艺术高校采访从全国各地来参加艺考的学生和他们的家长，积累一些素材，同时也对我们电影形成一种宣传。

我们通常问艺考生这样一些问题：你为什么考表演专业？你学习表演、备考表演有什么样的难忘故事？你对演艺圈怎么看？然后我们也会介绍一下我们的电影，还会请一些愿意的考生对我们电影说一些祝福语。

借鉴了一些电影采访路人的方式，我们也专门制作了印有我们电影名字的麦标，粘在话筒上对全国各地来的艺考生进行采访。这样，一方面通过采访可以积累一些宣传素材，另外，采访的同时本身也是一种对我们电影的宣传。

采访的工作也是比较艰苦的。正月天气还是比较冷，有时寒风刺骨，而我们的人员在外面一站就得站一天。

我们连续做了三年，2015 年、2016 年我还亲自上阵去现场采访艺考生，2016 年、2017 年两年我们还分成了两组人员，同时到不同的高校进行采访。通过这样的方式，还真是在全国的艺考生中实现了一定量的宣传，很多考生和家长都知道了我们这部电影，有些复读的考生第二年又来参加艺考时还记得我们。我们还建起了两个几百人的艺考生微信群，并在群中不时与他们互动。

我相信，我们三年的工夫不会白费，累计的效应一定是会有的。而且，我们积累的素材也已经可以制作一部纪录片了。

我们的付出其实已经有了一些成果。2017 年 2 月 6 日，我们电影官方微博发的一条关于艺考的微博突然就火了。阅读量不断攀升，评论、转发也越来越多，后来阅读量一直到了 86 万，点赞量达到 2900 多，评论量达到 1700 多。当时，这还是我们电影的官博第一次达到这样的阅读量和转发、评论、点赞量，是很不错的成绩。

这就对我们电影起到了一个有力的宣传，很多人会看到我们电影的名字，了解了我们的电影是关于表演系大学生题材的电影，那么可能就会记得这个事情，多多少少关注我们的电影，并等到上映的时候去观看。

在三年的艺考生采访中，我们借助从全国各地来了很多参加艺考的学生这样的难得机会，给 2016 年和 2017 年的部分考生分别组织了一场我们电影的专场放映，一方面搜集了艺考生们的观影反馈，另外也起到了宣传的作用。

两场艺考生内部放映专场均取得了成功。很多艺考生给了我们高评价，称赞我们的电影很让他们感动，让他们看到了不畏困难、勇敢追逐梦想的年轻人，激励他们也去为自己的表演梦想努力。

2016年的专场,有一对参加艺考的双胞胎兄弟称赞我们电影特别感人,后来还报名参加了我们发起的"电影《纯洁心灵》全国形象大使招募"活动,成为我们的形象大使。2017年的专场虽然由于放映时间原因,参加的考生不多,但也获得了艺考生们的可贵评价。一名面庞清秀的来自加拿大的华裔艺考男生看完电影后,兴奋地说他第一次来中国,没想到看了这样一部好的中国电影,他介绍他是来参加北京电影学院表演艺考的,看电影的过程中间看哭了好几次。

艺考生们给出电影很令他们感动的评价让我很高兴,为勇敢追逐梦想加油、描绘纯洁的心灵正是我们这部电影从一开始就确立的核心。能够达到设定的目标,得到所期待的观众评价,对于创作者来讲,是多么开心的一件事情!

2016年、2017年在京举办艺考生放映专场

第十一章

伤心落泪,辞去大学教师职务

下定决心培养优秀班，却被学生联名写信告状

2014年春节假期，拍完电影，结束了一年的教师外出实践后，我返回学校授课。当时觉得通过一年的电影筹备、创作实践，自己有很多提高和新感悟，信心满满，在教了半年表演系大二的两个班级后，我向学院和系里申请带一个新班。

我想从一个班级入学开始，系统地带他们四年，希望能培养成联大的一个优秀班，而且争取培养出几个尖子学生来，就像电影《纯洁心灵》中的文老师一样。

我非常感谢联大能在我博士毕业之后接收我，并给予我一年的外出实践、锻炼提升自己专业水平和指导表演能力的机会。我想在教学上拿出成绩来，汇报一下自己的外出实践成果并证明自己的能力。

拍完《纯洁心灵》后，实际上我对自己特别有信心，甚至可以说有点"膨胀"，因为我已经指导8所全国最知名的表演院校的18名学生，完成了一部表演系题材院线电影的拍摄，而且在电影中还饰演了一名表演教师，我认为自己积累了很宝贵的经验，有了更好的教学能力。

2014年9月初，我开始担任新入学的2014级1班的表演主教员和班主任。由于对他们的期望比较高，从9月入学起，我就坚持对他们严格要求，希望从一开始就能很好地培养起学生们正确的表演理念和良好的学习习惯，打下坚实的基础。而且，就跟创作电影一样，我一直崇尚那种下苦功夫获得收获的方式，也一直给学生们传达这样的理念。

各大院校的表演专业课通常都是由两到三名教师一起上，到了一定程度会分成小班教学，以方便教师指导学生的表演实践和排练。联大的表演教师资源当时还不很充足，我们的表演课由两名教师一起上。我的教学组中，有一名年轻一些的外聘教师与我一起授课。我真的很爱我这个班，有的班级在整个学期教学进度比较早的时候就开始了分班教学，但我坚持晚些分班，而且也将分的两个班不时对调一下授课老师。第一年是打基础和树立表演理念的时候，我希

望尽量不让任何一个学生掉队。

另外，根据自己学表演和进行实践的感受以及后来接触到的现代大学教育理念，我对传统的表演教学方式也进行了一些改革，例如尝试改变以往一味由学生交表演作业，老师进行点评的单一以教师为中心的常规方式。

现代教育理念要求教师在教学过程中，更加注重发挥学生的主观能动性。我在北大读书的时候，老师们经常以组织学生们分成学习小组等形式，在课堂上进行更多的学生讨论和发言，激发学生的思考，我们英语外教老师的课程更是注重学生们的发言讨论。博士毕业进入联大做老师后，在我们参加考高校教师资格证前的高校教师培训过程中，也反复接触到要求注重发挥学生主观能动性的现代教育理念。

所以，我也加强了在表演专业课上对学生们主观能动性的发挥，注重改变单一的以教师为中心的表演传统教学模式。在学生们交了一个表演作业后，我会先请一些学生发言评价、讨论，激发全体学生的思考，然后我再从各方面去讲解和评点，给他们分析哪些学生评价是正确的，哪些学生评价是片面的或者错误的，之后组织学生们进行正确的表演方式演练，有时候还会亲自做示范。我觉得，在教表演的过程中，贵在让全体学生真正理解和把握表演的逻辑和道理，并通过大量练习去不断强化和精进，在表演课上分析一个表演练习中出现的问题，就一定要分析透彻，而且通过个案分析，要起到给全体学生进行教学的作用，让学生们能够对照自身的问题进行思考，触类旁通，举一反三。

虽然，我们学生的基础和学习主动性都总体相对薄弱一些，而且有的学生以前在艺考培训中学了一些不好的表演习惯，也尽管我的要求比较苛刻，与学生们闹了一些不愉快，另外还有些学生也曾感觉我们班的教学方式注重让学生多参与表演评价与讨论，与他们艺考培训时学表演，以及与别的班、别的学校的表演教学基本上全部由老师进行评点的模式不太一样，从而产生过一些质疑，但我们班学生的表演基础总体还是打得比较扎实，注重观察生活的"生活化"影视表演理念在班里逐渐树立起来了，很多学生都有了显著的进步。

很快就到了期末。就在我们即将进行期末汇报表演的当天上午，距离下午一点的汇报表演还有两三个小时的时候，我得知，班里几乎全部的学生联名写信给学院领导，把我告了，要求调换老师。

　　说实话，我当时真的是没有想到，完全蒙掉了，无异于遇到晴天霹雳。就在前一天的晚上，我还在给期末汇报的两个表演小品进行汇报前的最后加工，一直排到很晚。

　　我琢磨了一会儿后，大概明白了一些。外出拍完电影后，我有了更多的表演感悟，也有了更多的自信和激情，信誓旦旦地要把这个班级带成联大的优秀班，并培养出几个优秀表演人才来，所以对这个新生班的期望、要求比我之前教的班都要高。另外，可能跟自己一直下苦功夫考学的经历有关系，我一直崇尚"不吃苦中苦，难得甜中甜"、"严师出高徒"的理念，也比较喜欢那种严格的管理和步调一致的纪律，认为历经大苦锻炼出的队伍才可以打硬仗。

　　所以，这半年来，我对他们的要求比较高，批评他们也很多，就跟拍电影时很多学生演员跟我发生不愉快一样，班里的学生们对我也难免产生情绪。

　　在教学的过程中，我对于迟到、上课不遵守纪律的同学都是给予很严格的批评，另外，对一些不好的表演习惯更是"零容忍"。我希望在一年级打基础的阶段，一定要消除有些学生身上存在的"模式化表演"和"总想演点什么"等不良习惯，让全体学生牢固树立注重观察生活的生活化影视表演理念。

　　后来，我逐渐意识到，我的教学和管理方式，对于我们基础相对薄弱的同学来讲，比较苛刻和生硬，不够"艺术"化，没有充分结合实际情况。

　　现在的学生们绝大多数都是独生子女，从小到大，家里都捧着，舍不得批评。另外，我们联大的一些同学在表演方面不是特别自信，虽然考上了表演专业，但有些同学没有计划在表演上下多大的功夫或是将来走多远，更注重拿到本科的文凭，将来毕业后并不见得会继续从事表演。所以，我很严格、高标准地要求全班同学认真、艰苦地学表演，实际上跟一些学生的初始动机不很符合，会让有些学生不喜欢我。

　　另外，我的苛刻也让我选的班干部对我难免有情绪，我们之间相处得不好。刚入学的时候，因为学生们彼此不了解，我就通过查看学生简历等方式，挑选了一些学生暂时担任班干部，计划等到一学期之后再全班选举。

　　因为希望选的班干部们能充分发挥带头作用，所以我对他们的要求更严格。

班干部出现迟到、上课不遵守纪律等情况，我会更加严厉地批评。那时我的管理方法也的确有点简单生硬，有几次班会，我都是当着全体学生的面严厉批评了几名班干部。在最后的学期汇报排练刚刚开始时，有一次，因为有几名班干部没有很认真地执行计划，执着于拿出好成绩的我当时很生气，当着全体学生的面，严厉地批评了他们，并训斥他们说，再这样下去就把这一届所有的班干部全换了。

现在想起来，有一些的确是我的管理方式的问题，过于心急和生硬，没有考虑到实际情况，没有注意脚踏实地。因为我对他们的要求超过了他们当时能达到和承受的程度，反而让他们失去了自信，而且我经常严厉批评他们，不注重鼓励，他们自然与我的关系就不好，从心理上也会反感我，对我有情绪。

这一点，在我离开大学后，看我们家小孩成长的过程中，有了进一步的体会。因为我在外的时间多，我妻子和孩子的相处时间更长。小孩子难免喜欢看动画片，吃一些甜的、油腻的东西，并且吃起来也不知道饥饱，为了保护孩子的眼睛，防止吃坏肚子生病，我妻子就会严格限制，于是小孩就更喜欢不大忍心对她严格要求的我，还会经常说"不喜欢妈妈"这样的话。我心里就想，其实我妻子是多么爱自己的孩子啊，而且爱的程度恐怕只会超过我。

那天，得知这个很打击我的消息后，我努力地平复自己似乎已经破碎的心，把我们班的表演汇报继续完成。看着学生们在汇报演出的舞台上表演得已经有模有样，想起他们刚入学时的懵懂，想起我们上课和排练的点点滴滴，又想起他们不理解我，联合写信告我，我一个人在角落里默默淌下了泪水。

其实，指导那么多全国表演系的学生进行那么紧张、那么高难度的电影表演都已经完成了，指导我们一年级学生的小品组织和表演，相对来说是很轻松的事情。严格要求之后，他们的进步的确是很显著的，经过一学期，正确的表演理念也基本在班里树立起来了。但是，批评得太多和管理方式的生硬，恰恰让他们对我产生了情绪。现在想起来，这也是我当时作为年轻教师，缺乏一定的管理经验所导致的。

那一天下班后，我没有回家，一个人独处了很久。一个人的时候想哭就哭，反正没有人看得见。

对于学生联名写信要求换老师，后来我就想通了，心里也并不怪那些还很年轻的学生们，但也让我开始觉得我的性格和喜欢的做事方法可能暂时不太适合现实情况和环境。我坚持认为我严格要求他们是对的，将来他们会感谢我的。要么不做，要做就做到高水准，这是我坚持的处事理念和个人性格。我就是这样的一个人。

后来，有几名学生与我说了实话，班干部们与两名经常被我批评的学生对我有情绪和意见，一时冲动，就发起了联名写信的事情。还有几名学生告诉我，他们很后悔在申请换老师的信后面签了名。他们说，当时其实有一种无奈的感觉，因为班干部们集体找来了，又看好多人写了，班干部们都是班里平时比较活跃的带头的人，同学的关系都不愿意弄僵，大家也就只好跟着签名。

想想也很容易理解，他们都很年轻，我的确给了他们很大的压力。

过了两天，广告学院的领导也与我进行了谈话。领导们安慰我不要放在心上，说联大的学生有过这样的先例，并明确告诉我学校了解我的认真和执着，也对班里的很多同学进行了调查谈话，讨论之后决定不更换老师，也叮嘱我注意和班干部们搞好关系，不能过于心急和一直批评，要注意循序渐进的工作方法。

我很感谢联大广告学院领导们对我的信任，但也还是觉得很受伤、很寒心。不付出真心就不会伤心。正是因为付出了真心，一心想把自己的班级带好，带成一个优秀表演班，所以遇到这样的事情会特别伤心。

后来就放假了。我一方面平复自己受伤的心，一方面咬牙在寒假继续把这部十分艰难的表演系大学生题材电影的工作往下推进。这是我作为表演教师的一项重要科研实践工作，联大的领导们也给予了我很多支持，给我提供了一年的宝贵外出实践机会，大家都很期待看到成果，我必须把电影做好，做一个好的交代和汇报。

再三思考后决定辞职

一个寒假很快就过去了，再次开学了。在假期里，我认真进行了总结和思考。

我已经很确定出现问题的原因。我的管理方式对于我们整体基础相对薄弱的学生来说，过于生硬，不够"艺术"化，没有充分结合实际情况，鼓励学生太少。我也明白，其实我降低一些标准，不要太严格要求，多鼓励学生，可以与学生们关系搞得很好，那样的话，我的工作会既轻松又讨人喜欢。

但是，假期里，我反复思考之后的结论是：管理方式可以改进，但我还是希望坚持很严格、高要求的教学，这方面我不愿意改变。

所以，经过一个假期的认真思考，我做了一个决定：辞职。因为，我觉得，我希望坚持的教学已经让我和学生们发生了很大的不愉快，再往下的教学很难不再发生不愉快，一旦再次出现，就会影响整个教学进度和学生们的表演学习。学生们不是离不开我，不如我退出，真的给学生们换个老师，这样他们的学习可能会更加愉快，从四年的总体学习提高上可能会更有利。而我专门去做电影，也可以更开心、更多地发挥一下自己的所学、所长和力量，也能多给社会做一些贡献。

这倒真不是空话。我觉得人的一生，时间是很有限的，应该抓紧有限的时间，多发挥点自己的能量，否则，我觉得等我老了以后，会特别后悔的。

大学教师其实是一份让很多人羡慕的职业，事业编制，收入稳定，还有公费医疗，而且有很多自己的课余时间，可以进行研究和实践。当我把辞职的想法告诉亲戚朋友们之后，很多人表示反对，告诫我如果丢掉这样的稳定工作，将来可能就不会有生活上的保障了。

尽管稳定的大学教师工作是我父亲、母亲和我以前一直希望的，也是父母含辛茹苦、节衣缩食供我读书和我艰苦奋斗多年才艰难获得的。而且，我也特别尊敬大学老师这个神圣的岗位，特别想成为像电影《纯洁心灵》里文老师一样的一名优秀负责、受学生尊敬的人民教师，这是很有价值和意义的。但我发现我在联大暂时还不能很好地发挥自己的全部能量，也让我的学生们不开心，至少暂时是不合适的。

我也不想老了以后后悔，人毕竟只能活一次。所以，我还是决定辞职。

2015年3月5日，我正式向学院的领导提交了我的辞职报告。领导们反复劝说我，希望我能够留下来，让我至少再考虑一段时间。我跟领导表示，这是认真考虑了很久的想法，我觉得在当前的情况下，既然我和学生们不能很好地相互配合，就不如换个老师，学生们可能会更加愉快，在四年的总体学习上可能会更好，我辞职后，也可以更多地发挥出一些能量。

说实在的，虽然对班里的学生们没有不满，但我当时对我的班干部们还是有些不满意的。作为班干部，他们没有在学生和老师之间架起很好的沟通桥梁，对于学生中间出现的一些问题，没有与我进行及时、充分的交流，还带头组织了签名申请换老师的事情。所以，我在辞职前，专门全部重新任命了新的班干部，但也同时宣布新的班干部任期仅为半年，半年之后全班重新选举，作为给他们的一个阶段性的惩罚。

我当时也明白，这个做法只是我的一个表态，等新的班主任接手后，自然可以重新调整。

交完辞职报告的那一天，回去的路上，我一个人又不知不觉地流泪了。从来没有想过会这样，我内心很遗憾，也很受伤。一边流着泪，我一边想，没什么，他们都很年轻，主要是我的问题，自己的管理方式过于简单生硬了，不够艺术化，我辞职或许会让双方都更开心，让他们在四年里从总体学习上提高得更顺利和更多，祝大家一切顺利，将来他们会理解我的。

但是我的辞职，其实是有点对不起我的家人、妻子和女儿。他们一定希望我有稳定的工作和收入。但我以后得是一个需要自强自立的创业者了，未来的路上一定有很多很多的艰难险阻。我想到自己以后就只能靠从事电影来把两岁的小女儿抚养长大了，真的是感觉有风险的。

但这就是我的性格。我觉得既然在联大的教学使我和学生们都不愉快，而我不愿意改变，那么就不如辞职。我希望趁着年轻，争取多发挥点能量，多拼搏一把，这样老了以后才不后悔。我也相信，虽然很艰难，但我可以凭借艰苦努力实现自己的人生价值。

因为手续繁多，到2015年的4月2日，我才全部办完辞职手续。办理的过程中，学校各个部门的人都很诧异，很多老师问我是不是要去更好的学校教书。因为在联大，之前只有一名出国的教师辞职，其他老师离开都是因为调动。

我说我不是调动，就是辞职下海了。而且，因为我属于在劳动合同到期前提前辞职，还依据合同向学校交了一万多元的违约金。

　　说实在的，那个时候，我对于社会这个汪洋大海真的是有一种畏惧感。但是，为了能够让自己每天把时间利用得更有效，为了老了以后不遗憾，我还是愿意一头扎进去，勇敢地拼搏一把。也请我的亲人们理解我吧，我会努力给你们证明我自己，弥补对你们的亏欠！

　　如果特别疼爱我的妈妈在世，我不知道她是否会同意，不知道她是否会再一次为我担心落泪。

　　实际上，很多人对我的辞职和未来都捏了一把汗，还有很多人笑我傻，等着看我的笑话和我的困境。但我就是这样性格的人，为了梦想，为了老了以后不遗憾，我愿意努力付出。回顾我走过的历程，我不是一直在这样走着一条难走的路吗？

　　这是我的选择，哪怕再难，哪怕撞得头破血流，都要微笑着走下去！

　　回顾这段经历，并不是想表现伤感和难受，是因为它是我人生中很重要的经历，值得做一个总结与纪念。不管是对是错，都要珍惜并把握好现在的时间。我不怪我教过的任何学生，也真的不怪组织写签名信的学生们，他们都很年轻，我给他们那么大的压力，这样的做法是很容易理解的，将来他们也会理解我是真心真意地爱他们，希望他们有成绩的。

　　由衷祝愿我教过的所有学生都能够学习、生活顺利，不断取得更大的收获。

第十二章

携《纯洁心灵》四处奔走

从高校辞职之后，我心里有一些伤感，有很多压力。后来也就完全专心于电影的后期制作和宣传，为将来的上映做准备，结果一直忙得很充实，根本就没有什么时间去伤感和忧虑。因为我们电影没有任何明星，不被很多影视行业人士和院线经理看好，宣传发行难度大，所以，从 2015 年 8 月开始，我带着电影《纯洁心灵》走了很多地方，希望能够把电影的宣传工作扎实做好，为将来的发行和上映做好铺垫，以尽量取得好的成绩，也为自己赢得在电影行业立足和实现更多创作的机会。

两次参加美国电影节的故事

在向广电总局报备后，我曾经两次带影片赶往美国，参加了两个美国电影节。参加电影节的主要目标是希望能扩大电影的影响力，这也是很多国产电影在上映前选择的重要宣传途径。另外，通过放映交流，也获得了美国电影人和美国普通民众对我们电影的重要反馈和评价，并留下了一些难忘的回忆。

第一次去美国参加电影节，失败而归

2015 年 7 月 7 日，正在医院陪家里人看病的时候，我手机上突然收到一封全英文的电子邮件，通知我们电影入围了美国旧金山环球电影节剧情长片的竞赛单元。

虽然知道这是一个小电影节，但我还是挺欣喜的，因为毕竟是我们电影入围的头一个电影节。在这之前的一两个月前，我在网上报名参赛了几个美国的小电影节。美国是一个电影王国，不仅好莱坞电影赫赫有名，还有全球数量最多的电影节和电影文化交流活动。我也是想参加电影节比赛试试看，于是就报了几个，当然基本都是小型的电影节。

查了一下他们的入围名单，得知我们还是唯一一部入围的大陆电影。虽然我确定这个电影节是一个小型电影节，但不管怎么说，也是一次与国外电影人交流的机会，也是一份小小的荣誉。

当时递交参赛的只是通过内容审查的未调色和未制作声音的版本。借这个契机，我抓紧继续推进各项后期制作，需要赶出一个可以在影院播放的电影节版本来，去美国参赛。

通过这次入围，我还去北京的美国大使馆申请获得了 10 年的美国商务、旅游签证。当时我的电影制作资金已经所剩无几，我身边的亲戚朋友得知我们电影入围一个小电影节后，也是很高兴，还共同支持了一万多块钱的差旅费，供我去美国参赛用。

因为我曾在美国留过学，对美国没有陌生感，为了省钱，在连续紧张进行了很多天电影后期制作后，就一个人带着一个专门为这次电影节放映所制作的电影 DCP 文件，单刀飞去了美国。

美国当地时间 8 月 6 日，从美国留学回国四年后，我再次到达美国旧金山。从旧金山下飞机后，我乘坐城市列车赶往附近的城市圣荷西（San Jose）参加电影节。圣荷西算是加州一个较大一些的城市，人口数量在加州排第三位。

到了之后发现，这个电影节真的很小，是圣荷西的一些印度裔美国人办的电影节。参加这个电影节的主要是印度电影和一些东南亚国家的电影，而且也不像之前宣传的那样有美国好莱坞的著名人士出席，各项观影交流也显得比较冷清。

遇到的其他地方来的电影人也评价这个电影节的活动组织得不够好，我就感觉这次不怎么值得来。但因为我这次到美国参加电影节比赛，惊动了很多人，给予我很多期待，还有很多亲戚朋友给我筹集了路费和食宿费。所以，我不太好意思告诉亲戚朋友这个电影节很小、感觉不够正式，心里也想，既然这么老远的来了，还是参加完吧，毕竟也是美国的电影节，还是抓住机会观摩学习一下。

我发现，在进行每场入围电影的放映时，观众数量普遍都比较少，有的场次只有几名观众。我们的《纯洁心灵》放映时，只有七八个人。

但是通过放映，我还是有惊喜的收获。从洛杉矶来的美国白人编剧、导演 Matt Pacini 先生在看完电影后，给予了我意想不到的极高评价。他说，没有想到《纯洁心灵》会是一部导演处女作，评价我们电影是他所看过的最好的处女

美国编剧、导演 Matt Pacini 在电影节上发言

作,还表示电影中的演员表演很棒,并特别夸奖了我的表演,另外还说他相信会有很多的美国观众喜欢这部电影。

最后的颁奖典礼是在当地一个较大的剧场举办的,那天倒来了不少人,但主要是当地的印度裔观众,各电影片方的主创也来了不少人,但主要也是印度影片和东南亚的影片。

我和从加拿大来的独立电影人安德烈一起参加了电影节的颁奖典礼。安德烈是一名50多岁的白人,我们是在电影节期间认识的,也聊得比较愉快。

那天,我们俩的电影都没有得奖,一部印度电影拿了几乎所有大的奖项。

虽然这个电影节比较小,但参赛没有获奖,也是让我感觉有种挫败感和失落感,而且感觉有点对不住给我筹钱的亲戚朋友们。要知道,我对我们电影还是很自信的,因为用了很多创新的艺术手法,所以当时还真是抱着至少得个新人奖的期待。同样,看得出来,安德烈没获奖也不开心。

50多岁的安德烈从事电影工作已经35年了,为了电影一直单身,生活也很拮据。颁奖典礼那天,他本来等典礼结束后要坐火车回另外一个城市的朋友家里住,结果因为颁奖典礼结束后很晚了,没赶上火车。我就"收留"了他,让他在我租的汽车旅馆里住了一晚。第二天一早,他就去了火车站,赶往另外

加拿大独立电影人安德烈

一个城市，准备参加下一个电影节。看到加拿大电影人安德烈的执着，也让我很感动。祝愿他下一站好运！

8月21日，我从美国返回北京。这次去美国参加电影节虽然增长了见识，但出征失利，也是有点挫败感和不服气。

那段时间，我们电影的后期制作和宣发也遇到了一些问题。我们电影后期制作的标准一直比较高，但因为电影难度大，而且现场拍摄时为了赶学生演员们的时间拍得很快，所以有不少需要在后期调整和弥补的，因此花的时间、精力、资金都比较多。我借的钱已经基本上花完了，然而后期还有些没有完成。资金链面临断裂，但电影的发行方还没有找到，而且我们的宣传工作也还有很多不足之处。

所以，回国后的一段时间，我陷入了情绪的低谷。但再苦再难，都必须坚持走下去。

一方面继续寻找资金，一方面我也对在电影的声音、调色方案上发现的问题继续琢磨和调整。同时，抱着不服输的态度，我继续在网上报名参加了一些美国的电影节。我相信我们艰苦制作的《纯洁心灵》一定有很大价值，一定还是会被认可的。

再赴美国，终于获得最佳影片奖

功夫不负有心人。2015 年 11 月 4 日，我的手机上终于又收到一封通知我们电影入围的邮件，邮件还通过附件发送给我们一个代表荣誉的电影节入围橄榄枝图标。这个橄榄枝图标一下子就让我产生了好感。

这次我决定好好了解一下，再决定是否参加。

这个电影节的英文名字是 Monarch Film Festival，举办地是 Pacific Grove。我在网上查询了一下，发现这个小镇竟然是美国的一个著名风景旅游胜地，汉译名为太平洋丛林小镇。从网上的介绍得知，这个小镇沿海，风景优美，位于加州海岸蒙特雷半岛的尽头，与紧邻的全球闻名的"十七英里"海景公路和坐落着很多美国明星、名人豪宅的著名圆石滩社区，一起吸引全球很多人士去观光旅游。

这个小镇还是有名的文学和艺术历史小城，是美国著名乡村音乐歌手约翰·丹佛的最后人生地，很多画家喜欢那里生活和创作，大名鼎鼎的诺贝尔文学奖获得者约翰·斯坦贝克也曾居住了多年。这个小镇还有一个别称是"蝴蝶镇"，是因为每年 10 月到第二年 3 月，都会有成千上万的帝王蝶（Monarch Butterfly）迁移到这里过冬，因此也被称为美国"蝴蝶之都"。电影节的名字应该就是根据帝王蝶的名字来的。于是，我就把这个电影节翻译成"帝王电影节"。

我上网仔细查了他们的网站，看了往年举办的资料和照片。的确，这是一个比较新的小型电影节，2015 年举办的是第四届，还没有中国电影参加过，所以网上也没有任何中文资料。但我发现往年的参赛者大部分都是四五十岁的美国白人电影人，活动也还比较热闹，感觉比上一次参加的电影节要更正式一些。

于是，我决定再去一趟美国参赛。因为在国内的事情很多，所以计划四天时间完成往返。这一次，我询问了我们的演员谁可以一起去，因为上次参加电影节，发现大部分电影都有一些主创代表过去。但因为我们资金很紧张，我要求去的演员自己承担往返美国的交通费用。

后来，我们的 18 名学生演员之一，山东艺术学院表演系的刘子铭表示可以去，而且愿意自己负担往返费用。其实，这对于我们的年轻演员也是一个好事情，是难得的经历。在帮助她办好了美国签证之后，我们就一起飞往美国去参加电影节。

因为往蝴蝶镇的公共交通不发达，我们就在旧金山下飞机后，租了一辆车赶往蝴蝶镇。到了以后，感觉这个电影节虽然也不大，但还是比较正规的。蝴蝶镇的风景真的很优美，当地的居民以美国白人为主，占到90%以上。

美国当地华人前来支持电影《纯洁心灵》

一位华人女观众感动落泪

在放映我们电影的那天晚上，让我特别意外和惊喜的是，临近电影放映前，除了美国观众外，还赶来了一批华人观众。原来，电影节组委会的人员通知了美国蒙特雷湾区华人协会的谭捍卫会长，谭会长就组织了蒙特雷湾区的一些华人特地赶来看我们的电影。我们之前完全不认识，让我十分感动。

那天晚上的放映还是很成功的。观众的年龄以中老年人为主，观影都很投入。我看见好几名观众在观影过程中感动地流下了眼泪，特别是一名华人女性观众哭了好几次。我想，华人在美国看到中国的电影不远万里过来参赛交流，肯定会有别样的感受。那天观影后，我也采访了一些观众，得到了很多观众的高度评价。

我心里想，这次参加电影节还真是一次愉快的经历，不管能不能获奖，都是值得的。

美国当地时间12月11日的晚上，是这个电影节的颁奖典礼。我和我们学生演员代表刘子铭穿着正装到现场参加。我告诫自己，保持平常心，这次不管能否获奖都是一种经历。

结果，真的宣布我们获奖了！还是电影节最大的奖项，剧情长片的最佳影片奖！

那一刻，感觉幸福来得好突然，还有点不敢相信，跟做梦似的。于是，我手忙脚乱地脱掉外衣，身着礼服上去做了一个获奖分享。当时，我们颁奖现场的影厅里坐了很多四五十岁的美国白人，包括从各地赶来参赛的电影创作者。

我有点激动，也有点语无伦次起来。但是，全场观众给了我这个中国来的小伙子热烈的掌声。我想，那一幕我会一直珍藏在心里。

虽然这个电影节也比较小，但参加这个电影节的大都是有多年创作经验的美国白人电影人，因此，我们这样一部全部由新人大学生主演的导演处女作能获得这个电影节的最大奖项，还真是一件很不容易、很值得庆祝的事情。

我听华人协会的谭会长说，蝴蝶镇现在已经没有华人居住了。在几十年前，这里的唐人街被一些种族歧视分子烧了好几栋房子，华人们就离开了蝴蝶镇。这么多年后，我们电影在这里获了最大奖，还是给中国争了光的。

获奖后，我们参加了当晚的PARTY，与很多美国电影人进行了难忘的交流。

第十二章 携《纯洁心灵》四处奔走 | 297

Feature Narrative Winner Bi Zhifei and Actress Liu Ziming from China accepting their award for "Pure Hearts: Into Chinese Showbiz" at the 2015 Festival.

美国电影节网站上刊登的电影《纯洁心灵》获奖消息

与电影节组委会人员合影

第二天晚上，组委会组织放映获奖电影。我们电影作为电影节最大奖项的获得者，于黄金时间在最大的影厅进行了播放。这次来的几乎全是美国白人观众了，他们想看一看这部电影为什么能获得最佳影片奖。

那天晚上，我也专门在现场又看了一遍。观众们看得很认真，看完后，很多名美国白人观众对着我带的DV机器讲了他们的感受。他们纷纷表示电影很好，让他们能够沉浸在其中，影片幽默，也让他们很感动。

一位在中国杭州做过高校英语外教的白人妇女看完后，问我是不是一名真的表演老师。她说电影故事很让人信服，表演得也非常真实，她给予了"顶呱呱"的好评。她还说"纯洁心灵"这个名字非常合适，因为它直接切中了故事的核心。这让我很是高兴，因为尽管很多人告诉我"纯洁心灵"这个名字可能过于文艺，会损失票房，但我一直坚持，认为这个名字才能真正代表这部电影。

放映结束后，我也采访了电影节组委会的创办者，一对美国白人夫妇。他们也是电影创作者。他们从剪辑手法、镜头设置、叙事等方面都给予了《纯洁心灵》高度评价，还评价说："真的非常有才华，相信你们一定可以走得很远！"

那一刻，真的有种幸福感，感觉遇到了知音。因为我们真的在《纯洁心灵》上下了很大的功夫，真的是很用心地在为观众做创作。

与获奖比起来，其实那些评价给予我的激励更大，对于我来说更重要。非常感谢美丽的蝴蝶镇！非常感谢电影节的组织人员、评委，给予我们很多精神上的激励！我也下定决心，一定要把剩余的后期工作和电影的宣发工作做好！

回到中国以后，我们于12月17日在北京举办了一次答谢放映，邀请了几十名朋友观看电影，并再次组织了调查问卷的填写，几名演员也一起出席了活动。同样，那天的观影也很成功，调查问卷的好结果也让我们进一步增强了信心。

实践证明，我们的"较真儿"制作是很值得的。在失败和挫折面前不要放弃，是我的一个深切感触。

2015年12月24日，电影《纯洁心灵》在美国获得最佳影片的消息登上了母校北大的官网首页，给了我和团队人员莫大的激励，也让我备感身上的责任重大，必须全力坚持、执着努力！

一年参加了 6 场推介会,被誉为电影节劳模

因为电影的宣发难度大,而且我们也没有大公司的支持,所以等影片的后期制作完成大部分后,从 2015 年 10 月起,我也就逐渐开始参加业界的一些交流会议和电影推介会,开始尝试进行我们电影的宣传工作,也希望能够认识一些业内朋友,寻找电影宣传发行的合作伙伴。

第一次参加国产影片推介会

说起来,还是要感谢微信朋友圈。参加了一个电影交流会后,有幸加了一些演讲嘉宾的微信,后来通过一位演讲嘉宾的朋友圈知道了一个电影推介会,就打电话报名了。结果,就有了有生以来第一次参加电影推介会的经历。而那位演讲嘉宾,一年后成了我的合作伙伴。

这个推介会是由广电总局的直属媒体《中国电影报》社举办的,那一次是在河南的林州举办。从那次我就与《中国电影报》社的工作人员认识了,结果我们的电影理念很一致,于是就与好几位报社人员成了很好的朋友,并陆续开始了更多的电影宣传合作。

我在林州电影推介会上做推介,这是我人生中第一次参加电影推介会

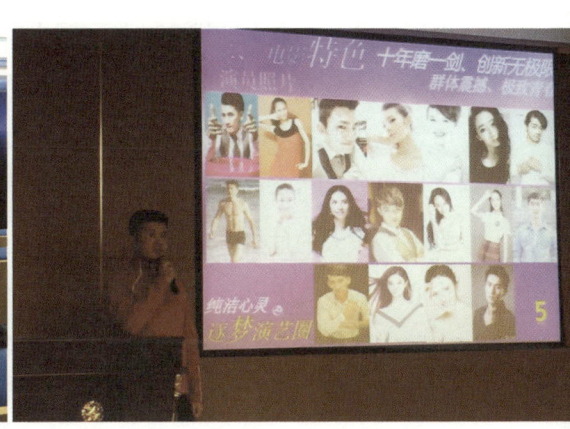

2015年11月5日,我一个人乘坐高铁赶到郑州,又坐人家的接站车赶往林州,参加6—7日举办的"2015国产电影冬季推介会"。第一天听了很多电影推介,学了不少推介的模式和技巧。第二天上午,我对电影《纯洁心灵》做了推介,其实就是很真诚地讲了一下电影的设计想法和制作特点,说明是主打特色和创新,将带来一部不一样的电影。结果,竟然收到了非常好的反馈,很多代表下来说我的推介非常有激情,项目也很有特点,给他们留下了深刻印象。

于是,从那次起,就正式拉开了我走遍全国各地参加各种电影推介会,被人称为"推霸"和"劳模"的帷幕。

而且,通过这次参会,我发现自己和《中国电影报》的工作人员很聊得来,理念也比较一致,交了几个很好的朋友。后来,大家聊到《中国电影报》社计划主办的第二年的春季推介会,我灵机一动,就推荐了我们电影拍摄的场景地之一钻石海岸作为举办地。

我当时想,海南风景优美,肯定大家都愿意去,另外,钻石海岸也是我们电影的拍摄场景地之一,在那里举办,会让很多院线代表对我们电影产生更深的印象。

结果,还就真的促成了。

2016国产电影春季推介会

这次的"2016国产电影春季推介会",于2016年的3月30—31日举办。

海南钻石海岸为推介会提供了举办场地和一些食宿上的支持。这次,我为电影《纯洁心灵》的推介也是下了大功夫。因为当时我们已经获得了社会各界的众筹资金支持,所以我们电影也为推介会赞助了几万元。作为赞助方,我们电影也获得了可以推介更长时间的回馈。

果然,与会代表们都很高兴到海南参加推介会。其实,当时我们电影正遇到一个很大的危机,但并没有对外提起过,所以很多人并不知道我当时有着多少心事和多大压力。

电影推介会举办得挺成功,我们电影的推介也比较顺利。那次推介完后,很多院线代表就对我们电影有了更深的印象。

第十二章 携《纯洁心灵》四处奔走 301

在海南钻石海岸举办的推介会

作为赞助方之一,在这次推介会上,我也认识了更多的院线大咖和代表。比如,上海的著名发行界前辈吴鹤沪老师,广州金逸珠江电影院线总经理助理谢世明老师等人。谢世明经理邀请我参加了下一个推介会。

第一次观摩全国各大院线联合推介会

受谢世明经理的邀请,2016年4月20日,我到苏州太湖参加了全国各大院线联合主办的"第十二届全国院线国产影片推介会"。因为知道消息比较晚,错过了电影报名的时间,所以不能参加影片推介,我就去做了观摩。

到了之后得知,这个全国院线推介会是全国规模数一数二的推介会,聚集了全国所有院线和影院管理公司的重要代表,有很多大型发行公司和电影片方带着明星一起进行影片推介。作为一名电影新人,我这次收获很大,观摩、学习了很多大的电影发行方和片方的推介,有很多感受,也进一步认识了全国各大电影院线和影管公司的一些人士。

这期间,我们电影的后期制作也在不断地精益求精。因为放映测试次数多了，制作时间长了，自然就发现了更多的不够完善的地方。既然还有时间，就进一步做些完善。电影的宣传与电影的质量是相辅相成的。

当然，我们电影在宣传上的工作还相对落后很多。

华夏·中影推介会

距离参加完全国院线联合主办的推介会不到20天，5月11日，我又带领工作人员飞到深圳，参加华夏、中影公司联合举办的"2016年华影·中影夏季影片推介会"。这个推介会规模也是全国数一数二的，全国各大院线、影管公司的重要代表也基本上都会参加。这次推介会，是由华夏公司承办的。

观摩了4月的全国院线推介会后，我有点摩拳擦掌的感觉，决定在这次的推介会上好好推介一下。当时因为已经众筹到了一些宣发资金，为了达到好的效果，我带了三名团队人员一起去，并邀请到了我们18名大学生主演中的4名一起参加，还专门制作了印有我们电影名字的手提袋、宣传小册子和小礼品。

到了深圳之后，感觉来的演员人数比较少，凸显不出我们电影的特色，就专门聘请了七八名深圳的大学生兼职模特，计划让他们与我们一起登台，以展示我们电影主打的集体青春力量。

利用到深圳的机会，在我们一名众筹股东的帮助下，我们还到深圳大学做了一场路演。因为这次高校路演的准备时间短，所以当天参加的学生不是很多，但现场的观影氛围还是很热烈的。

我们这次深圳之行的重点还是参加电影推介会。因为准备工作做得比较充足，形式也很新颖独特，我们5月13日下午的电影推介获得了出乎意料的成功。

那一次，我很有幸在香港著名导演王晶和另外一位香港导演的推介之后出场，得到了黄金时间的推介。那天，我们的青春集体阵容确实很引人注目，而且也头一次给全国各大院线、影管公司的代表们播放了电影《纯洁心灵·逐梦演艺圈》的首部预告片，获得了当天下午的影片推介中非常热烈的掌声，给全场人员留下了深刻的印象。

我能感觉到现场各大院线、影管公司的代表们对我们这部创新电影的好奇和关注。其实，与会代表们平时的主要工作之一就是看电影，经常看到一些题材、类型重复,缺乏新意的"跟风"电影和"赶集"电影,让他们产生审美疲劳,因而对于勇敢创新的电影,他们还是很有兴趣关注和了解的。

这次我们电影首次在大规模电影推介会上的亮相获得圆满成功,让我和团队人员以及我们的众筹股东们十分高兴,也很大地增强了我们的信心。

我带队参加"2016年华影·中影夏季影片推介会"

当然，虽然院线、影管公司的代表们对我们电影的题材、独特设计给出好评，但他们也有一些担忧。主要是担心我们没有明星，导演也是新人，宣传起来比较难，而且制作成本也小，对电影能够吸引多少观众走进电影院观看还是没有底。

他们担忧的这些因素也是我一直很清楚的我们电影的劣势所在。我也一直在努力地加强各项宣传和营销工作，希望能够引起大众的关注，吸引尽量多的观众去观看我们的电影，也希望能够让院线、影城经理们看好我们，对我们有信心，给予我们好的排片率。

参加上海国际电影节

2016年6月12日，我带领团队赶到上海，参加上海国际电影节。因为错过了参赛报名时间，我们就报名了电影节的市场展，租了一个展位，还购买了广告牌位置。阴差阳错，我们就租到了上海展览中心正门前的一块很显眼的广告牌位置，对电影形成了有力的宣传。

吴鹤沪老师与我们一起探讨电影

参加电影节,一方面可以宣传电影,一方面也可以结识更多的电影界人士。这次也是我们第一次参加上海国际电影节,压力大,时间紧,除了完成参加电影节市场展、在展位上宣传我们电影的主要工作外,我带领四名团队人员在三天的时间里办了三场活动,达到了很高的效率,但也把团队累坏了。

为了扩大对电影的宣传,2016年春节过后,我策划了一个"电影《纯洁心灵》全国形象大使招募活动",招募的要求必须是在校学生,而且积极上进。2016年5月发起后,还真是招募到了全国各地的几十名学生担任我们电影的形象大使,有些是在参加艺考时加入我们的艺考生交流群,从群里知道了我们的招募消息,有的是从微博微信上得知消息的普通学生,包括不同专业的大学生和中学生,还有两名很优秀的小学生。

那一次,在给我们的形象大使发了邀请后,有3名形象大使赶到上海参加了我们的各项活动,并帮助我们做了宣传。这也算是一种创新吧。

6月14日晚上,我们仿照各大影视公司的"某某之夜"的活动形式,做了一场我们电影的交流活动,起名为"纯洁之夜",邀请了著名的"发行三剑客"之一吴鹤沪老师等业内人士出席参加。在聚会上,我们还做了一场"国产电影发展和电影《纯洁心灵》发行策略"的小型论坛,收到了不错的效果。

四处拉观众观影的经历

在上海期间,我们还做了两场观影交流活动,因为准备时间仓促,新导演也没有影响力,所以凑不够观众,于是我就带领团队人员四处去拉观众。想起来也是颇让人感叹的经历。

6月14日上午,我们在电影节主会场上海影城的一个小放映厅里举办了一场放映测试交流活动,邀请了一些来参加电影节的各界人士观看,主要是希望能够得到上海普通观众的一些反馈。因为准备的时间较短,影城的人员也都比较忙,于是我们就自己承担了寻找观众的任务。

那天,我们团队人员就在影城的大厅里和附近的街头四处拉观众,我也直接上阵去拉观众,但影城的人大部分都已经买好了电影票,而路过的人一般都有事情,所以难度比较大。我们找了很长时间,只找到少数一些观众。

后来,实在没招了,我决定给参加观影调查的观众每人发100元的劳务费。通过这种方式,成功招到了一些观众。为了防止调查不准确,我们专门叮嘱他们一定客观评价,调查问卷也是完全匿名的。

那次的观影测试最终取得了成功,现场观影氛围很好,而且搜集到了很有益的反馈,有几家媒体也到现场进行了报道。

6月15日,我们又到上海大学举办内部放映交流活动。也是因为准备时间

上海大学放映时学生们的微信"弹幕"

太短,而且赶上上海大学正处在教学小假期阶段,面临没有学生观众参加的问题。我就把所有团队成员派到校园里四处寻找学生参加,我自己也去学校大门口拦回校的学生们,问人家愿意不愿意看电影。

来来往往的学生们很多也是自己已经有事情安排的,而且很多人担心我们是骗子,所以大部分学生拒绝了我们。还有些学生问我们是什么电影,谁主演的,当得知导演和演员都没有名气时,很多人也就拒绝了我们。我们五六个人在学校里分头拉了近一个小时的人,才凑够了几十人进行放映。

这就是新人导演和新人电影的难处,想找观众看都比较困难,想起来也是有点心酸的。我当时暗暗下定决心,一定要刻苦努力,成为一名优秀的导演,将来让观众们挤爆棚去观看我的电影。

但那次最终的观影还是挺成功的。观影前,我们提前建了一个微信交流群,结果就有了一种观看"弹幕电影"的体验。学生们看电影,我则是全程看他们的"弹幕",了解学生们的观影感受。现场观影氛围很热烈,上海大学的学生们很活跃,弹幕文字也是十分生动,我很开心他们能与我们的电影有那么多共鸣。那些微信文字,我到现在都好好地保留着。

被上海一位女性观众发言深深激励

观影后,在进行交流时,我们还意外录到了一段难得的珍贵视频。一位头发已经有些花白的五六十岁的女观众主动站起来分享了她的观影感受,她说自己这样年纪的人经历了很多,刚才心里一直流着眼泪在看,看到了一部非常真诚、非常令人感动的作品,表示非常感谢我们。

这位女观众是一名上海的邮政行业退休人员,是偶然从上海大学门口路过时被我们临时拉来看电影的。她的发言出乎很多在场学生的意料,就好像我们曾经在首都经贸大学放映时赵喜玲秘书长的发言一样,让很多年轻的学生发现,原来我们电影在很多幽默的情节背后,还有很多让有经历的人忍不住落泪的元素。

实际上,这也是我们电影的一个特点。从开始构思剧本的时候,我就希望能够抓住不同年龄段的观众,让大学生和年轻观众能够充分感受我们电影的逐

偶然从上海大学门口经过时被拉来观影的退休女观众发言

梦励志和幽默表达，让中老年观众能够看到对人生的感悟和深层表达，能够感受到很多角色的美好心灵和真情厚意。

几乎每一次的放映，总是能给予我感动和收获，这次这位观众的发言对于我又是一个很大的激励。这其实正是我能够一直坚持下去的强大动力。

当得到观众的好评反馈的时候，当观众准确地挖到在电影中埋的"宝"、与我产生共鸣的时候，那种感觉是很幸福的，觉得自己的工作是很有价值的。

感觉自己有点像"毕扒皮"

在上海，除了参加电影节市场展，我们在三天内还做了三场活动，完成了几乎不可能完成的任务，把团队成员每天都累得叫苦不迭。尽管我的团队成员算是很能吃苦也很努力了，但因为他们年轻，活动中出现了一些疏忽和考虑问题不周的地方，还有累了之后出现了懈怠，我两次狠狠批评了他们。

很多时候，我觉得自己真的是一个"贪婪"的人，总想充分利用好每一次行程，总想多完成一些事情，而且定的标准比较高，所以其实我的团队人员很不容易，他们跟着我吃了不少苦。有时候，我也跟他们开玩笑说，我像那个恶霸地主周扒皮一样，是"毕扒皮"。

我的确对自己和团队的人员要求都很高，又因为我们的团队人员都比较年轻，而且工作经验少，所以经常会达不到我的标准，被我严厉批评。我这种苛刻要求、严厉批评的风格也经常让我和我的团队人员之间气氛尴尬，也因此经常导致人员流动。

有时候，我也会反省自己是否太严格了，也会尝试调整自己，告诉自己别老批评团队人员，影响双方的心情，但似乎很难改正。可能是因为标准高吧，有时看着年轻人不够努力和出现懈怠，就会觉得他们在浪费宝贵的时间，有时候发现他们做事情思考较少、考虑问题不全面，也会替他们感到着急。而且，电影的制作标准和活动标准不能降，这是一个硬目标。很多时候我跟团队人员发脾气，正是因为我觉得他们的草率、大意等降低了电影的整体形象，对不住观众，对不住那么多人那么多年的付出。

我也经常想，一个能完成重大任务并取得好成果的团队必然是一个能打硬仗、效率更高的团队，所以还是要坚持努力高标准、严要求，坚持提升他们的工作效率。虽然我也不想发脾气，但着急和累的时候，看到工作人员犯一些比较低级的错误，真的也是较难控制自己的情绪。

想起来，我的团队人员跟着我挺不容易的。但我相信，坚持高标准才有意义，我们既然选择了更难的路和更高的目标，就要有更多吃苦的准备和决心。

与李安导演的缘分

2016年参加上海国际电影节，还有一件难忘的事情，是电影节上李安导演的讲话。

我们赶到上海的第二天，6月13日，李安导演在上海电影节的一个重要论坛上提出中国电影不能一味追求速度，中国年轻电影人应该"慢成长"、不能急功近利的观点，引起了各大媒体和社会各界的热烈讨论。

李安导演讲这番话的时候，其实我和团队人员就在会场的外面。因为会场的人已经满了进不去，我们就在会场外面，与很多没有进得去会场的人一起看了电视直播，感觉大家都很敬重李安导演。

李安导演的"慢成长"讲话给予了我很大的激励，让我更加坚定了坚持扎实做下去的决心。我心里想，我们电影不就正呼应了李安导演的讲话吗？

要特别感谢李安导演！感谢他在我们电影遇到很多困难和低谷的时候，在很多业内人士嘲笑我们做得太慢了，不符合他们所谓的电影制作规律的时候，给了我和团队人员继续耐心精耕细作的激励和鼓舞！

所以，我认为，我们电影和李安导演还是很有缘分的。我也期待有一天，李安导演可以看到我们的电影。

西安，全国各大院线联合推介会

参加完上海国际电影节之后，我们又做了几场高校路演，而且还集中时间进行了一段电影后期制作中声音、特效、音乐的精进工作，并且进一步推动了我们宣发经费众筹的进行，每天都忙忙碌碌。

2016年9月1日，我得到通知，电影《纯洁心灵》入选了第十三届全国院线国产电影推介会的正式推介单元。这个全国院线推介会就是我在4月去苏州太湖观摩过的大型推介会，上半年和下半年各举办一次。上次只能观摩，这次我们终于入选了推介环节，还是很开心的。

这次推介会在古城西安举办。9月19日，我带领团队人员赶往西安参加这次推介会。因为那两天我在北京的事情太多，有艰巨的补配音等后期制作工作，结果没赶上飞机，赶紧又买了一张起飞时间晚三个小时的，结果还是没赶上，直到买了第三张机票才终于赶上飞机，终于在晚上到达了西安。买了三张机票才赶上飞机的事情，就成了我们工作人员一聊就会笑的趣谈。通过这个事情，能知道我当时有多么忙碌。

在这次的推介会上，因为我已经有经验了，所以这次的推介显得轻车熟路，增加介绍了一些我们电影的新进展，播放了我们去几所高校路演的大场面，也展示了我们的人物版新海报。但因为这次我们电影的推介时间比较靠后，所以当时台下的人不是很多。

不过，在每天的宴会上，也是交流的好机会。每次宴请，我都会想方设法认识更多各个院线和影管公司、影城的代表和更多的业内人士，给他们敬酒，与他们合影，并与很多已经认识的业内人士进一步交流。

几次推介会下来，很多与会代表对我的印象还是比较深的，有些人称赞我

执着努力,开玩笑地叫我"推介会劳模"。

被"忽悠"到唐山金鸡百花电影节

在西安顺利完成推介之后,紧接着我又带领团队成员赶往唐山参加金鸡百花电影节,准备参加新闻发布会和走红毯。

结果到唐山之后,发现被忽悠了。

邀请我们来的虽然的确是这次金鸡百花电影节的工作人员,但他们是兼职帮忙,而且举办的新闻发布会也并不是金鸡百花电影节的官方活动,只是他们自己公司的活动,让我们走金鸡百花电影节闭幕式红毯的机会也根本不可能有。

关键那一次,我很重视,带了7名工作人员赶到唐山,包括我自己团队的5人和我们营销合作方的两人,另外我还邀请了5名学生主演和3名形象大使赶到了唐山。3名形象大使都是在校的大学生,是从南方城市千里迢迢赶过来的,其中有两名还是在半夜到达唐山的。

我们总共16人的队伍一下子就"傻"在了唐山。那次,我们还提前支付了包括参加新闻发布会和团队人员食宿在内的几万元费用。

我很生气,心想这可真是对我影响太大了,让我们这么多人赶过来,关键是直接打击了我们团队成员和演员们的积极性。

本来，我们演员们听说可以参加金鸡百花电影节，参加的积极性很高，也都抱着很大的期待。结果到了之后，演员们很失落，觉得被我"忽悠"了，甚至对我产生了情绪。

我心想还是安抚一下我们的成员，让大家开心一些。于是，还是参加了他们自己公司举办的发布会，但到了之后发现，参加的人很少，到场媒体也很少。真的是被"忽悠"了。

9月24日晚上举办金鸡百花电影节颁奖典礼。邀请我们来的人给了我们四张观看典礼的观众票，说没有多的票了。

我就跟团队商量把其中的三张票给远道而来的三名年岁更小的形象大使，剩余的一张让我们五名演员选派一名代表去。因为三名形象大使学生来一次很不容易，我和演员们以后还有其他机会可以参加别的典礼。

我们的三名形象大使真的让我很感动。她们主动表示，因为演员为这部电影付出得更多，她们就不看典礼了，主动把票让给了我们的演员们。

这让我很过意不去。我心里想，一定要把三名形象大使学生送进典礼现场去。

在金鸡百花电影节颁奖现场外买黄牛票

于是，我和我们的营销合作方VC电影的两名人员赶到举办颁奖典礼的体育馆外面去找黄牛买票。

我下定决心一定要把三名形象大使送进去，而且要给她们买到比之前的四

三名形象大使在颁奖典礼外面合影

张票更好的座位。

我这个人很倔。那天,因为很多票的座位不够好,我们就在场馆外一直转了近一个小时,问了很多黄牛。

想想那一幕,现在都觉得挺滑稽的。我平时不追星,VC电影的两名人员平时也经常参加各种电影的首映活动、发布会,见过的明星多了。我们哪里买过电影活动的黄牛票?

当时我们一边四处找黄牛买票,一边互相逗乐说以前什么时候找黄牛买过票看明星了,真是哭笑不得。这次让我们找到了追星族的感觉。

最后,花了几千块钱,我终于买到了三张座位很好的黄牛票。一直看着我们三个形象大使进了颁奖典礼的检票处,我们才离开,找地方吃饭去了。

找黄牛买票的时候,我跟两名合作伙伴说,以后我一定要光明正大地带团队参加金鸡百花电影节,而且一定要走上红毯,一定要争一口气。

哈哈,想起来,这真的是一个很难忘的经历。

2016年11月24日,我们电影在中国电影资料馆举办了专家观摩研讨会。金鸡百花电影节的重要组织人,中国电影家协会分党组副书记许柏林老师看了我们电影后,给了高度评价,并邀请我们一定要报名参加金鸡百花电影节,让我觉得很是提气,仿佛受过的委屈终于可以得到弥补了。

我想,我们终有一天会走上金鸡百花电影节的红毯的。

秦皇岛中国影视基地产业峰会

11月5日,我从云南大学路演完回到北京,11月7日,我的二女儿出生,11月11日,我带着团队继续上路,赶到秦皇岛参加以"中国梦,电影梦"为主题的中国影视基地产业峰会。

在会上,我再次给全国的与会代表们推介了电影《纯洁心灵》。这次,很多参会的电影人士都纷纷评价我是电影行业的"推霸"和"劳模"。

这部电影没有一个明星,我又是新人导演,所以需要更多的宣传推广。我身上肩负着那么多人的信任与期待,我应该尽自己最大的力量去进行工作。

新疆乌鲁木齐全国院线国产电影推介会

因为延期并面临资金危机，到了 2017 年 3 月，我组建的团队已经彻底解散，只剩下我的表弟一名工作人员。为了省钱，2017 年 5 月 8 日，我就一个人赶到新疆乌鲁木齐参加第十四届全国院线国产电影推介会。

已经在五个推介会上推介过五次《纯洁心灵》了，其中大型推介会上的推介有两次，这是第三次。

2017 年 3 月的时候，我们接到了这次主办方新疆电影发行放映公司的信息，邀请我们带电影参加这一届的推介会。看来，我们前几次的推介还是给与会代表们留下了深刻的印象。收到邀请让我们很感动，就继续报名参加了。后来，我们也顺利入围了正式推介单元。

其实，直到上飞机的两个小时前，我还在犹豫是否参加这次的推介会。一个是我已经推介了好几次，但因为遇到各种各样的困难而延期了几次，所以我还真有点不太好意思再去了，而且，与会的代表们也已经基本上都知道了我们的电影。另外，尽管延期了，团队也解散了，但我一直在紧张地工作，与时间赛跑，包括写这本书，总是感觉时间不够用，这方面也让我犹豫是否参会。

后来，还是决定去。我觉得还是需要向与会的电影界代表们多学习，和他们多交流，而且到那里也可以写书。但这次，因为面临资金危机，我不但选择一个人参会，而且没有像之前那样准备很多宣传材料、小纪念品发给与会的代表们。

推介会一共有三天，我们电影是在第三天上午推介，因为在得知具体推介

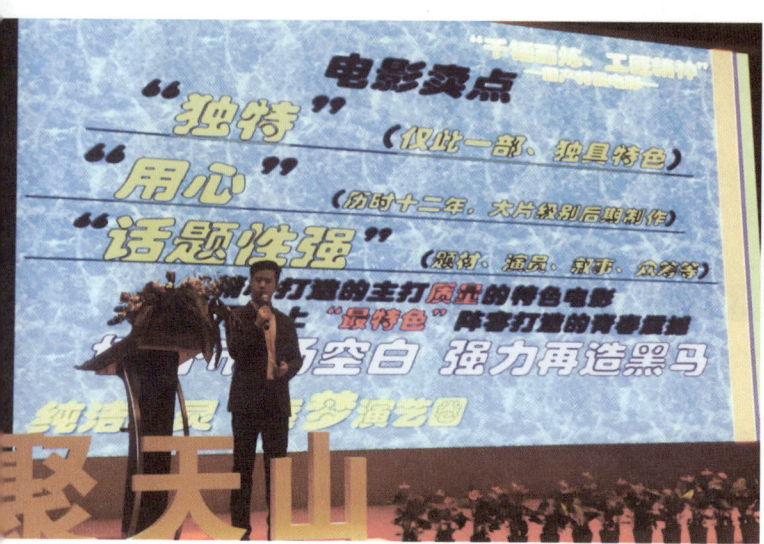

时间之前就买了票，所以还是在推介会开幕的前一天8日就赶往乌鲁木齐。从乌鲁木齐下了飞机，乘坐接站的班车赶到酒店报道后，我就继续开始写书。

接下来的三天，除了参加开闭幕式和会议的招待宴会、听一些重点影片的推介外，我基本上就是一个人待在酒店房间里写这本书和准备电影推介的材料。虽然是第一次到新疆，但我哪里也没去逛，心想，现在不是玩的时候。

这次推介也获得了圆满成功。我重点把自从上次电影推介会后，我们电影《纯洁心灵》的进展和取得的成果跟与会的代表们做了介绍。因为我们下的功夫很大，走了很多地方，做了很多路演，积累了很多观众对电影的评价，所以当我把我们的路演、观众评价混剪视频播放后，赢得了很多掌声。

我的推介结束后，有好几位与会代表评价我们电影的宣发工作做得比较扎实，而且表示感觉普通观众会很喜欢这部全新人电影，对我们寄予期待。

另外，我也明显感觉到，这次的推介会上，在我推介之前，就已经有很多人都记得我了，而且印象还比较深，说明我们前几次的推介还是很有效果的。在这次推介会期间，利用各种宴会的机会，我和很多与会代表进行了进一步的交流，也把我们电影的一些进展与大家分享，请大家多多关注我们的电影。

我们电影是在大大小小的推介会上做的推介次数比较多的影片了。非常感谢一路以来得到的很多人士的大力支持。我经常跟自己说，即使再苦再难，都要坚持不懈，尽力做好最后的宣发工作，争取为 2017 的中国影坛带来惊喜。

北大誓师，开展"全国万里行"路演

北大举办"誓师大会"

在 11 月 24 日举办的专家观摩研讨会上，各位专家给出的评价让我们深受激励。我们决心全力做宣传，努力让更多的观众走进电影院去观看我们这部诚意满满的全新人电影。

电影《纯洁心灵》自筹备以来，一直走下苦功夫的路线。在宣传上，我觉得也需要坚持这样的做法。这些年，很多电影都注重到全国各地去做路演，特别是很多电影都到高校去做路演，那么我们就干脆力争一个第一，努力把我们电影的路演活动做成全国第一，先从勤奋上超越其他电影。笨鸟先飞，勤能补拙。

说干就干。我带领团队人员用三天时间策划和准备了"电影《纯洁心灵》全国万里行誓师大会"活动，联系场地，制定流程，邀请嘉宾、媒体，等等。

2016 年 11 月 30 日下午，我们在北大英杰交流中心最大的厅——阳光大厅成功举办了誓师大会。因为筹备时间短，我们并没有邀请多少观众，而是重点邀请了十几家媒体到场报道。

当天，我们特别邀请了退役将军、北斗卫星导航系统奠基人、北斗应用系统的首任总指挥卜庆君将军亲临现场为我们授旗。

这个活动开了一个先河。因为我是从北大博士毕业的，北大又是国内数一数二的知名高校，因此在北大举办"誓师大会"，从北大出发走遍全国是很有意义的，而且，我们计划走遍全国后再回到北大做最后一场路演，完成"全国万里行"活动。

当天的嘉宾致辞后，我们就举办了特色的授旗活动。卜庆君将军将我们订制的印有"不忘初心 逐梦青春"八个字的红旗授予我，在场的媒体记者用摄像机和照相机记录下了珍贵的时刻。

“不忘初心 逐梦青春”
影《纯洁心灵》
万里行”誓师大会

北京大学对外交流中心

电影《纯洁心灵》全国万里行
逐梦青春”
《纯洁心灵》全国万里行”誓师
2016.11.30
北京大学影视戏剧
北京实传创文化传媒

“不忘初心
电影《纯洁心灵》全国万里行
2016.11.30 · 北京

爱奇艺
CCTV
YOUKU优酷
新华社
土豆网

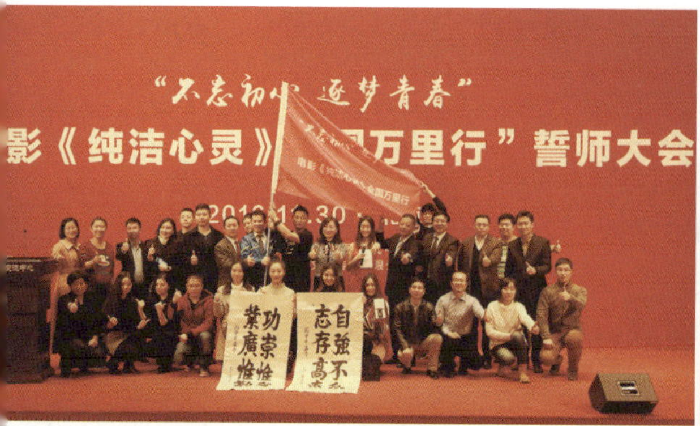

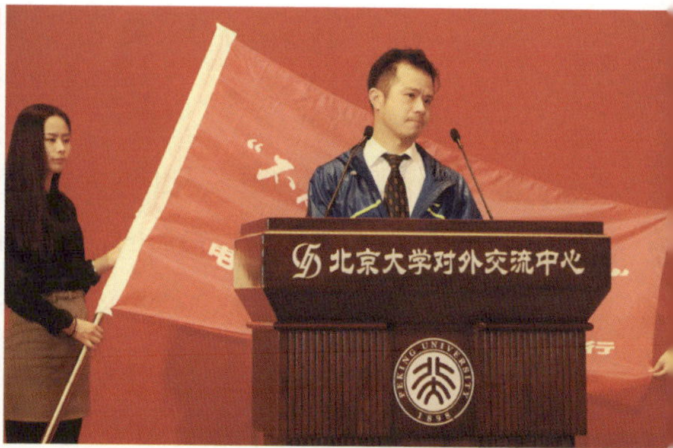

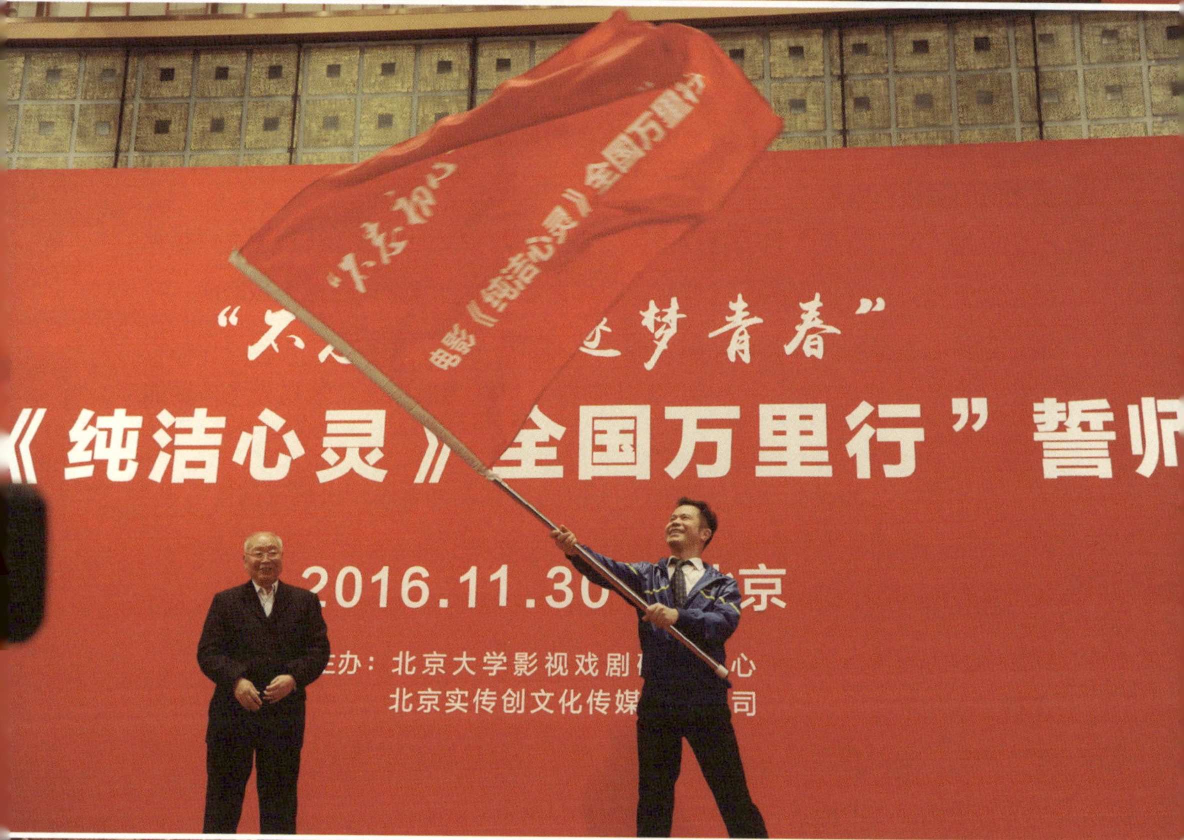

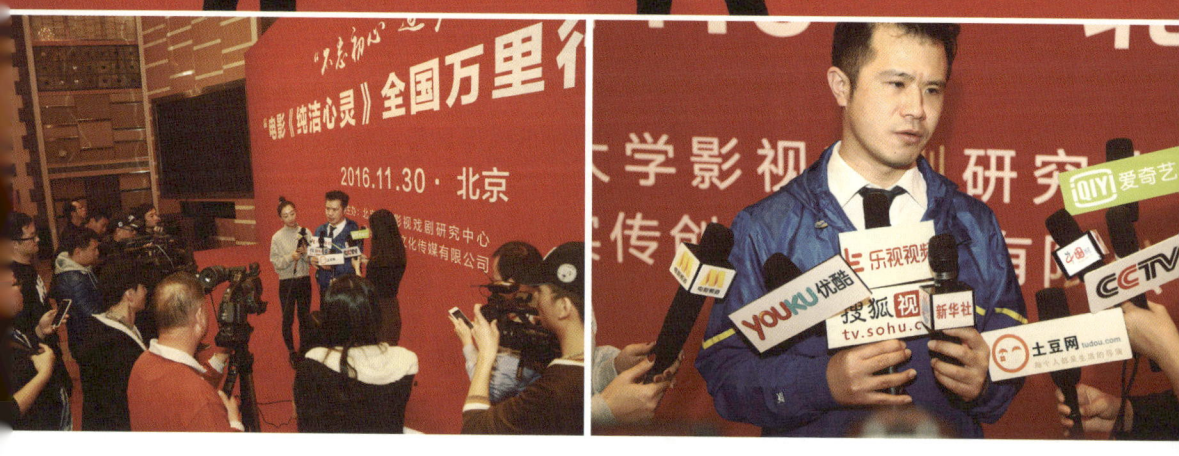

之后，我做了一段讲演，简单梳理了我们电影走过的历程，并介绍了接下来我们计划开展的全国路演活动。那天，我讲着讲着就又忍不住流下了泪。因为我觉得站在北大这个神圣的地方，站在这个给我留下很多珍贵回忆，完成学业梦想、找到爱情、家庭的校园里，即将从这里开始我们的全国路演，让我想起了很多走过的艰辛，也想起了为这部电影奋斗的很多日日夜夜，真的是忍不住失声哽咽。在场的人爆发出雷鸣般的掌声，经久不息。我想，他们一定都感受到了我对电影的热爱与敬畏，感受到了我们一路走来所经历的种种不易。

那次到场的十几家媒体都在重要位置对我们的活动进行了报道。新华社中文台还把我们的新闻推送在了新华社唯一的手机 APP 客户端上，获得了几十万的点击量。

那天誓师大会上，我们也正式宣布改档为 2017 年 2 月 17 日。这也是因为宣发压力大，把档期延后至寒假后大学开学的时间段，而且那个时候也有艺考这个社会热点，对于我们电影是有利的。每年 3 月通常会是全年最冷的档期，所以最好在 3 月之前上映。

誓师大会圆满结束后，我就带领团队的十几名工作人员立刻展开了"全国万里行"路演活动。

这样的活动在国内还没有什么先例，我们这样一部由 18 名艺校大学生集体主演的新人导演处女作电影在国内也是没有先例的，所以我们找不到什么参考的案例和经验，只有奋勇拼搏。

虽然不知道前方等待我和团队的是什么，但是，努力，一定是正确的！

"全国万里行"，一个月做了 22 场活动，走了 11 个省份

12 月 1 日晚上，"全国万里行"第一站，我们来到了位于北京房山区的首都师范大学科德学院。

从这场路演起，我们用了全新的电影版本进行路演。新版本用上了最新完成的片名、主创字幕动画和章节动画，声音用了混录完成后输出的立体声，视听效果比之前好了很多。

不出意料，当天晚上的路演取得了开门红。很多学生到礼堂参加了我们的

路演活动。可能因为用了新版本的原因,这场的现场观影氛围比之前的任何一场都要火爆,到了幽默段落有一种全场"同嗨"的魔力效果。科德学院有表演和播音主持两个艺术专业,感觉这两个专业的学生对我们电影尤其有共鸣。

当天晚上出现过一个尴尬情况。影片放映了一半多的时候,画面突然卡壳了。工作人员调试了半天没有解决,就赶紧通知了正在后台吃饭的我。我赶忙赶过去现场,看见现场的学生们都在议论纷纷。因为科德学院位置比较偏远,一名负责在场管理学生的老师想早点回家,建议我就别再播了,告诉我说没关系,就这么结束算了。

这是我们的"全国万里行"路演第一站,我实在是不愿意就这么结束,但人家老师说了,我也没有办法,只好拿起话筒,跟同学们道歉,遗憾地告诉同学们今天就这样结束了。结果出现了神奇的一幕,台下的很多学生大喊:"再往下放!再往下放!"

那一刻让我好感动!有什么比看到观众喜欢自己辛苦制作的电影更开心的事情呢?我就顺势说:"既然大家都想继续往下看,那我就去调试一下。"那位老师无奈地看着我,只好任我再去调试了。

我到了放映间以后,从硬盘里找了另外一个电影文件进行播放。现场的学生们继续投入地看,欢声笑语就又开始在全场回荡起来。

看完进行交流互动时,现场非常热闹。很多学生表示电影很好看,有很多幽默情节又让人感动,还有一些学生接受了我们的采访,对着镜头录下了他们的观影感受。

那一天的卡壳事件成了我们"全国万里行"第一站中有惊无险的小插曲,很多学生强烈要求继续往下看的现场反应,恰恰证明了我们这部全新人电影很受大学生们喜欢,成了我们的一个惊喜和当天晚上的一个亮点!我们也用摄影机拍下了那令人激动的一幕。

那天,我们也第一次采用了一个微信电子调查问卷的方式,学生们扫二维码就会出现问卷,然后可以匿名填写。当天晚上共收到了77人填写的电子调查问卷。

结果,数据结果好得让所有人吃了一惊:"优秀"评价竟然占到了59.7%,

"良"评价占20.7%,"及格"评价占7.7%,"比较差"评价占3.9%,"很差"评价占7.7%。

另外一个关于是否会向身边朋友推荐这部电影的调查数据也让我们十分激动:"会"占到70.1%,"可能会"占到14.2%,"不好说"占到11.6%,"一定不会"占到3.9%。

卡壳后学生们纷纷要求继续往下放的反应和数据调查优、良率比之前的放映大幅提升的结果,让我觉得很兴奋。我当时想,可能是因为放映的是做了很多精细加工后的新版本。真的是一分耕耘一分收获啊!

还有很多同学在电子调查问卷的后面输入了文字评价,虽然也有一些是说电影不好的,但其中绝大多数都是给予称赞和肯定的。我们也把这些文字评价都保留了下来。

经过与我们的交流,科德学院学生会的几名学生干部还策划发起了一个"大学生力挺电影《纯洁心灵》"的签名活动,邀请学生们在一面旗帜上以签名的形式来支持我们这部全新人大学生主演的诚意电影。我们得知后非常感动,并把这个邀请大学生签名支持我们的活动延续到了后面的高校路演中。

就这样,我们"全国万里行"第一站路演取得了超出预料的大成功。

12月2日,我们一行人又赶到南开大学,做了我们的第二站路演。那天并没有放电影,而是由我做了一场关于电影《纯洁心灵》创作历程和追梦感悟的分享,之后与南开大学的学生们交流互动。那天虽然人不多,但是现场氛围很好,大家对梦想、青春的探讨反而深入了下去。很多学生在互动时表示,对电影艺术和国产电影发展有了更多的了解,也对理想、人生目标有了更多的思考,纷纷表示期待我们这部创新、用心的全新人电影的上映。

在对前两场的路演进行了总结后,12月5日,我又带一支小分队到重庆第二师范学院进行了一场路演。

可能因为是师范学院的原因,当天到现场的学生有90%以上是女生。虽然大多数学生是女生,而且现场的LED屏比较小一些,也不能调整画面比例,导致放映画面有些变形,但那天晚上的现场气氛非常火爆,让我们充分感受到了山城学生们的热情。

那天，在放映前我们还唱了两首歌助兴，我也客串演唱了一首，没想到受到热烈欢迎，于是在后来的好多站路演中，我也进行了演唱助兴。

另外，跟在首都师范大学科德学院一样，我们也做了电子调查问卷，当天共收回129份。调查问卷的结果竟然比科德学院的还要好，说实话都有点让人难以置信了。给出优秀评价的人竟然达到82人，其他的数据是："良"36票，"及格"5票，"比较差"5票，"很差"1票。

而且，重二师的学生们密密麻麻地在电子调查问卷后面的文字区写了很多评价。其中有很多都让我们觉得特别温暖，更有信心去拼搏。

东三省之行

12月8日，原本是我们电影计划上映的日子。那天，天不亮，我就带了十名工作人员到北京南站乘坐高铁奔赴东北，正式开始了我们"全国万里行"的远征。

东北之行的路演也得到了我们几名众筹股东的帮助。他们帮助我们联系了路演的学校、媒体，甚至帮我们解决了一些食宿问题。所以，这就是众筹的强大力量，给我们增加了很多资源。

那天在路上，我也颇有感悟，在朋友圈里发了一段自己的真实感想："我知道，我在走着一条前人没有蹚过的路，每天的一路上都是新的风景。为梦想而努力，就是人生存在的意义吧。无论怎样，老了以后都无悔吧！趁着年轻，趁着走得动，你应该多努一把力。共勉！"有很多人给我朋友圈留言。这句话看似矫情，其实是我的真实感受。

东北三省的行程很满，8日在吉林市，9号到长春，10日到沈阳，12日到哈尔滨。那天在高铁上，到了辽宁的时候，正好赶上下大雪，让我们在北京一冬天还没有看见雪的人们很惊喜。

奔赴东北，赶上下雪。看着列车车窗外纷纷扬扬的大雪，"瑞雪兆丰年"，我在心里跟自己说。

东北之行的第一站是吉林省吉林市的北华大学，北华大学也是吉林省的第二大高校。到达以后，我们冒雪走在北华大学的校园里，团队的每个人都很兴奋。12月8日晚上7点，我们进行了内部放映和路演活动。

那天晚上的放映和互动也很成功，现场气氛热烈，而且，调查问卷的结果和后面的文字评价，也延续了前面两所学校的那种好得有点让人"难以置信"的结果。连续三所学校的调查问卷结果开始让我觉得，加入我们后期艰苦制作成果的新版本真的又上了一个大台阶。

说实在的，我之前从来也没有想过会获得那么高的评价，只是想着坚持高标准、下苦功夫，看着那些评价和调查问卷结果，我总有点不能完全相信的感觉。我心里经常这样想："连续几所学校都是这样，而且填写前，我也总是跟学生们强调希望一定要真实填写，只有真实数据才对我们有意义，并且说明完全是匿名的，所以，这些数据还是能说明一些问题的，但是又好得有点不真实……哎，算了，坚持努力拼搏就好了……"

说实话，尽管一直得到好评，但我其实每天都有很大的压力，总是琢磨，我们电影虽然有竞争力，但是怎么样才能够宣传出去、获得较好的展示机会呢？

12月9日，我们从吉林市赶到长春，晚上在吉林农业大学成功进行了路演，现场氛围同样热烈，同样获得了与之前基本一样好的观影调查问卷结果。

在我们众筹股东的帮助下，当天晚上，吉林卫视、吉林影视频道、《吉林日报》、《东亚经贸新闻》等九家省级、市级媒体到现场进行了采访报道。而且，吉林省的媒体记者还给我介绍认识了辽宁和黑龙江省的媒体记者，于是，我们在东三省路演的媒体联系工作就都能顺利开展了。

12月10日一早，我们坐火车赶往沈阳，下午在辽宁大学进行了路演，同样获得成功。当天下午，辽宁卫视、《辽宁日报》、《沈阳晚报》、网易辽宁等辽宁省的重要媒体也到现场进行了报道。

12月11日，我们抓紧时间空档赶到河北廊坊的胜芳镇做了一场"小镇青年"观影调查，12日一早，我们又从胜芳镇赶到黑龙江哈尔滨，晚上在哈尔滨广厦学院做了路演。

虽然在广厦学院的路演场所仅是图书馆的一个大教室，屏幕也比较小，但是学生们很热情，现场氛围火爆。我们也是依照流程，进行观影交流和收集电子调查问卷，同样获得了很好的调查问卷结果。当天晚上，黑龙江卫视、哈尔滨电视台、《黑龙江日报》、《黑龙江晚报》等媒体到现场进行了报道。

从8日到12日，我们在5天时间里完成了东三省的4场路演，中间还去河北的胜芳镇做了一场路演，达到了每天一场路演。

东北之行虽然时间紧张，但是取得了丰硕的成果，进行了四场大学生的放映交流，留下了很多珍贵的资料，搜集到了很多宝贵的观影反馈，而且在东北三省的一些重要媒体上做了一轮宣传。

特别让人感动的是，我们这部全新人电影的路演，几乎每到一站，都会受到热情的接待与支持，在长春的时候，众筹股东的朋友还为我们负担了住宿费用。这些都为我们节省了不少资金，否则我们的路演成本会很大。

当然，也把团队人员彻底累坏了，大家基本上每天都只能睡五六个小时，总是快速地从一个城市赶往另一个城市，根本没有时间去观赏一下每个城市的风景。东北路演结束后，有两名工作人员因为身体原因提出了辞职。了解了一下，除了每天任务很重之外，由于他们年岁都比较小，经验少，有两次因为工作上出现了懈怠，要求比较高的我没有控制住情绪，较重地批评了他们，从而让人家产生了情绪。

亲自参与影片发行的落地联系工作

那个时候，电影《纯洁心灵》已经获得了中影、大地、香港美亚娱乐三家公司的联合发行。因为辽宁的电影市场是东三省中最大的，所以，虽然我们在东北的路演行程安排很紧张，但在沈阳路演的时候，我们也请我们的三家发行公司之一，美亚娱乐发行公司曾在东北工作过很多年的发行人员帮助联系了辽宁省的重要院线、影城的一些负责人和经理，进行了会谈交流。

美亚的发行人员和辽宁的几名院线、影城经理开玩笑说，毕导这部电影做下来什么都具体参与了，什么都了解了，问我将来是不是还准备做一做电影的发行工作。

我倒是没有想做电影的发行工作，就是觉得既然从事电影行业，就应该对电影的各个环节都有一定的了解。我想趁着路演到各个城市，尽量与发行公司的发行人员一起拜访一下当地的院线、影城人士，多介绍些我们电影的情况和亮点，引起人家对我们电影的重视，也能让人家感觉到我们对人家的尊重，这样没准他们就能在合适合理的范围内，给予我们电影在影城宣传和上映排片上的一些支持。

这其实正是发行公司驻地发行人员的一种工作方式，需要在所负责的区域内与当地的院线、影城负责人多联系沟通，对所发行的影片进行推广和介绍，协调影片在当地各影城的宣传落地工作和上映时的排片。

所以，这次的"全国万里行"路演中，我也开始参与和了解一些影片发行的工作了。我们现在刚刚入行，就应该勤奋一些，多接触各个环节的人，多跟人家交流和学习。

小城市观影与大城市观影对比

近些年来，国内的电影院数量和银幕数量不断增长。除了大城市电影市场外，三四线城市电影市场和"小镇青年"也已经成为重要的电影行业研究对象。

于是，我就策划了将电影在三四线城市和大城市做观影调查对比的活动，以方便我们根据反馈制定更精准的宣传发行策略。国内可能还没有多少电影做这样的调查，但我认为这是很重要、很有意义的。

我们在2016年12月初就开始做准备工作，得到了河北中联院线的大力支持，帮助我们联系了一所"小镇"影院。

12月11日，我们利用10日沈阳路演和12日哈尔滨路演之间的空档，从沈阳赶往河北廊坊的胜芳镇，在胜芳镇的星城国际影院举办了一场针对"小镇青年"的观影放映调查，并发放了调查问卷。

胜芳镇是一个经济比较发达的小镇，有不少企业，也有不少外来打工的青年。到达影院后，发现还给我们拉了一个欢迎的条幅，觉得挺感动的。当天晚上的观众有八九成人，整个活动还是比较顺利的。

但我也发现，可能因为我们电影打破了传统国产电影常规，创新程度大，叙事节奏偏快，故事线索多，而且不设置绝对的主演，所以很多小镇青年观众可能不是很适应，不能完全跟上故事的发展。但是，当天晚上我们也收到了一些十分不错的评价。

12月13日,我们从哈尔滨返回北京后,立刻又赶往北京的双井UME影城,进行路演活动,并同样发放了调查问卷。那天,有十几家媒体赶到双井UME影城,对已经开展了一段时间"全国万里行"的我们进行了采访报道。

再回到北京路演感觉很亲切,而且明显感觉到了主场优势,那就是媒体更多。

当天的观众完全是由UME影城帮我们招募的。他们提前在影城的微信公众号上做了通知,很多经常看电影、参加活动的会员就报了名,所以这一场的观影调查还是非常具有参考价值的。

从放映的现场氛围来看,这边的观众比起胜芳镇的观众来说,明显更喜欢我们的电影,观影更加投入,也更适应电影的快节奏。

放映结束,当我表示想请观众谈点真实观影感受时,突然传来一个很洪亮的女性声音:"太好了!电影太好了!"

大家的目光全部被吸引了过去。后排中间一名二十多岁的女性观众继续说:"我一直在哭!真的,电影很好!优秀!"看得出来,这位观众被我们的电影深深感动了,肯定是流了不少眼泪,所以她给出"一直在哭"的评价。这一幕,也被我们工作人员的摄像机捕捉了下来,成为当天的难忘一刻。我也深深地被她感染了,心里头很感谢她的评价。

因为后面还有电影要放映,互动十分钟后,我们与观众们就到影厅外面继续交流。好几名观众接受了媒体记者的采访,他们纷纷表示,之前被一些国产电影忽悠怕了,没有想到这个电影的质量会较大超出他们的期待。他们还普遍评价我们电影的代入感很强,不仅有很多搞笑的地方,而且也十分感人。

当天晚上,我特别开心。对影院观众群体进行观影调查是最直接的。双井UME影城是北京很知名的影城,人流量和票房收入经常排在北京前三甲,还有很多时候排第一名,这边的会员群体很能代表大城市观众的观影群体。之前,我也是特别看重这一场的放映调查。

得到观众们那么多好评,让我很有成就感,进一步增强了信心。到场的媒体记者们和双井 UME 影城的经理、工作人员也纷纷向我们表示祝贺。那天，观影结束后媒体群访我的场面也十分壮观，颇有采访明星的架势，吸引了很多观众的目光。

江浙沪之行

一天都没有休息，第二天一早，我又带领团队赶往浙江，进行江浙沪地区路演的第一站，浙江大学的路演。

东北之行结束后，我们前往江浙沪的团队又减少了 3 人。其中有两名辞职离开了，还有一名是留在北京进行一些工作，这样可以节省一笔差旅费用。

浙江大学是国内综合实力名列前茅的高校，这样的机会还是很难得的。那天晚上，没有放映电影，而是由我给大学生们做了一个《纯洁心灵》创作历程的分享，讲了我关于追逐人生梦想、电影梦想的一些感悟。那天，浙江大学的师生们还专门给我们做了一个欢迎条幅。

讲的时候，我很客观地把我对电影的热爱、拍电影的初衷以及电影《纯洁心灵》的创作历程做了一些介绍。介绍完之后，我问有没有愿意在电影上映后，专门到电影院里买票观看支持我们电影的同学，结果大家都齐刷刷地举起手来，占到了在场同学的八成以上。那一幕，让全场为之动容。

第二天上午八点多，我们又坐火车赶往南京，下午两点在南京艺术学院做了江浙沪地区的第二场路演。

这次路演来了很多女生，占到全体学生的 80% 以上。因为南京艺术学院有校园院线的放映点，整个学生剧场也已经改造成了影院，达到了电影院的标准，所以，那次我们就用供电影厅放映的 DCP 文件进行了放映，呈现的是电影的效果。可能因为是艺术高校的原因，南艺的学生们对表演系学生的生活很有共鸣，加上良好的放映条件，结果，那一场就成了我经历的高校放映中爆笑程度最高的一次放映，过了很长时间都记忆犹新。

但因为是艺术院校，当天也有一些影视制作专业的学生，跟中国传媒大学的一些学生一样，因为发现我们电影的一些手法跟老师讲的影视创作基础规则不一样，我们又都是新人，他们会产生一些质疑。所以，那一次我们的调查问卷结果并没有像之前普通学校的那么好，但是好评还是占到了大多数。"优秀"的评价占比41.67%，"良"占到34.72%，"合格"占到15.28%。另外，我们也同样搜集到了很多鼓舞人心的观后感。

路演完的当天晚上，我们在南京，也请美亚公司的发行人员帮助联系了南京的一些电影院线、影院负责人，一起进行了会谈。我同样希望借助路演到南京的机会，跟当地的院线、影院人士接触一下，向人家多介绍一些我们电影的情况和亮点，引起人家的重视，希望能在影城阵地宣传和上映排片上得到一定的支持。

12月16日，我又带领团队人员赶回杭州，与美亚公司驻杭州的落地发行人员一起去拜访了浙江最大的院线公司——浙江时代院线股份有限公司，进行了会谈交流。之前是因为南艺学校路演时间安排的问题，就先从杭州赶到了南京，与院线人员会谈交流后再返回杭州。

从12月8日到16日的9天时间，我们几乎是一天一个城市，一共做了8场路演。

在连续9天、每天一个城市的奔波后，团队人员都很疲惫，严重缺觉。于是我让他们在杭州好好休息3天，我则立刻赶回北京，利用路演空隙处理一些事务。然后12月20日我们再赶到上海会合，举办12月20日在上海天山电影院的路演活动。有团队人员提议让他们直接赶到上海休息3天，被我阻止了。我告诉他们，上海的住宿、餐饮相对比较贵，因此选在杭州休整。

因为我们的路演团队人多，一路上花费还是比较多的，于是我从杭州回北京选乘了高铁，虽然时间长一点，但在路上一样可以处理事情，后来从北京到上海也坐了高铁。不注意节约，钱是花得很快的。

我回北京，主要还是洽谈合作与进一步融资的问题。因为开始全国路演后，我们的众筹和融资一直就处于停顿状态了。电影市场竞争越来越激烈，电影的全国宣传发行也是很烧钱的，我们还需要增加引入一部分资金，否则，达不到较大的宣传发行力度，我们这样一部全新人主演的导演处女作电影，很容易被其他大片和明星电影淹没，恐怕连好好展示的机会都还没获得，就已经成为"炮灰"了。

12月20日,我再次从北京乘高铁赶到上海,与团队人员会合。因为我们在2016年6月参加上海国际电影节时,已经在上海大学办过一次路演,所以这次就只在上海安排了一场影城的路演和观影调查,并安排了一次与上海的院线、影城部分人员的会谈,想在交流中对我们电影做些介绍。

之前,我请被誉为"发行三剑客"之一的上海发行前辈吴鹤沪老师,帮助联系影城放映交流事宜和与上海院线、影城人员的会谈事宜。吴鹤沪老师就帮助我们对接了上海联合院线的人员,请他们给予我们一些帮助。

经过几次接洽之后,上海联合院线的工作人员告诉我们,12月20日正好有一场成龙大哥主演的《铁道飞虎》针对上海各大院线、影城代表人员的专场放映,但电影主创并不参与,问我们是否可以选在同一天进行放映。工作人员说可以先放我们电影,因为两个放映活动离得近,没准有些代表就可以提前来看我们的电影,方便请到更多的人士。我们有点担心是否会干扰人家《铁道飞虎》的放映,联合院线的工作人员表示不会影响,告诉我们《铁道飞虎》也正是上影集团自己的片子,他们做这样的安排是可以的,于是,我们就说没问题。

20日上午到达上海之后,我直奔联合院线的工作人员帮我们安排的会谈地址。临近年末大家都比较忙,而我们的电影又没有名气,因此那天来参加会谈交流的代表很少,但吴鹤沪老师和美亚公司发行总监何文海先生都参加了交流。我简单对我们电影做了一个介绍,之后我们就赶紧去往附近的天山电影院,为下午一点钟的放映做准备。

与大牌明星电影人气的强烈反差

那天,我们的工作人员提早在天山电影院摆了电影《纯洁心灵》的X展架,也设好了电影票的领取点。但是,来看我们电影的人很少,冷冷清清。电影还是按时进行了放映。观看完后,我简单跟大家打了个招呼,因为观众很少,也没有人主动发言,我们就匆匆结束了交流。于是,这次就成了我们不成功的一次路演。我的团队人员也有点情绪低落。

后来,在放映《铁道飞虎》之前,呼啦啦来了很多院线、影城的代表人员。同一个影厅,放映我们电影时的冷清场面立刻就变成一幅红火的场面。影片开始后，影厅的人基本上已经坐满了。鲜明的对比让我和团队人员很有一种失落感。我们新人电影真的好难啊！

各大院线、影城的人员工作过程中经常看各种电影，有时候对看电影已经没有什么兴趣了，加上年末又比较忙，所以大都不愿意看我们没有名气、没有大腕阵容的新人导演的电影，也不太重视我们这样的新人小投资电影，因为大部分的新人电影质量的确是比较差的。

所以，我进一步充分地意识到我们电影面临的困难重重。难题就是怎样能够让全国各地的院线、影院的人士们重视我们、看好我们，给予我们更好的排片和更多的展示机会。

路漫漫其修远兮，吾将上下而求索。

西南地区之行

虽然困难重重，但我们一直在路上。我相信，坚持是伟大的力量。

12月21日一早，我带领团队从上海坐飞机赶往成都。因为从上海到成都的火车要开20多个小时，实在是赶不上时间。从成都开始，我们要完成西南地区的路演。

我们落地成都后，大地发行公司的人员也正式接过了美亚发行人员手中的接力棒，开始与我们一起做路演，接洽当地的院线、影城负责人。

当天晚上，我们在成都的四川师范大学进行了路演。四川师范大学还专门为我们做了一个大的海报宣传牌，摆放在校园影院的外面，给予我们这部全新人电影支持，让我们很是感动。由于设备原因，当天晚上用投影仪进行了放映，效果有限，但是现场氛围非常热烈，欢声笑语不断。那天放映前，四川的电视、广播、报纸媒体也前去对我们进行了采访报道。

在最后的互动环节，因为刚刚经历了上海路演的失落，我发自心底地谈起我们电影的艰难，讲到我们没有任何明星出演，我也是新人导演，宣发难度很大，我们也没有粉丝。这时，现场的几名学生突然大声声援："有粉丝，我们做你的粉丝！"还有学生大喊："我一定去电影院支持！"

那一幕，真是让我备感温暖、备受激励。我们的摄像师记录下了这十分感动人的一幕。

第二天，我们又马不停蹄地赶到重庆，按照双方提前商量制订的时间，下午在重庆大学美视电影学院的小剧场做了一场路演。

我在北大的博士生导师彭吉象老师后来到重大的美视电影学院担任了常务副院长，主持日常工作，所以我很重视这次路演，很期待重大学生的热烈反应，也期待能给我的博士生导师彭老师交一份好的答卷。

到了重大之后，再次见到我的导师，感觉超级亲切。但是，到快开始放映了，也只有几名学生前来参加。原来是工作人员的失误，没有发布好通知，另外，当天下午很多学生有课。工作人员又赶紧到学生宿舍询问了一圈，并延后了半小时，才陆陆续续地又来了七八名观众。那天投影仪的光比较暗，影像效果不好，另外重庆没有暖气，放映的场地也有些冷，因此那天的现场观影体验不很好，但当天到达现场的重庆媒体还是对我进行了采访报道。

虽然只有十几名学生观众，场地也有点阴冷，但彭老师和师母全程看完了电影，让我十分感动。

那天，我还邀请了我们电影的18名艺校大学生主演之一，2015年从重大美视电影学院表演系毕业的辛祚宇同学，到他的母校和我们一起参加路演互动。电影放映过程中，因为观众很少，观影氛围冷清。

放映结束后，彭老师上台做了他的观后感分享，真诚地给了电影很高的评价。我当时看着台下稀稀拉拉的观众，看着台上已经六十多岁的彭老师在为我站台支持，心里酸酸的。我心里想，将来一定要以优异的成绩回报导师。

那天我和辛祚宇也在台上进行了一些分享，但是在我们分享的过程中间，还有几名学生可能因为有事离开了。辛祚宇当时感觉挺尴尬，我悄悄安慰他说没关系，告诉他这次是特殊情况没有组织太好，我们电影还是很受欢迎的。

在一路进行高校路演的同时，我们也在尽量与当地院线、影城人士进行一些会谈交流，介绍我们电影的亮点和特色，沟通电影发行落地工作。

12月22日晚上，我和大地发行的驻地发行人员一起与重庆的部分院线、影院人员进行了会谈。12月23日，我们再次赶到成都，下午在成都郊区的影立方影城举办了一场路演交流活动。

这场影院放映交流，因为是下午以及组织时间短，没有像北京和胜芳镇的影院放映交流活动一样有较多的观众，也是比较冷清，只有十几名观众到场观影。我看得出来，我们团队人员的士气比较低落。但我们也只能认真办完。

我们每一次在影院的放映交流活动都是要支付场地费的，因为占用了人家的电影放映时间。我想，没有多少观众，那我也别浪费支付的场地费，就自己认真地多看一遍，在影院的观影中再发现一些声音、调色上的问题，还可以最后进行些精加工，这样也可以让我们的路演放映起到最大的作用。

路演结束后，我们与成都的部分院线、影城人士进行了会谈，其间我也是寻找时机，把我们电影的亮点做了一些介绍。因为路演活动办得不成功，那天我有点不开心。另外，我也明白，前面还会有更多的坎坷和困难在等待着我。

路演过程中对身心的考验

成都路演完之后，我们后面的路演接续不上了。西南地区主要包括云南、贵州、四川、重庆，因为我们已经在11月去云南大学做过路演，就计划从四川去贵州，但贵州的高校路演活动一直没有联系落实下来。

实际上，在一路的路演中，除了要做好眼前的高校路演工作和接洽当地院线、影院人员的工作外，我还一直在借助各方面的资源，努力提前联系和制订后面的路演行程。经常是在赶往下一个城市的途中进行后续的路演联系和安排。我们全体上了火车后，团队人员基本上都是在补觉，尽管睡不好，但可以眯一会儿，而我则休息不了，不断通过电话、微信联系着后面的路演，因为我直接联系可以增加成功率和得到人家更多的重视。这还真是对我身心的考验，没有良好的身体和足够的心理承受力，是吃不消的。

没有办法，因为我的团队人员都比较年轻，没什么经验，也还不能独当一面，这些工作他们是做不好的。如果我放手让他们去做，可能就会耽误整个行程。只能给他们一些简单的工作去做。因为没有多少号召力和充足的资金，新人导演很难找到得力助手并组建具有丰富经验的团队，这也是我一直以来所苦恼的。为了省钱而且达到高的标准，很多事情都需要自己多做一些，否则，一旦放手，自己是轻松了，但会拉低标准，那么就对不起之前的很多辛苦，就有点可惜了。

我能联系到的后面最早的路演是 12 月 29 日到武汉科技工程学院进行。于是，我就决定让团队人员在成都休整几天，我则返回北京趁着路演间隙处理些事情。

我本来准备 24 日就返回北京，但后来意识到西方节日圣诞节要到了，当天晚上是平安夜。我心里想，年轻人喜欢凑平安夜和圣诞节的热闹，我要是走了，留他们在外地，他们可能会觉得我这个领导撇下他们，自己回家过节去了。我这个人对工作要求比较高，比较较真儿，而且工作中也是个急性子，路演的过程中经常批评我们的团队人员，也应该联络一下团队的感情，那天我就没有走，选择留下来跟大家一起过了个平安夜，带领团队人员一起吃了饭，集体看了电影《摆渡人》，并唱了卡拉 OK。

25 日上午，我返回北京。路演的间隙，团队人员还可以休整几天，我则是一天都不能休息，时间太宝贵了。我需要抓住路演的空隙，回北京当面接洽一下已经谈了一段时间的融资机构，并且到北京的办公室检查一下我们留在北京的人员的工作进度，主要是当面解决一些他们遇到的难题。

回到北京之后，我赶紧到了办公室，与我们留在北京的几名工作人员碰他们的工作，并帮助解决了一些棘手的问题。在北京的那几天，我还与已经接洽了一段时间、准备增加引入他们资金的两家机构的老总进行了当面交流，但是鉴于电影大盘增速整体出现下滑的情况，他们都非常谨慎，我们的合作还是没有取得什么进展。

我心里想，没有办法，先把路演尽量做好吧，多拍摄下一些观众观影的火热场面和观众给出好评价的宣传资料，继续做好在路演当地的媒体宣传工作和落地发行沟通工作，同时也不断继续寻找和洽谈新的宣发资金的引入。

我明白，我正在经历种种对我身心的考验，必须咬牙坚持。

湖北湖南之行

12 月 29 日，我又乘坐高铁从北京赶到武汉，与团队人员会合，一起在武汉工程科技学院进行了我们"全国万里行"湖北站的路演活动。那天现场人很

多,氛围热烈。又有学生在活动结束后,发送信息给我们,感谢我们的电影让他们有了重拾梦想的勇气。在低谷的时候,这些信息都给我以重要的力量!

这次路演结束之后,因为我对拍摄的现场记录画面不很满意,我们一名负责摄像的工作人员觉得总是没有成就感,就提出了辞职,第二天离开了团队。

12月30日上午,我带领团队继续坐火车从武汉赶往长沙,进行我们2016年的最后一场高校路演,湖南第一师范学院的路演。

湖南一师是毛主席的母校,在湖南很有名。我们也是很荣幸,机缘巧合能在湖南一师举办我们"全国万里行"活动2016年高校路演的收官之站。

在我们路演的过程中,有失落有惊喜,在湖南一师的路演就给了我们很大的惊喜。到学校以后发现,学校的校园、建筑很有气势,路演所在的大讲堂也是我们走过的路演中最大最雄伟的,可以容纳1200多人。而且当天真的是座无虚席,场面颇为壮观。

我总结,我们还是很有福气的。之前,谁也没想到湖南一师的路演场面会那么壮观。说实话,当天晚上,我还有些紧张,在为大家现场唱了一曲《中国人》之后,就开始放映电影。

那天出现了一些遗憾的事情。因为放映之前我一直忙着写一篇电影分析文章,没有亲自检查一遍放映的效果,我们团队中负责放电影的工作人员和放映所在大讲堂的工作人员观察不够细致,LED屏上显示的画面有点被压扁了,失真了。我发现后,本来想调整LED屏的显示,重新播放,但看到全场一千多人正看得起劲,实在不好中断,而且如果停下来调整,也不知道需要调整多久才能调好,所以后来就无奈地没进行调整。

当时我真的十分后悔没有亲自检查,最大规模的一次室内路演,但是给人家放的画面是被压扁了一些的,实在是感觉有些对不住观众,非常遗憾。因为实在是有点生气,没有忍住,我就在后台当场严厉批评了我们的工作人员。结果我们的工作人员因为连续路演比较累,加上被我批评后有些发蒙,忘了给放映的电脑插电源,又导致放到一半电脑就没电了,放映中断。只好赶快接上电源,重启电脑,重新放映。

这些,都成了我路演中的教训,我认真地反思了自己,也带领团队认真做了教训总结。

但是，虽然遭遇了这些十分遗憾的问题，那天的现场反应还是特别热烈。一千多人欢笑的场面非常壮观，给我们留下了深刻的印象。在后面的互动环节，我们也录到了好几位同学给出的非常高的观影评价。

一名女生面对摄影机，没有掩饰自己的激动："我哭了好多次，一直在哭。"旁边的一名女生偷笑着告诉我们："把那个纸都给沾湿了，全部沾湿了，然后，她问我还有没有纸。"我们用摄像机和手机记录下了这些让人印象深刻的评价。

与团队在长沙跨年

第二天，12月31日，2016年的最后一天。一名团队人员已经感冒好几天了，咳嗽加重，她也已经成家，我就安排她当天返回北京，与家人团聚跨年。然后，我带领其他团队成员下午又赶到长沙的一家影城，做了一场路演放映活动，希望多做些宣传并再搜集一下长沙影城观众的观影反馈，让长沙之行尽量多一些成果。

因为准备时间短暂，而且那家影院是在长沙市的郊区，所以那天影院的人员帮我们找来的观众大部分是老人和小孩。因此，通过这一场的活动组织，只是在影院做了些宣传，在观影调查、数据搜集方面，对研究主体电影观众的观影反馈没有很大的参考价值。

那天在长沙，我就像一头不甘心、不服输的斗牛，希望尽量多有些成果。甚至，因为我们还没有湖南当地的众筹股东，我还跟做路演活动所在影院的老板聊起我们的众筹，希望他加入。但是，2016年，电影市场的增长出现了下滑，这位刚投资影城不久的老总当时还有点后悔加入电影行业，所以并没有参与我们的众筹。

因为临近元旦，这次没有与发行公司人员接洽更多当地的院线、影城人员。我向路演所在影院一位从业多年的经理了解了一些湖南当地的电影市场。这位经理曾在长沙的电影国企单位工作了很多年，给我介绍了湖南的电影市场，听说我在做宣发众筹，还很热心地给我介绍了两名在长沙做影城做得很有名的私人老板。

为了长沙之行能有尽量大的收获，我就真的打电话给当时在长沙的一名影院老板，目的是争取跟人家认识一下，多了解一些湖南的电影市场情况，并期待能邀请人家加入我们电影众筹或者请人家介绍当地有资源的人士加入我们的众筹，增强我们电影在湖南当地的宣传推广力量。

结果，还真就与这位老总见上了面，到人家正在筹备开业的一家影城和人家聊了近两个小时。这位老板很热爱电影行业，也很熟悉电影市场。通过交流，我有了很多收获，但当天看人家正在筹备新影院开业，我就没好意思提众筹的事情，心想以后再找机会谈。

那天晚上直到十点多，我们团队才开始吃晚饭。

那天是2016年的最后一天，与团队人员一起在长沙吃饭跨年，我心里有很多感慨。想想我们这部全新人电影的宣发工作真的很难，虽然我带领团队一路奔波，虽然我们的很多路演现场气氛非常热烈，得到很多高度评价，但是达到的宣传效应有限，距离我们的目标还有较大的距离，而且我们准备增加合作伙伴和增加引入宣发资金的计划也都没有什么进展。所以，在路演的途中，我心里一直有较大的压力，到了2016年的最后一天，感觉压力变得更大。大家看我心里有事，兴致不太高，就也没有多少话语。大家一起有些失落地跨了一个年。

吃完饭，我们就回去休息了。睡觉的时候，我跟自己在心里说："谁让你有远大的目标呢？必须坚持下去！"

被免费升级为商务舱后的心理活动

2017年1月1日上午，我们集体乘飞机返回北京。因为之前查到一班费用跟火车费用差不多的航班，而且团队人员已经外出很久了，很辛苦，于是我们就买了飞机票。

那天，到机场领取登机牌时，我的票意外地从经济舱被免费升为商务舱。

我很感谢长沙黄花机场和海南航空公司在新年头一天给我的这个待遇，就产生了一系列想法。

在飞机上，我想，不能白被升为商务舱。我利用更宽敞的座位写了一会儿这本书的书稿,好好地吃了一顿商务舱的餐,又睡了一觉,认真积蓄力量。

飞机落地北京后,我当时的第一个念头可能让人觉得十分好笑。我想的是,我得借助商务舱乘客先走的便利条件,抓紧往回走,不要白坐商务舱,一定要抓住机会,节省下时间来,回去赶紧再给项目继续做点事情。

那天,飞机停在了远机位,于是,那天下了飞机,我给团队人员发了个信息后,就赶紧跟着接送头等舱、商务舱乘客的小型汽车走了,并为自己节省了半个来小时感到很高兴。

通过这次被升舱后的心理活动,我也明白了自己当时心理压力有多大,多么重视每天的工作效率。

团队人员继续离职

回到北京之后,又有两名工作人员离职。我们团队的士气越来越低落了。

我想,我们有些人员可能一开始是抱着对电影的好奇和憧憬,在进行了一些工作之后,可能发现自己其实不是很喜欢这个行业或者不太适合这个行业,或者看到我们的路演一直重复从而产生工作比较枯燥的感觉,还有那两场比较冷清的影城路演,可能也会让他们对电影的前景产生一些担心,还有可能不喜欢我的工作方式,或者感觉与我合作不够默契,等等。人各有志,难免会有各种选择。

另外,我看到我们的团队人员产生犹豫或有心事,也会主动问询和了解,甚至会主动劝犹豫的人员不妨早点寻找让自己不犹豫的工作,以免因为总是犹豫和摇摆不定,而耽误双方的时间。

我的工作观是希望坚持高标准,做事情不凑合,要么不做,要做就争取做到最好。因为定的目标比较大,所以我希望建设一支能与我合作默契并且能打硬仗的团队。当然,这会是一个艰难、长期的工作。对于我这样的缺乏号召力和各方面资源的新人导演来说,更是这样。

我很尊重选择离开和被我劝离的人员,因为双方能够默契合作并产出好成果很重要。我觉得,建设团队的过程就是人员进进出出的过程,而我所要做的就是,在追逐梦想的过程中,持续努力。

路演中写了一万两千字的《摆渡人》影评

2016年12月24日晚上,我在成都与团队人员一起观看了电影《摆渡人》。看之前并不太了解这部电影,但看的过程中,越看越惊喜,越看越喜欢。

因为在备考电影学院的博士时,认真地分析过王家卫的很多电影,所以我能看得出来,这部电影颇有王家卫以往电影的风范,叙事技巧高超,画面精美,而且很注重艺术与商业的融合。普通观众可能感觉不到,但《摆渡人》真的是一部得到王家卫导演真传的电影。后来从张嘉佳导演的访谈中了解到,虽然他是第一次当导演,但从筹备到拍摄结束的三年,王家卫先生一直都在进行指导。

因为这部电影采用的叙事手法和对艺术与商业融合的注重,与我们电影有一些相似之处,就让我颇有一种亲切感,又看到有一部分影评人写的文章并不客观和专业,我就产生了写一篇影评文章的想法。

另外,实话实说,我写《摆渡人》的影评文章,也有很多对电影《纯洁心灵》的考虑。

一方面我想通过分析这部电影的优点所在,也起到帮助社会各界人士将来更多理解我们电影特点的作用;另一方面,我还抱着试图引起王家卫、梁朝伟等大咖注意的"天真"想法,想着将来这些大咖有可能也给我们电影《纯洁心灵》写一篇影评。

当年,梁朝伟先生给尔冬升导演的全部选用真实"横漂"演员主演的《我是路人甲》写了一篇影评,就成了一个成功的重大营销事件。我当时也在想,如果梁朝伟先生或者王家卫先生也给我们电影写一篇文章就好了。

在写影评方面,我还是比较自信的。因为我有比较扎实、系统的电影理论知识,又有实际拍摄经验,而且我2003年写的影评文章就曾登上过北京电影学院的学报,并受到好评。

于是,我就开始写影评文章,后来到武汉和长沙路演时,我也一直在路演的闲暇时间赶写关于电影《摆渡人》的影片分析文章。而且,为了写这篇文章,从成都回到北京后,我又抽空一个人去电影院仔细看了一遍《摆渡人》。

但是,一写起来,我就又犯了老毛病,就是感觉这个事情一定要严谨、全面，不是闹着玩儿的。结果一写就写了好几天。在新年的头一天1月1日完成了一稿，后来觉得不够精致，1日、2日，我又认真精修了一遍，最后达到了12000多字，发在了我们电影的官方微博和公众微信号上，获得了不少人的好评。微博文章的阅读量达到了7万多。其实，如果我没有路演工作，专心写一篇影评早点发出来的话，文章可能可以传播得更广，获得更多的好评。

安徽路演

2017年1月4日，我带着五名工作人员坐火车赶往安徽，按照元旦前定好的计划，到合肥学院举办放映交流活动。

一路上我也很感慨，想想当时去东北带了十名人员，不到一个月就只剩下了一半，人员流失也是够严重的。

那天，让我们特别感动的是，听说我们已经走了多所高校，合肥学院的党委宣传部长亲自到高铁站去接了我们，路上还给我们介绍了合肥和合肥学院的特色。

晚上，合肥学院的路演活动取得了圆满成功，现场氛围热烈，学生们欢笑不断。那天，人非常多，连放映场所的二楼栏杆处都有很多学生在观看。互动环节，很多学生做了精彩的观后感分享，我们的调查问卷也与之前的几所高校一样，获得了很优异的结果。

1月5日，我带领团队在雨中返回北京。我们电影《纯洁心灵》"全国万里行"活动第一阶段的高校路演就算结束了。之后的一段时间，各大高校都开始组织期末考试和放寒假，我们不能再进行高校路演了。

回京的火车上，看着车窗外的雨，我思绪万千。想想《纯洁心灵》这一路的路演获得了很多人士的支持和帮助，真的是千言万语难以表达感谢之情。一个多月以来，虽然有过几场比较冷清的路演，但是大部分路演都是很热烈、很成功的，我们收获了无数的感动和信心，也拍摄下了很多宝贵的照片、视频资料，并积累了很多的经验。

但是，我的压力也在一天天增加。我发现，一个多月的全国路演下来，虽然我们很辛苦，绝大多数路演活动也办得很成功，现场反响热烈，但对电影的宣传还是不能扩散出去，形不成宣传的势头，而且因为忙于路演，我们的众筹已经都暂停了，但希望增加合作伙伴和增加引入宣发资金的计划并没有成功。我们已有的宣发资金不足以支撑这部没有任何明星的新人导演处女作电影的充足宣发。照目前的态势，我们的电影恐怕还是不会被各大院线和影院重视，难以获得好的起始排片和展示机会，失败的概率比较大。

通过一个多月的路演宣传和发行落地沟通实践，我总结，接下来，一方面我们需要更多更加有效的宣传策略，同时，我需要全力以赴增加一笔融资了。电影市场的竞争越来越激烈，虽然电影很受观众欢迎，但我们在宣发上的劣势明显，恰恰需要更大规模的宣传和发行，因此我们需要获得比较充足的宣发资金，生存下来的概率才比较大。

终于病倒

因为自从 2016 年下半年以来，电影市场大盘的增速下滑一直持续，各投资机构、人士都比较谨慎，我们在北京的融资接洽一直没有什么进展。1 月 7 日，为了洽谈可能实现的融资，我就前往上海参加了一个活动，也是希望对接有可能合作的机构，但是没有获得什么成果。

1 月 8 日凌晨四点，睡了不到三个小时，我们就起床出发赶往浦东机场。因为这一班的飞机最优惠，每个人可以省 500 多块钱。想想那段时间，整天连续奔波也是挺可怜的，但是没有办法，那个时候我们的资金压力已经很大了，必须要节省。

结果到机场后，我发现自己开始发烧。我知道，这一个多月在全国各种奔波，我严重透支了自己的身体，现在偿还的时候到了。

在飞机上，我昏昏沉沉了一路。飞机到达北京的南苑机场后，我感觉全身更加难受，嗓音已经变得很低沉，浑身都没有力气。

那天，北大艺术学院举办艺术学院校友会的成立仪式和校友论坛，我也受邀作为代表参加并发言。本来我想到了北京就赶过去，但身体发烧特别难受，实在是撑不住了，在出租车上，我就已经躺倒在了后座上。于是，只好先回家休息一下。到家之后更是难受，定好闹钟，爬上床昏睡了两个小时，朦胧中听到闹钟响，咬着牙挣扎着爬起来，拖着沉重的脑袋和乏力的身子赶去下午的校友会论坛。我被选为发言的校友会代表之一，这是一份荣誉，一定要去，说不定还能遇到几个合作伙伴。

那天下午，我就用生病后那种低沉的声音做了一个发言。本来还有校友会的晚会，但我实在是状态很差，难受得参加不了。于是，就提前回去了。回到家之后，吃了点饭，晚上七点就睡觉了，一直睡到第二天中午，才觉得身体有点力量了。

那两天没办法，只能休养一下。一方面不得不吃药休息，一方面其实也还在不停琢磨如何解决融资难题的事情。当时，档期已经往后延了三次，离最后一次顶着压力定的2月17日的上映时间所剩无几。我明白，得在短期内赶紧解决增加融资的问题，否则恐怕还是会面临非常艰难的电影宣发处境。

那种焦急而又无奈的心情，是让人难以忘怀的。困难重重。

为民进会北大委员会成员放映

那次我生病期间，1月10日，我们还在北大图书馆的一个小厅里，为民进会北大委员会的老师们做了一场内部放映，作为他们新春联谊会的一项内容。

那天，我戴着口罩，坚持参加了放映和交流活动。虽然那天参加的人不是很多，而且主要以北大的退休教员为主，但是看完后，几位民进会北大委员会的成员、北大的退休教师给予我们电影的评价，让我十分佩服。他们谈的内容很有高度，而且轻松准确地谈出了我们电影的特色与亮点，认为我们电影好在能感动人，没有回避社会、行业存在的问题，同时又激励人们去追求真善美。老师们纷纷鼓励我们坚持下去。

当时电影项目正处于又一个低谷，因此北大老师们的评价给予了我们十分重要的激励。我们一路走来，正是那些来自各界人士的肯定和热情鼓励，让我们有勇气、有力量不断一步一个脚印地走下去。

虽然我还不知道怎么走出低谷，但我想，越在低谷的时候，就越是考验一个人的时候。咬牙坚持吧，世上无难事，只怕有心人，成果是需要人来创造的。而我们电影一路走来，不是也已经创造了一些让人赞叹的成果了吗？

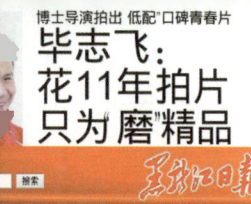

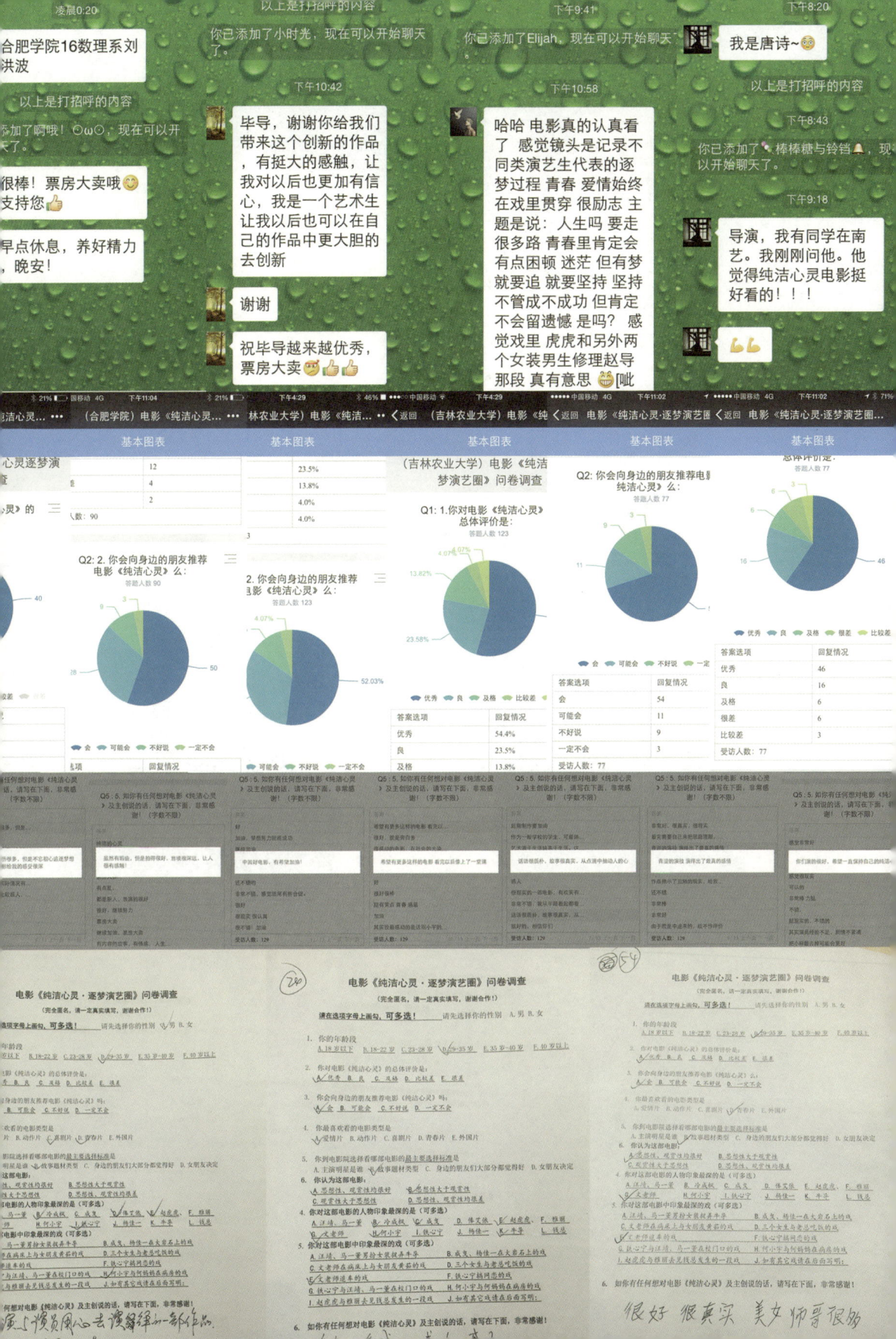

第十三章

为《纯洁心灵》众筹 1900 万,创下纪录

在我们电影创造的一些奇迹中，已经完成的来自社会各界的1900万宣发经费众筹，是被别人议论得最多的。我们的众筹过程中还是有很多难忘的故事的。

一开始瞧不起众筹，走投无路决定尝试

因为电影的架构设计、制作难度较大，但是我又坚持高的标准，而且因为学生演员们的时间限制，现场拍摄得很快，在现场拍摄时出现了不少不足和遗憾，所以我们后期制作中花了很多时间和资金，增加了不少投入。特别是在后期制作的过程中，多次试放映活动中获得超出预期的众多观众好评，有些评价甚至让我感动得想哭，也觉得很有成就感，于是后期就越做越细，结果花的时间开始越来越长，超支也越来越多。虽然我们电影的总投资远比不上大公司的大投资电影，但对于我和大部分的新人导演来讲，则已是一笔巨款。

大公司都有自己的项目，而且有大量的人士排着队等着合作，我们很难与人家合作上。另外，电影创作任务又很重，我也没有充足的时间去洽谈合作。因此，在电影的筹备阶段和拍摄阶段，我融资的途径主要是向身边的亲戚、朋友借钱。那个过程中，我的岳父帮助了我很多。到了后来，我几乎把能找到的可以帮我的人全部找了，有些人士还前后两三次借钱给我制作电影。

后期制作中，项目投入增加得越来越多，但因为身边资源几乎已经用尽了，融资越来越难。在我借钱的过程中，曾经有几次，有不同的人士有点认真又有点像开玩笑地跟我说："你可以试试进行众筹啊。"说实话，我当时心里特别抵触他们这样说，认为他们不但不打算帮我，而且还很不负责任地调侃我。

那一段时间，时不时会从不同场合听到"众筹"这两个字。但我当时觉得众筹很不靠谱，而且觉得众筹很丢人。我当时认为，说难听点，众筹不就等于是"要饭"吗？跟人家这个要一口，跟人家那个又要一口，像这样跟一人要一口的方式，那能要到多少？什么时候是个头？所以当时每次有人跟我提起让我尝试众筹，我都是心里生气、表面坚决地表示，众筹帮不了我们电影制作，不

打算尝试这个。

但是一路下来，虽然试映反响火爆，但进一步的融资是越来越难，资源用得差不多了，而且电影再好人家都觉得风险大，认为我们没有明星，也没有大公司的支持，影片好也很难推广出去，很难盈利。好不容易，在2015年5月，有一名之前借给我钱的人士又借给我50万，才让我们差点面临中断的各项后期工作得以继续往下进行。

但是，对于电影来说，50万是一笔很小的钱。几个月，这笔钱就又快花完了。之后，再四处奔走，已经借不到钱了。电影资金链再次面临断裂，而电影后期制作还没完成，电影宣发所需的大笔资金更是不知道在哪里。

我们面临严重的电影夭折危机。走投无路之际，又有人提起众筹来，我心想，反正没有别的办法了，要不就了解一下吧。

于是，我就向几名很年轻的做社群的和做过众筹的人士进行了一些了解，仔细研究了他们的模式，还听了两次关于众筹的讲座，并且去一些项目众筹的现场观摩了两次。后来，我对《大圣归来》这部知名电影的众筹，也进行了认真研究。

再后来，我就意识到，众筹实际上除了可以积少成多、解决资金的困难外，还可以通过众筹整合很多人士背后的资源，获得各界资源的各种支持，可以直接推动产品、项目的推广。众筹实际上源自美国，是在现代互联网、通信技术等飞速发展给社会各界人士的交流带来空前便捷和巨大支持的基础上诞生并飞速发展起来的，比如中国的微信等交流平台就给大众提供了便利的交流支持，实际上众筹是具有颠覆性、革命性的很"高大上"的模式。于是，我就决定尝试众筹。

结果，经历了一些坎坷与执着努力之后，我们真的获得了巨大成功，众筹了1900万，大幅超越了著名电影《大圣归来》的780万众筹规模，创造了行业内的一个奇迹。

其实也很简单，就是把经过实践验证的流行的众筹模式、方法与我们电影项目的特点、优势结合起来，首先很客观地把我们的项目做一个介绍，之后说明我们为什么要进行众筹及我们发起的众筹的具体参与方式。

账户上仅剩一万，通过众筹获救

我们众筹的发起与早期进程，要感谢与一家名为"Wehome"的社群平台的合作。这个机构是一家微信社群机构，人员不多，但他们在众筹上有一些经验。经过几次洽谈，我们就展开了合作。他们帮我们设计了早期的众筹模式，然后大家一起对接各种资源。

经过十来天的认真筹备，2015年11月12日，我们在北大的英杰交流中心进行了电影《纯洁心灵·逐梦演艺圈》的第一次众筹会议。从那次会议后，我们就正式启动了我们电影的众筹。这次会议，北大影视戏剧研究中心、北大艺术学院和北大的校友会机构，对我这名北大毕业生的创新创业给予了支持，让我十分感动。

我和"Wehome"社群机构，还有我的一些朋友一起邀请了一些我们全国各地的朋友当天到北京参加这次会议，加上会议工作人员，共有七八十人。前解放军总后勤部的翟充民将军还为我们电影写了题词，在现场送给了我们，让我们十分振奋。

前解放军总后勤部的翟充民将军为电影《纯洁心灵》题词，鼓励年轻人为事业拼搏

那次众筹会议上，在几名嘉宾的发言后，我做了一个大约45分钟的演讲。把我的成长经历和为什么要拍电影，为什么要进行众筹，众筹的资金怎么使用以及能给参加我们众筹的人士什么样的回报——做了介绍。

在进行众筹之前，我也仔细研究了合法众筹与非法集资的各自特征，并向权威人士进行了认真咨询，以坚决杜绝违反法律法规的现象。通常来说，非法集资主要有这样的一些特点：面向非固定人群，承诺在固定的时间内给予固定的回报。

而我们发起的众筹，更准确地讲，叫作收益权众筹。根据参与我们众筹的人士的出资额与当时电影项目的总体估值，获得我们电影项目的电影票房、网络版权、电视版权等所有收益的一定比例的收益权，自负盈亏，因此与那些以固定的回报为诱饵进行非法集资的诈骗截然不同。而且，我们也限定众筹股东不超过200名。

那一次，作为一名离开母校北大已经四年的自主创业的毕业生，站在北大的一个小会议室讲台上，我感慨万千，在分享的过程中，数次淌下热泪。我把我对电影的热爱，以及创作电影的初衷、目标和遇到的困难都进行了一个真诚、客观的讲述，结果打动了很多现场的人。后来，有很多人告诉我被我感动落泪了。大家觉得我是一个很真实的人。

其实，开那次会议的时候，公司账户上只剩下了1万元。我十多年辛苦打造的《纯洁心灵》面临资金链的断裂，情况十分危急。

天无绝人之路。那天会议后，有很多人表示愿意参加我们的众筹支持我们。当天晚上，我们签署了总额达到350万的众筹合同，后来虽然没有全部到账，最后实际到账260万，但是，我们已经取得了很好的成绩。《中国电影报》对我们的众筹会议和获得的成功进行了报道，而且《中国电影报》的记者们后来还对我进行了一次专访。他们觉得我创作电影的历程很不容易，对我做了一个整版的报道。

众筹的第一仗获得成功。有了资金，我们也就显得硬气多了，令人感动地渡过了难关，我也变得更有自信了，开始积极接洽业内的各个有名的电影营销公司和发行公司，准备开始启动真正的宣传和发行了。

当天晚上,在北大校园内的咖啡馆交流后正式签约、留念

之后,经过不同人士的介绍,我又在北京、重庆给一些企业家做了我们电影项目众筹的分享。人家会议组织方和朋友们开玩笑说我是"跑场"路演导演。基本上每一次,都有来自各地的企业家加入我们。有的时候,我的分享能受到很热烈的欢迎,讲完后,会有不少人围过来与我进一步交流,场面还是挺壮观的,有时候还让我找到了明星的感觉。通常,电影《纯洁心灵》的众筹路演是当天的各个项目路演中最受欢迎、成果最高的。

截至2015年12月4日的下午,我们发起的众筹第一轮的500万资金已经全部到达公司的账户。第一轮众筹圆满结束,共有全国各地的36名社会各界人士参与。

通过这次众筹,让我开始觉得,如果一个人认认真真做事情,总会获得社会各界人士的支持。情怀并非不值钱,大家还是会支持真正的情怀!我也更加相信,付出一定会有回报,这句话的确是真理。

电影《纯洁心灵》众筹股东之一:北京籍著名画家刘延风、马兰杰夫妇

众筹中间的艰难

在完成第一轮的众筹后,我们紧接着开展第二轮,但是因为已经用了身边的很多资源,需要开拓新的资源,以及众筹模式的设计存在一些问题等原因,我们开始遇到越来越多的困难,众筹进度减慢了。我们也开始赶到其他城市进行我们的收益权众筹。

由于从2015年的12月起,双方在合作上开始出现一些分歧等原因,我们与Wehome社群机构于2016年1月终止了关于众筹的合作,继续只在普通层面上互相支持,大家还是朋友。没有了合作机构之后,我根据我们电影的实际情况,对众筹模式进行了一些修订,继续推进众筹。

1月中旬,我们又举办了一次电影第二轮众筹推介,希望能够进一步扩大众筹,但因当时我手头的其他工作都比较忙,准备不够充分,到的人比较少,这次并没有让我们获得任何新的众筹进展。我认真进行了总结。

越挫越勇,我制订了总共2060万的众筹计划和目标,并希望把这个目标认真完成。众筹到的资金用于电影剩余的后期制作和电影在全国的宣传发行。对于计划在全国上映的院线电影来说,这个资金量并不大。尤其,对于我们这样没有任何明星,不容易被媒体和观众关注的电影来说,要想不被大公司那些明星阵容强大、宣发经费充足的电影在开始阶段就淹没,更是需要比较多的经费,确保能在全国范围内扎实做好宣传与发行。

后来,我们举办了电影定档发布会。发布会结束后,继续推进众筹。

众筹到大年二十七的晚上

2016年春节前,我们的众筹融资甚至一直持续到了2月5日,大年二十七的晚上。那一年,没有大年三十,大年二十九就是除夕了。我受我们的众筹股东之一,浙江绍兴的一名青年企业家邀请,赶到绍兴参加他们当地的一个年末聚会,目的是在会上推介我们的电影众筹。但因为那次讲演时间很短,而且年末很多人士并没有心思参与一些项目，结果那一次也没有任何新的人士加入我们众筹。

那次虽然很失望，邀请我去的众筹股东甚至还有些灰心，但我还是相信以后会取得成功的。

两天后就是春节了，我还是抱着信心热情地迎接猴年。

2016年4月完成前两轮1060万的众筹

春节过后，我带领团队筹备、拍摄了我们电影主题曲"逐梦演艺圈"的海南大型时尚MV，也持续进行电影后期的工作，并参加电影推介会。虽然一直繁忙异常，但这期间，我利用空闲时间继续在北京、海南、云南等地扎实推进众筹，逐渐取得了越来越多的成果。这期间，我们已有的众筹股东也帮助介绍了新的各界人士加入了众筹，支持我们。

失败是成功之母，我们每次都注意总结经验教训，一步一个脚印。尽管遇到很多不顺的事情，到2016年4月，我们已经基本完成了电影《纯洁心灵》前两轮的众筹，共计1025万。第二轮只剩下5份，每份7万，共35万的额度。

很多人认为我很幸运，实际上是越努力越幸运。坚持不懈地努力，方向正确，付出总有回报。

4月16日，我在我们一名云南众筹股东的介绍下，飞往昆明参加一个民间企业家组织的会议，计划在第二天的会议上做电影《纯洁心灵》的一个众筹分享，希望能够结识一些西南地区的企业家，邀请他们加入我们的众筹。当天，一位在江西开影院的老板表示确定预订剩下的5份第二轮众筹。于是，第二轮收益权众筹的560万算是全部完成。

第一轮和第二轮的众筹额度加起来，一共是1060万。

第二天，电影《纯洁心灵》第三轮收益权众筹就紧锣密鼓地正式开启了。那天，我在会议上做了关于电影《纯洁心灵》众筹历程的简短分享和我们第三轮众筹的介绍之后，有几名企业家当场就找到了我，与我相互认识和交流。晚上，我给一些有意参加我们众筹的企业家，在宾馆的房间里做了关于我们电影

在昆明开始了第三轮收益权众筹的第一场路演

和发起的众筹的进一步介绍，大家进行了更多的交流。后来，他们中间的好几位成了我们第三轮众筹的首批股东。

但是，那位开影院的老板因资金周转出了问题，没有能够参与进来，我们就按照第三轮股东的加入次序往前进行了递补。

众筹再次受阻

众筹开展顺利，但我深知，电影的质量是一切的根本。为了精益求精，从4月开始，我们将电影声音进行了全部重新制作，将所有角色重新配音。另外，画面特效、音乐修改等工作也开展了很多。那段时间，我们的工作重点放在了后期制作上，没有多少时间专门进行众筹，就是利用工作间隙进行。

2016年6月6日，我参加了一次民间办的众筹节活动，进行了10分钟的讲演，希望能够进一步地扩大我们的众筹，吸引更多来自全国各地的不同行业人士。

那次，我讲得还是挺不错的，重点、亮点突出。但是，因为我演讲的时候现场已经没有多少观众，所以这次讲演后，也是零收获。

后来，虽然我们利用后期制作间隙，一直在扩大我们的众筹，但进度越来

当天没有获得任何众筹进展

越缓慢，后来甚至完全停滞了下来。我知道，我们身边的资源可能已经挖掘得差不多了，需要开拓新的资源。

到了2016年9月，电影《纯洁心灵》的后期制作和在各大推介会上的推介，以及在一些高校的试路演，都取得了丰硕的成果，但我们的众筹已经停滞一段时间了。于是，我又开始走出去，到各地寻找更多的人士加入我们的电影众筹。

从9月2日到4日，我带领两名工作人员三天飞了广州、上海、北京三个城市，主要是对接一些企业家资源，真成了"拼在北上广"了，但是都没有获得任何成果。

回到北京后又赶紧进行声音、音乐的最后制作，并带领团队进行一些宣传物料的准备和制作。

9月12日，我带领人员再次飞往深圳，参加一个企业家会议。这是比较惨的一次，感觉参加了一个不够正式的会议。但两天下来交了一万多的会议费，并没有对接上可以参加我们众筹的企业家，结果回北京的飞机还晚点，回到北京的家中，已经是中秋节八月十五的早上5点了。中秋节晚上，我与助理赶到机场接从海南寻找的配音演员及她们的家人，把她们安顿好，并在第二天、第三天，连续两天进行了每天十几小时的艰苦配音工作。

延期让众筹股东不满，我生气怼了回去

尽管我带领团队一直坚持全力奋斗，受了很多苦，熬了很多夜，但是我们电影的一再延期也开始让一些众筹股东出现不满。

9月的一天，我应约去和北京的几名众筹股东交流电影后续宣发策略时，一名众筹股东当着所有人的面，很生气地跟我说，如果再延期就让我给她退款，还让我用纸写下来。

这其实是一个没有道理的要求。我们的合同上写明了参与众筹的人士只有建议权，由电影出品方，我组建的实传创公司来全权负责整个项目的运作，而且之所以延期，的确是根据实际情况做了综合考虑后，本着为项目和全体众筹股东负责而不得不做的必要调整。因为我性格很倔，当时觉得自己真是全心全意为项目艰苦付出，而且在过程中受了很多委屈，所以那天我与这名众筹股东闹得很不愉快。我也很直接地怼她，直言说必须要延期，否则就是对项目和各股东的不负责任。

后来，大家还是平心静气地进行了沟通。

平静下来，我也明白这名股东心直口快，她对我们延期真的是有些生气。而且，电影项目延期，我是有责任的，低估了电影市场的难度，没有做好电影的规划工作。当然，到那个时候，从大局出发，延期是必须要做出的决定。我总结，我们众筹股东的人数多，而我又整天忙于各项工作的开展，所以与大家的沟通不够充足，加上有些股东对影视行业不够了解，在缺少沟通的情况下，难免会让一些股东不理解和怀疑。说实在的，当时我也没有时间和精力去跟每一位股东去交流和解释，这是众筹难以避免的弊端。

从那以后，我一方面尽心尽力做好电影的各项工作，希望拿出好成绩回报我们的众筹股东，另一方面开始注意在股东微信群里不时给股东们发送一些电影的实时进度。因为每人都有自己的想法，所以有时候，从大局出发，我也必须按照合同坚决履行决策权，以节省时间。

我经常想，在很忙的时候，受点委屈和误解也没什么，最重要的是要全力

为项目付出。到项目结束时,大家自然会理解我的。

当然,我每天压力都很大,不断总结经验教训和思考怎么做到最好。我深知,只有把项目做好才能对得住前面那么多人那么多的辛苦付出,才能对得住那么多社会各界人士通过参与我们的众筹,对我和电影《纯洁心灵》进行的大力支持。

众筹停滞的那段时间,我很认真地总结和考虑怎么样推进没有完成的众筹。我相信电影《纯洁心灵》的创新、特色,以及我们的认真创作精神,都能够赢得很多人士对我们的肯定与支持,但需要开拓和寻找新的人脉资源圈子。

开始在打高尔夫的企业家中发展众筹

思考之后,我决定在打高尔夫的企业家圈子中尝试推进我们的众筹。这个圈子的人士有很多是各行各业的企业家。

我在北大时加入过高尔夫球协会,当时纯粹是一次偶然的机会,出于好奇想了解一下这个项目,结果觉得还挺有意思,就加入了协会,并利用休息时间去练习场练练球。练习场练球花钱很少,我还承受得起。

我从小就喜欢练武术,后来在北航租平房考研时,还跟陈式太极拳的第十九代传人田老师练过半年多的太极拳,到电影学院表演系读研究生后也刻苦练过刀、剑、拳,还做了一段时间形体课的助教,因此身体的柔韧性和灵活性比较好,练习高尔夫进步还挺快的。我还曾与几名北大学生一起代表北大高尔夫协会参加过北京高校的高尔夫比赛,一起给北大高尔夫协会拿到了团体第一名,我个人获得了个人成绩第四名。当然,大学生们普遍打得都不好。没想到,误打误撞,高尔夫还成了我的一个业余强项了。

后来,我到美国留学时,因为美国打高尔夫特别便宜,当时还偶然认识了一名韩国老大爷,他送了我一套二手球杆,于是,利用业余时间我也偶尔去打上一两场。

博士毕业后,在国内打高尔夫还真认识了一些球友。在海南时,因为明星孙楠很喜欢运动,足球、滑雪、帆船、高尔夫样样都不错。为了能够跟孙楠拉近关系，我还找机会跟孙楠打过两场，当然都是败北的。到了后来，拍电影和做后期很忙碌，就逐渐打得很少很少了。只是在天气好的时候，感觉在室内待的时间长了，偶尔会借助人家的高尔夫活动促销，到球场上打一场。主要是希望能够不丢下这项技能，另外还可以在野外的草地上散散步，减减压。再到后来，我就把打高尔夫主要作为一项交友的方式了，与喜爱运动的明星孙楠等人打高尔夫都带有这样的性质。

因为打高尔夫的消费比较高，而且很多喜欢挑战自我的企业家喜欢这项运动，他们也希望能够结交些朋友，所以打高尔夫的圈子还是一个相对有不少企业家和成功人士的圈子。

2012年的时候，朋友曾介绍我加入过北京的一个高尔夫俱乐部。我参加过几次活动，也认识了一些企业家朋友。别说，我还真是利用上了这个资源。电影《纯洁心灵》的角色很多，在配音期间，我邀请了好几名在这个俱乐部认识的企业家球友到录音棚里配了一些电影角色的声音，效果很自然。

2016年10月10日，我参加的那个高尔夫俱乐部举办十周年庆典，给我发了邀请。我就灵机一动，想到是否可以尝试在我们这个高尔夫俱乐部进行一次众筹路演。于是我跟俱乐部的创始人说了这个想法，并表示愿意赞助1万块钱的比赛费用，创始人表示愿意支持我这名青年导演。

于是，很久没有参加过俱乐部活动的我就参加了那次的十周年庆典赛，而且那天从录音棚赶过去还迟到了。比赛完的晚宴上，我做了一个大约10分钟的电影项目和众筹介绍。那次讲完后，我们就建了一个微信群，邀请有意向的企业家加入我们的群中，进行进一步的交流。在那次分享之前，因为各种忙碌，加上没有开拓新的资源，我们电影的众筹已经停滞了较长一段时间了。

三天众筹了520万

在高尔夫俱乐部庆典上介绍完我们的众筹后，在等待和进行进一步交流的过程中，我也继续在其他地方推进我们的众筹。

很快，我们的众筹迎来了新一轮小高潮。三天时间，总共众筹了520万。

10分钟讲演获得180万众筹

10月16日，北京有一个企业家会议。得到主办方的许可后，我在他们开完会后做了10分钟的电影《纯洁心灵》项目介绍和众筹分享，介绍了我们电影的特色和创作理念，告诉大家我们计划用这部独特创新、用心制作的电影在国内电影市场上搏一把，希望能够给观众带来一部不一样的诚意电影，希望能够表达年轻创作者对中国电影的赤诚之心与热爱，希望得到大家的支持。我也特别说明，参与我们电影众筹投资是有风险的，需要自负盈亏。

结果我讲完后，呼啦啦围上来一大群人，表示对参与我们的众筹很感兴趣，希望跟我做进一步的交流。

我们就在一个会议桌上做了进一步的交流，结果有六名企业家当场与我们签订了100万的众筹投资合同，而且当场刷卡转账达70万元，另外30万是后来通过网银转账过来的。而且，这几位加入我们众筹的企业家在进入我们的众筹股东微信群后，第二天、第三天又追加了80万的众筹投资。

这就是一次我用10分钟讲演打动各地企业家，最终获得180万元众筹资金的经历。

很多人觉得挺神奇的。实际上，我就是用精简准确的语言把我们的电影创作理念和发起的众筹做了一个介绍。很多参与我们众筹的人士后来表示，是出于对我执着努力十多年做电影的认可和对电影《纯洁心灵》制作精神的认可。

我做完众筹分享后，很多企业家围过来跟我索要联系方式和进一步交流

从投资角度，他们这样解释，投资就是投人，看准了我，就敢于投资我。

因为那次的效果很引人注目，结果，后来人家会议组织方就不让我再在会议间隙进行路演了，担心会让很多企业家分心。

从这个企业家会场出来后，已经接近中午一点。午饭也没吃上，紧接着，我又到了一名合作朋友的公司成立典礼上做了一个众筹分享。之前，为了得到这个分享机会，我们给他们的典礼赞助了2万元。

进行了那次众筹分享之后，有两位浙江的企业家表示计划参与，准备各投10万，最终有一名杭州的企业家投了10万。那次的分享也让很多企业家印象深刻，后来我在朋友圈发的一个众筹邀请，又吸引了当时在场听过我讲演的一名企业家参与众筹。他先投了10万，后来又增投了20万，共投资30万。

所以，那次我在那个成立典礼上的讲演，最终让我们电影获得了40万的众筹资金。而那一天的两场讲演，则总共获得了220万的众筹资金。

一餐饭搞定150+X万众筹

就在第二天，10月17日，我们在北京国贸饭店办了一次众筹签约宴会，邀请了之前听了我在高尔夫俱乐部十周年庆典晚宴上的十分钟讲演后，加入我们"意向参加群"的六七位企业家一起吃饭，进一步交流。

那天吃饭，几位企业家更详细地问了我一些关于电影《纯洁心灵》的问题和众筹的细节，我也是接受了苛刻的考察。

饭后，我们当场签约150+X万。一位从加拿大回国的企业家与我们签了两份合同，其中一份合同金额是30万，另外一份是准备将来再确定数额，所以我把这个数额称作"X"。后来我们双方也确定为了30万。

当天，还有三四名企业家没能到场参加宴会，但他们也都加入了我们的众筹。虽然后来有一名当天签了30万金额合同的企业家最后"爽约"了，但我那次在高尔夫俱乐部庆典晚宴上的10分钟讲演，那一两天还是总共获得了230万的众筹资金。而且，那几天，我们原有众筹股东中的一些人士也追加了投资。

好几位人士都是先转账，后补签合同，让我们十分感动。我也在微信朋友圈里晒了晒遮挡了个人信息之后的截图，引起很多人的点赞。

我们在众筹签约宴会上的合影

10月18日上午,我进入和声公司的全亚洲最大混录棚,开始做电影声音的终混准备工作。混录师和声音工作人员们也都纷纷向我们表示祝贺。在进行声音混录准备工作的时候,我的手机上还不断收到资金到账的消息,让大家都很振奋。我当时很受鼓舞,下定决心一定要认真把电影剩余的后期工作全力做好。

经过统计,仅在从10月16日到19日的三天时间内,我们完成的众筹实际到账金额达到520万。

各界人士发给我的微信截图,让我们深受激励

完成众筹总共达到 1900 万

过了些天，两名加入我们众筹的高尔夫球友企业家又增投了总共 50 万。最终，我那次在高尔夫俱乐部庆典上的讲演共完成了 280 万的众筹。

从 10 月 19 日起，我就开始了连续、紧张的混录工作，将众筹暂时停下了。说实话，当时我并没有被大量到账的资金冲昏头脑，我深知电影的质量才是电影获得成功的核心。另外，我们的众筹额度已经剩得不多，已经不必当成一个重点工作，就把重心放在了电影的剩余制作与宣传推广上。

混录工作完成后，我们又进行了高校路演和参加电影推介会等宣传工作。

后来，2016 年 11 月 18 日，又有一名众筹股东介绍了另外一位企业家加入了我们的众筹。这位企业家听说我们的众筹后很感兴趣，准备参与和了解一下，开始表示要投 10 万，了解了几天后，23 日，这位企业家给我们公司账户转了 20 万元，并一直到 12 月 8 日才补签了合同。

截至 2016 年 11 月 23 日，我们的众筹总共完成了 1900 万，众筹股东的人数达到了 121。就这样，一部由全新人主演的导演处女作电影创造了电影界众筹的一个新纪录。

众筹的感悟

回想起我们的众筹历程，遇到过一些挫折和低谷，也曾遇到过不靠谱的人和不靠谱的会议，还曾经两次完全停滞下来，感觉无路可走，但是，我们坚持不懈，取得了最后的胜利。

我们取得的众筹成果让很多人士感到好奇，但总结起来，其实也没什么特殊的技巧，就是准确、简洁地介绍我们电影项目和发起的众筹，真诚地表达我们的想法。在众筹的过程中，听到最多的话语，是很多人士纷纷表示他们投的是我这个人，说他们觉得我这么多年的执着努力值得支持。

所以，通过众筹，我总结了一句话："认真努力一定会获得很多支持。"

年轻的时候，我们需要拼搏到无能为力，坚持到感动自己，会有奇迹发生的。

特别感谢在我们的众筹过程中给予我和电影项目很多帮助和支持的人士，特别感谢所有参与我们众筹、给予我们电影支持的社会各界人士。没有你们，电影《纯洁心灵》就不能够制作完成和上映，我们这些青年的电影梦想就不能实现。

也正是受到这么多支持与信任，才让我备感责任重大，坚持每天都咬牙全力奋斗。我深知，众筹成功了还不算什么，我们的电影能被广大观众喜欢和力挺，才是真正的成功，才能给我们众筹股东的支持以回报。

众筹了很多资金，我身上的责任感和使命感也越来越大。2016年的下半年，电影市场票房增速出现下滑，越来越多地挤出行业泡沫，电影业的利润下降让很多投资方变得十分谨慎、大量观望起来，我制订的趁热打铁、增加业内合作机构和再寻找一笔资金加棒的计划一直没有顺利完成。我明白，虽然我们众筹了1900万，但这笔钱对于我们这样一部没有任何明星的新人导演处女作的宣传、发行工作来讲，还是不足的。我当时想，国内电影宣发的竞争越来越激烈，虽然我们在影片质量上有很好的竞争力，但是要想在众多配备豪华明星阵容、宣发资金充足的大片中获得充足的展示机会和生存下来，我们需要实现更好的宣传和发行，有充足的资金会是一个强大的保障。

由于2016年下半年以来，市场大盘增速一直处于下滑趋势，不少电影出现亏损，让很多投资机构变得十分谨慎，我制订的计划没能顺利完成，综合考虑与仔细预估之后，从大局出发，为了扩大胜算，我决定继续延期，将电影的宣发工作进一步做扎实，并且继续寻找合作机构和加棒的资金。

因为后来决定延期上映，结果，11月23日的那笔20万资金，就成了我们那个阶段的最后一笔众筹。后来的四个多月，我们没有再众筹一分钱。一直到2017年的4月7日，我才又邀请一名朋友加入了众筹。

我们的众筹故事很曲折，但我们电影的经历更曲折，曾经几次差点"夭折"。

第十四章

《纯洁心灵》的三次『夭折』危机与解决

电影《纯洁心灵》从筹备到拍摄，再到后期制作和宣传发行，遇到过很多危机和困难，还遇到过三次"夭折"危机，每一次都是面临生死攸关的考验。

实际上，我们电影的一再延期也与遇到了很多困难和危机是有关系的。因为目标远大，所以道路必然艰难。通过回顾这三次危机，可以得到很多启迪和力量。

第一次"夭折"危机：四处借钱无果，账上仅剩一万元

回想起电影《纯洁心灵》经历过的各种危机来，第一次"夭折"危机应该算是出现在 2015 年 11 月，就是前面提到过的在我们发起众筹之前，公司账户上只剩下一万元的时候。

电影《纯洁心灵》的筹备和拍摄，全部是我向身边的家人、朋友借的钱。这个过程中间，我的岳父滕威林帮了我很多。本来想制作一部小成本电影，但到了后来，因为内部试放映取得远远超出预期的好反馈，得到了很多让我心潮澎湃的激励，比如河北师大学生留言说这部电影让她们有了重拾梦想的勇气，就让我咬牙越来越加大了对电影后期制作的投入。

因为，我身边的亲戚、朋友没有做电影行业的，大家都不了解，也都觉得电影行业风险大，所以，我心里非常感谢那些在肯借钱给我和肯买我岳父面子借钱给我的人士。当时有些人士借钱给我，真的是做好了回收不了的准备，抱着不打算回收的心态的。

电影实在是一个烧钱的行业，加上自己缺乏行业经验和帮手，到了后来，尽管我基本上把能找的人都找了，把能借到的钱全借了，但到了 2015 年 10 月已经借不到钱时，电影的后期制作还是缺一部分资金，而电影的宣传、发行经费更是不知道在哪里。"一分钱难倒英雄好汉"，那段时间，我整天都是忧心忡忡、愁眉苦脸。

说实话，如果当时没有发起众筹，我还真不知道后来将如何解决"夭折"危机。通过发起众筹，我们不但渡过了危机，而且得到了社会各界的点赞。

除了要衷心感谢借钱给我筹备和拍摄电影的人士外，还要衷心感谢帮助我们组织和一起邀请各界朋友到京参加我们众筹会议的人士，更要特别衷心感谢后来参与了我们众筹的各界人士，衷心感谢你们帮助电影《纯洁心灵》渡过第一次"夭折"危机。如果没有你们，或许《纯洁心灵》只能还没有长成就得被连根拔出来售卖，结果被遗弃在某个角落里，只剩下被尘封的命运了。而我，也不知道现在可能在从事着什么。

第二次"夭折"危机：面临同时与三家大公司打官司的局面

2016年3月，电影《纯洁心灵》遇到了第二次"夭折"危机。那段时间，出现了我们面临同时与三家大公司打官司的情况，一家是我们曾经合作的营销公司，一家是很知名的美少女组合SNH48的经纪公司，还有一家是大型国企中影发行公司。而经历的中影发行"解约"危机，则让我们面临生死存亡的考验，也引起了业内的关注，很让人为我和电影《纯洁心灵》揪了一把心，但最后得到顺利解决。

我从来没有想过自己的这部处女作电影，会面临同一时段与三家大公司出现纠纷的情况。恐惧没有用，不管再难，还是要客观、冷静对待，逐一地寻找解决方案。

与营销公司的纠纷及解决

当时，其实我们双方并没有多大的矛盾。主要是因为我们电影比较独特，需要走新的营销路线，设计与传统营销方式不同的方案，而且我的要求比较高，另外，因为业内那些很有名的营销公司的项目都比较多，没有时间也不太愿意接手我们电影的营销，客观地说，我们合作的营销公司团队当时在经验方面整体也相对要少一些。

合作过程中，我们共同取得的营销成果有限，制订的计划实施也不够顺利，需要双方都进行调整，也因为各种情况及理念上的一些分歧，双方的工作团队之间出现了一些不愉快。我也是个很倔的人，在合作中，双方都产生了情绪。

于是，综合考虑，我们后来就开始商量终止合作的问题，一些未做完的海报、预告片物料等也就暂停了。没有办法，营销工作只能暂停下来。而且，双方都开始走法律程序，我还专门聘请了律师，开始做法务方面的准备，这样的局面是谁也不愿意看到的。

这家营销公司的领导很开明，得知事情后，让工作人员与我们友好达成了和解方案。双方友好终止了合作，并均表示等双方队伍都再磨炼磨炼之后，再寻找机会进行合作。

那段时间的三个合作纠纷中，与营销公司的是最早解决完毕的，而与SNH48经纪公司的则是历时一年才解决。

与SNH48组合经纪公司的纠纷及解决
寻找青春偶像团体演唱主题曲，计划做成容易传播的"神曲"

因为我们电影没有任何明星，我也是新人导演，在办各种活动时发现，各媒体记者们普遍不大愿意报道我们，就算报道了，给的报道位置也普遍不好，一度让我和我们的学生演员们都有些失落。我开始觉得，在电影宣传上还是要增加一些方法和技巧，应用一些明星元素，这是娱乐媒体记者们写报道所倾向的。因此，我希望在电影的主题歌及主题歌MV的制作和宣传上，加入一些明星元素。于是，后来我就多方考察，在网上联系了有很多粉丝而且也主打青春群体阵容的上海美少女组合SNH48。双方协商后，签约开始合作。

SNH48组合在国内的女子团体中还是比较有名气的。跟她们合作以后，我开始考虑编写一首什么样的主题曲。做主题歌和拍摄主题歌MV，是为了宣传电影。那段时间，很流行各种"神曲"，于是，我就索性根据我们电影的主题，自己作词作曲，编了一首舞曲风格的幽默诙谐又励志的歌曲《逐梦演艺圈》。本来也想过请作曲师帮助写歌，但后来又想，我最了解电影，也有很多考虑已久的想法，我自己作词作曲的主题歌，可能更符合电影特点、更贴近普通观众，而且可以省一笔资金，于是，后来我就自己担任了词曲作者。

我虽然不会写曲谱，但我有自己的方法。我把自己编的曲子哼着用手机录下来，发给我们的电影音乐编辑，请他帮助我记下曲谱来，并告诉他希望编一个节奏鲜明、配器特别的电子舞曲，请他进行音乐编曲。因此，我算是这首电影主题歌的作词、作曲，那名音乐编辑算这首歌的编曲。因为没有专门请词曲老师编写歌曲，结果，这首歌的伴奏音乐的制作仅花了一万元。

决心拍摄一个"极致"MV

在 MV 的拍摄方案上，我这名电影"疯子"计划拍摄一个"极致"MV。我当时想，我拍摄电影《纯洁心灵》那么追求极致，那么我们拍摄的主题曲 MV 也一定要"极致"。

其实，我一直有一个特点，就是经常希望做事情能尽量做得极致一些，有一种争第一的劲头。在拍摄电影方面，我们的资金不足，但在拍一个主题曲 MV 方面，我们可以尝试拍成比较极致的画面。有困难没关系，我们可以寻找一些赞助和支持。

另外，我个人比较喜欢好莱坞大片中的《速度与激情》系列电影，感觉节奏明快，酷炫的场面让人热血沸腾，很有视觉冲击力。而且，在海南岛选景和待的时间长了，感觉这里的蓝天、白云、大海、漂亮的公路和一些特色、时尚的建筑，很适合拍《速度与激情》那种风格的时尚电影。

于是，2015 年的时候，我就结合海南国际旅游岛的时尚特点和我们电影的青春特点进行了策划，并借鉴了《速度与激情》系列电影的一些特点，把直升机、超跑等现代酷元素加入 MV 拍摄的方案，野心勃勃地希望能寻找到一些赞助，拍摄一个"亚洲最大型"的青春时尚 MV，在突出海南岛的现代、时尚的同时，也让其他国家知道我们中国现在经济也很发达，我们的年轻人也一样可以很青春、很时尚。当时我很希望借助一个"极致"的比较商业化的 MV，把我们电影的青春感觉和海南岛的时尚都表达一下，形成对我们电影和海南国际旅游岛的宣传。

很多人觉得不可思议，但实际上当时那个理念跟我们电影的理念一样，就是既然要拍 MV，就争取拍到极致。而且，我希望能够引起媒体记者们的关注与报道。说实话，当时这个想法，也是在我们电影遭到很多媒体记者冷遇，多次受到"刺激"之后所产生的想法。

这个 MV 的拍摄到了 2016 年 2 月底才进行，因为我们获得了一些赞助，而且我们的众筹也开展得很成功，有了更多的宣发经费，就真的实施了我那个计划，为了达到视觉上的强大冲击力，用大笔资金拍了我们的电影主题曲 MV。大场面拍摄，真的是很烧钱的，我们拍这个大型 MV 前后共花费了 280 多万。说真的，我后来很后悔自己花这样一笔巨资来拍摄电影主题曲 MV，觉得自己真的是被好莱坞大片和那些媒体记者的"冷眼对待"给影响了。

在海南花费巨资拍摄两支 MV，过于心急惹纠纷

电影《纯洁心灵》的主题曲"逐梦演艺圈"大型 MV 于 2016 年 2 月 28 日在三亚正式开拍，之前进行了较长时间的准备。

因为计划拍成一个亚洲最大型的时尚 MV，所以那次 MV 的拍摄阵容真的比较强大。共动用了 3 架直升机、10 辆超跑、5 艘游艇，还聘请了 5 名外籍特技跳伞运动员专程从广东赶来跳伞，10 辆超跑则是请北京 SCC 超跑俱乐部帮助组织了 10 名会员，为了这次拍摄专门从广东等地用大拖车运到海南岛的。过海时，大拖车也还要被装到轮渡上进行运输。拍摄过程中，3 架直升机的总

拍摄剧组人员每天都浪辛苦，大家希望拍出一些好莱坞大片式的海南国际旅游岛特色镜头

飞行时间达到了25小时。这次拍摄，还得到了海南凤凰岛、钻石海岸等项目的大力支持。因为难度大，有一些拍摄是在封路的情况下才完成的。

这次MV拍摄的剧组阵容和装备比我们拍电影时要豪华很多。剧组共有150多人，对讲机有80多台，三台电影摄影机，还有两台航拍机器，并配备了17米的大炮，还从上海调来了一辆国内最好的跟拍车拍了一天。

MV一共拍摄了四天，每天都是拍摄壮观的大场面，每天也都有很多群众围观。SNH48组合派出了XII队的16名成员参加拍摄。小姑娘们虽然年岁小，但都很敬业，很配合。

我一拍戏就跟不要命似的，那几天又是忙得不亦乐乎。因为这次定的拍摄目标又很高，拍摄难度很大，所以又是天天争分夺秒，跟打仗似的。剧组的人员又都被我累惨了，好几个现场制片都把嗓子喊哑了，皮肤晒得红黑红黑的，一眼看上去非常滑稽。这支MV的摄影师还是我们电影的摄影师孙力钢。他跟我说，感觉我这创作激情始终不减，很适合当导演。

拍摄现场也有很多趣事。为了配合录制舞蹈，把由工作人员临时演唱的歌曲小样放了一遍又一遍，很多剧组人员都说被歌曲的旋律洗脑了，很多时候，他们就下意识地在那里哼。

但那个时候，我的确是有点心急，希望能够尽快尽大地把电影宣传好。

在筹备和拍摄与SNH48组合合作的电影主题曲过程中，我听说另外一个组合突然"火"了，成了网络红人。

当时，着急做大宣传的我就想了一个营销计划，就是邀请突然被社会各界关注的小型组合也拍一版小型MV，然后利用当时的网络热度先推出小型版本，引起讨论后，再重点推出我们花费重金打造的SNH48组合的主打版本。

于是我一边筹备和拍摄SNH48组合的版本，一边开始让工作人员联系在网上受到热议的小型组合。在拍完SNH48组合的MV画面后的第二天，那家小型组合的经纪公司表示可以演唱和拍摄我们电影主题曲"逐梦演艺圈"的另外一个版本，第三天，双方最终敲定了合作细节。后来，我们就趁着一些剧组人员还在海南，抓紧用两天时间拍完了另外一个小型版本，共花费了20万左右。

由于之前那家小型组合一直没有确定参与，我当时也不太确定SNH48组合公司是否会愿意，所以一直都没有跟SNH48组合的经纪公司提这个计划。

我们与小型组合的经纪公司双方就合作细节谈妥后，也就是SNH48组合返回上海的第三天，我赶紧把这个想法告诉SNH48经纪公司与我们对接的工作人员，说了我的营销计划。工作人员先是同意了，后来又打电话来告诉我他们公司不同意，并说如果拍了那个组合，他们就不再进行配合。

我当时刚在北京参加完一个活动，正赶往机场，准备飞往海南。

一个原因是我当时比较较真儿，觉得这个想法很有创意，而且趁着一些剧组人员还在三亚，拍摄另一个小版本也比较方便和经济，还有一个原因是我觉得拍摄一个小版本，目的也是为了借助当时的网络热度，推广我们主打的SNH48组合版本的MV。所以，我当时就想，先拍了再说吧，说不定以后SNH48组合公司会同意，现在剧组人员还在海南，如果不拍，以后再拍就要花很多钱了。

于是，我就赌气地坚持在3月6、7日两天拍了另外一个组合的小型版本MV。

到了后来，我逐渐意识到，虽然我这种做法的本意是想助推我们主打的MV，也没有违约，但的确会让SNH48组合的经纪公司很生气，会让人家觉得我过于炒作，人家并不希望借助网络热点和其他组合来配合我们做营销。另外，后来我也真正意识到，我寻找的小型组合的风格也不适合演唱我们电影的主题曲，我不应该借助网络热议去炒作，会给人不好的印象，甚至引起很多人的反感。

但当时，心急扩大宣传的我还是那么做了。

结果，3月6日上午，我就接到SNH48组合公司工作人员的微信消息，表示将不再配合后面的任何事宜。

我也是个很倔的人，当时就是赌气，觉得我拍这个小版本就是为了更大地推广主打版本，而且策划创意和机会都很难得，心里就想，还是坚持拍完这个小型版本再说吧。

拍完小型MV后，我又联系SNH48组合经纪公司的工作人员，一再说拍这个版本是为了助推我们的主打版本，请他们考虑考虑再做决定，但对接的人员还是表示不再做任何配合,而且不再回复我的消息。我意识到,问题真的严重了。

当时,SNH48 组合的 MV 版本只是完成了画面拍摄,还没有进行歌曲演唱录制。这就意味着这首 MV 遇到严重问题,它可是有着 280 万的巨额投入和大量的人力、资源投入的。

那个时候,我也不知道该怎么办,而且电影还面临着中影发行解约危机,那可是直接关系电影生死存亡的危机。再到后来,忙着做电影的各项后期工作和进行高校路演、推介会的推介,就只能把 MV 的事情往后搁置了。过了将近一年,我们终于顺利和解。

与 SNH48 公司正式和解

2016 年的下半年,在各项工作进行的同时,我们也曾几次尝试再对接和沟通,但都没有得到之前对接的工作人员的回复,后来,我们无奈委托律师向法院提起了诉讼。法院正式受理了案件,并通知开庭日期定为 2017 年 2 月 22 日。

后来,我已经意识到,自己当时过于心急扩大电影宣传,那个策划是有问题的,找另外一个组合再拍摄另外一个版本是不妥当的。因为双方都比较忙,工作人员也不方便做各种决策,于是,我决定还是在开庭前直接与 SNH48 公司的领导沟通一下,充分表达一下我们的歉意和继续合作的诚意。

想好后,我认真给 SNH48 公司的领导发了一条长长的短信,说明了我当时的想法初衷,对没有很好地提前沟通就拍摄了另外一个版本的 MV 和考虑问题不周表示诚恳道歉,并且表明我们将不再制作和推出那个小型版本 MV,希望能够与 SNH48 组合继续完成合作。之前,经过我们与小型组合经纪公司的沟通,双方已经友好达成一致,不再推出小型组合的 MV 版本。

很快,SNH48 公司的工作人员打来了电话,我们双方也很快达成一致,决定重拾关系,继续友好完成合作。

因为事情由我们而起,我们决定负担双方的律师费用和录制歌曲的全部花费,之后双方将多多协商,共同推广我们电影主题歌和 MV。

2017 年 2 月 22 日,我们双方签署了补充协议,正式和解。我们电影的众筹股东们也都很高兴。有一段时间，大家都很担心 MV 的事情。

历时将近一年，我们之间的纠纷终于解决，想起来也真的是不容易。在这个过程中，也让我学习了很多，成熟了很多。我意识到，人不能过于心急，否则是会出现问题的，还是应该稳扎稳打，不应该去进行"投机取巧"的炒作。那并不是一部扎实电影应该做的事情。

因此，虽然够一定的八卦新闻级别，但我们后来并没有去炒作与SNH48组合的纠纷与和解，决定还是从我们电影的本体出发，踏踏实实地做好电影的宣传、发行工作。

那段时间，我们经历的中影发行解约风波，则是关系到电影生死存亡的危机。

中影发行解约危机始末

中影发行提出解约，带来人生严峻考验

2016年3月9日，我带领团队在海南拍完电影主题曲"逐梦演艺圈"的另一个小型版本MV后的第三天，上午11点左右，我突然接到了中影发行公司工作人员的电话。

电话里，工作人员告诉我，中影发行计划与我们解除电影《纯洁心灵》的发行协议。我问为什么，工作人员告诉我因为中影正在准备上市，电影《纯洁心灵》涉及一些揭露演艺圈黑幕的敏感题材，可能会引起一些争议，为谨慎起见，计划与我们商量解除发行协议，让我赶紧开始寻找其他发行公司。

当时，我正在海南做MV拍摄完毕后的一些整理和善后工作，从电话里得知这个消息，头一下就大了，感觉如同晴天霹雳一样。通话结束后，我愣了半天都没缓过劲儿来。

随后，我赶紧与另外一家之前联系过的有意发行我们电影的公司联系，告诉人家现在中影发行公司正计划与我们终止合同，询问是否可以给我们电影做发行。

第二天，人家回复说因为有了新的发行安排，不能再给我们发行了。其实，

我明白，因为我告诉人家中影发行计划与我们解约，人家可能觉得摸不准情况，不愿意掺和我们发行的事情了。

一个念头从我脑海中闪过——我们电影完了！

中影是电影行业国企的龙头老大，如果中影发行公司解除与我们的发行协议，不再发行电影《纯洁心灵》，鉴于中影的地位，其他的大型发行公司估计也都不会再发行电影《纯洁心灵》了，甚至绝大部分发行公司可能都会对我们避之唯恐不及，我们可能面临找不到发行公司的局面。就算是有公司发行我们电影，估计也是票房惨淡。

那么，那多年的艰苦付出和那多人的支持投入，以及我借的制作电影的几百万资金投入，还有各界人士参与我们众筹共同投入的当时已经超过1000万的众筹资金，可能都会打水漂了。而且，我的电影导演生涯恐怕也将终结，下半生可能只能在各种打工还债中度过了。

想想我曾经那么热爱电影，曾经那么执着地为电影付出，这样的结局真是很让人难过。当时，真的有一种欲哭无泪的感觉。

事关重大，回京以后，我赶紧赶到中影发行公司，找到跟我对接的工作人员，想千方百计争取一下。我说了中影发行公司解除与我们的发行协议后可能给我们带来的重大问题，但工作人员工作十分繁忙，还是告诉我因为中影计划上市，出于谨慎所以计划解除协议，并表示中影发行不会对外透露，也不想影响我们电影的后续发行。我只好无奈地离开。

我心想，恐怕消息还是会传出去，可能真的很难再给《纯洁心灵》找到发行公司了。那一段时间，我真的是每天都承受着巨大的心理压力，有了绝望的感觉。

因为电影《纯洁心灵》是没有任何明星的新人导演处女作电影，比较难获得大的民企发行公司的发行，所以当中影发行与我们签订了发行协议后，我们都很振奋，感觉得到了重大的支持，获得了一份难得的荣誉。但是，没想到，后来就转变成我们可能面临生死存亡危机的情况了。

我这个人性格倔强，在与中影发行工作人员沟通过程中，双方也都产生了些情绪，后来就僵持了起来。

我仔细考虑之后，觉得真的不能同意解除协议。

迫于无奈，我做了一个别人看来很疯狂的决定，起诉中影发行公司。

决定起诉中影发行公司，让所有人为我揪了一把心

决定起诉中影后，我开始寻找律师和媒体。我还找了一家有名的公关公司，希望帮助我组织媒体进行报道，但人家听说是起诉中影发行公司后，就把我拒绝了，说可以从精神上支持我。

其实，当我告诉别人我准备起诉中影发行公司时，几乎每个人都劝我不要起诉。大家都说我是蚂蚁斗大象，力量太悬殊。

我聘请的律师也告诉我，起诉了中影以后，没准我会遭遇到电影行业"潜规则"，有可能真的会毁掉我的电影职业生涯，不起诉而选择忍耐的话，可能我还能慢慢地发展，在电影行业有口饭吃，建议我认真考虑。

律师说的我都明白。其实，那段时间，我每天都在仔细思考。我也想过，如果选择不声张，双方解除协议后，再寻找新的发行公司，可能会找到小的发行公司，但是估计很难有大的发行公司再发行我们电影了。《纯洁心灵》估计获得不了好的展示机会，票房也会很惨淡，那么就对不起那么多年那么多人的认真努力，也对不起所有给予《纯洁心灵》珍贵支持和帮助的各界人士。

而如果要力挺《纯洁心灵》，我可能真的要冒电影职业生涯终结的危险。

我当时明白，恐怕绝大多数人都会选择不起诉，为了不冒风险，为了职业生涯，会选择"留得青山在，不怕没柴烧"，放弃了这部电影，就当买个教训，下部电影再慢慢发展。

但我不是那些"绝大部分"的人。我的性格就是，要么不做，要做就争取做到最好，对于我来说，走中间路线，会觉得是浪费时间。

而且，电影《纯洁心灵》凝结了我对电影发自心底的深沉的爱，花费了我十多年的努力，得到了那么多的好评，也得到了那多么人的支持。它不应该因为我的懦弱和恐惧被放弃，我愿意为它赌上我的全部职业生涯。

所以我跟律师说，我还是决定打这个官司。既然《纯洁心灵》是揭露、批判潜规则的，如果真的遭遇到了行业的潜规则，那么我就与它勇敢一战！

虽然后来明白了这件事情与 SNH48 组合经纪公司没有关系，但当时，我真的怀疑是 SNH48 经纪公司从中做的手脚，怀疑自己遭遇到了演艺圈的"潜规则"，一度也是非常气愤，下决心与"潜规则"奋勇一战。

表面波澜不惊，继续推进各项工作

之后的一段时间，我一方面继续努力争取中影发行公司能继续发行我们电影，一方面准备起诉的事宜，同时，也继续进行电影的后期制作。

虽然遇到了很大的事情，但我还是坚定地相信未来。我知道，电影的上映肯定是要延后了，但我不能停下脚步，要不然等哪天突然定下上映日期后，可能会措手不及。在上映工作停滞的阶段，我也可以把电影的制作再进一步精益求精。

于是，那一段时间，别人眼中的我还是一个每天勤奋工作的小伙子。除了进行电影的后期制作，我还参加了《中国电影报》社举办的国产电影推介会，推介我们电影，同时也继续进行一些角色配音的补录、修改，以及电影海报制作需要的演员棚拍工作等。

早在 2016 年春节前，我向北京市广电局申请立项"纯洁心灵"系列的第二部《纯洁心灵·拼在北上广》。3 月 18 日，正式获得了拍摄许可证。

那段时间，别人并不知道看似风平浪静的海面下，蕴藏着多少汹涌的暗流。有人后来说我的心理素质真好，遇到那么大的危机了，还在坚持进行电影后期的修改和参加推介会。其实我就是觉得不能浪费时间，不能停下前进的脚步。我相信，苍天不负有心人，任何事情只有全力以赴去做了，才不后悔。

如实告诉准备加入众筹的企业家所面临的问题，人家选择退出

处在"解约"危机的时候，还有一名女企业家听了朋友的介绍想参加我们的众筹。她已经准备好了资金并联系我准备加入，但我觉得必须要告诉她实情，要不然有点不负责任。于是我跟她讲了中影发行公司准备解除与我们的发行协议，而我们正在准备起诉中影，请她考虑是否决定加入。于是，这名女企业家后来没有再加入我们的众筹。

还有一名在出现发行解约危机前几天刚加入的年轻股东，我也告诉了她出现的危机情况，并告诉她，因为她刚加入几天就出现了危机情况，我可以退回她的众筹资金。但她表示相信我，不退出众筹，当时令我特别感动。我心里说，我一定会尽全力为你的资金负责的。

起诉中影发行公司，发布会再次落泪

历经一个月的时间，经过与律师的认真准备，2016年4月8日，我们正式向中国国际经济贸易仲裁委员会提交了仲裁申请，初步索赔2000万元。

4月10日，我们组织召开了新闻发布会。当天有十来家媒体的记者出席了发布会。我在新闻发布会上，在介绍情况的时候，想到有那么多人为电影《纯洁心灵》付出了那么多，想到走过的历程中得到了那么多人的支持，想到电影可能面临夭折，我忍不住再次潸然泪下。

不知道为什么，自从开始做这部电影起，我就变成了一个爱哭的男人。可能是付出了很多真心的原因吧。

当时，我们的很多众筹股东都很关注这件事情，也都很为我担心。我跟他们说，我愿意用我的整个职业生涯去搏这一次，为全体电影股东的利益负责。

那个时候，真的有一种悲壮的感觉。

我起诉中影发行公司的事情，也掀起了业内的轩然大波。

电影局、中影领导共同帮助渡过解约危机

结果，凭借我们的执着努力，终于让《纯洁心灵》顺利渡过了又一次的"夭折"危机。

在提起仲裁申请前，我也尝试请相关人士帮助与中影发行工作人员进行了调解，但一直没有得到结果回复，无奈提起了仲裁申请。

在迫于无奈提起了仲裁申请后，我意识到事情已经闹得很大，我也有点担心起事件的走向来。之前不好意思打扰相关领导，但现在不打扰不行了。我就向有关领导也反映了情况。领导很重视，批示我可向电影局反映情况，并争取妥善解决。按照批示，我于4月11日打电话向电影局做了汇报。虽然迫于无奈

已经提起仲裁申请,但还是希望电影局可以出面帮助进行调解。

不久,中影发行公司的工作人员发来了邮件,建议双方应该协商并继续推进发行工作,也专门给我打来了电话。我看到邮件、接到电话后,真的十分高兴和感激,感觉像是获得了新生一样。

后来我了解到,这次的"解约"风波,是由于虽然电影《纯洁心灵》是传达正能量的励志电影,但与2017年的热播反腐剧《人民的名义》一样,包含一些比较敏感和容易引起争议的内容。当时的情况下,中影发行公司的工作人员出于谨慎起见,想双方不声张地解约,的确没有想影响我们的发行工作,也感觉中影发行可能不太适合发行我们这样的小成本电影。但后来因为我们真的起诉了,我也把我们面临的难处向相关领导们做了仔细的汇总说明。电影局和中影、中影发行的高层领导得知事件情况后很重视,组织工作人员开会对"解约"风波事件进行了认真梳理和研究,发现工作人员在具体的工作和与我们的沟通过程中,的确存在工作和沟通方式过于简单、考虑不够全面的问题,为了不对我们电影造成影响和支持国产中小成本电影与青年导演,决定让发行工作人员继续认真发行我们电影《纯洁心灵》,希望双方能够增进沟通,合作得越来越好。

说实话,我当时没有想到会这么顺利地解决问题。虽然被我这样名不见经传的新人小公司和新人导演起诉了,但中影、中影发行公司领导们并没有顾及国企所谓的面子,这样的处理方式还是让人钦佩的,体现出了大国企的负责精神与风范。

当时,迫于无奈提起仲裁申请之后,其实我心里一直想,像中影这样的国企龙头老大,出于面子,恐怕不会再发行我们电影了,最多是出面帮助我们寻找一家发行公司接手。我当时也真不知道自己未来的电影生涯会是什么样子,当时也顾不了那么多了,只是觉得必须坚决维护《纯洁心灵》全体股东们和自己的权益。

但是,中影发行公司表示可以继续发行,这真的是照顾了作为新导演的我和我建立的小型影视公司的前途,让我十分感动。我心里十分感谢电影局和中影、中影发行公司的高层领导们对于我们电影和我的关爱与支持,也决心一定要把电影接下来的制作、宣发工作认真做好。

不打不相识，我们和中影发行公司全面消除了不快。很多业内的人士都纷纷为我们的和解点赞。

通过这次"夭折"危机的圆满解决，我也总结，在追逐梦想的道路上，有时候，我们需要勇敢一点。别人认为我的职业生涯完了，其实恰恰是我敢于坚定维护自己的权益，做到了耐心、冷静处理问题，所以才在电影局和中影、中影发行公司高层领导们的帮助下，消除了合作中的交流误解与双方工作人员的不好情绪，增进了沟通，并最终实现了和解。

获得三大公司联合发行

我们与中影发行全面和解后，因为中影发行那段时间人手有限，为了增加发行力量，我们双方也开始计划增加联合发行公司。经过我们的营销合作公司 VC 电影帮助联系，后来我们还成功获得了大地发行、香港美亚发行的联合支持。

2016 年 10 月 26 日下午，应中影发行公司邀请，我们团队与大地发行、美亚发行公司的人员共同赶到中影股份公司，大家一起开了碰头会。三家发行公

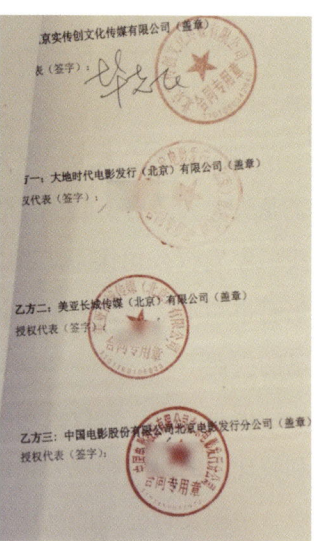

司和我们团队就联合发行《纯洁心灵》的分工和如何互相配合的事宜开始进行研讨。那天，看着三家发行公司的人士都在一起为我们这部新人电影研讨，让我十分感动。

经过几次沟通，2016年11月28日，我们与中影、大地、美亚娱乐三方签署了联合发行协议。协议的签约页有四家单位签字盖章，十分壮观。《纯洁心灵》这样一部由全新人主演的新人导演处女作电影，能获得三家上市公司旗下发行公司的联合发行，也是创造了行业的一个小小奇迹，引来很多人的点赞。

得到那么多人的支持和帮助，我一直在想，要全力以赴把后面剩余的后期工作和我们该配合的宣发工作做好，才能对得住大家。

第三次"夭折"危机：第四次延档后给众筹股东退款，资金链再次断裂

2016年11月下旬，经过慎重考虑，我们决定第四次延档，12月8日不再上映。

因为之前已经有过三次延期，在这一次不得已的延期后，我给一些众筹股东退回了86万的众筹资金。

因为在2016年5月、8月延期的时候，就曾经有几名众筹股东因为不很信任我们、面临资金缺乏等问题，跟我商量，提出来想退出众筹。那个时候，电影资金很紧张，而且怕引起其他众筹股东的意见和众筹股东们的思想动荡，所以我并没有同意让他们几位退出。后来，那几名股东告诉我，希望12月8日一定要上映，否则他们希望退回自己参加众筹的资金。我当时就答应了下来。

虽然，我做出延期的决定，是作为项目的负责人，根据市场变化和现实情况，从整个项目全局和全体股东的利益出发所做的必需的调整，并不涉及违约，而且我天天在为项目拼死拼活地奋斗，但我还是觉得将档期延后，很对不住大家，因为不管怎样，负责操盘的我都是有责任的。

第四次延期后，我就按照当时的口头承诺，给那几名众筹股东退回了他们参加众筹的资金。还有两名股东是在我们第四次延档后，提出想退回参加众筹

的资金，我跟他们解释了延档是不得不做的调整，也表示我会全力以赴做好后续工作，希望他们能够等待一段时间，但有两名股东还是坚持希望退回自己的众筹资金，我也同意了。

从2016年的12月初到2017年1月12日，我给7名参加我们众筹的人士总共退回了86万元资金。

第四次延档之后的四个多月，因为精力有限，我就把精力全部放在"全国万里行"路演，以及与大机构合作和引入机构加棒资金的接洽上，没有再进行任何众筹。与三家发行公司签署了联合发行协议后，经过协商，我们定档为2017年2月17日。因为发行费用要提前支付，以便开展工作，我们就按照合同约定把一大笔发行资金于1月打到了发行公司账上。打完后，我们账上只剩下了二十多万元。当时，我想，一定要赶紧引入大的合作机构，并增加引入一笔资金，否则，不但电影项目没有什么胜算，可能连公司账户上的团队运转和进行日常电影宣传的费用也会很快就没有了。

然而，因为电影票房大盘增速的下滑现象一直持续到了2017年的2月，加上过春节的原因，我的寻找大机构合作和资金加棒的计划，还真就一直到2017年春节都没有取得任何成果。万般无奈的情况下，从大局出发，我只好再次顶着巨大的压力延档。

结果，因为一直没有增加任何资金进账，而且再一次延期后，档期也还不能确定，很难再开展众筹和融资，我的公司和团队很快就再次面临资金链断裂的生死存亡危机。

分析起来，是因为我的要求高，一定要增加引入大的合作机构，融到足够多的宣发资金再上映。而我的计划失败的原因，一方面是我缺乏融资合作伙伴，大量的路演、宣传工作占用了我大量时间，使得我没有多少时间和精力去对接大机构和进一步融资，另一方面，也是整个电影市场票房大盘增速的下滑和众多电影在2016年的亏损，让很多投资机构都变得十分谨慎。

做一部院线电影真的很难，对于新人来说尤其难。我不光是这部电影的导演，还是制片人和项目操盘手，所以，真的是非常考验人。通过做电影《纯洁心灵》，让我经历了多样人生，在办公司方面也积累了很多经验教训。

解散营销团队，仅剩 2 人，继续奋斗

因为面临资金链断裂危机，我就无奈解散了自己组建的营销团队。虽然我的营销团队不太正规，但也是有感情和有故事的。

电影《纯洁心灵》的众筹获得成功后，从 2016 年的 6 月中旬，我开始组建自己公司的营销部，目的是希望能够帮助我配合我们的发行公司、营销公司做一些对接工作。我知道，营销是很重要的，而且花费较大，如果能有一个自己的营销小团队，一方面用起来更加顺手，另外也可以节省下一些营销开支。

但是，因为公司和我都没有什么名气，资金也缺乏，所以比较难招到电影营销经验丰富的人员。应聘者绝大部分都是对影视行业不了解的人员，很难达到我的要求。

于是，我就索性开始培养一些人员，开始注重招聘一些平面、视频、文案方面的刚毕业不久的大学生。我当时想，反正要培养人，不如选择一些更年轻的人员，比较听话，薪酬也比较低，成本小。招进来之后，给他们开会做一些培训，并分配一些对接和学习、工作任务，让他们在与我们外聘的一些营销团队的对接和实战中学习如何配合电影的宣传、发行开展工作。

在这方面我比较重视，所以到后来获得了较多众筹资金的时候，我组建的自己公司的营销团队曾经达到了 15 人，包括摄像师、视频剪辑、文案、新媒体、活动执行等人员。我希望能够在实战中让他们逐渐成长起来，争取多培养出几个能打硬仗的人才，那么通过这部电影的制作和宣发，就会有更多的收获，有利于公司将来的进一步发展。

因为性格原因，我一直希望组建能打硬仗的"铁军"，对团队人员的要求比较高，管理也有些"苛刻"，所以有不少工作人员不太适应，我们工作过程中不时会有人提出离职，我也觉得培养、建设过硬的团队不能凑合，而且需要双方配合默契。于是，组建过程中，人员也是不断进进出出。

在一个多月的"全国万里行"过程中，因为我的要求比较高，每天的行程也很紧张和艰苦，让不少年轻的团队成员感觉没有成就感，不愉快，以及双方感觉配合不默契等，前后共有一半多的成员离开了团队。我尊重他们的选择，

也不怎么挽留，我还是希望努力坚持一个高的标准，也希望我组建的团队成员能够默契配合。至于离开团队的人员，我们以后还可以寻找机会再默契合作。

2017年春节过后，我的营销团队只剩下了5人，而资金危机还是没有解决，而且看来要持续一段时间。

后来，我们与SNH48组合开始达成和解并重拾关系。虽然账户上的资金已经少得可怜，我还是决定支付人家的律师费用和为我们录制电影主题曲的费用。这是应该的。

回顾一路走过的历程，虽然我给电影《纯洁心灵》项目完成了一些让人刮目相看的成果，比如，完成了1900万的众筹，获得了三大公司的联合发行，但我在操盘的过程中，也出现过一些失误，走了一些弯路，是需要我认真总结并在后面的工作中避免出现的。

2017年2月28日，我正式解散了我组建的营销团队，并按照合同给大家做了补偿。曾经15人的营销团队，只剩下曾经在北京照顾我做眼睛斜视手术的表弟和我两个人。

那一天，阳光明媚，我却有一种悲壮的感觉。虽然，我组建的营销团队完成了不少工作，但在人才培养方面并不顺利，而且已经没有资金再支撑团队运转。

那一天，我在心里发誓，将来一定要重新组建起一支合作默契、能打硬仗的团队。

艰难时期，就得有应对艰难的方法，尽管只剩下我们两个人，但我们选择永不放弃。

我明白，因为目标比较高，而且我作为新人，经验和资源都比较少，所以我的每一步必然都很艰辛。但是，每一个新人都很艰难，而我必须要成为那个能够战胜各种艰难、实现梦想的人。

工资不再发放，坚强、积极面对

之前，我每个月也从项目中领一笔工资，因为从大学辞职后，每天为电影《纯洁心灵》执着努力，但我已经没有别的收入，而我也要养家糊口。但从3

月1日开始,我和表弟都已经暂时不再领工资了。因为公司账户上已经所剩无几,资金链已经断裂。

我每个月从项目中领的工资相比而言很少,而且我们的众筹股东们也都不知道,我的岳父岳母每个月都还给我媳妇一笔费用,以保证我们家庭的正常生活。我跟我的岳父岳母说,将来我有钱了会偿还他们这些钱的。

我解散营销团队后,又有几名投资额度较小的众筹股东打电话或私信我,问我是否可以给他们退股。我理解他们,因为他们的资金实力不太强,所以担心自己的资金是否能够收回。

其实,也正是当时给7名众筹股东退了86万的资金,后来引发连锁反应,导致了资金链的断裂,而且让我受到了一些众筹股东的质疑。他们问我为什么给其中一些众筹股东退款,认为我的做法不公平,让我充分吸取了教训。的确有我操盘不够好和受到市场大盘影响的原因,但项目遇到了问题,必须从项目大局出发和为全体股东负责,及时找到最佳方案应对。人生中难免会走错路,但错了就必须努力更正,力争不能再错。

我诚恳地跟这几名股东说,我的确一直在全力拼搏,但因为制订的融资计划没有能够顺利实施,为稳妥起见无奈延期,现在项目面临资金链断裂,已经没有能力退股,而且如果退了,可能还会引起其他股东们的意见,并引发更多人要求退股,从而导致项目更大的危机,给很多股东带来损失,将来引入新的资金或继续开展众筹后,在不影响整个项目进展的情况下,双方可以沟通协商关于退股的事情。

沉下心写书,为扎实宣传做准备

从2017年春节起,我就开始写作这本书。营销团队解散后,我更是抓紧在低谷的时间,近乎全封闭地写作这本书。

虽然,电影《纯洁心灵》的创作历程特别长,档期前后共延了五次,别人总会问怎么还没上映啊,但其实,我一直都是感觉时间不够用,经常在与时间赛跑。写这本书的过程中,也是不知道熬了多少个夜。我知道,时间宝贵,我必须争分夺秒。

写作这本书的想法形成于 2016 年的 8 月。在一次与朋友的偶然聊天中，他们建议我写一本书把自己的成长和电影《纯洁心灵》的整个创作历程介绍一下，作为对电影的宣传。我觉得他们说得很有道理，电影《纯洁心灵》虽然有特色和竞争力，但宣传难度很大，我们必须加大力度，应用各种招数。但因为一直忙得不可开交，根本腾不出时间写，也一直让我着急却没有办法。

无奈地第五次延档后，资金链断了，团队解散了，但也赢得了时间，我就索性下定决心把这本书写出来，作为我们电影宣传的重要举措之一。一来希望通过对我的成长、学习经历和追逐电影梦想的回顾和梳理，让大家能够更多地了解我这个人，更多地了解电影《纯洁心灵》的创作理念和特点，从而对电影《纯洁心灵》形成一种宣传，引起大家对我们诚意创作的关注与支持，助力我们圆梦；二来，我也相信，这本书一定会给很多有理想、有追求的逐梦者一些启发。那么，我写这本书，就是很有意义的。

坚持到底，坚信未来

因为目标高远，所以，电影《纯洁心灵·逐梦演艺圈》自启动以来，历程艰辛。眼下，又陷入一个危难境地，资金链已经断裂，团队已经解散。由于几个月来一直专注于写书，直到 2017 年 8 月在这本书成稿、准备印刷出版的时候，我和电影《纯洁心灵》还没有走出危难境地。

但我从来没有想过放弃，我的性格就是越挫越勇！我会拼尽全部的力气坚持走下去。因为目标远大，所以需要承受更多。

我选择，坚持到底，坚信未来。

虽然，我还不知道这次的危机将何时解决，怎么解决，但我相信，一定会圆满解决的。下一次，我就可以和大家一起分享这次危机解决的故事。

其实，在 2017 年的 4 月，我就已经决定带《纯洁心灵》拼搏 2017 年的国庆档，也跟自己发誓决不再延期。因为，2017 年的十一加中秋节有八天假期，堪称十分难得的火热档期。到那个时候，我也已经使出全力了，即使失败，也会败得轰轰烈烈、无怨无悔。即使败了，我也还会坚持为了神圣的电影梦想走下去。

或许这就是《纯洁心灵》自己的命运，因为它满载着我对电影的热爱和敬畏，饱含着众多电影青年、创作者的可贵梦想。它得到了那么多人的支持，它渡过了那么多的难关，在举国欢庆的国庆节上映，或许是它应得的荣誉。争取让更多的人看到这部电影，是我的神圣使命和一个青年电影人对中国电影行业的真诚奉献。

　　在接下来的时间里，我会继续与我们的合作伙伴真正尽力把电影《纯洁心灵》的宣发工作做好，以保证我们电影在上映的起始阶段获得尽量好的排片和展示机会，能被尽量多的观众看到，以在众多大明星阵容、大宣发资金的影片中生存下来，壮大起来，不辜负这么多人这么多年对电影《纯洁心灵·逐梦演艺圈》的支持和殷切期待。

　　我们不是已经创造了一些奇迹吗？再多一次又何妨？

　　我想分享一个经历。在我们举步维艰、被很多人不看好的时候，2017年4月7日，一名上海的企业家转账给我们公司账户15万元，加入了我们的众筹，留给我一句话："我相信你！"

　　我知道，在我们勇敢追逐梦想的路上，一定还会得到更多的各界支持！

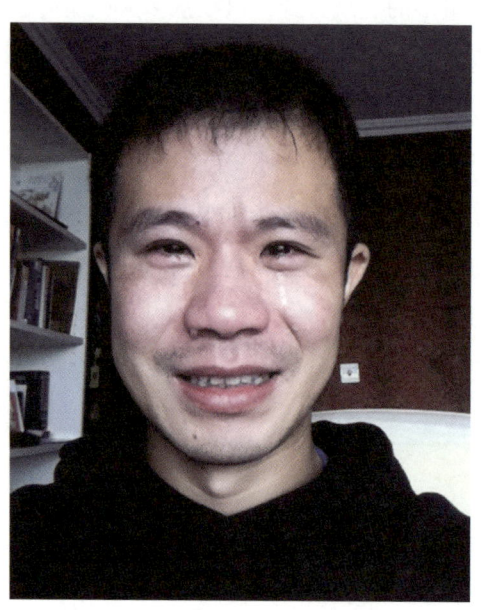

第十五章
家人的默默支持：我终生的亏欠

在每一个人追逐梦想的道路上，肯定都有人在背后默默付出。我也是一样。

我的大女儿出生，让我流下感慨的泪水

我的第一个女儿出生在电影《纯洁心灵》拍摄前。

2013年的10月7日，我的第一个小孩出生了，是一个很像我的小女孩。见到她的第一眼，感觉是早就相识的陌生人。

女儿出生的那天，我不知怎么就特别想念我去世的妈妈。女儿的出生让我有了很多以前没有过的感受。我当爸爸了，也意识到自己肩上的担子更重了。

那天晚上，我流着泪给我的女儿写了一封等她长大以后看的信，真的是边写边流泪。

我就是这样一个感性的人。我见证了她的母亲生她所经历的十月怀胎的艰辛。看着躺在病床上，因为剖腹产麻药的药效已经过去而脸上不时呈现出痛苦表情的妻子，又看着躺在一边小床里闭着眼睛、攥着小手、皮肤红红的小女儿，我真的感受到了母亲的伟大和生命的珍贵。

想起来很对不住我的妻子。在她怀孕的十个月期间，我为了电影东奔西走，尤其是从学校办好外出一年的企业实践手续后，更是大量外出，选景、选演员、组织集训、找投资等，我和她相处的时间加在一起可能都不足一个月。

到了怀孕后期，大着肚子走路是一件很费力的事情。别的孕妇经常让老公陪着一边慢慢踱步，一边甜蜜地聊聊天，而她则经常是一个人散步。她一定也是希望我多陪一陪她的。但偏偏我是一个电影"疯子"，是一个很有"野心"的人，是一个一心希望拍出伟大的电影来体现自己价值的十分好强的人。她和我在一起，没有多少浪漫的花前月下，没有多少温馨的烛光晚餐，而经常是长时间的孤独和一个人的默默承受。

而且，因为电影的创作任务实在很重，也实在艰难，仅仅陪了她们母女俩两三天，我就又返回了电影筹备的"战场"，开始了各种忙碌和奔波。

我的岳父岳母也都很忙，他们参股的"钻石海岸"项目也在关键时期，也

面临资金缺乏等很多难题，每天也是压力山大，忙得不可开交，而我的妈妈已经去世，我的父亲也身体不好。所以，我们只能在岳父母的资助下，请了一个保姆帮助我照顾她。

我的妻子也是个很"不幸"的人，身边的亲人都在为事业打拼，不能常伴左右。她很不容易，也是一个十分坚强的人。

其实，从电影的筹备阶段起，因为任务很重，经常需要加班加点和东奔西走，为了不互相打扰，我就一个人住在郊区。所以，这几年，我妻子基本上是一个人度过孕期，然后又主要是一个人带着保姆把小孩养大。在做后期的时候，有一段时间，虽然一直在北京，但我曾经连续一个多月没踏进过家门。好多人说我是电影"疯子"，我自己也很惭愧。

实际上，身体上的劳累还只是一方面，精神上的劳累和长期孤独产生的压力和抑郁才是最可怕的。

有时候，我妻子给我打电话，她知道我很忙，但还是会忍不住想方设法多说点事情，其实我明白，她就是想和我多聊两句天。我妻子有时候也会忍不住生气地直接要求我多和她聊一会儿天。她曾经告诉我，她觉得自己精神都有点抑郁了，因为有时候连能说说话的人都没有。

对妻子和大女儿的亏欠

因为没有什么育儿经验，有一段时间，由于夜里需要照顾生病的小孩，导致连续休息不好，加上精神上的紧张，让我妻子感冒咳嗽了很久。因为总也好不了，鼻涕从口腔流入耳朵里，导致了中耳炎，再到后来，她的一只耳朵就严重丧失听力了。

她很紧张害怕，打电话哭着跟我抱怨。我就赶紧带她去看病，看了很多专家门诊，连续输了一个月的液才好转起来。但到现在，她的一只耳朵的听力还是不太好，留下了永久的遗憾。

另外，因为我一直忙于电影《纯洁心灵》项目，给家庭付出的很少，没有尽到多少做父亲的责任，也让大女儿的成长受到了影响。

很多家庭都会在周末和节假日带着孩子一起去旅游、去游乐场、聚餐什么的。而自从我们大女儿出生到现在,我的周末和节假日基本上全给了电影《纯洁心灵》。我们大女儿从来没有去过正式一些的大游乐场,也没有参加过亲子旅游活动。

很长时间,大女儿都不大认识我,晚上也不愿意让我陪她睡觉。有几次,我希望为再次怀孕的妻子分担一些压力,让她单独休息一下,我费尽力气哄着大女儿睡下了,可每次到了半夜,她都会大哭着醒来,坚持要找妈妈。我知道,我让她没有安全感。

很多爸爸都经常有意识地陪孩子玩耍和运动。爸爸经常陪伴的孩子通常胆子大一些,运动更多一些,生长发育得也好一些。

而我这个父亲把时间基本都花在了电影项目上,很少陪女儿,而后来妻子再次怀孕,所以我们大女儿的运动量要比同龄的孩子少很多,没有去过正式的游乐场,也缺少与同龄儿童的交流和玩耍,让她养成了不爱运动和不爱与人交流的习惯,经常就是一个人翻书和画画。

因为运动和锻炼不足,大女儿腿的发育受到影响,走路姿势一度还出现过问题。而且,到现在,我们大女儿都比同龄孩子要内向很多、胆小很多。孩子们在一起玩闹的时候,很多孩子跑啊跳啊,她就经常一个人孤独地坐在角落里看。

有时候,想起来真的觉得挺对不住家人的。而有些亏欠,是终生的,难以弥补的。

多少次,我希望我能够赶快把《纯洁心灵》做完做好,然后尽量多地弥补一下自己对家庭、孩子的亏欠。

二女儿的出生经历,想想都让我后怕

我的二女儿,出生在电影《纯洁心灵》的后期制作阶段。

2016年11月5日,我带领团队从云南大学路演完毕返回北京,紧接着就开始进行其他工作。那一段时间,我也是经常住在郊区,以方便工作和不打扰家人。6日晚上睡下后，半夜两点多，突然接到我妻子的电话。她告诉我她的肚子有点疼而且有些紧张。当时她怀孕9个月，我没有多想，就告诉她别总是担心，还叮嘱她要学会增强心理素质，赶紧安心睡觉。

第二天早上九点半，我妻子又打电话给我。我听见电话里说了一句"我破水了"，把我吓了一跳。我赶紧确认："你说什么？""破水了，昨天晚上就破水了。"

我的天哪！要早产，整整提前了一个月！我就赶紧放下手头的工作往家里赶。

回到家以后，看见我妻子躺在床上，脸色苍白。她告诉我，其实昨天半夜就破水了，所以才半夜给我打了电话，但她感觉电话里我的声音特别疲惫，后来就忍着没有告诉我。她说，因为上次生大女儿时，破水很久才生产，所以这次她想一个人先躺到白天，让我多睡一会儿，等到了白天再跟我联系。

一晚上，她出现了好几次不规律的"宫缩"，这是临生产前的生理现象。每次宫缩，肚子都会疼得很难受。一晚上，她就一个人独自承受着，一宿也没睡，随时在观察自己的情况，准备一出现紧急情况，就赶紧打电话给我。

我的眼眶一下子就红了。我猛然发现，自从做这部电影以来，我的家人也付出了太多太多。

我真的不是一个合格的丈夫。怀孕的过程是很艰辛的，大着肚子走来走去，整天腰酸腿疼，而且，关键是那种老公经常不能陪在身边的心理上的无助和孤独，是最让人难熬的。

怀我们第一个女儿的时候，我就是整天在全国各地选演员、看景、筹备，有时候一个月才回一次家，她一个人度过了怀胎十月的大部分时间。那次生产，我也只在生产的前一天才回到她身边。怀二胎，我还是在紧张地做后期和路演，忙着对接合作机构和处理各种事情，她一个人大着肚子，跟我们雇的保姆一起照顾3岁的大女儿，还要忙各种家务。我必须承认，这样的一名女性很坚强，很了不起。

那天，我很感动，也特别愧疚，很后悔自己怎么就半夜稀里糊涂地没太当回事。

我来不及责怪她怎么那么大意，万一出了意外怎么办，也来不及想她自己一个人是怎么"撑"过这一夜的，就赶紧打电话叫救护车。

打了120之后，电话里告诉我要等一段时间。我说这么急的事情不能赶紧安排吗，电话里说没有办法，附近没有车，得等一段时间。当时我看着躺在床上不断呻吟的妻子，觉得不能再等了，就和保姆阿姨两个人赶紧把我妻子小心翼翼、匀速地搀扶下楼、上车，由我自己开车赶往医院。当时，我心里还想，要是没有车的家庭，又赶上叫不到车，可就麻烦了！看来我们的各项社会公众服务还需要不断完善。

到了医院之后，已经十点多了。我赶紧办理各项手续，终于把妻子顺利地送进产房。

我觉得仿佛是冥冥之中上天在帮助我，我的媳妇也很争气。入住医院后，下午四点多，我们的二女儿就顺产出生了，真的是不给我添麻烦。生产顺利让我们都很高兴，但因为我们二女儿是早产，肺功能发育还不够良好，吸了一两天的氧气才逐渐可以自主呼吸。

母女平安，真的是很开心！当时，我心里也想，幸亏我前一天从云南路演回来了，假如在我路演的期间，我妻子破水发作了，可怎么办啊？想想还真是后怕！

满满的感慨、感动

俗话说，每一个成功的男人背后都有一个默默付出的女人。虽然我还远没有成功，但我妻子就已经付出了很多。这个世界，如果没有女性的付出和无私奉献的话，男性一定是很难获得自己的事业成果的。

就在我们二女儿出生的那天晚上，一位从泰国回来的华裔女企业家跟我联系，要加入我们的众筹。因为她第二天要回泰国，而她暂时没有中国的账户不能转账加入众筹，就把10万元现金直接交给了我。当时，抱着那厚厚的十摞钱，我心里充满了温暖和感激。

那一天，是让我十分感慨、感动的一天。

第十五章 家人的默默支持：我终生的亏欠 395

我和大女儿

我和两个女儿，童童与元元

创作电影《纯洁心灵》的艰辛过程中，我得到了来自家庭的大力支持，也得到了来自社会各界很多人士的大力支持。我是一个幸运的人，我也是一个亏欠了很多的人。

我必须要尽全力把《纯洁心灵》做成功，才能回报那么多让我永远铭记在心里的支持！

但是，成功何其不易，一路走来的过程中，我们《纯洁心灵》前后共进行了五次延档，仍然处在重重的困难之中。

第十六章

《纯洁心灵》延期五次成为延档王,仍获股东力挺

电影《纯洁心灵》前后共延档了五次，成为"延档王"。虽然在电影业内，延档、改档的情况是十分常见的，但五次延档的电影在业内就少见了。实际上每一次定的档期都是我们全力以赴奔向的目标，但因为电影宣发难度实在很大，而我作为新人又存在不足和缺乏经验、资源，加上电影市场在2016年出现了很多变化，导致不能完成制订的计划。为了稳妥起见和从全局考虑，为了全体股东的利益，毕竟是很多人很大的资金、资源、时间投入不敢有任何马虎，只好一次次延档。背后有很多故事，值得一说。

第一次延档

我们第一次延档是在2016年的1月。因为之前从来没有对外公布过档期，所以这次延档，只有我们的工作人员和参加我们众筹的人士知道。

本来，我们计划将档期定在2016年春节过后的3月。因为我们电影当时是唯一的一部表演系大学生题材院线电影，因此希望就着每年正月期间的全国艺考社会热点，选在各大高校寒假过后刚开学的时间段上映。

虽然没有对外公布过档期，也没有定过具体上映日期，但在2015年的下半年，我们的确是准备在那个时候上映的，也是朝着那个档期去认真努力的，也告诉过参加我们众筹的各界人士，我们计划在2016年的3月上映。这是一个挺好的档期，可以借助大量社会民众、各大媒体都关注艺考这样一个一年一次的社会热点，引起观众们对我们电影的更多关注。

后来，我们遇到了资金链断裂危机，几经研究和考察，借鉴著名电影《大圣归来》的众筹案例，发起了众筹，结果取得了出乎意料的成功，电影获救，并有了一定的宣发资金。说实话，身上的压力和责任反倒是更大了，觉得必须要把票房做好了，给众筹股东们带来收益，否则，我觉得对不住拯救我们脱离"夭折"危机，给予我们信任和有力支持的各界人士。

而且，我们的几次试放映和参加电影节也都获得了超出期待的成果。例如，我们第二次到美国参加电影节，虽然那个电影节并不大，但还是比较正规的，而且我们这部新人导演处女作电影一举获得了他们的最大奖项——最佳影片奖。在首经贸大学做内部放映时，学生们欢笑爆棚，一位老师映后当众抹泪分享观影感受的事情，都给现场所有人留下了深刻的印象。从美国获奖回来之后的答谢放映，也收获了诸多令人感慨的好评。

另外，我们与SNH48组合合作电影主题曲与MV的事情，因为双方都比较忙，只能延后到春节后进行。

于是，从各方面综合考虑，我们决定延期上映。五一档是比较适合青春题材电影的，但我们肯定不能与那些大公司制作的配备大宣发经费的众多明星电影正面PK，而且考虑到时间的问题，五一之前上映恐怕来不及，于是就计划定在五一之后的第二个周末上映。

2016年1月21日，我们在北京召开了电影《纯洁心灵》的第一次定档新闻发布会，第一次对外界公布，电影档期定为2016年5月13日。

这次的延档，没有什么人有意见，大家都觉得我们电影的发展形势不错，多做些准备工作是对的。

但是，对于这次延档，我是感觉挺遗憾的。因为我最早选择表演系大学生题材拍电影，就是因为看到每年正月期间，各大学校的艺考开展得如火如荼，大批的艺考生和家长都是奔波很多城市参加艺考，追逐演艺梦想，感觉这个题材在全国艺考期间有较高的社会关注度。这样的机会一年只有一次，而且没有与我们同样题材的电影，所以，从筹备电影的时候起，我就是计划将来选择艺考期间上映的。

但因为我们各方面实在是来不及准备，做不好工作，所以只能忍痛放弃这个档期。

第二次延档

定下5月13日的档期后，很快就迎来了春节。我突然发现，一跨春节，就会损失很多时间和进行工作洽谈、对接的机会。

而且，很快，我们与营销公司的合作上出现了不默契。由于我们电影独特，宣传难度大，以及双方初次合作等原因，我发现必须进行一些调整，否则可能取得不了好的效果，那段时间，遗憾的是双方的沟通、配合工作也不很顺畅，后来营销工作就受到了影响。

春节后，因为我心急做大宣传，结果导致了与SNH48组合出现不愉快，合作出现停滞，后来，我们与中影发行之间又出现了"解约"事件。

前面介绍过，那段时间，我们同时面临与三个大公司的纠纷，出现了很令人担忧的局面。我也承受了巨大的心理压力。但同时，我没有浪费时间，将我们电影的声音后期制作做了进一步的精细调整，而且同样继续进行影片的推介和宣传物料的准备工作。

虽然面临很多难题，但不能慌乱，需要一个一个地解决与处理，后来也都顺利解决了。先是与营销公司友好终止合作，双方约定下次有机会再合作，到4月，我们与中影发行公司也开始继续友好推进合作。当然，因为遇到很多波折，5月13日的档期就铁定没戏了。

2016年4月29日，我们对外发布消息，宣布将档期延到2016年暑期档的8月份。7、8月的暑期档，学生放假，也是适合我们电影上映的。

但是，这次延档，已经让很少数的几位股东不太高兴了，这也与人家发现我们经历了较大的危机有关。

这次延档后，实际上我还是很有信心的，干劲儿也十足，因为我们顺利地解决了危机，与合作方的默契越来越好，可以认真推进了。而且，我们绝大部分的众筹股东也是对我们充满期待，希望我们能够扎实做好宣传和电影路演工作。

第三次延档

第二次延档后，我带领团队人员抓紧推进各项事务。我们2016年5月上旬在深圳做了电影《纯洁心灵》第一次在大型推介会上的推介，6月上旬参加了上海国际电影节的市场展，5月、6月及7月上旬，我们还做了好几场高校内部放映路演活动，其间得到了我们好几名众筹股东的大力支持。

可能是受到我们遇到的几个纠纷的影响，加上我的很多精力都放在电影后期制作、推介和路演上，我们的众筹在 5 月推进受挫，整整一个月都没有进展，直到 6 月初，才有新的进展。

另外，通过举办多场高校试路演，虽然观影现场的反应和得到的反馈、评价让我们十分惊喜、备受鼓舞，但通过多次观看及得到很多师生的反馈，我也又发现了一些问题，思考了很多。我感觉在电影的配音和音乐上还是有不少地方需要修改。

继续精修电影后期

我这个人就是这样的性格，如果发现了问题，不去更正就会总觉得不舒服，觉得很是遗憾，也怕将来后悔。他们都说我有强迫症，我自己也觉得有这方面的倾向。之前，花了 10 个月做电影剪辑，配音断断续续配了一年多，最多的一句台词曾经配了 207 遍，这些可能都是我有"强迫症"的表现吧。

我是觉得，既然发现了问题，就应该努力去改掉。毕竟我们电影将来是要面对大众的，问题越少，做得越精细，总体的质量才越高。我希望用这部电影来树立导演品牌，将来立足电影行业，获得以后更多更好的电影创作机会，对于我来讲太重要，绝不能马虎。我是新人，经验不足，身边的资源不足，必须要多花精气神才能与人家竞争。而质量越好，也才越能充分保障投资人的权益。如果说 60 分是及格线的话，我们这些行业新人没有经验，就必须尽力往 90 分以上去考，而不能奔着考 60 多分就够了的心态去考，那就往往可能要考不及格了。

我经常跟自己说，一定要尽力坚持高标准，每少一个有问题的地方，就可能在将来多圈一个粉丝。问题积少成多，量变达到质变，会拉低电影的层次。而且，尽力把发现的问题改掉，也才能真正发挥我们做了很多提前内部放映、测试放映的作用和意义。

例如，我们曾在云南红河学院做了一场内部交流放映。因为云南红河是少数民族聚居区，红河学院的学生有很多都是少数民族。那次放映后，有好几名学生反馈说，感觉我们电影中的重要角色，少数民族女孩俸艾依的一些台词，比起他们当地的少数民族学生来，要偏"洋气"一些，而且感觉普通话太标准了。我们在其他地方高校路演时，很少有学生提到这个问题，但在海南做放映时，也有一些少数民族学生提出过这个问题。

我明白，看来在少数民族居民比较多的地方，对这一点是比较敏感的。这的确是我们之前的一个不足，扮演俸艾依的学生演员来自中戏，在广州长大，她的外形很清纯，与角色气质很符合，但说话方式的确会比较"城市化"一些。

在几场高校路演中，我也在不断地琢磨这个问题。这个角色很重要，虽然很多省份的观众可能对这一点不很敏感，但为了精益求精，后来，我决定还是要重新配音。因为饰演俸艾依的学生演员那段时间非常忙碌，连一天的时间都很难抽出来，所以，在征得她的同意后，我就开始寻找一名真正的黎族女孩为她配音，而且还专门去了海南挑选配音演员。后来，花了一两个月的时间，才终于找到了一名声音合适的读初三的黎族农村女孩，请她和她家人利用中秋节坐飞机赶到北京完成了配音。

实践证明，这是值得的。这次配音后，真的给这个角色及整部影片加分不少。因为更真实了，而真实是打动观众的重要基础。后来，我们2016年11月再到云南大学做路演时，就没有学生提出口音的问题了，而且俸艾依这个角色得到的好评比之前又多了许多。

同样，我也与音乐创作人员对在音乐方面发现的不足进行了更加细致的修改。

开始组建自己的营销团队

另外，虽然做了很多推介，进行了很多场路演，但总是感觉我们电影的宣传达不到一定的力度，而且电影《纯洁心灵》的确不适用于传统的以明星为中心的营销宣传模式。于是，从2016年6月起，我也开始组建一支自己公司的电影营销团队，以加强我们这部独特全新人电影的宣传力度，同时还可以节省一些营销经费。

因为我作为一名新人导演，自己的团队中缺少得力干将，而且资金、人脉关系都不足，特别缺少人能替我去完成一些很重要而难度又高的事情，所以，为了坚持高的标准，我就必须自己多做一些，做了这个，再去做那个。例如，电影的后期制作我要亲自上阵，全程把关，自己也亲自担任配音导演；开展众筹方面，为了增加成功率，我也都是自己亲自去对接和洽谈；高校路演，除了有一场北京理工大学的七八名学生观众的放映交流，因为我在外地没能赶回来参加外，其他路演，我都到了现场去与大学生们互动交流，等等。因为我们的电影后期制作时间比较长，很多演员年岁小，时间长了后逐渐没有了多少热情，加上各有各的事情，大家参加宣传活动的概率就越来越低。有好几场路演，我就是一个人代表全部主创和演员去进行的，不过也还取得了挺好的互动效果。

其实，绝大部分的新人导演都需要是多面手，需要在各个方面都多参与一些，这也是职业初始阶段难得的历练。

精力实在不够用，为保证效果无奈再次延档

所以，那段时间，我一个人肩负了很多事情，如众筹的开展，营销团队的建设，而且由于"强迫症"发作，继续修改了一些配音和电影音乐等，导致进度总是落后于计划。我也曾经想过是否坚决克服一些"强迫"心理，既然观影效果已经很不错了，那就降低些标准，把各方面进度加快一些，但是，我又觉得那样的话自己将来可能会后悔，看过的人毕竟还是少数人，我必须在电影质量上尽自己的力量去精益求精，以尽量增加将来上映后观众们的满意度。尤其是既然发现了问题，那么不修改就是不够用心，就是对不住观众。

几经考虑，2016年7月19日，我们再次对外发布了延期至12月8日上映的消息。也是到那一天，我们才终于发布出了电影《纯洁心灵》的第一部预告片。

选择12月8日这个档期，是因为一方面要给自己预留至少两三个月的时间，另外我们还是得避免与宣发经费充足的国产大片正面交锋，另外，我也是有"野心"的。我希望在竞争力相对薄弱的时候，借助我们电影的用心、创新优势，借助大力气的宣传、发行，先树立起口碑并收获较好的票房，这样我们就能在市场上生存下来。因为我们是全新人阵容的导演处女作电影，稍有票房成绩就会获得社会各界关注，并引起大众的好奇心理和观看的想法，那么，我们就可

以在后面的圣诞节、元旦等大档期继续获得一定的排片，从而取得较好的票房，给予投资人回报。

那个时候，我们也已经获得了 1000 多万的众筹资金，我充分意识到，电影《纯洁心灵》已经不能再算是小成本电影了，整个操盘需更加慎重。投资人能否收回成本和盈利，关系到我以后在行业的声誉，对于众筹股东们来讲也是很重要的事情，我必须尽力争取打把握比较大的仗。

但从这次延期开始，我们有两名众筹股东就更加不高兴了，并提出如果 12 月 8 日还不上映则希望退回参加众筹的资金。我当时真的没有想再延期，也觉得一再延期很不好意思，就答应了下来。

第四次延档

延档以后，我就赶紧继续推进电影后期制作的修改、完善工作和电影宣传工作。还有，我也努力进一步扩大众筹，要打仗，粮草是很重要的。

延档后的一段时间，又是一段疯狂进行电影后期制作的时间。我们的后期制作已经用了很长时间了，因为难度大，而且我的事务很多，又希望坚持高的标准，所以一直都没有完成。所以，我下定决心赶紧将后期制作工作收尾。演员的配音补录和进一步修改，音乐的进一步修改，画面特效工作的收尾，片名字幕和章节动画的收尾，混录，最后的调色，等等。

同时，从 9 月开始，我也继续大力推动众筹，并在 10 月的时候达到了小高潮，创下了 3 天众筹 500 万的小奇迹。后来，我们完成了 1900 万的众筹，创下了绝对的国产电影纪录。

但是，随着众筹的扩大，我的操盘压力也在不断增加。那段时间，真的是疯狂忙碌，疯狂同时推进各种工作。

我越来越清晰地认识到，《纯洁心灵》已经绝对不能算是小成本电影了，不能按照小成本电影的宣发路线去走了，每一步都必须慎之又慎。

2016 年，虽然电影市场大盘的增速出现下滑，许多大投资电影没有达到票房预期，出现了亏损，但市场上的电影非常多，竞争非常激烈，这是因为 2015

年电影业的飞速发展，让很多热钱流入了电影行业，电影的产量提升很多，很多电影集中到了2016年上映。几乎每周都有制作、发行资金巨大的大片杀入市场，我们的宣发经费跟人家还是没法比，而且，我们电影没有任何明星，其实恰恰需要更有力的宣传和较充足的宣发经费。

众筹是个新事物，作为一名行业新人，我也没有任何经验，是在摸索中成长。我发现，引入那么多的众筹资金后，影片的总体成本加大，恰恰到了一个尴尬的阶段，现在必须和一些中大成本电影去博弈才能收回成本，那么根据我们没有明星的劣势，我们需要过硬的宣传和较充足的宣发经费才能获得取得较好票房的重要保障。

于是，从2016年10月开始，我就做了一个计划，准备借助电影《纯洁心灵》的路演受欢迎态势，和我们已经做成了中国第一规模电影众筹的火热态势，趁热打铁寻找大的合作机构，增加引入一笔资金，增加宣传合作机构并增加引入一两家大型民企发行方，以充分做好宣传、发行工作，为取得口碑、票房的双重好成绩奠定坚实的基础。

我知道，各大影视公司都有很多电影项目，而且大公司参与项目一般是从项目的初期阶段就进入的，所以我们与人家合作的概率会比较小。于是，我当时就把重点放在与一些投资机构的接洽上面。

但是，虽然我们的路演现场很火爆，得到很多好评，而且我们的众筹开展得如火如荼，让很多人都吃惊，但是因为2016年的电影市场票房增速比2015年出现了较大的下滑，还有很多电影的亏损，让很多投资机构都变得十分谨慎。我与有机缘认识的两三家曾经对电影《纯洁心灵》表示很有兴趣的投资机构，进行了一段时间的深入沟通，但谈了几次后，他们出于对电影市场大盘的谨慎，直到11月份，也并不能下决心参与。

到那个时候，经过洽谈，虽然大地发行、香港美亚发行两家民企发行机构也已经表示愿意给我们做联合发行，我们的发行公司阵容比较强大，但是我们的宣发资金还是不足，而且，我发现我们电影虽然参加了很多推介会，完成了好几场很大规模的高校路演，做了很多的新闻宣传，但是达到的效果有限，形成不了声势。

但是，因为已经延期过三次，再延期的话，必然会引起一些众筹股东的不满意，也必然会给我和项目带来一些负面影响，需要认真考虑和谨慎决策。

我觉得我们电影《纯洁心灵》已经取得了一些很难得的、令人瞩目的成绩，也终于获得了三个大公司的联合发行，已经获得了很有利的条件。但根据现实情况，我十分明白，仓促上映没有什么胜算，失败的可能性非常大，预计很多众筹股东会出现大的亏损。

另外，2016年11月24日，我们在中国电影资料馆举办了电影《纯洁心灵》专家观摩研讨会，结果收到了很多出乎意料的高度评价，有些专家的评价更是让我有点"受宠若惊"，于是就更奠定了我对这部电影将来能够获得很多好评的信心，同时也更觉得不把这部电影做好实在是太可惜了。

的确，我作为项目操盘手，不管有没有遇到电影市场大盘让很多投资机构变得很谨慎的情况，我都是有责任的。但是，根据现实情况，必须要冷静应对，谨慎决策。

在与发行公司认真商量和沟通之后，大家也都觉得能获得好的成绩才更有意义，于是就决定还是进行延档。

2016年11月30日，在我们举办的"全国万里行"誓师大会上，我们正式宣布将档期延后至2017年2月17日。

延档后，我们也给一些众筹股东做了退股，共为7名股东退了86万的资金。虽然有几名股东与我们的合作终止了，也有少数股东表示了不满情绪，但绝大部分的股东仍然坚定地支持我们。我也是不敢有丝毫懈怠，告诫自己必须牢牢把握好争取来的宝贵时间抓紧推进各项工作。

第四次延档后的疯狂努力

第四次延档后，我马不停蹄地带团队开展"全国万里行"路演活动和继续接洽引入大的合作结构。自从创作电影《纯洁心灵》以来，虽然前后历时很多年，很多人觉得极其慢，总惊讶地说怎么还没做完啊，但其实在这过程中，我总是感觉时间不够用，一直是在与时间赛跑。

虽然增加引入一笔宣发资金很重要，但我一直把路演宣传放在首要的位置。

因为总看到各个电影片方在上映前到处跑路演的报道，所以作为新人入行的我也是十分重视，我还有一个目标就是争取完成国内最大规模的电影路演。勤能补拙，笨鸟先飞，我希望在这方面也努力创下一个第一，看看到底会出现什么样的效果。

于是，我带领团队真的开始扎扎实实开展"全国万里行"活动，用一个多月的时间，做了23场路演活动。同时，一路上也通过电话、微信和路演中间回京的机会，一直联系着潜在的投资机构。

我当时带领团队那么拼路演，也是想让潜在的投资机构看到我们的勤奋努力和我们电影在各地的受欢迎情况。

其实，在决定进行第四次延档前，就有很多人士告诉我说，到了这个阶段，我已经取得成功了，电影路演反响挺不错，而且我完成了1900万的众筹，已经创下了行业奇迹。他们还说，如果不延期照常上映的话，就算是票房成绩不好，股东们亏钱，那股东们也得认，因为投资本来就是有风险的，而对于我来说怎么样都算是赢了，因为新人导演电影的票房不够好很正常，而上映后，我就算是有了自己的第一部电影作品，而且我完成的1900万众筹也已经在业内成为一个谈资，因此，我已经可以在电影业立足，获得新的电影创作机会了，可以寻找到更多的资源支持来拍下一部，而不必天天还为《纯洁心灵》这个难度极大的项目受累、被折磨。

他们说的我明白。但是，如果我只为自己考虑，只是选择让自己可以安逸一些的话，那我就不是当时那么多众筹股东看中和愿意支持的毕志飞了。

我愿意为了全体股东的利益，为了已经经历过很多大风大浪，得到很多人士高度评价和支持的《纯洁心灵》，继续"饱受煎熬"，只为不辜负很多人的殷切期待、信任和大力支持。

融资一直到春节，以失败告终

我们的路演活动大都比较顺利，但是我们的融资始终没有进展。各大高校进入考试周以后，不能再做高校路演了，我就开始集中精力推进一些与大机构的合作与融资。那个时候，已经没有精力和心思去做众筹了。

上映的时间越来越近，而春节一来，各大机构就全部放假一段时间。我明白，必须在春节前解决融资的问题。于是，从高校路演结束到春节前的二十余天，就成了我仅剩的一段融资时间。

另外，当时我也发现，我们花费巨大力气做的一个多月的高校集中路演和新闻报道，似乎还是没有达到形成有力宣传态势的效果，因此，我感觉真的是很有必要增加一笔宣传、发行费用，必须得大力加强广告宣传和媒体报道力度。

但是，2016年电影市场票房大盘增速下滑的现象一直持续到了2017年春节，而且2016年12月贺岁档的几部主打电影基本都出现了亏损，让各个投资机构、基金也愈加谨慎。融资计划一直没有进展，我一直在接洽并寄予厚望的两三家投资机构，还是总下不了与我们合作的决心。

一方面越来越觉得增加融资很重要很迫切，另一方面又是融资受挫，那个时候，每天的心理压力都很大，我也开始出现了"有病乱求医"的情况，已经将寻找合作投资机构的范围扩展到了其他的省份。

2017年1月22日，我赶到长沙参加一个活动，希望能对接一些资源，看看有没有机会增加融资，结果仍然令我失望，之后又连夜赶往海口。

海口的洽谈是我们在春节前剩的最后一个机会了。

1月23日，我抱着必成的心态跟海南的一家机构进行了详细的洽谈。但是，还是没有取得成果。一方面，电影市场大盘的情况让投资机构都越来越谨慎，另一方面，我也发现在春节前做融资，真的是比平时要艰难许多。

1月24日，我只好无奈地返回北京。那天已经是大年二十七了。我知道，电影上映前是获得不了大机构的投资了。一路上我神情恍惚，不知道该怎么办。

我知道，如果就这样上映，预计多半还是会失败，因为我们电影的宣传还是没有达到力度，没有形成态势，宣发资金不够充足，我们很可能会在残酷的市场竞争中的起始阶段就被淹没掉，即还来不及怎么展示就会退出竞争舞台。

而我们公司账户上的资金，到1月27日只剩下了18万多，资金链面临断裂。总结起来，作为一名新人制片人和新人导演，缺乏行业经验和行业资源，我的团队中也缺少能帮我独当一面的人手，因为分身乏术，我带领团队只是完成了制订的宣传任务目标，但取得的效果有限，在融资方面则以失败告终。

当然，的确，2016年电影市场大盘的状况很大程度上影响了我的融资，但不管怎么样，作为项目操盘手的我都是有责任的。我明白，在电影行业中，我还是一个力量薄弱的"孩子"！

现实是必须要面对的。眼下，该怎么办？

第五次延档

"延档吗？"这个问题那几天一直萦绕着我。

因为已经延了四次档，其中有三次是对外界正式发布的消息。最后的两次，已经有众筹股东不满意了，并对我产生怀疑，如果再延一次，估计有些众筹股东会闹事。

关键是，我都不好意思再跟大家说延档的事情了。感觉很是"无耻"。

但是，如果不延期，失败率一定是很高的。

第一，我不愿意让众筹股东们亏损，感觉很对不起人家当时对于我们这些年轻逐梦人的信任与支持；第二，我不愿意看到《纯洁心灵》失败，这在心理上是很难接受的，对不起那么多年那么多人对这部电影的辛勤付出，对不起我们曾经渡过的各种艰难困苦；第三，多给我些时间，我对《纯洁心灵》将来的发展是很有信心的，哪怕依然没有增加多少融资，甚至一点都没有增加，但花的宣传时间和付出的精力多了，一样可以增强电影《纯洁心灵》的宣传力度和影响力，也会比2月17日上映取得好很多的成绩。

说实话，我也明白电影做到这个时候，只要上映了，我就算是成功了，可以有筹码获得将来新的电影创作机会了。有一些人士劝我，把电影上了算了，反正赔了所有股东都得认，新人导演票房不好很正常，而且市场大盘情况又出现了问题，不必再天天埋头苦干了，后面能获得的项目一定会容易很多。所以，做延期的决定，真的不是为了我个人。另外，如果延期并不能给电影项目和所有股东的利益总体带来更多好处的话，我也不会决定再次延期，因为那样就没有任何意义了。

我觉得，我是这个项目的总负责人，我也掌握最多的情况，明明知道上映亏损概率很大，不管怎样都要针对面临的实际情况，有责任和义务坚决去进行调整，这才是合格和负责任的项目操盘人。

春节前后并不是好的融资时间段。不管股东们怎么骂我和怀疑我，我必须再争取到时间，吸取经验教训，把自己的全部力量使出来再搏一把，就算没有能够再引入加磅资金，也做了更多的宣传。一定要"努力到无能为力"，才能真正对得住这么多年这么多人的期待和支持，如果还是输，也才会不后悔。

思前想后，我觉得必须要再次延档！

为了大局，得果断行使我的决策权。有些股东会说我不守信，能力差，但我们正好赶上电影市场大盘出现了一些问题，大的环境让我们不好按时完成计划，没有完成充分的准备就上映，失败概率很大，恐怕会给大家带来更大的损失。

不拼一把十之八九就出现大亏损了，而拼了以后可能还会获得很大的成果，那就肯定要再去拼一把，这才是真正对项目负责任，对参加众筹的各界人士的资金负责任，为那么多人信任我们、一起支持我们这批年轻人勇敢追逐梦想负责任。

我当时很清楚，一旦说出要再延档，肯定会引起轩然大波，我也不敢想象有些本来就对我产生质疑的众筹股东们会怎么说我。

以往延档，我也曾经提前跟几名重要的众筹股东提前商议，请大家一起配合安抚股东们的情绪，但这一次，我没有跟任何众筹股东打招呼请他们配合，索性让暴风雨来得更猛烈些吧！

跟发行公司商量以后，大家表示同意我的延档想法，也劝我一定要安抚住股东们的情绪。

迟早都是痛，不能拖了。我决定在1月26日，大年二十九的晚上跟大家发布再一次延档的消息。因为第二天就是大年三十了，我不想把不愉快留在大年三十跨年的时候。

大年二十九晚上，众筹股东群里炸锅了

1月26日晚上九点多，我在我们的众筹股东群里发了一段长长的文字，说

明我们融一笔加棒资金的计划一直没有实现，整个大盘出现的状况让我们的良好融资前进势头没能继续，而且，我们电影的宣传还是没有达到一定的力度，预计2月17日上映会亏损较大，所以决定还是延档。

然后，群里就炸锅了！

有两名股东直接在群里骂我是骗子，质问我是不是一直在圈钱，还说我可能在操作所谓的"庞氏骗局"，就是说我不断地融资，然后用后面人的资金让前面的人退出。

还有一名股东怂恿大家说，今天是大年二十九，没到春节大家都可以讨债，意思是让股东们一起跟我讨债。还有一名股东发私信给我，表示需要把钱退给他，要不然他就要找人"跟我谈谈"。

我当时心里真的是好难受，虽然我知道发言的人都很有情绪，但当时我甚至觉得，早知这样还不如不发起众筹。当然，这与我平时工作太忙，没有时间与所有众筹股东进行充分沟通有关系，有些股东早就对我有了误解和质疑。

但我当时心里也很平静，我知道这正是对我操盘不好的惩罚。虽然遇到整个电影市场大盘出现状况的问题，整个行业的融资都变得艰难，但再怎么说，我都是有责任的，该被骂，谁让我没有把整个项目的推进做好，没有完成计划的目标呢？

为了大局和全体股东的切实利益，延档是根据实际情况必须要做的决定。

虽然我是一心一意地为项目着想，而且其实股东们仔细琢磨就能发现，其实不延档，对于我来讲，也是可以有很多收获的，延档了我还要付出更多的时间和精力，要继续被项目"折磨"，所以延档并不是为我个人着想，也不是要进行"庞氏骗局"，是为了努力避免整个项目的失败和为全体股东的利益考虑，也是看准了《纯洁心灵》在未来的潜力。

但这需要更多的沟通和更长的时间来让每一位股东理解和明白。我也相信到后面，所有的众筹股东都会发现我对这个项目是多么努力付出，会发现我做这个决定是一个项目负责人所做的必需的、很有价值的决定。

在大家不理解的时候，"忍辱负重"是我必须要尽力做到的。总之，是必须要延档的。

都想明白了，我就很平静地在群里逐一回复骂我的和质疑我的信息，也给发私信给我的股东们一一回复，一直发到夜里十二点多。因为我的不够优秀，让项目进展不顺利，有些股东有情绪是很正常的，我很理解，我应该尽力去安抚大家。

大部分股东还是无条件地支持我，让我感动落泪

另外，特别让我感动和出乎意料的是，我们的大部分股东并没有骂我、质疑我、嘲讽我，还是选择无条件地支持我。

一名陕西的企业家表示，当初就是因为信任我的执着和为人而选择了参与，遇到电影市场的一些状况是难免的，新人缺乏经验也是很正常的，而我是一心一意地扑在项目上，那么就放心地让我甩开膀子大干一场。

同样的例子还有很多。有股东私信我，让我挺住；有股东真诚地告诉我，现在遇到难关，希望我能够带领大家渡过难关；还有股东表示让我注意身体，不能心理压力过大，不能太劳累，一定要注意劳逸结合；还有些股东在我的微信朋友圈里留言鼓励我不要放弃，要为了目标勇往直前。

这些都让我特别感动。我觉得自己是一个幸运的人，能够得到这么多人从资金到精神上的大力帮助和支持。我也在心里暗暗发誓，一定要尽我的全力为项目拼搏，努力保障大家投资的回收。

那些有情绪的股东也是很容易理解的。因为我的工作太多太忙，没有办法与所有股东都充分沟通，出现一些误解与质疑是很正常的。

不经历风雨，怎么见彩虹。每一次的失败和挫折都是一次课程，认真总结经验教训，不断地钻研改进，是我们在追逐梦想的路上需要持之以恒去做的事情。

大年三十的晚上，没有任何股东再有情绪地发表言论了，大家在群里互相发着祝贺新年的话语和表情。看着群里那些新年的祝福语和闪烁的表情、图片，我忍不住再次感动得流下了泪水。

这个大年三十晚上过得百感交集。我知道因为大家奋斗目标远大，而作为行业新人，缺乏人手和各界资源，又赶上电影市场大盘出现了低潮期，所以我

们推进计划的难度真的很大，前后延档延了5次，但我们大部分的股东还能够选择无条件地信任我和支持我，这在别人看来是很不可思议的。

我想用一句话可以解释，那就是，群众的眼睛是雪亮的。如果你是在真心付出和真心努力做事，大家是能够感觉得到的。

我想我们会成功的

我对我们的一再延档向所有给予我们大力支持的股东和关注我们的各界人士表达深深的歉意，也对我们得到的一如既往的支持表示最诚挚的感谢。

《纯洁心灵》是那么幸运，那么有福气，得到了那么多人的支持，我想我们会成功的，而这份成功一定是属于大家的。

追逐梦想的道路上，有很多美丽的风景，你看见了吗？

第十七章
坚持不懈,充满热情地走下去

不吃苦中苦,难得甜中甜。

天上不会掉馅饼,一分耕耘一分收获。

虽然,我的电影梦想还没有实现,饱含着我对电影的热爱与敬畏,可以说是用生命在做的《纯洁心灵》还没有获得成功,还处在重重的困难之中。

虽然,电影《纯洁心灵》没有任何明星,在激烈的电影市场竞争中,宣传发行的难度很大。

虽然,电影《纯洁心灵》的创新很大、目标很大,而我又是一名新人导演,所以容易受到一些挖苦和讽刺。

虽然,如果《纯洁心灵》失败了,我可能需要打一辈子工来偿还为拍电影而背负的几百万的债务,不能给我的两个小女孩讲我这个爸爸的成功故事。

虽然,电影《纯洁心灵》现在还面临着很多难题和挑战,而且到这本书截稿时,我们还正处在上映前巨大的宣传、发行困难和压力中。

但是,我仍然坚定不移地相信一分耕耘一分收获!我一定会坚持努力下去!

我相信,饱含着对电影事业的热爱和敬畏,凝结很多人的心血,用生命和爱在做的电影《纯洁心灵•逐梦演艺圈》,一旦解决了宣发的问题,获得了良好的展示机会,一定会赢得无数观众的芳心和喜爱,一定能够积极促进国产电影创新和青年电影人才培养的发展,为中国电影事业的发展壮大添砖加瓦。而这,就是我——一名青年电影工作者人生的意义和生命价值的体现。

在追逐梦想过程中那些迷茫、忧愁、痛苦、恐惧的时候,我经常问自己:"你的初心是什么?""当年那个从贫困县城走出来的懵懂少年的人生理想是什么?"

我想努力在平凡的人生中拥有一个不平凡的人生,我想展现我的价值,我想给世界拍出更多的让其他国家民众和电影人尊重的中国电影,我想做一名有成就的、有贡献的中国优秀电影人。

既然我现在正坚定地行走在通往自己人生理想的道路上,那么,我就没有什么需要迷茫和担忧、恐惧的，只管充满热情地坚持认真走下去。

我们不一定要继续增加多少资金投入以保证做好电影的宣发工作，做好宣发这个目标不是只有加大投资一条路才能达到。不忘努力创作国产电影精品、为中国电影贡献力量的初心，就一定能被广大观众感知到。

如果电影《纯洁心灵》成功了，能让我获得更多更好从事电影业的机会，我会倍加珍惜，不断为中国电影贡献力量，而且也会努力为更多有理想、有才华的新人创作电影提供支持和帮助。

如果电影成功了，我还会再寻找机会再同时做一名电影行业的教师，继续我的教师职业生涯。我从心里尊敬教师这个职业，我想我会做得越来越好。

我深爱着我的祖国和电影事业，追逐远大梦想的道路上必然崎岖坎坷，所以我决定每天都要豪情满怀、充满热情地去奋斗！

有梦想是快乐的，只要有决心，没有什么能够阻挡我们追逐梦想的脚步。就算《纯洁心灵》没有获得成功，我也会坚持继续奋斗，带着众人的殷切期待砥砺前行！生命不息，奋斗不止！

不管再苦再难，请你和我都坚持不懈，充满热情地走下去！

愿历尽千帆的人生途中，常伴一颗纯洁心灵。

谨以此书献给中国电影！献给所有的有志追逐梦想的青年和朋友！

2017 年 8 月 21 日于北京

后 记

从 2016 年 8 月有写这本书的想法起，一年来，我利用电影《纯洁心灵》后期制作和宣发工作的间隙，认真地，但也只能断断续续地进行写作和不断修订、完善。写这本书的过程，也是一个让我梳理自己走过的人生路、如何追逐电影梦的历程，收获颇丰，悟到了很多东西。

世界上没有完美的事物，也没有通往成功的好走的路。因为心中有梦，所以才努力奋斗；因为奋力拼搏，所以才人生无悔。

很多人士可能觉得，年轻人写的自传没有多少含金量，但负责任地说，这本书的内容还是值得大家一读的。我有一份不平常的经历，我有一个远大的梦想，我也是一名很努力的人。

因为时间与心力、体力所限，生理、心理上的疲惫，多少次想快点交稿，但有"强迫症"的我还是始终坚持一个高标准一直修改、完善到了最后一页。书籍的出版时间也从 2017 年 6 月一直拖到了 8 月。但只有用心灵去写作，才值得大家认真去看，就像我创作电影《纯洁心灵》一样，背后是一颗赤诚之心和对人生梦想的无比热爱。

感谢我的父母给予我生命，感谢我的所有老师们教会我追梦。感谢我的岳父岳母滕威林先生、张锦女士。还要特别感谢我的几位师长：我在北大的导师彭吉象老师，我在北京电影学院的导师陶福庆老师，我的义父张帆，等等。

感谢与我一起创作电影《纯洁心灵》的来自全国八所艺术院校的 18 位艺校大学生。感谢所有参与我们电影筹备、拍摄、后期制作和宣发的人士。

特别感谢参与我们电影众筹的各界人士，感谢你们对于我们这群青年电影逐梦者的大力支持！

感谢我的妻子小花给予我莫大的支持！你受累了！

感谢在我的人生历程中遇到的所有的人,不管是给予我支持还是打击,每一个人都让我成长。酸甜苦辣过后,唯有美好与感动才会长驻心中,因为我向往做一个快乐、积极向上的人。

我很高兴自己有明确的人生理想和目标,也心甘情愿为电影事业奉献一生。前半生过完了,后半生我会更加懂得如何珍惜和行动。不管前面取得什么样的成果,我都会一直坚持努力下去的。也期待与你一起做一个快乐的追梦者。

感谢人民日报出版社老师们的辛苦工作!

写完这本书,合上这最后一页,我领悟到的一句话是:成功没有捷径,需要坚持不懈。

与大家共勉!

毕志飞

2017 年 8 月 21 日

图书在版编目（CIP）数据

纯洁心灵 / 毕志飞著. -- 北京：人民日报出版社，2017.6
ISBN 978-7-5115-4747-7

Ⅰ. ①纯… Ⅱ. ①毕… Ⅲ. ①毕志飞－自传 Ⅳ. ① K825.78

中国版本图书馆 CIP 数据核字（2017）第 127950 号

书　　名：	纯洁心灵
作　　者：	毕志飞
出 版 人：	董　伟
责任编辑：	程文静　吴立平
装帧设计：	阮全勇
出版发行：	人民日报出版社
社　　址：	北京金台西路 2 号
邮政编码：	100733
发行热线：	（010）65369527　65369512　65369509　65369510
邮购热线：	（010）65369530
编辑热线：	（010）65363530
网　　址：	www.peopledailypress.com
经　　销：	新华书店
印　　刷：	北京鑫瑞兴印刷有限公司
开　　本：	787×1078mm　1/16
字　　数：	350 千字
印　　张：	27
印　　次：	2017 年 9 月第 1 版　2017 年 9 月第 1 次印刷
书　　号：	ISBN 978-7-5115-4747-7
定　　价：	49.80 元